Tercera edición

AL CORRIENTE

Curso intermedio de español

Robert J. Blake
University of California, Davis

Alicia Ramos
Williams College

Martha A. Marks

W9-BEO-809

Boston   Burr Ridge, IL   Dubuque, IA   Madison, WI   New York   San Francisco   St. Louis
Bangkok   Bogotá   Caracas   Lisbon   London   Madrid
Mexico City   Milan   New Delhi   Seoul   Singapore   Sydney   Taipei   Toronto

McGraw-Hill

A Division of The McGraw·Hill Companies

This is an ⌐EBI⌐ book.

Al corriente
Curso intermedio de español

This book is printed on acid-free paper.

1 2 3 4 5 6 7 8 9 0 DOC DOC 9 0 0 9 8 7

ISBN 0-07-041071-2 (Student Edition)
ISBN 0-07-041072-0 (Teachers' Edition)

Publisher and Sponsoring Editor: *Thalia Dorwick*
Developmental editor: *Gregory Trauth*
Marketing manager: *Cristene Burr*
Project manager: *Robert A. Preskill*
Production supervisor: *Rich DeVitto*
Designer: *Suzanne Montazer*
Cover illustration by: *Marta Pérez García*
Photo research coordinator: *Suzanne Montazer*
Compositor: *GTS Graphics, Inc.*
Typeface: *10/12 Palatino*
Printer: *Von Hoffman Press, Inc.*

Credits and permissions are placed in the back of this book.

Library of Congress Cataloging-in-Publication Data
Blake, Robert J., 1951–
    Al corriente : curso intermedio de español / Robert J. Blake,
Martha A. Marks, Alicia Ramos. — 3rd ed.
        p.   cm.
    Rev. ed. of: Al corriente / Martha Marks, Robert J. Blake.
Instructor's ed., 2nd ed. c1993.
    "This is an EBI book"—T.p. verso.
    Includes index.
    ISBN 0-07-041071-2 (softbound : student ed.).
    ISBN 0-07-041072-0 (softbound : teacher's edition)
    1. Spanish language—Textbooks for foreign speakers—English.
I. Blake, Robert J.   II. Ramos, Rosa Alicia.   III. Marks, Martha.   Al
corriente.   IV. Title.
PC4128.M37   1998
468.2'421—dc21   97-43280
                                                            CIP

http://www.mhhe.com

CONTENTS

CAPITULO 2

CAPITULO 3

UNIDAD II   Ante el público   95

CAPITULO 4   96

CAPITULO 5   118

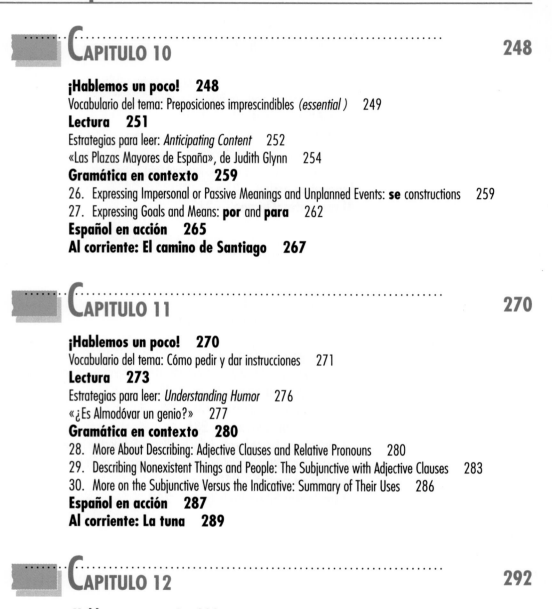

PREFACE

Welcome to the Third Edition of *Al corriente,* a complete program for intermediate college Spanish. Aimed at building students' proficiency in all four language skills (reading, writing, listening, and speaking), *Al corriente* is a comprehensive, communication-oriented text that offers your students fascinating insights into the people, cultures, and societies of contemporary Spain and Latin America through engaging readings, listening passages, and the Internet.

THE *AL CORRIENTE* PROGRAM

Al corriente consists of a main text and a combined workbook / laboratory manual *(Cuaderno de ejercicios escritos / Manual de laboratorio).* Through the readings and Internet activities in the main text and the listening passages in the *Cuaderno,* students not only improve their comprehension of Spanish but also encounter a wealth of information about the ideas, interests, and values of Hispanic people. Task-based activities in the main text and *Cuaderno* help students use their critical thinking skills to interpret this information and provide them with guided opportunities for speaking, listening, reading, and writing. Vocabulary practice and a systematic review of Spanish grammatical structures supports the functional and communicative goals of the text. Readings and up-to-date Web pages capture the dynamism of the contemporary Hispanic cultures and involve students in communicative activities that enhance their linguistic abilities, while affording them a greater understanding of the peoples whose language they are learning.

One of the main goals of *Al corriente* is to help students improve their ability to read and comprehend authentic Spanish language texts. To this end, students work with readings, Web pages, and visuals that convey impressions of life in Spain, Latin America, and the United States as seen through the eyes of Hispanic writers, journalists, Webmasters, artists, and commercial advertisers. The readings in *Al corriente* come from a wide variety of sources: newspaper and magazine articles, interviews, essays, short stories, and poems. Web pages, cartoons, maps, and advertisements round out the presentation of the contemporary Spanish-speaking world. In offering this wide array of materials, our intention is not so much to present a complete overview of the Hispanic cultures as to bridge the gap between English-speaking students and the Spanish-speaking world.

In keeping with the emphasis on authenticity, no reading material appears in translation, nor has any been adapted, simplified, or standardized except to correct occasional grammatical or typographical errors. Some reading selections appear in their entirety, whereas others have been excerpted for reasons of interest or length.

Integrating culturally rich Web pages from around the Spanish-speaking world into the main text, *Al corriente* gives students a modern, hypertextual reading environment, an electronically enhanced window on the Spanish-speaking world that encourages them to explore related Spanish-language Web sites. Students read, reflect on, and write about the topics of these Web pages as part of their regular class assignments. Although these activities can be completed successfully without directly accessing the Internet, students are encouraged to explore topically related web sites via the *Al corriente* Web page.

NEW IN THE THIRD EDITION

Based on extensive input from instructors and students alike, we have implemented a number of changes in the Third Edition of *Al corriente.*

- We have greatly expanded the number and nature of communicative activities designed for pairs and groups. While many of the exercises from the Second Edition have been reworked to make communication between students more meaningful, the Third Edition contains many new types of activities that encourage students to develop their skills through interaction and collaboration. Most activities are designed for small groups or pairs. Not merely requiring students to exchange information, express their opinions, or report information, these new activities also call for attentive listening or peer responses in order for students to compile and evaluate their reactions before they can draw a conclusion or make a statement or judgment. This interdependence of speaking, listening, and thinking engages students in a richer communicative experience.
- *Al corriente* also contains various types of simulation activities that are based on real-life situations or imaginary situations that spring from the readings. The former allow students to practice Spanish in scenes that are reflective of their own life, while the latter tap their creativity, provide an avenue into the target culture, or encourage greater insight into the reading. For both types of situations, suggestions are given in the *Instructor's Edition* for recording these activities on videotape, thereby enabling students to record and keep their oral progress in a video portfolio if desired.
- Eleven readings are new in this edition:
  - The new readings in the first unit, "La familia y las tradiciones," include: a poetic remembrance of grandmother by the Chicano poet Francisco X. Alarcón; a portrait of a Spanish family's interest in bullfighting passed down from grandfather to father to son; and Gloria Anzaldúa's story of a young girl's encounter with the mythical Llorona as she explores her own rite of passage into adulthood.
  - Other units feature readings by novelist Hernando Téllez and poet Gloria Fuertes (Spain), as well as an article on life in Spain, interviews with actor Antonio Banderas (Spain), singer/song-writer Gloria Estefan (Cuba), novelist Esmeralda Santiago (Puerto Rico), and director Pedro Almodóvar (Spain), and, finally, an essay by the incomparable Carlos Fuentes (Mexico).
- All authentic readings are now preceded by **Comentarios preliminares,** communicative activities that serve as a warm-up and provide more opportunities for students to work together collaboratively, and **Estrategias en acción,** a section designed to enhance students' comprehension of the authentic reading materials.
- The **Al corriente** section of each chapter has been completely redesigned. Containing activities and readings based on Web pages from the Spanish-speaking world, this section can be used with or without direct Web access. At any time, students can access Hispanic Web sites from the *Al corriente* Web page located at

  http://www.spanish.mhhe.com

Among other sites, students can access Web pages on Barcelona and the Sagrada Familia Museum (**Capítulo 1**); Eva Peron's Web page in Argentina, which makes comparisons with the movie *Evita* and its stars, Madonna and Antonio Banderas (**Capítulo 4**); and a Peruvian Web page that highlights Machu Picchu and the Andean region (**Capítulo 13**).

ORGANIZATION OF *AL CORRIENTE*

Al corriente consists of a preliminary chapter followed by five thematic units of three chapters each. The **Capítulo preliminar** offers a variety of visually based activities designed to reacquaint students with speaking Spanish, help them remember what they learned in previous courses, and encourage them to begin working with one another. It contains some basic reading strategies, as well as a concise review of the basic elements of Spanish grammar. Short input activities, included throughout the grammar presentations to aid recall without requiring production, are followed by a variety of communicative activities. Form-focused practice appears in the corresponding section of the *Cuaderno*.

The opening section of each unit introduces the themes and functions of the unit and provides a photograph, along with a brief text, designed to spark students' interest, activate their background knowledge, and help them anticipate the content of the three chapters of the unit. Each chapter has five main sections: **¡Hablemos un poco!**, **Lectura**, **Gramática en contexto**, **Español en acción**, and **Al corriente.**

- **¡Hablemos un poco!**
  This opening section presents the chapter's thematic vocabulary through visuals (drawings, realia, and photographs) and activities that give students the opportunity to practice the chapter vocabulary in personalized, communicative settings. It also sets the stage for the reading and grammar activities that follow.

- **Lectura**
  Each **Lectura** section consists of a reading and, to aid students in reading authentic materials with greater comprehension and enjoyment, prereading strategies and activities. Postreading activities verify students' comprehension of the reading and help them relate what they have just read to their own experience.
- **Acercándonos a la lectura** provides background information on the reading and its author, as well as clues about the context and content of the reading.
- **Vocabulario para leer** presents a list of key vocabulary, along with brief activities to help students activate the vocabulary. (The **Vocabulario del tema** in the **¡Hablemos un poco!** and the **Vocabulario para leer** together constitute the active vocabulary for the chapter.)
- **Comentarios preliminares** is a new section that provides an avenue to the readings through communicative activities based on the theme of the reading and designed to reinforce the chapter vocabulary.
- **Estrategias para leer** presents useful reading strategies. It is followed by **Estrategias en acción,** a set of activities that help students implement those reading strategies.
- **¿Cuánto recuerda Ud.?** offers guided comprehension activities.
- **¿Qué se imagina Ud.?** gives students the opportunity to discuss and express their own opinions about topics raised in the readings and to take part in dramatizations, role-plays, and other creative activities derived from situations and contexts in the readings.
- **Gramática en contexto**
  The structures presented in this section are largely derived from those found in the chapter's readings. Grammar explanations in English make it possible for students to work through the structures on their own, saving valuable class time for communicative practice. Realia and visuals are incorporated into the activities whenever possible.

- **Español en acción**
  Combining both grammar and thematic vocabulary within interactive activities, **Español en acción** gives students an opportunity to use what they have just learned in a more personalized and creative manner.
- **Al corriente**
  Completely revised, this four-part section offers students the first fully integrated use of Web materials in an intermediate level Spanish textbook.
  - **¡A saber!** prepares students for the reading with questions that connect their experience and opinions to the context of the passage.
  - **¡A leer!** presents a short text excerpted from a Spanish language Web site, along with glosses of the more difficult words and comprehension questions.
  - **¡A discutir!** stimulates students to gather additional information from Web sites, accessible through the *Al corriente* Web page or from other sources, and to brainstorm ideas for the writing activity that follows.
  - **¡A escribir!** prompts students to write a brief composition in which they gather and synthesize their newly acquired information. Additional guidance for developing this composition into a more formal writing assignment is provided in the Composition section of the *Cuaderno*.

PROGRAM COMPONENTS

Al corriente, Third Edition, includes the following components, designed to complement your instruction and to enhance your students' learning experience. Please contact your local McGraw-Hill sales representative for information on the availability and cost of these materials.

Available to adopters and to students:

- *Student edition.* (See Organization of *Al corriente* above.)
- *Cuaderno de ejercicios escritos / Manual de laboratorio.* This combined workbook and laboratory

manual, coordinated thematically with the chapters of the main text, offers guided, form-focused grammar and vocabulary exercises that supplement the interactive material in the main text. Ideal for at-home study, the *Cuaderno* contains written grammar and vocabulary exercises—many realia-based—that supplement the interactive activities in the student text. Answers to the grammar exercises can be found in the back of the *Cuaderno* for students to check their own work. The lab portion of the *Cuaderno* develops productive and receptive skills with discrete-item practice as well as with discourse-level listening comprehension passages related to the themes, vocabulary, and grammatical structures of the main text.

- *Audiocassette Program to accompany Al corriente.* Corresponding to the laboratory portion of the *Cuaderno*, the *Audiocassette Program* contains all of the recorded materials for review of vocabulary and grammatical structures, passages for extensive and intensive listening practice, and guided pronunciation practice.
- *The Al corriente Web page.* Located at **http://www.spanish.mhhe.com**, this newly created Web page expands on the activities in the **Al corriente** section of the main text and provides students with direct access to a number of other topically related Web sites.
- *MHELT 2.1 (McGraw-Hill Electronic Language Tutor).* This computer program, available for both IBM™ and Macintosh™, includes a broad selection of the form-focused grammar and vocabulary activities found in *Al corriente*, Third Edition.

Available to adopters only:
- *Instructor's Edition.* This special edition of the main text contains on-page annotations with helpful hints and suggestions for introducing the chapter topics, presenting vocabulary, working with the readings, explaining grammatical concepts, and implementing the activities. Additional cultural information on the readings and realia is also provided in the notes.
- *Instructor's Manual / Test Bank.* Revised for the Third Edition, this handy manual offers theoreti-

cal and methodological guidance in teaching for proficiency and for getting the most out of the *Al corriente* program. It also contains guidelines for developing exams consistent with proficiency-oriented instruction, sample chapter quizzes and unit tests, and an Answer Key for the form-focused exercises in the main text.

- *Tapescript.* This is a complete transcript of the material recorded in the *Audiocassette Program to accompany Al corriente.*
- *Instructional videos.* A variety of videotapes are available to instructors who wish to offer their students additional perspectives on the Spanish language and Hispanic cultures and civilizations. A list of videos is available through your local McGraw-Hill sales representative.

ACKNOWLEDGMENTS

We wish to acknowledge the help of many people, without whom this edition of *Al corriente* would not have been possible. The following instructors graciously participated in various surveys and reviews that were indispensible in the development of the Third Edition. The appearance of their names does not necessarily constitute an endorsement of the text or its methodology.

Diana R. Baéz, Fisher College
Les Ford, Graceland College
Edgar Gutiérrez, Orange County Community College
Mary Ellen Kiddle, Boston College
Lizette Mujica Laughlin, University of South Carolina
Suzanne La Venture, Davidson County Community College
Karin Nelson Meyer, Canisius College
Mercedes C. Obando, Elmira College
Daniel Paniagua, McLennan Community College

We also wish to thank the many authors, artists, publishers, and corporations who have permitted us to reproduce their works.

Many other individuals deserve our gratitude. We are especially grateful to Laura Chastain who, as the native reader of all three editions, edited the language for authenticity, style, and consistency, and to Pennie Nichols-Alem, who edited the manuscript and was an absolute joy to work with. We also wish to acknowledge the editing, production, and design team at McGraw-Hill: Karen Judd, Diane Renda, Francis Owens, Eva Strock, Robert Preskill, Lorna Lo, and Nicole Widmeyer. Margaret Metz, Cristene Burr, and the marketing and sales staff of McGraw-Hill are much appreciated for their loyal support of *Al corriente* through its three editions. Finally, many thanks are owed to our editor, Gregory Trauth, who followed the book through writing and production phases and provided us with encouragement and assistance, as well as to our publisher, Thalia Dorwick, to whom we owe an enormous debt of gratitude for her continuing support and enthusiasm.

CAPITULO PRELIMINAR

The purpose of this preliminary chapter is to reaccustom you to speaking and reading Spanish and to introduce you to the kinds of activities you will find throughout *Al corriente*. The preliminary chapter contains a variety of activities to help you start using Spanish again and assess what you do and don't remember from your earlier classes.

Al corriente is structured around authentic materials taken from books, newspapers, magazines, and Web sites, written in Spanish for native speakers of Spanish. In this program, you will learn reading strategies for approaching these texts. *Al corriente* also provides activities and opportunities to speak Spanish with your instructor and in pairs or small groups with classmates.

The first section of the preliminary chapter, **¡Hablemos un poco!,** consists of oral activities based on drawings. The purpose of this section is to reactivate your Spanish.

The second section, **Estrategias para leer,** is designed to help you read and understand the authentic materials: advertisements, cartoons, newspaper and magazine articles, literary selections, and Internet pages, around which *Al corriente* is structured. In the preliminary chapter, you will learn a few basic reading strategies that will enhance your understanding and appreciation of the authentic materials throughout the text. You will learn additional reading strategies in subsequent chapters.

The third section, **Gramática en contexto,** reviews the present indicative tense and certain fundamentals of Spanish grammar, including gender and pluralization of nouns, possession, and various idioms. You will find additional exercises in the *Cuaderno de ejercicios* to aid you in mastering these structures.

The fourth section, **Español en acción,** will help acquaint you with your classmates and give you additional opportunities to express yourself in Spanish.

Have fun with this refresher course in the preliminary chapter and with *Al corriente!*

¡HABLEMOS UN POCO!

La vida diaria.   Los dos dibujos (*drawings*) a continuación son escenas de la vida diaria en varios países hispanos. Antes de empezar las actividades para los dibujos, y trabajando con un compañero (una compañera), imaginen que Uds. son dos de las personas de uno de los dibujos. Preparen una dramatización para presentar a la clase. Usen los verbos de las listas que acompañan cada dibujo y algunos de los siguientes saludos y despedidas.

Saludos y despedidas

Buenos días.	Nos vemos.	¡Qué gusto de verte!
¡Hola!	¡Que te vaya bien!	Hasta pronto.
¿Cómo estás?	Buenas tardes.	Adiós.
Hasta luego.	¿Qué tal?	

Dibujo 1. En casa de la familia Ochoa en Limón, Costa Rica

beber	crecer	hablar	querer	tomar
cantar	desayunar	hay	quitar	vender
comer	estar	mirar	servir	ver
cortar	guardar	preparar		

A. Narración.   Con un compañero (una compañera), preparen una narración para presentar a la familia Ochoa. Incluyan la siguiente información en su descripción.

- ¿Cómo es la familia Ochoa? (Por ejemplo, ¿cuántas personas hay?)
- ¿Cómo es la casa de los Ochoa?
- ¿Qué hay en el comedor?
- ¿Para qué sirven los objetos que se ven en la escena?

- ¿A qué hora desayuna la familia?
- ¿Qué hacen los Ochoa durante el desayuno?
- ¿Qué van a hacer dentro de poco?

B. El anuncio de televisión.   Con un compañero (una compañera), preparen una versión del anuncio comercial que sale en la televisión. El anuncio debe incluir la siguiente información. Después, presenten el anuncio ante la clase.

- ¿Cómo se llama el producto?
- ¿Cómo es el producto?
- ¿Para qué sirve el producto?
- ¿Por qué hay que comprarlo?
- ¿Cuánto cuesta?
- ¿Dónde lo venden?

C. La conversación familiar.   Trabajando con cuatro compañeros/as, imaginen que cada uno/a de Uds. es un miembro de la familia Ochoa. Preparen la conversación de la familia durante el desayuno. Incluyan en el diálogo los siguientes elementos. Después, representen la escena ante la clase.

- Tres de las personas hacen comentarios sobre la comida.
- Dos de ellos comentan sobre el anuncio de televisión.
- Los dos hermanos hablan de deportes y del colegio.
- La madre y la niña hablan de sus planes para el día.
- El padre hace un comentario sobre el canario y también sobre las conversaciones de sus hijos y su esposa.

Dibujo 2. En la Plaza Mayor de Madrid, España

acompañar	caminar	estar	poder	tocar
amar	cantar	mirar	recibir	tomar
besar	comprar	pasear	saludar	vender
cambiar	escuchar	pedir		

A. Narración. Con un compañero (una compañera), preparen una descripción de la escena, y después nárrenla ante la clase. Incluyan comentarios sobre los siguientes puntos.

> la gente
> la hora
> el lugar
> la tuna

B. Mesa de tres: María, Jorge y Luis. Trabajando con dos compañeros/as, imaginen que cada uno/a de Uds. es una de las personas en la mesa. Preparen un diálogo que incluya la siguiente información. Representen la escena ante la clase.

- ¿Qué come y/o bebe cada uno?
- ¿Qué hacen ellos en la Plaza? ¿Qué ven y escuchan?
- ¿Están contentos en el café? ¿Por qué sí o por qué no?
- ¿Qué tipo de relación hay entre ellos? ¿Son amigos, parientes, compañeros de clase o compañeros de trabajo?
- ¿Qué van a hacer después?

C. La tuna. Con cuatro compañeros/as, formen una tuna. Inventen una canción alegre para cantarle a la clase.

D. La mesa de cuatro: Elena, Rosa, Juan y Carmen. Trabajando con tres compañeros/as, imaginen que cada uno/a de Uds. es una de las personas en esta mesa. Preparen un diálogo que incluya la siguiente información. Después, representen la escena ante la clase.

- ¿Qué toman?
- ¿Por qué no comen?
- ¿Por qué (no) les gusta la música de la tuna?
- ¿Qué tipo de relación hay entre ellos?
- ¿Por qué están allí?
- ¿Qué van a hacer después?

E. Las dos parejas. Trabajando con tres compañeros/as, imaginen que cada uno/a de Uds. es una de las cuatro figuras en la calle. Preparen un diálogo que incluya la siguiente información. Después representen la escena ante la clase.

- ¿De dónde vienen?
- ¿Adónde van?
- ¿Qué van a hacer?
- ¿Qué piensan del café al aire libre?
- ¿Qué piensan de la tuna?

ESTRATEGIAS PARA LEER

Skillful Reading

Thoughtful and effective reading is a skill that requires cultivation, whether in your native language or in a foreign language. One of the first things to understand about skillful reading, especially in a foreign language, is that it is not synonymous with knowing the meaning of every word. Just as it is possible to know every word and still not understand a passage, it is also possible to make sense of a passage without knowing the meaning of every word. A skillful reader uses many techniques to understand a new reading selection without necessarily knowing the meaning of every word it contains. In this first reading strategies section, you will learn to use some basic techniques, including intelligent guessing, skimming, and scanning.

Intelligent guessing involves making preliminary judgments about the content of a selection based on photos, graphs, text organization, layout, and so on. It also includes using what you already know about the subject in order to understand the meaning of a selection, as well as making judgments about the meaning of unfamiliar words based on roots, cognates, or the context.

A great deal of reading comprehension is based on the knowledge a reader brings to a text. Learning to apply the knowledge you already possess will help increase your understanding of an unfamiliar reading text. For example, based on your reading experience in English, you will be able to recognize a selection in Spanish as an advertisement, a letter to the editor, or a recipe. You can also assume that the advertisement will attempt to interest and persuade, that the letter to the editor will offer a personal opinion, and that the recipe will list ingredients, measures, and procedures.

Similarly, knowing that **feliz** means *happy,* you can easily guess that **felicidad** means *happiness* and **felizmente** means *happily.* In addition, learning to recognize words such as **realidad, estereotipo,** and **conflicto** as cognates— that is, Spanish words that resemble their English equivalents—will increase your Spanish vocabulary many times over.

Skimming involves reading a passage quickly for the gist of it, and scanning is the practice of searching a passage for specific information. You will learn more about these strategies in the **Estrategias para leer** sections of subsequent chapters.

A. Los libros para niños. Read the title of the following selection from the Spanish language magazine, *Más*. Then look at its overall format and the two pictures that accompany it.

L I B R O S

PARA QUE LOS NIÑOS LEAN EN ESPAÑOL

Ahora nuestros niños pueden disfrutar de[a] traducciones directas de cuentos populares como *El gato con botas* (*Puss in Boots*), de Charles Perrault, y *Alfa y el bebé sucio* (*Alpha and the Dirty Baby*) de Brock Cole. Farrar, Straus & Giroux, una de las mayores casas editoriales de Estados Unidos, introdujo este

otoño la serie *Mirasol: Libros Juveniles*, con cinco libros en español para niños.

Esta nueva línea de libros planea publicar 14 títulos en español cada año. Otras casas editoriales estadounidenses como Penguin U.S.A. y MacMillan también publican libros en español para niños, pero no tienen un programa extenso. La falta de

más publicaciones se debe a que se desconoce[b]el mercado hispano. Los libros en español se venden en bodegas[c] y tiendas menores, lo cual exige[d]otras estrategias de mercadeo y distribución.

Con *Mirasol*, la casa editorial Farrar, Straus & Giroux intenta alcanzar[e] una audiencia mayor y aprovechar[f] el creciente mercado de libros en español. Según el departamento de educación, los niños hispanos componen el 73% de los 2 millones de niños en Estados Unidos que tienen una habilidad limitada en inglés.

Los títulos están tomados de libros ya publicados para Farrar, Straus & Giroux

y utilizan el mismo arte e ilustraciones de calidad de las versiones en inglés.

Otros títulos que se publicaron este otoño incluyen *Tuck para siempre* de Natalie Babbitt, *Tontimundo y el barco volador* de Arthur Ransome e *Irene, la valiente* de William Steig. Los precios de los libros—disponibles[g] en bibliotecas, librerías y como textos en algunas escuelas con programas bilingües—varían entre $13.95 y $14.95.

—*Christina Simon*

El gato con botas y *Alfa y el bebé sucio,* **lectura infantil**

[a]disfrutar... *enjoy*
[b]se... *is not known*
[c]*shops*
[d]*demands*
[e]*to reach*
[f]*to take advantage of*
[g]*available*

---

1. Based solely on this brief survey, what type of selection do you think this piece is? Explain how you reached your decision.
   a. _____ a scientific article
   b. _____ a letter to the editor
   c. _____ an article relating to children

2. What do you think the title means?
   a. _____ "So That People Will Like Spanish"
   b. _____ "So That Children Will Read Spanish"
   c. _____ "For Spanish Children Who Like to Read"

Which Spanish words did you recognize in the title? Did one of them look odd to you? Did that oddity keep you from understanding it? Why not?

3. What do you think the two pictures represent?
   a. _____ covers of popular albums
   b. _____ covers of children's books
   c. _____ children's pets

Based on what you now know, what do you think the selection will be about? Skim the selection to see if your guess about the content was correct. Read the text quickly, and do not stop to look up any words you don't know. Use what you already know to fill in any gaps you may encounter.

4. Now scan the selection to find the following information.
   a. the publisher that is coming out with a series of children's books in Spanish
   b. the name of that series
   c. the number of books in the series that will be published each year
   d. the market this publisher is targeting
   e. the percentage of children who do not speak English well who are Hispanic
   f. the source material for these books
   g. where they will be available

B. Modelos. Read the article *"Para jóvenes que quieren modelar,"* making a list of all the cognates you find. When you finish, compare your list with those of your classmates. Did you find the same cognates? Did one of you find more than the others? Which ones did you miss?

PARA JOVENES QUE QUIEREN MODELAR

El modelaje es una de las profesiones más glamorosas de nuestra época. Para jóvenes que aspiran a esta profesión, la compañía **JCPenney**, junto con **Hispanic Designers, Inc.**, patrocina todos los años una búsqueda de modelos hispanos, el Hispanic Model Search. Los dos ganadores, hombre y mujer, debutan en el Hispanic Designers Gala Fashion Show, donde tienen la oportunidad de conocer a diseñadores como Adolfo, Carolina Herrera y Oscar de la Renta. Los modelos de este año son **Rosa Vélez**, una estudiante de negocios de la Universidad de Rutgers en Nueva Jersey, y **Oscar Carreros**, un joven de Washington, D.C., que tiene planeado estudiar medicina deportiva. Ambos reciben una beca de $1,000 para poder continuar sus estudios.

Para información sobre el concurso escriba o llame a JCPenney Co., Inc., 2017, Room 350, P.O. Box 659000, Dallas, TX 75265-9000; tel: (214) 591-4182. ◆

Rosa Vélez y Oscar Carreros

Now scan the article to find the following words. Were you able to guess their meaning based on the context in which they appeared? If not, work through the following clues.

1. **modelaje:** Knowing the meaning of the cognate **modelar,** can you guess the meaning of this noun? Note that in the sentence in which it appears it is identified as a profession.

2. **patrocina:** How might a large company such as JCPenney be involved in a competition such as the Hispanic Model Search?
3. **ganadores:** If the verb **ganar** means *to win,* can you guess the meaning of this noun?
4. **diseñadores:** Can you guess the meaning of this word based on the people described as such: Adolfo, Carolina Herrera, and Oscar de la Renta? What profession do these individuals practice?
5. **negocios:** Knowing that **negociar** means *to do business,* can you guess Ms. Vélez' area of study?
6. **deportiva:** If **deporte** means *sports,* can you guess what kind of medicine Mr. Carreros is planning to study?
7. **beca:** What word in English describes a sum of money awarded to continue one's studies?
8. **concurso:** This noun describes the Hispanic Model Search. What kind of event do you think this is if Ms. Vélez and Mr. Carreros are the winners?

Throughout *Al corriente* you will read cartoons, advertisements, magazine and newspaper articles, short stories, and other authentic materials. Using the skills you have just practiced as well as those that you will learn in subsequent chapters will make it easier for you to read and understand these texts. With continued practice, you will discover that you can read Spanish language newspapers and magazines and understand them almost as well as the Spanish speakers to whom they were originally directed.

GRAMATICA EN CONTEXTO

The information that follows is provided primarily for review purposes, because you probably remember basic aspects of Spanish from previous courses. Study the following sections and work through the activities that accompany them. You may want to work through the **Repaso diagnóstico** and subsequent exercises in the *Cuaderno de ejercicios* for additional practice with these structures.

SUBJECT PRONOUNS

	SINGULAR	PLURAL
first person	yo	nosotros, nosotras
second person	tú	vosotros, vosotras
third person	él, ella, usted (Ud.)	ellos, ellas, ustedes (Uds.)

Regular **-ar** Verbs

aceptar	
acepto	aceptamos
aceptas	aceptáis
acepta	aceptan

Other verbs in this group include: **amar, andar, ayudar, bajar, besar, buscar, cambiar, caminar, cantar, cenar, charlar, comentar, comprar, crear, dejar, desayunar, descansar, durar, enseñar, entrar, escuchar, esperar, estudiar, ganar, guardar, indicar, llamar, llegar, llenar, llevar, llorar, lograr, mirar, nadar, necesitar, olvidar, pagar, parar, pasar, pescar, preparar, quedar, quitar, sacar, saludar, señalar, tirar, tocar, tomar, trabajar.**

En esta clase **estudiamos** español.　　Todo el mundo **llega** a tiempo.

Regular **-er** Verbs

aprender	
aprendo	aprendemos
aprendes	aprendéis
aprende	aprenden

...SUFRE
...QUIERE
...ESPERA

Other verbs in this group include: **beber, comer, comprender, correr, creer, deber, leer, responder, romper, vender.**

Leo el periódico todos los días.　　Ellos siempre **comen** a las diez.

Regular **-ir** Verbs

abrir	
abro	abrimos
abres	abrís
abre	abren

Other verbs in this group include: **describir, dividir, escribir, interrumpir, recibir, subir, vivir.**

No **abrimos** las ventanas en invierno.　　**¿Escribe** Ud. muchas cartas?

▲ ¡Practiquemos!

En mi vida... Según (*According to*) su propia experiencia, ¿son ciertas (C) o falsas (F) las siguientes afirmaciones? Despés corrija las oraciones que son falsas para Ud., explicando por qué.

1. _____ Siempre ceno con mis amigos en la cafetería.
2. _____ Preparo casi todas las comidas que como.
3. _____ Mi mejor amigo/a (mi compañero/a de cuarto) vive en una casa muy grande cerca de la universidad.
4. _____ El/Ella mira mucho la televisión pero no escucha música.
5. _____ Mis amigos y yo pasamos mucho tiempo en la biblioteca.
6. _____ No leemos nunca el periódico, pero sí compramos las revistas *Time, Sports Illustrated* y *Glamour.*
7. _____ Los estudiantes universitarios dividen su tiempo igualmente entre los estudios y las diversiones.
8. _____ Ellos comprenden todo lo que (*everything that*) les explican sus profesores y siempre sacan buenas notas.

Stem-Changing Verbs

Stem-changing verbs may be categorized into three groups according to the vowel changes they undergo. These changes are identified throughout *Al corriente* by the vowels in parentheses that follow their infinitive form: **(ie), (ue),** or **(i).**

In the present indicative, stem-changing verbs change their stem according to the following pattern.

infinitive	
change	no change
change	no change
change	**change**

Verbs with an e → ie Change

entender*	
entiendo	entendemos
entiendes	entendéis
entiende	entienden

Other verbs in this group include: **cerrar, comenzar, empezar,*** **nevar,†** **pensar, perder, preferir,*** **querer, recomendar,*** **sentir.**

---

*Note that it is the middle **e,** the stem vowel closest to the ending, that changes.
†**Nevar** and **llover** are conjugated only in the third-person singular: *Nieva* **en invierno.** *Llueve* **mucho en Seattle.**

¿Cuándo **comienza** el programa?   Nunca **cierran** la puerta.

Verbs with an o (u) → ue Change

almorzar	
almuerzo	almorzamos
almuerzas	almorzáis
almuerza	almuerzan

Other verbs in this group include: **contar, dormir, encontrar, jugar, llover,†
morir, mostrar, poder, recordar, resolver, soler, volver.**

> **Duermo** nueve horas cada noche.
> Ana **suele** dormir cinco horas.

Verbs with an e → i Change

pedir	
pido	pedimos
pides	pedís
pide	piden

Other verbs in this group include: **competir, reír,‡ repetir,* seguir, servir.**

> Siempre **pido** pollo frito.   ¿Qué **servís** hoy?

▲ ¡Practiquemos!

Cuando hace mal tiempo...   Indique si los niños hacen las siguientes actividades
frecuentemente (F), a veces (AV) o nunca (N) cuando hace el tiempo indicado.
Después diga si Ud. y sus amigos hacen lo mismo (*the same thing*) u otra cosa.

> MODELO: Cuando nieva, no asisten a la escuela. → AV: Cuando nieva,
> (no) asistimos a clase. (Nos quedamos en casa.)

1. _____ Cuando nieva, juegan al béisbol.
2. _____ Cuando llueve, piensan en organizar un club secreto.
3. _____ Cuando llueve, almuerzan con sus padres en el patio.
4. _____ Cuando nieva, compiten para modelar los mejores muñecos de
   nieve (*snowmen*).
5. _____ Cuando llueve, duermen más tarde por la mañana.

---

†**Nevar** and **llover** are conjugated only in the third-person singular: *Nieva* en invierno. *Llueve*
mucho en Seattle.
‡All the forms of **reír** in the present indicative take a written accent mark to maintain correct
stress: **río, ríes, ríe, reímos, reís, ríen.**
*Note that it is the second **e,** the stem vowel closest to the ending, that changes.

Irregular Verbs

-Ir Verbs with a -y- Change

construir	
construyo	construimos
construyes	construís
construye	construyen

Other verbs in this group include: **concluir, destruir, influir.**

Los Sres. García **construyen** una casa.

Verbs with Irregular First-Person (yo) Forms

Verbs with **c** → **zc** *change*

conocer	
conozco	conocemos
conoces	conocéis
conoce	conocen

Other verbs in this group include: **crecer, obedecer, ofrecer, parecer, producir, reconocer, traducir.**

Obedezco a mis padres.

Verbs with **g** → **j** *change*

escoger	
escojo	escogemos
escoges	escogéis
escoge	escogen

Other verbs in this group include: **coger, recoger.**

Recogen flores.

Verbs with -g- or -ig- change

Note that the following verbs in this category also undergo stem changes. Those that do not undergo stem changes are listed below with the irregular **yo** form in parentheses.

tener		venir	
tengo	tenemos	vengo	venimos
tienes	tenéis	vienes	venís
tiene	tienen	viene	vienen

decir		oír	
digo	decimos	oigo	oímos
dices	decís	oyes	oís
dice	dicen	oye	oyen

Other verbs in this group include: **caer (caigo), hacer (hago), poner (pongo), salir (salgo), traer (traigo).**

No lo **hago** así. ¿Por que no **vienen**?

Verbs adding **-oy**

dar		estar	
doy	damos	**estoy**	estamos
das	dais	estás*	estáis*
da	dan	está*	están*

Les **damos** diez dólares. **Estoy** muy contento hoy.

Additional Verbs with Irregular **yo** Forms

saber		ver	
sé	sabemos	**veo**	vemos
sabes	sabéis	ves	veis
sabe	saben	ve	ven

No **sé** la respuesta. ¿**Ves** el carro?

---

*Note the written accent.

Ir and ser

These verbs are completely irregular in the present indicative.

ir		ser	
voy	vamos	soy	somos
vas	vais	eres	sois
va	van	es	son

¿Adónde **vas**?   **Soy** estudiante.

Haber

The verb **haber*** has an irregular and unchangeable present indicative form that is both singular and plural: **hay.**

Hay un profesor en la clase.   *There is a professor in class.*
Hay veintitrés estudiantes   *There are twenty-three students*
  también.   *too.*

Hay serves both as a question and its answer.

—¿**Hay** ventanas en la biblioteca?
—Sí, claro. **Hay** muchas.

▲ ¡Practiquemos!

Declaraciones personales.   Indique quién haría *(would make)* las siguientes declaraciones: una profesora universitaria de química (P), una estudiante de veinte años (E) o su madre (M). ¡OJO! *(Watch out!)* A veces es posible que más de una mujer lo diga. Ahora cambie cada oración para que sea un comentario sobre la persona indicada.

MODELO: Casi siempre obedezco a mis padres, pero no siempre. →
            E: *La estudiante* casi siempre *obedece* a *sus* padres, pero no siempre.

1. _____ Conozco a muchas personas inteligentes y bien educadas.
2. _____ Recojo los exámenes al final de la clase y los leo más tarde en casa.
3. _____ Hago todo lo posible para ayudar a mis hijos con sus estudios.
4. _____ Salgo cada noche con mi novio, a quien siempre le digo mis opiniones.

---

*The conjugated forms of **haber** are used to form the present perfect tense (**he hablado, has hablado,** and so on), which you will study in **Capítulo 2.**

5. _____ Cuando oigo esa música horrible que toca mi hija, tengo que salir de la casa.

6. _____ Estoy muy contenta con mis estudiantes porque sé que están aprendiendo mucho.

7. _____ Voy a la clase de español todos los días porque reconozco que la constancia es lo más importante para un estudiante de idiomas.

ARTICLES AND GENDER

All nouns in Spanish have gender; that is, they are either masculine or feminine, as are their corresponding articles (**el, la, los, las; un, una, unos, unas**).

Most nouns that end in **-o** are masculine; most that end in **-a** are feminine. There are, however, a few exceptions. These include **el día, la mano, la radio, el sofá, el tema,** and many others ending in **-ma, -pa,** or **-ta: el drama, el telegrama, el mapa, el planeta, el poeta,** and so on.

The following suffixes occur only with feminine nouns: **-d (la actitud, la universidad, la libertad), -ción/-sión (la acción, la división), -umbre (la costumbre).**

PLURALS OF NOUNS

Nouns ending in vowels are pluralized by adding **-s.**

un **hombre** alto	unos **hombres** altos
otra **casa** grande	otras **casas** grandes

Nouns ending in consonants are pluralized by adding **-es.**

una **ciudad** famosa	unas **ciudades** famosas
el **rey** español	los **reyes** españoles

Nouns whose singular form ends in **-es** or **-is** show no change in the plural.

No voy a clase los **martes** y los **jueves.**
Esta **crisis** no es nada; hay otras **crisis** más difíciles en la vida.

Nouns and adjectives that end in **-z** form their plurals with **-ces.**

una **vez**	muchas **veces**
Soy **feliz.**	Somos **felices.**

DEMONSTRATIVE ADJECTIVES AND PRONOUNS

The following adjectives are used to point out objects in a spatial relationship with the speaker. A demonstrative adjective agrees in number and gender with the noun it modifies.

DEMONSTRATIVE ADJECTIVES		
	Masculine (pl.)	*Feminine (pl.)*
this / these *(near the speaker)* that / those *(near the person spoken to)*	este /estos ese /esos	esta /estas esa /esas
that / those *(away from both the speaker and the person spoken to)*	aquel /aquellos	aquella / aquellas

Este hombre es nuestro vecino; vive en **esa** casa.	*This man is our neighbor; he lives in that house.*
Esas señoras son las mujeres de **aquellos** hombres.	*Those women are the wives of those men.*

A demonstrative pronoun can be used to avoid repeating a noun that has already been mentioned. Demonstrative pronouns are distinguished from the demonstrative adjectives by a written accent.

DEMONSTRATIVE PRONOUNS		
	Masculine (pl.)	*Feminine (pl.)*
this one / these that one / those that one / those	éste / éstos ése / ésos aquél / aquéllos	ésta / éstas ésa / ésas aquélla / aquéllas

Este hombre es nuestro vecino; **ése** no vive aquí.	*This man is our neighbor; that one doesn't live here.*
Aquellas señoras, no **éstas,** son de Buenos Aires.	*Those women, not these, are from Buenos Aires.*

Esto, eso, and **aquello** are the neuter pronouns used to refer to ideas, concepts, general situations or statements, or to an unidentified or nonspecific object. Their form never varies and, because they are pronouns, they are never used directly before nouns.

Esto es muy curioso.	¿Qué es **eso**?

Esta familia mexicana celebra la primera comunión de su hija.

LA FAMILIA Y LAS TRADICIONES

En la plaza mayor de Salamanca se divierten tanto los adultos como los niños.

Las familias argentinas hacen una parrillada (*barbecue*) con frecuencia.

El domingo por la tarde esta familia tejana se pasea a orillas del Río Grande en San Antonio.

ANTE EL PUBLICO

Isabel Allende, la conocida escritora chilena, promociona una de sus novelas.

En la cumbre iberoamericana en Sevilla en 1992, se reunieron los líderes de los países hispanos. ¿Reconoce Ud. a alguno de ellos?

F. Origlia/SYGMA

Los famosos tenores españoles, Plácido Domingo y José Carreras, dieron un concierto en conjunto con Luciano Pavarotti en Roma en 1990.

Piero Guerrini/Gamma-Liaison

En 1990 el novelista Mario Vargas Llosa se presentó como candidato para la presidencia del Perú.

Wide World Photos

Reuters/The Bettmann Archive

El rey Juan Carlos de Borbón y la reina Sofía representaron a España en un congreso internacional.

LOS HISPANOS QUE VIVEN EN LOS ESTADOS UNIDOS

Edward James Olmos, el actor y director chicano, aparece en una escena de su película *American Me.*

Estos niños, el rey y la reina del Día de la Independencia de México, encabezan el desfile por San Antonio.

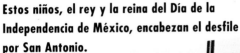

En ciertas secciones de Miami, se ven letreros tanto en español como en inglés.

Gamma–Liaison

Bob Daemmrich/Stock, Boston

Murray Greenberg/Monkmeyer Press Photo

En este mural de San Antonio, Texas, se capta el son (rhythm) de la comunidad hispana: la música mariachi.

En un mercado latino de Nueva York, se pueden comprar productos especiales para la comida caribeña.

ESPAÑA

Odyssey/Frerck/Chicago

En Barcelona, estos niños juegan al básquetbol a la sombra de la catedral de la Sagrada Familia, diseñada por el arquitecto catalán, Antonio Gaudí.

Odyssey/Frerck/Chica

En Castilla, un rebaño (*flock*) de ovejas pasta cerca de los muros de Segovia. A lo lejos se ve el célebre Alcázar.

Odyssey/Frerck/Chicago

La tuna española se viste a lo medieval para cantar y entretener a la gente.

Odyssey/Frerck/Chicago

Calles estrechas, paredes blancas y balcones llenos de flores son un aspecto eterno del Barrio Albacín de Granada.

AMERICA LATINA

Odyssey/Frerck/Chicago

Tenochtitlán, la capital
azteca situada sobre un
lago, dejó maravillados
a los españoles.

Grant LeDuc/Stock, Boston

La Plaza del Angel
en México, D.F.,
es impresionante
de noche.

Estas vendedoras peruanas ofrecen sus mercancías al aire libre.

Este artesano latinoamericano le da forma a la cerámica tradicional.

La vida en las calles de Buenos Aires, como la de todas las ciudades latinas, es animada y divertida.

EXPRESSING OWNERSHIP

Remember that the apostrophe *(Martin's dog)* doesn't exist in Spanish. Instead, possession is expressed by the preposition **de (el perro de Martín)** or with a possessive adjective *(su perro)*.

Remember also that the form of the possessive adjective is singular or plural according to the thing possessed. The two forms that end in **-o (nuestro** and **vuestro**) must also reflect the gender of the thing or things possessed.

POSSESSIVE ADJECTIVES	
mi, mis	nuestro, nuestra, nuestros, nuestras
tu, tus	vuestro, vuestra, vuestros, vuestras
su, sus	su, sus

Veo a Martín y a **su** perro.	*I see Martin and his dog.*
¿Cuándo vienes a **nuestra** casa?	*When are you coming to our house?*

▲ ¡Practiquemos!

Una tradición universitaria. Escoja las palabras apropiadas entre paréntesis para completar la siguiente descripción.

En (esta/ésta[1]) universidad hay (un/una[2]) tradición muy divertida. Cada semestre, la noche antes del comienzo de los exámenes finales, (los/las[3]) profesores les hacen (un/una[4]) fiesta a los pobres (estudiante/estudiantes[5]) que tiene que estudiar tanto para salir bien en (su/sus[6]) clases. (Los/Las[7]) chicos se reúnen por (unos/unas[8]) horas en (el/la[9]) edificio llamado «(el/la[10]) unión estudiantil», donde sus (profesor/profesores[11]) les sirven pizza, helado y refrescos mientras otros cantan y tocan música. (Esto/Esta[12]) fiesta ocurre (un/una[13]) domingo por la noche, y cuando (el/los[14]) estudiantes vuelven a clase (el/la[15]) lunes para tomar (su/sus[16]) primer examen, se sienten un poco menos nerviosos porque saben que también (el/la[17]) profesor es (un/una[18]) persona a quien le gusta (un/una[19]) buen helado.

PERSONAL *a*

The personal **a** is used before the direct object of a verb when it refers to a specific person.

No conozco **a** las tías de Carlota.
A veces visito **a** mis primas en Veracruz.

This **a** is needed to mark a noun as being the object (as opposed to the subject) because Spanish word order does not always make the distinction clear. Note that without a personal **a**, the following question makes no sense.

> ¿Ve Juan María?

The addition of a personal **a** distinguishes the subject from the object, making sense of the question.

> ¿Ve Juan **a** María? *or*
> ¿Ve **a** María Juan?

AYUDA A MR. WIMPY A ENCONTRAR SU SABROSA HAMBURGUESA

WIMPY a tu gusto!

CONTRACTIONS

There are two contractions in Spanish: the combinations of **a** and **de** with the masculine singular article.

a + el = al	No veo **al** chico.
de + el = del	Es el perro **del** chico.

No other articles form contractions.

> No veo **a la** profesora (**a los** hombres).
> Es el perro **de la** niña (**de las** hermanas).

▲ ¡Practiquemos!

Figuras famosas. ¿Cuánto recuerda Ud. acerca de los siguientes personajes históricos y literarios? Escoja la mejor respuesta para cada pregunta.

MODELO: ¿A quién quiere Scarlett? → A Rhett.

1. _____ ¿A quién mira afectuosamente George Washington?
2. _____ ¿Adónde va a volver el General MacArthur?
3. _____ ¿A quién busca el inglés Stanley?
4. _____ ¿De quién está enamorado Romeo?
5. _____ ¿De dónde es Cristóbal Colón?
6. _____ ¿A quién crea Mary Shelley?
7. _____ ¿De dónde es el Conde Drácula?
8. _____ ¿A quién mata Henry VIII?

a. A las islas Filipinas.
b. Del puerto de Génova.
c. A la reina, Anne Boleyn.
d. Al doctor Livingston.
e. De la provincia de Transilvania.
f. De la joven y bellísima Julieta.
g. Al monstruo Frankenstein.
h. A Martha, su esposa.

IDIOMS WITH *TENER*

The verb **tener** is used to form many common expressions. ¡OJO! Be sure that you do not use **ser** or **estar** to express these ideas.

(no) tener (mucho)	calor	*(not) to be (very) warm/hot*
	cuidado	*(not) to be (very) careful*
	frío	*(not) to be (very) cold*
	miedo	*(not) to be (very) scared*
	sueño	*(not) to be (very) sleepy*
(no) tener (mucha)	hambre	*(not) to be (very) hungry*
	razón	*(not) to be (very) right*
	sed	*(not) to be (very) thirsty*
	suerte	*(not) to be (very) lucky*
tener... años		*to be . . . years old*
tener lugar		*to take place*
tener que + *infinitive*		*to have to (do something)*
tener (muchas) ganas de + *infinitive*		*to feel like (doing something)*

Cuando **tengo mucha sed,** tomo agua.	*When I'm very thirsty, I drink water.*
Tenemos muchas ganas de volver a Barcelona.	*We have a strong desire to return to Barcelona.*

▲ ¡Practiquemos!

Cuando tengo miedo... Complete cada oración lógicamente.

1. Cuando tengo miedo, busco _____.
   a. una tienda   **b.** a mis amigos   **c.** un lugar seguro
2. Cuando mi amigo/a (esposo/a) tiene hambre, pide _____.
   a. una hamburguesa con papa fritas
   b. un coche nuevo
   c. un vaso de agua
3. Cuando una persona tiene frío, generalmente busca _____.
   a. un paraguas   **b.** un traje de baño   **c.** un suéter
4. Cuando mi padre/madre (esposo/a) tiene sueño durante el día, _____ por una hora.
   a. trabaja   **b.** duerme   **c.** come
5. Cuando los atletas tienen sed, toman _____.
   a. salsa picante   **b.** leche   **c.** agua

6. Cuando tengo buena suerte, _____.
   a. lloro   **b.** grito   **c.** sonrío
7. Cuando tenemos ganas de escuchar música, _____.
   a. miramos televisión
   b. empezamos una buena novela
   c. ponemos la radio
8. Cuando tengo que estudiar, _____.
   a. voy a la biblioteca
   b. pido una hamburguesa
   c. llamo a un amigo mío

SABER VERSUS CONOCER; PEDIR VERSUS PREGUNTAR

Although the verbs in each pair have similar meanings in English, they express different ideas in Spanish and cannot be used interchangeably.

Saber means *to know a fact* or *to know how to do something.*

No **sé** dónde está la biblioteca.	*I don't know where the library is.*
¿**Sabes** la fecha?	*Do you know the date?*
Sabemos hablar un poco de español.	*We know how to speak a little Spanish.*

Conocer means *to be acquainted with (a person, place, or thing).* The personal **a** is always used when the object of **conocer** is a person.

Conozco al abuelo de Lupita.	*I know Lupita's grandfather.*
¿**Conoces** la capital de México?	*Do you know the capital of Mexico?*
No **conocen** el poema «Preciosa y el aire».	*They don't know the poem "Preciosa y el aire."*

Pedir means *to ask for* or *to request (something).*

Me **piden** la receta.	*They are asking me for the recipe. (They are requesting the recipe from me.)*
Les **pedimos** un gran favor.	*We are requesting a great favor of them. (We are asking them for a great favor.)*

Preguntar means *to inquire* or *to ask for (information).*

Nadie me **pregunta** mi nombre.	*Nobody asks me my name.*
Les **preguntamos** dónde viven.	*We ask (inquire) where they live.*

▲ ¡Practiquemos!

A. Confesiones. Nadie lo sabe todo, y nadie conoce a todo el mundo. Indique si Ud. sabe los siguientes datos o conoce a las siguientes personas.

(No) Sé...   (No) Conozco a...

1. la fecha del descubrimiento de América
2. el nombre del segundo presidente de los Estados Unidos
3. el secretario de estado
4. dónde vive la reina de Inglaterra
5. Gloria y Emilio Estefan
6. muchos profesores de esta universidad
7. quién fue *(was)* el primer esposo de Cher
8. el cumpleaños de Oprah Winfrey

B. Favores y preguntas. Ahora indique si una persona pide (PI) o **pregunta** (PR) las siguientes cosas.

1. _____ ayuda cuando no comprende algo que dice la profesora
2. _____ el nombre de un hombre (una mujer) que le interesa
3. _____ un regalo especial para su cumpleaños
4. _____ el teléfono de sus profesores
5. _____ un favor especial de sus amigos
6. _____ dónde está algo en la universidad

▪ TIME EXPRESSIONS WITH *HACER*

The verb **hace** can be used idiomatically to refer to an action that has been going on for some time and may still be going on. This idiomatic expression is followed by a present-tense verb.

hace + *time expression* + **que** + *present-tense verb*

Hace más de un año **que** estudio   *I've been studying Spanish for over*
español.   *a year.*

When **hace** follows the verb, the adverb **desde** (*since*) is used along with **hace**.

present-tense verb + **desde hace** + *time expression*

Estudio español **desde hace**   *I've been studying Spanish for*
más de un año.   *over a year.*

To ask how long something has been going on, use one of the following patterns.

¿**Hace mucho (tiempo) que** + *present-tense verb*?
¿**Cuánto tiempo**
¿**Cuántos días/meses** } + **hace que** + *present-tense verb*?
¿**Cuántas horas/semanas**

¿**Cuánto tiempo hace que** estudias español?	*How long (How much time) have you been studying Spanish?*
¿**Cuántos años hace que** están casados?	*How many years have they been married?*
¿**Cuántas semanas hace que** estamos aquí?	*How many weeks have we been here?*

 ¡Practiquemos!

A. Para decirle la verdad... Indique si las siguientes declaraciones son ciertas (C) o falsas (F) según su propia experiencia. Corrija *(Correct)* las oraciones falsas.

1. _____ Hace tres años que estudio en esta universidad.
2. _____ Hace dos semanas que usamos este libro.
3. _____ Vivo en esta ciudad desde hace cinco días.
4. _____ Conozco a un matrimonio que está casado desde hace veinte años.
5. _____ Hace mucho (tiempo) que sé manejar un carro.

B. Con su compañero/a... Ahora escriba cinco preguntas para un compañero (una compañera) de clase usando una expresión con **hace**. Hágale esas preguntas a su compañero/a y conteste las de él/ella.

ADDITIONAL IDIOMS

The present tense of **acabar de** + *infinitive* expresses an action that has just been completed.

Acabamos de empezar otro año académico.	*We've just begun another academic year.*
Acabo de llegar a casa.	*I've just arrived home.*

The present tense of **ir a** + *infinitive* expresses a future action.

Mis padres me **van a llamar** esta noche.	*My parents are going to call me tonight.*

Vamos a almorzar en una hora.	*We're going to eat lunch in an hour.*

The present tense of **pensar** + *infinitive* expresses an action that is planned in advance.

Pienso ir al cine con ellos.	*I'm planning to go to the movies with them.*
¿Piensan volver mañana?	*Are they planning to go back tomorrow?*

The present tense of **volver a** + *infinitive* expresses an action that is repeated.

El profesor **vuelve a explicar** el problema.	*The professor is explaining the problem again.*
¿Vuelves a salir con esa chica?	*Are you going out with that girl again?*

 ¡Practiquemos!

Comentando nuestras actividades. Complete las siguientes oraciones para indicar lo que Ud., sus familiares y sus amigos acaban de hacer y los planes que tienen.

1. Acabo de _____.
2. Mis compañeros de clase y yo acabamos de _____.
3. Mi amigo/a (esposo/a) y yo vamos a _____.
4. Este semestre voy a _____.
5. Mi amigo/a (esposo/a) piensa _____.
6. Pienso ir a _____ en las próximas vacaciones.
7. Mis amigos y yo siempre volvemos a _____.
8. Vuelvo a _____.

ESPAÑOL EN ACCION

A. Conversación. Trabajando en un grupo pequeño, averigüen los siguientes datos acerca de cada uno/a de sus compañeros/as. Apunten las respuestas de sus compañeros/as y sigan las instrucciones de su profesor(a) para hacer esta actividad.

su nombre completo
su cumpleaños
dónde vive
el número de personas en su familia
qué estudia

sus pasatiempos favoritos
su lugar favorito
su color favorito
su libro favorito o película favorita
un regalo que le gustaría recibir
¿algo más?

B. Composición. Usando los datos obtenidos en la actividad A, escriba una descripción de uno/a de sus compañeros/as para el periódico escolar. Siga las instrucciones de su profesor(a) para hacer esta actividad.

Al corriente

Spanish Internet Guide

The activities in the Web-based **Al corriente** section have been designed to take full advantage of culturally rich Web pages from around the Spanish-speaking world. You will read, reflect, and then write about the content of these Spanish Web pages either by answering the questions from the book or by working on-line in the exciting, new hypertextual environment of McGraw-Hill's *Al corriente* Web pages.

http://www.spanish.mhhe.com

These Web pages make available a modern reading experience supported by on-line glosses and links to the Spanish-speaking world. The activities are contextualized around short reading excerpts from Web pages created in Argentina, Cuba, Colombia, Chile, Mexico, Puerto Rico, Peru, the United States, and Spain. The **Al corriente** Spanish Internet Guide affords you a meaningful electronic experience in the Spanish-speaking world without the expense of air travel. Additionally, these Web pages were written by Spanish speakers in and about their respective countries and are therefore a window on how they wish to be perceived, versus how "outsiders" might describe them.

Getting started

Each lesson is divided into four sections: **¡A saber!** (pre-reading), **¡A leer!** (reading and comprehension), **¡A discutir!** (activities), and **¡A escribir!** (short composition). The brainstorming activities in **¡A discutir!** form the basis for the guided composition in the last section, **¡A escribir!** Your composition for **¡A escribir!** should be brief but, at the same time, should demonstrate that you have understood and synthesized the information in the previous sections.

Off-line, the **Al corriente** section can be used as a traditional reading with pre- and post-reading activities, followed by a guided composition. Some or all of the activities, including the reading, can be completed in class.

Internet access allows you to explore more fully the cultural presentations found in each chapter and gives you and your instructor the opportunity to take advantage of the technology your institution has provided. Use your favorite browser (**Netscape Navigator, Microsoft Explorer,** etc.) to open the Spanish Internet Guide Index directly from your desktop, or connect to the McGraw-Hill server **http://www.spanish.mhhe.com**. At the top of the home page for each lesson, type your name and e-mail address, as well as that of your instructor, in the fields provided. Answer the questions in the activities by clicking on the check boxes or typing short answers in the response fields.

When you finish a lesson, click on **Entregar** and use your e-mail setup to send it to your instructor. You can also print out a hard copy of your answers by following the normal procedures provided by your Web browser.

Here are a few tips for the Web-world in a world where not all are Web wise.

Window to window

Hypertext is a modern text form in which a word in one text is linked to another text. Clicking on that word takes you to a new text. When traveling from one text to another, you open new windows on your screen. The new windows will hide, not delete, your response window. To move between windows, reduce and drag the new window to one side (click on the title bar and move the mouse). Click on the window you want to activate in order to toggle back and forth.

To close a window

If you no longer need a new window, close it to return to your original lesson window. For **Windows 95,** double click in the upper left corner or click the X in the upper right corner. For **Macintosh,** click the upper left corner of the window.

Navigating using the *Back* command

If you click **Back** on your browser while working on a new Web page other than your original lesson window, a new lesson window, without your answers, will appear. This is a fresh lesson window, but your previous answers are not lost. Close this new lesson window to return to your original lesson window.

The Web is a living thing

The Spanish Internet Guide, like all files on the Internet, and like spoken languages, is non-static in both nature and design. The authors have worked very hard to locate stable URLs (Universal Resource Locators, or Web site addresses) for you to explore. Should you be unable to access a particular Web site, try again right away. If it still won't load, try again later when user traffic has decreased. Some sites go down temporarily for "repair" or "new construction," some become congested with user traffic, and, at times, sites are eliminated. The authors and McGraw-Hill will make the necessary modifications to this section to keep up with such changes. Consult McGraw-Hill's **Al corriente** page for any updates that you can download to your desktop
http://www.spanish.mhhe.com

LA FAMILIA Y LAS TRADICIONES

Una familia barcelonesa admira a su miembro más joven.

The thematic focus of **Unidad I** is tradition and its influence on families and their individual members. **Capítulo 1** offers a poem by a Chicano poet about the special relationship between a boy and his grandmother. In **Capítulo 2,** an interview with a child prodigy of the bullring reveals bullfighting as both a family and a cultural tradition. **Capítulo 3** offers a short children's story by a Mexican–American writer about a little girl's determination to help her mother and her encounter with *La Llorona,* the crying woman.

¡HABLEMOS UN POCO!

Una familia de Cuernavaca, México

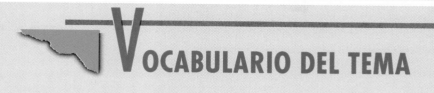

VOCABULARIO DEL TEMA

La personalidad, unos contrastes

ser...

altruista	**egoísta** (selfish)	**generoso/a**	**tacaño/a** (stingy)
amistoso/a (friendly)	**hostil**	**hablador(a)**	**callado/a** (quiet)
atrevido/a (daring)	**tímido/a**	**humilde**	**arrogante**
animado/a	**reservado/a**	**optimista**	**pesimista**
cariñoso (affectionate)	**frío/a**	**realista**	**soñador(a)** (dreamer)
chistoso/a (funny)	**melancólico/a**	**romántico/a**	**práctico/a**
compasivo/a	**cruel**	**sabio/a** (wise)	**tonto/a** (foolish)
conservador(a)	**vanguardista**	**serio/a**	**frívolo/a**
cortés (polite)	**descortés**	**simpático/a** (pleasant)	**antipático/a**
flexible	**terco/a** (stubborn)	**trabajador(a)**	**perezoso/a** (lazy)

Hablando del tema

A. En mi familia.   Trabajando con un compañero (una compañera), describa cada uno/a a *una* de las siguientes personas de su familia. ¿Esta persona se comporta *(behaves)* de otra manera cuando no está con los otros miembros de la familia? Expliquen sus respuestas.

> a su madre / padre
> a su hermano/a
> a su abuelo/a
> a su tío favorito / a su tía favorita
> a Ud. mismo/a

B. ¡Adivinen cómo es!   Formen pequeños grupos para relatar cada uno/a un incidente que revele la verdadera personalidad de uno de los siguientes miembros de la familia. Trate de *no* mencionar la característica principal. ¡Sus compañeros/as tienen que adivinarla!

> su madre / padre
> su abuelo/a
> su hermano/a
> Ud. mismo/a

C. Retrato y autorretrato.   Trabaje con un compañero (una compañera) para hacer descripciones. Primero, escoja cada uno/a cinco adjetivos que lo/la caracterizan. (Pueden ser de la lista o no.) Luego, observe a su compañero/a para elaborar una lista de cinco adjetivos para describirlo/la. Finalmente, comparen los autorretratos con las descripciones. Explíquense por qué piensan que los adjetivos que escogieron en cada caso son los más apropiados.

LECTURA

ACERCANDONOS A LA LECTURA

Francisco X. Alarcón, a Chicano poet and educator, was born in Los Angeles, California, but grew up in Guadalajara, Mexico. He received his B.A. from California State University, Long Beach, and did his graduate studies at Stanford University. He now lives in Davis, California, where he teaches in the Spanish Department of the University of California and directs the Spanish for Native Speakers program. He has published nine collections of poetry, including *No Golden Gate for Us, Snake Poems: An Aztec Invocation,* and *Body in Flames / Cuerpo en llamas.* He was awarded both the American Book Award and the PEN Oakland Josephine Miles Award in 1993. His poetry often uses bicultural and bilingual themes, such as the following selection, **"En un barrio de Los Angeles,"** that contrasts a child's personal world (Spanish) with his public world (English).

VOCABULARIO PARA LEER

(h)oler (huelo, hueles...) to smell
platicar to chat, talk, converse
reconocer(zc) to recognize
mijito (*colloquial:* **mi hijito**) my son, my little one

la nube cloud
el oído (inner) ear, hearing
antiguo/a old, ancient, traditional
barrigón(a) chubby, big bellied

Asociaciones. Identifique la palabra de la lista del vocabulario que se asocia con cada uno de los siguientes pares de términos y explique por qué. ¡OJO! Es posible que dos palabras de la lista se asocien con el mismo grupo.

1. el estómago, gordo
2. ver, conocer
3. la nariz, el olor
4. viejo, de otra época
5. hablar, conversar
6. oír, la oreja
7. el niño, el cariño
8. el cielo, la lluvia

COMENTARIOS PRELIMINARES

A. Los parientes y sus actividades. Trabajando en un grupo pequeño, escojan *una* de las siguientes relaciones familiares y hagan una lista de las actividades típicas de esa relación. Después, comparen y discutan las listas de los grupos.

MODELO: madre e hijos → 1. Las madres juegan con sus hijos.
2. Los hijos escuchan a las madres.
3. Las madres cuidan a los hijos.

1. madres e hijas   2. padres e hijos   3. entre hermanos   4. entre hermanas   5. abuelas y nietos   6. abuelos y nietos   7. tíos y sobrinos

B. Mi pariente favorito: ¡Adivine quién es! Trabajando en un grupo pequeño, describa cada uno/a a su pariente favorito/a sin revelar quién es. Sus compañeros/as pueden hacerle dos preguntas más antes de adivinar quién es.

C. La familia típica en mi barrio. Trabaje en un grupo pequeño para describir a familias típicas. Primero, describan a una familia típica en la comunidad donde vive. (Pueden pensar en una familia específica como modelo para organizar mejor sus ideas.) Incluyan información de la siguiente lista. Luego escuchen y apunten las descripciones de sus compañeros/as para comparar las semejanzas y diferencias entre las diversas familias típicas.

1. el número de personas en una familia típica
2. quiénes son los miembros de la familia (por ejemplo, ¿incluye tíos o abuelos?)
3. cómo son las casas
4. quién(es) trabaja(n) y en qué
5. quién(es) hace(n) el trabajo doméstico
6. quién(es) cuida(n) a los niños
7. qué hacen en su tiempo libre

ESTRATEGIAS PARA LEER

Intelligent Guessing

Anticipating and guessing the content of a passage are important strategies that will improve your reading skills. Use details that provide hints about content, such as the title *(el título),* the art that accompanies the text, graphic elements (for example, upper- versus lower-case letters, italics, bold, punctuation marks), and the layout of the text. You can also scan the text to see what words it contains, noting the words you recognize and speculating on the meaning of the words you do not. These strategies combined with the knowledge that you bring to the text can be useful for understanding the theme *(el tema),* the tone *(el tono),* and the purpose of the reading passage.

A. Anticipación. Trabajando con un compañero (una compañera) o en grupo, primero examinen (sin leer) el texto completo para adivinar las respuestas a las siguientes preguntas. Apunten sus respuestas y después compárenlas. Después cada uno/a debe explicarles a sus compañeros/as en qué se apoya para formular sus especulaciones. Señalen la evidencia textual (el título, las palabras, la organización o la puntuación del poema) y/o extratextual (información adicional que saben sobre algunos elementos en el texto, por ejemplo, sobre Los Angeles, el español, los abuelos o los niños).

1. ¿Dónde tiene lugar?
2. ¿Hay otro personaje importante en el poema además del poeta? ¿Quién es?
3. ¿Cuáles serán las condiciones socio-económicas de los personajes?
4. ¿Qué emociones piensa Ud. que predominan en el poema?
5. ¿Cómo cree Ud. que los dos personajes pasan su tiempo juntos? Mencione por lo menos dos actividades que comparten.

B. Comparación. Basándose en sus respuestas a las preguntas en la Actividad A, explíqueles a sus compañeros/as cómo cree Ud. que la experiencia del poeta se va a comparar con su propia experiencia infantil. ¿Cree que las experiencias serán similares o diferentes?

En un barrio de Los Angeles

Francisco X. Alarcón

el español
lo aprendí
de mi abuela

mijito
no llores
me decía

en las mañanas
cuando salían
mis padres

a trabajar
en las canerías[1]
de pescado

---
[1] *canning factories*

(continued)

mi abuela
platicaba
con las sillas

les cantaba
canciones
antiguas

les bailaba
valses[2] en
la cocina

cuando decía
niño barrigón
se reía

con mi abuela
aprendí
a contar nubes

a reconocer
en las macetas[3]
la yerbabuena[4]

mi abuela
llevaba lunas[5]
en el vestido

la montaña
el desierto
el mar de México

en sus ojos
yo los veía
en sus trenzas[6]

yo los tocaba
con su voz
yo los olía

un día
me dijeron:
se fue muy lejos

pero yo aún
la siento
conmigo

diciéndome
quedito[7] al oído
mijito

Tomado de Cuerpo en llamas/
Body in Flames

---

[2] *waltzes* [3] *flower pots* [4] *mint*
[5] *polka dots* [6] *braids* [7] *softly*

¿Cuánto recuerda Ud.?

A. Cierto / Falso. Indique si las siguientes oraciones son ciertas (C) o falsas (F). Si son falsas, corríjalas. Después, trabajando en grupo, comparen sus respuestas y señalen la evidencia—textual y extra-textual—que apoya sus respuestas.

1. _____ El poeta lloraba cuando sus padres salían a trabajar.
2. _____ El poeta aprendió el español con sus padres.
3. _____ La abuela consolaba al nieto cuando lloraba.
4. _____ La abuela tenía una personalidad alegre: le gustaba cantar, bailar y reír.
5. _____ De niño, el poeta era delgado.
6. _____ La abuela le enseñaba al nieto el nombre de sus plantas medicinales.
7. _____ La abuela recordaba con nostalgia el paisaje de México.
8. _____ La abuela le comunicaba al nieto sus recuerdos.
9. _____ La abuela cambió de casa: ahora vive en Los Angeles, pero lejos de su nieto.
10. _____ El poeta —ahora adulto— recuerda las palabras cariñosas de su abuela.

¿Qué se imagina Ud.?

A. La abuela: Un retrato póstumo. Imagínese que Ud. acaba de recibir la noticia de la muerte de la abuela del poeta y Ud. desea escribir para el periódico el retrato de esta mujer. Primero haga un borrador (*draft*) de cinco oraciones describiendo a la abuela. Trate de usar adjetivos del **Vocabulario del tema** si desea. Luego, trabajando en grupo, comparen sus retratos. Escojan elementos esenciales para integrarlos en un párrafo de siete oraciones.

B. Un niño y su abuela: Escenas para un video-álbum. Aunque el poema es breve y conciso, las experiencias narradas revelan una relación especial entre la abuela y el niño. Imagínese que se graban escenas de la vida de ellos para el video-álbum de la familia. Trabajando con un compañero (una compañera), construyan las siguientes escenas de la vida del niño y la abuela para representar ante la clase escenas entre ellos.

1. El niño se siente triste cuando sus padres salen a trabajar.
2. El niño no quiere hablar español en la casa.
3. El niño no entiende por qué la abuela platica con las sillas y baila en la cocina.
4. El niño está inquieto y la abuela le habla de las nubes y las plantas.
5. La abuela le habla al niño de México y él le hace muchas preguntas.
6. El niño y su abuela hablan por última vez.

C. Las tradiciones familiares: ¿Valen la pena?   ¿Hay tradiciones heredadas en su familia de sus abuelos? Por ejemplo, una comida, un día de fiesta o una actividad. ¿Qué piensan de ellas sus padres? ¿Las practican alegremente o sólo por respeto a los padres? Y Ud., ¿qué piensa? ¿Cree que son costumbres anticuadas, sin sentido o que dan un sentido de unidad y continuidad familiar? ¿Piensa Ud. pasar esta(s) costumbre(s) a sus hijos y nietos?

D. El bilingüismo.   El niño del poema aprende español en casa. Podemos suponer que es bilingüe y que habla inglés en la escuela. ¿Piensa Ud. que esto es bueno o que debe hablar inglés en casa también? Trabajando en grupo, exploren los aspectos positivos y negativos de las siguientes alternativas para familias de inmigrantes. Después de explorar los factores a favor y en contra, expresen sus propias conclusiones y explíquenselas a entre sí.

1. hablar español (o chino, etcétera) en casa e inglés en la escuela
2. hablar inglés en casa y en la escuela
3. enseñanza escolar sólo en inglés para todos
4. enseñanza escolar en inglés y español (o chino, etcétera) sólo para los estudiantes inmigrantes
5. enseñanza escolar en inglés y español (o chino, etcétera) para todos

GRAMÁTICA EN CONTEXTO

1. Defining, Describing, and Locating: *ser* Versus *estar*

You will recall that Spanish has two verbs that mean *to be:* **ser** and **estar.** The following summary will help you understand how each is used.
Use **ser** to link the subject with . . .

1. nouns or pronouns

> Esta mujer **es** mi **abuela.**
> Yo **soy** su **hijito.**

2. adjectives that express usual or inherent qualities

> Esas canciones **son antiguas.**
> Tú **eres** muy **barrigón.**

3. expressions of origin, possession, or material composition

> Mi abuela **es de México.**
> Las macetas **son de mi abuela.**
> Su vestido **es de lunas.**

4. expressions of time and place*

> **Son las seis** de la mañana.
> El baile de sillas **es en la cocina.**

Use **estar** to link the subject with . . .

1. expressions of location

> Mi abuela **está lejos** pero aún **está conmigo.**
> La yerbabuena **está en las macetas.**

2. adjectives that express a current state or condition that is subject to change

> Mi abuela **está contenta** con su vida.
> **Estoy triste** cuando salen mis padres.

3. the present participle (**-ando / -iendo**)†

> **Estoy riendo** mucho.
> Mi abuela **está cantando** canciones antiguas.

4. with certain idiomatic expressions

> **Estamos de buen / mal humor.**   *We're in a good / bad mood.*
> **Están de acuerdo.**   *They're in agreement.*
> **Estoy de vacaciones** esta semana.   *I'm on vacation this week.*

▲ ¡Practiquemos!

A. ¿Es verdad?   Decida si las siguientes declaraciones describen a la abuela del poeta. Luego explique por qué se usa **ser** en cada oración.

1. La abuela es muy antipática.
2. Parece que es muy generosa y trabajadora.
3. El niño y su abuela son muy arrogantes.
4. La abuela es perezosa.
5. El niño es un poco melancólico y por eso llora.
6. Ellos son cariñosos.

*****Ser** is used when *to be* means *to take place.*
†You will learn more about the present progressive in **Capítulo 5.**

B. Una familia activa. Complete los espacios en blanco con la forma apropiada de **estar.** Luego explique por qué se usa **estar** en cada oración.

En esta familia los padres no pueden _____[1] en casa durante el día. Cuando los padres salen a trabajar, la abuela ya _____[2] cuidando al niño en casa. La abuela siempre _____[3] de buen humor, aun cuando _____[4] cansada. Esta mañana los dos _____[5] en la cocina. La abuela _____[6] cantando una canción mexicana tradicional y su nieto _____[7] contando las nubes. Los dos _____[8] orgullosos de su herencia hispánica.

C. Un retrato de familia. Complete la siguiente descripción de la familia del poeta con la forma apropiada de **ser** o **estar.** Luego explique por qué se usa el verbo que Ud. escogió en cada caso.

La familia del poeta _____[1] humilde. Los miembros de esa familia _____[2] trabajadores. Nadie _____[3] solo porque todos se ayudan. Cuando los padres no _____[4] en casa, la abuela _____[5] allí para cuidar a los niños. El niño barrigón _____[6] un poco tímido pero _____[7] alegre al lado de su abuela. Los dos _____[8] buenos amigos. La abuela _____[9] de Guadalajara, México. La vida en los Estados Unidos _____[10] muy diferente para ella, pero (ella) _____[11] generosa y simpática, y le enseña a su nieto el idioma y la cultura de ella. Las canciones tradicionales que canta _____[12] de México. El niño _____[13] conociendo la cultura de su abuela a través de las canciones, la comida y las palabras de ella.

As you saw at the beginning of this grammar section, both **ser** and **estar** can link the subject with adjectives. The following examples show how an adjective used with **ser** expresses a normal association with the person or thing being described, whereas **estar** expresses a changing association.

ser: NORMAL ASSOCIATIONS	estar: CHANGING ASSOCIATIONS
Ella **es** una persona alegre. *(She's a happy person.)*	¡Qué alegre **está** hoy! *(She's happier than normal.)*
El **es** tranquilo. *(He is calm [by nature].)*	El **está** tranquilo hoy. *(He is calm [subdued] today.)*
Las nubes **son** grandes. *(The clouds are big.)*	Las nubes **están** grandes hoy. *(The clouds are bigger than normal today.)*

Some adjectives are linked to the subject primarily with **ser;** others primarily with **estar.**

ser	estar
capaz *(capable)* / incapaz	ausente / presente
concienzudo *(conscientious)*	lleno *(full)* / vacío
constante / inconstante	contento / molesto, enojado
cuidadoso *(careful)* / descuidado	libre *(free)* / ocupado

ser	estar
justo / injusto	dispuesto (*willing*)
respetuoso / descortés	orgulloso / avergonzado
	(*ashamed*)
	cansado / descansado
	harto (*fed up*)

Este niño **es** muy **capaz.**
Siempre **es** muy **respetuoso** con sus padres y con su abuela.
Esta tarde la abuela **está libre** para jugar con su nieto.
La abuela **está dispuesta** a enseñarle al niño muchas cosas.

In addition, the following adjectives have different English equivalents according to whether they are used with **ser** or **estar.**

ser	estar
El niño **es aburrido.**	El niño **está aburrido.**
The boy is boring.	*The boy is bored.*
Fue muy **malo.**	**Estuvo malo.**
He was very bad.	*He was ill.*
Es verde.	**Está verde.**
It's green.	*It isn't ripe.*
La abuela **es** muy **viva.**	La abuela no **está viva; está muerta.**
The grandmother is very lively.	*The grandmother isn't alive;*
	she's dead.
Soy listo.	**Estoy listo.**
I'm clever.	*I'm ready.*

▲ ¡Practiquemos!

A. Familias famosas.   Complete las oraciones con el verbo apropiado y explique en cada caso por qué se usa **ser** o **estar.**

1. El presidente es / está ocupado hoy. Su esposa es / está un poco cansada después de las últimas elecciones.
2. Bill Murray nunca es / está aburrido. Por eso sus reuniones familiares son / están divertidas.
3. Arnold Schwarzenegger y su esposa María Shriver son / están famosos. El es / está rodando (*filming*) una película en el Japón, pero ella todavía es/está en Nueva York.
4. Dan Quayle y su esposa Marilyn son / están ambiciosos. Hay gente que dice que ella es / está más lista que él.

B. La familia González.   Un estudiante norteamericano visitó a una familia española y le mandó la siguiente descripción de ellos a un amigo en los Estados Unidos. Complétela con la forma apropiada de **ser** o **estar.**

Los González _____¹ una familia típica de la clase profesional. Ellos _____² miembros de familias importantes de España. El nivel de educación que tienen _____³ alto. Los dos fueron a la Universidad Complutense que _____⁴ en Madrid. El padre _____⁵ abogado (*lawyer*). La madre estudió administración de empresas (*business*) pero _____⁶ dispuesta a abandonar su carrera porque quiere _____⁷ en casa con sus hijos. Ella _____⁸ preocupada por la atención que deben recibir los niños a una edad temprana. Cree que ella y su esposo deben _____⁹ con los niños durante los primeros años porque la presencia de los padres _____¹⁰ indispensable para el desarrollo (*development*) infantil. El Sr. González _____¹¹ de acuerdo con su mujer pero a veces no _____¹² en casa a la hora de la cena porque él _____¹³ bastante ocupado en su oficina. Claro que hay momentos en que el trabajo de la oficina _____¹⁴ aburrido, pero él _____¹⁵ satisfecho con su carrera de todos modos. El _____¹⁶ paciente y sabe que no siempre va a _____¹⁷ ausente de su casa todos los días a la hora de la cena porque quiere _____¹⁸ con sus niños lo más posible. Para la Sra. González la vida _____¹⁹ llena de sorpresas diarias con las dos criaturas pequeñas que _____²⁰ el amor de su vida y, por el momento, el centro de su universo.

C. En el gimnasio. Describa al Sr. Cerdá antes y después de hacer su régimen para perder peso (*weight*), según los dibujos y el vocabulario indicado (también puede usar otro vocabulario que conoce).

1. gordo	2. dispuesto a cambiar	3. trabajador	4. delgado
harto	listo	concienzudo	orgulloso
avergonzado		cansado	contento
		sudando (*sweating*)	elegante

D. Hablando de la abuela. Conteste las siguientes preguntas acerca de la abuela del poeta. Use su imaginación cuando sea necesario.

1. ¿De qué país es la abuela?
2. ¿Cómo es físicamente?
3. ¿Dónde está durante la mayor parte del día?
4. ¿Cómo es cuando está en la cocina?
5. ¿Está de mal humor a menudo?
6. ¿Está satisfecha con su vida? ¿Por qué sí o por qué no?

2. Asking Questions: Interrogative Forms

You will remember that you ask yes / no questions in Spanish by making your voice rise at the end. The normal subject-verb word order is often inverted as well, but not always.

NORMAL STATEMENTS	YES / NO QUESTIONS
La canción es mexicana.	1. ¿Es la canción mexicana?
	2. ¿Es mexicana la canción?
	3. ¿La canción es mexicana?
	4. ¿Es mexicana?

To ask for more detailed information, you will need to use one of the following *interrogative words*. (Notice that all of them have written accents.)

¿qué?	*what?*
¿por qué?	*why?*
¿para qué?	*why? what for?*
¿cuándo?	*when?*
¿cómo?	*how?*
¿dónde?	*where?*
¿adónde?	*(to) where?*
¿de dónde?	*(from) where?*
¿quién(es)?	*who?*
¿cuál(es)?	*which? (which ones?)*
¿cuánto(s)? / ¿cuánta(s)?	*how much? (how many?)*

¿Que? Versus ¿cuál(es)?

Use **¿qué?** *(what?)* when asking for a definition.

¿Qué es un vals?	*What's a waltz?*

Use **¿cuál(es)?** *(which?)* when selecting an item from among many.

¿Cuál es el niño barrigón?	*Which (one) is the chubby kid?*

In standard Spanish, **¿cuál(es)?** *(which? which one?)* is a pronoun and is not immediately followed by a noun; only **¿qué?** can be used as an adjective.*

---

*However, in colloquial speech **¿cuál?** is often used as an adjective.

¿Cuál de los chicos habla español?	*Which child (which one of the children) speaks Spanish?*

but

¿Qué chico habla español?	*Which child speaks Spanish?*

¿Qué? Versus ¿quién(es)?

When asking questions about things, use the pronoun **¿qué?**

¿Qué llega a las 9:00?—El tren de Lima.	*What arrives at 9:00?—The train from Lima.*

When asking questions about people, use the pronoun **¿quién(es)?**

¿Quiénes llegan a las 9:00? —Mis hermanos.	*Who is arriving at 9:00?—My brothers (and sisters).*

Prepositions with Interrogatives

When associated with certain verbs, the prepositions **de, con,** and **a** must precede the interrogative pronouns in questions.

ir a	**¿Adónde** vas?	*Where are you going (to)?*
ser de	**¿De dónde** eres?	*Where are you from?*
salir con	**¿Con quién** sales esta noche?	*Who are you going out with tonight?*
ver a	**¿A quién** vas a ver este fin de semana?	*Who are you going to see this weekend?*

¿Por qué? Versus porque

Remember that you ask a question with **¿por qué?** (two words with a written accent mark on the second), but you answer it with **porque** (one word, no written accent).

¿Por qué dices eso? —¡**Porque** es verdad!	*Why do you say that? —Because it's true!*

▲ ¡Practiquemos!

A. Preguntas apropiadas.   Indique si las siguientes preguntas son apropiadas para un niño (N) o un adulto (A). Después vuelva a mirar las preguntas. Con las que son apropiadas para un niño, haga la pregunta apropiada para un adulto, y viceversa.

1. _____ ¿Cuántos años tienes?
2. _____ ¿De dónde es Ud.?
3. _____ ¿Con quién juegas esta tarde?
4. _____ ¿Adónde van Uds. después de terminar la conferencia?

5. _____ ¿Por qué no deja su coche en nuestro garaje?
6. _____ ¿Cuál es el apellido de su esposa?
7. _____ ¿Cuántos hermanos tienes?
8. _____ ¿Cómo es tu maestra?

B. ¿Quién es?   Todas las siguientes oraciones se refieren al niño y a la abuela del poema de Francisco Alarcón. Haga una pregunta apropiada para cada una. ¡OJO! Más de una pregunta puede ser apropiada.

MODELO: Está llorando. → ¿Qué hace el niño?

1. Este niño barrigón se ríe mucho.
2. El habla con su abuela en español.
3. El niño está bailando valses en la cocina.
4. Ella platicaba con las sillas, no con él.
5. La timidez es el mayor problema del niño.
6. El niño pasa todo el tiempo con la abuela.

3. More About Description: Adjective Agreement

As you know, adjectives must agree with the nouns they modify in number (singular / plural) and gender (masculine / feminine). They can be divided into six groups by their endings.

1. Adjectives that end in **-o / -a** form their plurals with **-os / -as.**

    un niño **listo**   unos niños **listos**
    una niña **lista**   unas niñas **listas**

2. Adjectives that end in **-dor / -dora** form their plurals with **-dores / -doras.**

    un chico **trabajador**   unos chicos **trabajadores**
    una chica **trabajadora**   unas chicas **trabajadoras**

3. Adjectives that end in **-e** form their plurals with **-s.**

    un hombre **inteligente**   unos hombres **inteligentes**
    una mujer **inteligente**   unas mujeres **inteligentes**

4. Adjectives whose masculine singular forms end in a consonant or an accented vowel form their plurals with **-es.**

    un estudiante **superior**   unos estudiantes **superiores**
    una estudiante **superior**   unas estudiantes **superiores**

    un hombre **israelí**   unos hombres **israelíes**
    una mujer **israelí**   unas mujeres **israelíes**

5. Adjectives of nationality that end in consonants have four forms.

un viajero **alemán** unos viajeros **alemanes**
una viajera **alemana** unas viajeras **alemanas**

6. Adjectives that end in **-ista** can be either masculine or feminine.

un profesor **optimista** unos profesores **optimistas**
una profesora **optimista** unas profesoras **optimistas**

▲ ¡Practiquemos!

A. La pregunta es... Trabajando en grupo, hagan una lista de cinco figuras públicas bien conocidas. Después escriban una descripción de cada una de esas personas usando **ser** y los adjetivos del Vocabulario del tema. Luego, un miembro del grupo lee la descripción a la clase y los estudiantes tratan de formar una pregunta al estilo *Jeopardy.*

MODELO: Es deportista, alto y muy atlético y parece volar cuando juega. → ¿Quién es Michael Jordan?

B. La abuela y el niño. La abuela y el niño se parecen mucho. Describa a la abuela según lo que se dice de su nieto, siguiendo los modelos.

MODELO: El niño es muy generoso. → La abuela también es generosa.

1. El niño es mexicano.
2. El niño es trabajador.
3. El niño es cortés.

MODELO: El niño no es perezoso. → La abuela tampoco es perezosa.

4. El niño no es callado.
5. El niño no es arrogante.
6. El niño no es pesimista.

C. ¿Cómo eran? Forme tres oraciones para describir a cada figura histórica. Use un adjetivo de la lista de nacionalidades y dos adjetivos del Vocabulario del tema.

Adjetivos de nacionalidad: chino, egipcio, francés, indio, inglés, israelí, italiano, mexicano, norteamericano, ruso, venezolano

MODELO: Lizzie Borden → Lizzie Borden era norteamericana. Era hostil con sus padres. No era simpática.

1. Joseph Stalin
2. Simone de Beauvoir
3. Abraham Lincoln
4. Florence Nightingale
5. Simón Bolívar
6. Golda Meir
7. Anwar Sadat
8. Indira Gandhi

ESPAÑOL EN ACCION

A. Adivinanza (*Guessing Game*).   Un(a) estudiante piensa en una persona a quien admira mucho, y la describe, pero sin mencionar el nombre. (Puede ser un miembro de su familia, un profesor, un artista, un político, etcétera.) Luego los otros miembros de la clase le hacen preguntas y tratan de adivinar en quién piensa. La primera persona que adivina gana.

B. ¿Dónde está la mayonesa?   Trabajando con un compañero (una compañera) inventen una historia para la siguiente foto. ¿Quiénes son estas personas? ¿Qué tipo de persona es la mujer? ¿el hombre? ¿Dónde están? ¿Qué están haciendo? ¿Están contentos, sorprendidos (*surprised*), molestos, enojados, etcétera? ¿Por qué? ¿Cómo están preparadas las tapas (*hors d'oeuvres*)?

¡Aaajj!...¡No tiene mayonesa!

C. Chismes (*Gossip*).   La familia Rodríguez, de Monterrey, México, acaba de ganar «El Gordo», el premio (*prize*) mayor de la lotería nacional.

Imagínese que su profesor(a) es periodista (*reporter*) y que busca información acerca de los Rodríguez. Los demás estudiantes del grupo son los vecinos (*neighbors*) de la familia. El/La periodista tiene un álbum de fotos de los Rodríguez, pero todo lo que sabe de ellos es la información que sigue.

- El Sr. Rodríguez tiene 42 años. Es profesor.
- La Sra. Rodríguez es de Costa Rica.
- Pedro tiene 20 años. Acaba de comprar un coche viejo.
- Amelia tiene 18 años. Va con frecuencia a la discoteca «Luna Azul».

- Luis tiene 15 años. Trabaja en el mercado por las tardes.
- Graciela tiene 10 años. Está en la escuela primaria.
- Roberto tiene 7 años. Es un niño travieso (*mischievous*).

¡Pedro está tan orgulloso de su coche!

¿Con quién baila nuestra Amelia?

Dentro de poco Luis va a jugar mejor que su papá.

¡Qué lindo es nuestro país!

¡Roberto no le tiene miedo a nada!

Graciela y Roberto están aprendiendo a nadar.

¿Veintidós años? ¡Dios mío!

Usen esta información y la que sacan de las fotos para darle al / a la periodista una descripción tan detallada como sea posible de cada miembro de la familia Rodríguez.

1. ¿Cómo es cada persona? Describa su apariencia física y también su personalidad.
2. ¿Cuáles son sus intereses? ¿sus pasatiempos favoritos?
3. ¿Hay actividades que hacen juntos (*together*) todos los miembros de la familia? ¿Por qué les interesan esas actividades?
4. ¿Hay otras actividades que *no* hacen juntos? ¿Cuáles son? ¿Con quiénes las hacen? ¿Por qué?

Al corriente

La catedral de la Sagrada Familia de Gaudí en Barcelona.

¡A saber!

1. En inglés se usa la palabra «gaudy» para describir algo que es _____.

   ○ muy atractivo

   ○ excesivamente elaborado

   ○ feo

2. Si estás en Barcelona, ¿en qué país te encuentras? [＿＿＿＿＿＿＿＿＿]

3. En tu opinión, ¿cómo son los arquitectos? (Puedes usar varios adjetivos.)

   ○ aburridos   ○ atrevidos   ○ imaginativos

   ○ arrogantes   ○ conservadores   ○ optimistas

   ○ artísticos   ○ creativos   ○ perezosos

   ○ atléticos   ○ habladores   ○ prácticos

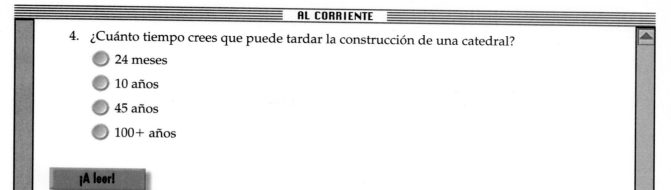

4. ¿Cuánto tiempo crees que puede tardar la construcción de una catedral?

- ⚪ 24 meses
- ⚪ 10 años
- ⚪ 45 años
- ⚪ 100+ años

¡A leer!

La siguiente lectura viene de dos páginas de la red Internet y presenta la ciudad de Barcelona y uno de sus monumentos más importantes, el Templo de la Sagrada Familia, construido por Antoni Gaudí. Léela y contesta las preguntas que se encuentran a continuación.

BARCELONA

Barcelona, con sus casi dos millones de habitantes, es la capital de Cataluña. Por su población, situación e infraestructuras, Barcelona es hoy un eje clave[1] en la vida y la economía del Mediterráneo occidental[2] y del sur de Europa. La celebración de los Juegos Olímpicos (1992) ha dado un enorme impulso[3] a la ciudad y la ha catapultado[4] como una de las más atractivas para vivir y trabajar en Europa.

Entre los monumentos de la ciudad destaca[5] por su carácter emblemático[6] el Templo de la Sagrada Familia, la gran obra inacabada[7] del arquitecto Antoni Gaudí (1852–1926). Su peculiar estilo[8] arquitectónico encuentra su reflejo[9] en otros puntos de la ciudad como el Parque Güell o la Casa Batlló.

LA SAGRADA FAMILIA DE GAUDÍ

El 3 de octubre de 1883, Gaudí cuenta con 31 años de edad y acepta el encargo[10] de proseguir la labor iniciada por Villar. Serán cuarenta y tres años los que Gaudí dedicará a este templo.

En él dedicará todo su trabajo a la preparación de bocetos[11] y modelos en yeso[12] y utilizará parte de su tiempo libre en conseguir ayudas[13] para poder proseguir[14] las obras. Hasta 1900 Gaudí no consigue ver[15] levantada[16] parte de la fachada[17] interior del Portal del Nacimiento, en donde se aprecian[18] muchos temas alegóricos o procedentes del gótico[19].

En estos momentos, es preciso[20] decirlo, se están utilizando una multitud de[21] recursos[22] para continuar la construcción de este templo que no obedece[23] a ninguna razón obvia.

---

[1]eje... *key component* [2]*western* [3]*impulse* [4]*launched* [5]*stands out* [6]*emblematic* [7]*unfinished* [8]*style* [9]encuentra... *is reflected* [10]*respnsibility, duty* [11]*sketches; designs* [12]*plaster* [13]*help* [14]*continuar* [15]no... *is unable to see* [16]*erected* [17]*façade* [18]se... *one can enjoy, appreciate* [19]*gothic* [20]es... *hay que* [21]una... *muchos* [22]*resources* [23]*obeys*

Comprensión:

1. ¿Por qué es especial la ciudad de Barcelona?

   [ ]

2. ¿Qué quiere decir «el Templo de la Sagrada Familia es una obra inacabada»?

   [ ]

3. ¿Cuánto tiempo trabajó Gaudí en su construcción?

   ⚪ 31 años   ⚪ 43 años   ⚪ 17 años

4. ¿A qué se refiere «La sagrada familia»?

   ⚪ a la familia nuclear, no extendida

   ⚪ al papa en Roma

   ⚪ a María, José y Jesús

5. Gaudí terminó la primera fachada rápidamente.

   ⚪ cierto   ⚪ falso

Explica:

[ ]

¡A discutir!

Imagínate que estás encargado/a de planear un viaje a Barcelona para un grupo de compañeros de tu clase de español. Van a ver el Templo de la Sagrada Familia y luego, van a probar la cocina catalana. ¿Qué vías de transporte están disponibles para ir a visitar el Templo? ¿Qué horario tiene el museo? ¿Cuándo pueden ir a visitarlo? ¿Qué esperan comer en Barcelona? ¿Qué otros lugares van a visitar durante su viaje? Haz una lista de las cosas que. Uds. tienen que saber para su viaje.

Para más información sobre Barcelona, La Sagrada Familia y otros temas relacionados, consulte la página de McGraw—Hill para *Al corriente* en la Internet.

http://www.spanish.mhhe.com

¡A escribir!

Ya que has aprendido varias cosas sobre Barcelona, escribe un e-mail a tus compañeros de clase explicándoles la información necesaria para el viaje. Incluye una descripción de la Sagrada Familia. (Tu lista de la sección previa puede serte muy útil aquí.)

Tres generaciones de esta familia colombiana —abuelos, padres, hijos, cuñados, suegros, tíos, nietos y sobrinos— se divierten juntos.

¡HABLEMOS UN POCO!

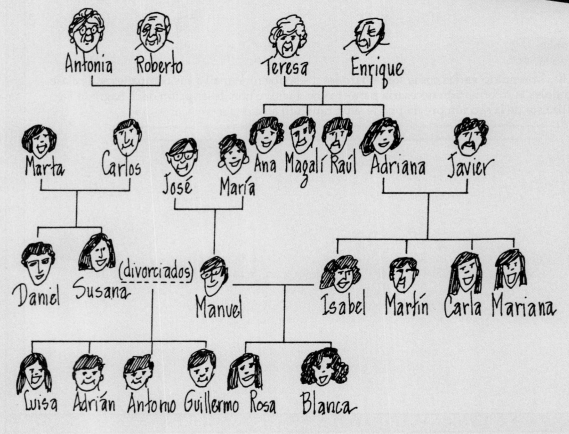

Antonia — Roberto   Teresa — Enrique

Marta — Carlos   José — María   Ana Magalí Raúl Adriana — Javier

Daniel Susana (divorciados) Manuel   Isabel Martín Carla Mariana

Luisa Adrián Antonio Guillermo Rosa   Blanca

VOCABULARIO DEL TEMA

Los parientes *(relatives)*

el padre, la madre	father, mother
el padrastro, la madrastra	stepfather, stepmother
el suegro, la suegra	father-in-law, mother-in-law
el hijo, la hija	son, daughter
el hijastro, la hijastra	stepson, stepdaughter
el yerno, la nuera	son-in-law, daughter-in-law
el hermano, la hermana	brother, sister
el mellizo, la melliza	twin brother, twin sister
el hermanastro, la hermanastra	stepbrother, stepsister
el medio hermano, la media hermana	half-brother, half-sister
el cuñado, la cuñada	brother-in-law, sister-in-law
el abuelo, la abuela	grandfather, grandmother
el bisabuelo, la bisabuela	great-grandfather, great-grandmother
el nieto, la nieta	grandson, granddaughter
el bisnieto, la bisnieta	great-grandson, great-granddaughter
el tío, la tía	uncle, aunt
el sobrino, la sobrina	nephew, niece
el primo (hermano), la prima (hermana)	(first) cousin

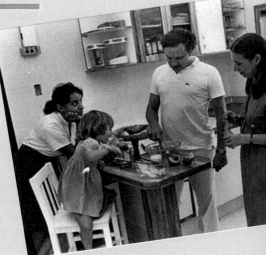

Esta familia latinoamericana se reúne en la cocina para preparar la cena.

Hablando del tema

A. Toda familia es diferente. Algunos jóvenes tienen padrastro o madrastra, hermanastros o medio hermanos. Otros son hijos únicos *(only children)*, y unos pocos son mellizos. Casi todos los jóvenes tienen abuelos, tíos y primos. Muchos adultos también tienen sobrinos, cuñados, suegros, yernos y nueras. Con sus compañeros de clase, echen la cuenta *(make a tally)* de cuántos tienen padrastros, abuelos, bisabuelos, mellizos, etcétera.

Luego decidan entre sí *(among yourselves)* qué persona de la clase tiene la familia extendida más grande, la más pequeña y la más complicada.

B. Tradición y cambio en la familia. ¿En qué consiste tradicionalmente la «familia típica» norteamericana? ¿Es tan común ahora como hace treinta años? ¿En qué son diferentes las familias hoy en día? Trabajando con un compañero (una compañera), hagan una lista de todos los cambios que han notado. ¿Cuáles son algunas de las causas de los cambios que Uds. han incluido en su lista?

C. La familia a través de la televisión.   Muchos de los programas populares de televisión tratan de representar la familia contemporánea norteamericana. Trabajando con un compañero (una compañera), identifiquen un programa de este tipo de la década de los ochenta y otro de los años noventa. ¿De que forma son esas familias representativas de su década?

LECTURA

ACERCANDONOS A LA LECTURA

Can you remember your childhood dreams and goals? Can you explain if those aspirations were shaped mostly by your family, your friends and schooling, or by some special quality of your own? For most of us, the first question is easier to answer than the second. The following reading selection, an interview with Julián López ("El Juli"), portrays a young adolescent who is keenly aware of the factors that have made him a prodigy of the bullfighting ring. You will find that some of his experiences are common to young people everywhere, but others are grounded in Spanish culture and family traditions.

VOCABULARIO PARA LEER

acudir to go or attend in support
aprobar (ue) to pass (a course)
asegurar to assure
entrenar to train
ingresar to enroll, enlist, join, enter
mostrarse (ue) to present or display oneself
torear to bullfight

la afición interest
los / las demás the others, the rest
los dibujos animados cartoons

la estatura height
la mirada look, gaze, glance
la plaza bullfighting arena

campero/a *(adj.)* country, rural
inquebrantable unbreakable

a partir de (+ *time*) after, as of (+ *time*)
correr (el) riesgo to run the risk
tener afición a to have an interest in

A. Correspondencias.   Escoja las palabras de la lista del vocabulario que mejor corresponden a las siguientes definiciones.

1.   salir bien en un examen del colegio
2.   practicar un deporte para hacerse hábil en él o para prepararse para competir

3. prometer o afirmar con convicción
   4. sentir gran amor o inclinación por algo
   5. las otras personas

B. Definiciones. Explique en español qué significan las siguientes palabras
o expresiones.

   1. correr el riesgo   **4.** la mirada
   2. estatura   **5.** torear
   3. dibujos animados

C. Antónimos. Escoja de la lista del vocabulario los antónimos de las
siguientes palabras o expresiones.

   1. quedarse   **4.** terminar un programa de
   2. antes de   estudios
   3. frágil   **5.** urbano

COMENTARIOS PRELIMINARES

A. Nuestras familias: ¿De tal palo, tal astilla? El refrán del título (equivalente en inglés a *a chip off the old block*) sugiere que los hijos inevitablemente se
parecen a sus padres. ¿Está Ud. de acuerdo? ¿Qué características personales se
transmiten de familia a familia? Piense Ud. en su familia (puede ser útil
repasar los retratos elaborados en el Capítulo 1). ¿Hay talentos, aficiones y
características personales que Ud. comparte con otros miembros de su familia?
En su opinión, ¿son innatas las semejanzas y diferencias o son aprendidas en
la familia? Trabaje con un compañero (una compañera) para comparar observaciones y opiniones.

B. Familias famosas: ¿De tal palo, tal astilla? A lo largo de la historia, hay
familias con varios miembros de renombre. Por ejemplo, los presidentes
Theodore Roosevelt y Franklin D. Roosevelt eran primos, el actor Martin
Sheen es el padre de los actores Charlie Sheen y Emilio Estévez, la diseñadora
Paloma Picasso es hija del artista Pablo Picasso y el presidente John F.
Kennedy era hermano del senador Edward M. Kennedy y del político
asesinado Robert Kennedy. ¿Es esto sólo coincidencia? ¿O le dan estos casos
validez al refrán *De tal palo, tal astilla*? ¿O cree Ud. que los talentos y aficiones
de estos famosos se han cultivado en sus familias?
   Trabaje con un compañero (una compañera) para escoger un par de
parientes famosos: éstos pueden tener cualquier parentesco y ser famosos en
cualquier campo (el cine, la ciencia, los deportes, etcétera). Después, consideren
los siguientes puntos. Finalmente, compartan sus observaciones con la clase.

   1. ¿Cuál es el parentesco entre ellos?
   2. ¿En que se basa la fama de cada uno?

3. Describa a cada uno de ellos.

4. ¿Es la fama de ellos producto de valores familiares, sociales / culturales o individuales?

C. Mis aficiones: ¿de dónde (me) vienen? Las cosas que nos gustan son un componente importante de nuestra personalidad. Si nos preguntamos de dónde nos vienen esas aficiones, podemos señalar en algunos casos la influencia de la familia, de la escuela y de los amigos y, en otros casos, reconocemos que la afición es un gusto individual.

Considere si las siguientes aficiones suyas son producto de la influencia de la familia, la escuela o la sociedad o si nacen de un gusto personal. Identifique sus aficiones y marque (X) el espacio que corresponda al origen de cada afición. Después determine cuáles de los factores influyen más en Ud. Finalmente, comparta sus observaciones con sus compañeros/as.

AFICION	INFLUENCIA FAMILIAR	INFLUENCIA ESCOLAR	INFLUENCIA SOCIAL/CULTURAL	GUSTO PERSONAL
1. Deporte favorito: _____				
2. Música favorita: _____				
3. Lecturas favoritas: _____				
4. Comida favorita: _____				
5. Color favorito: _____				
6. Clase favorita: _____				
7. Tipo de película preferido: _____				
8. Otra afición importante: _____				

D. ¿Seguir los pasos de la familia?: diálogos entre padres e hijos. Trabaje con un compañero (una compañera) para elaborar un diálogo en que un padre o una madre discute con su hijo/a sobre la selección de oficio o profesión. ¿Debe el / la joven seguir la profesión de sus mayores? Escojan *una* de las siguientes situaciones.

1. El padre es policía; el hijo desea serlo también, pero el padre no se lo recomienda.

2. La madre es maestra de escuela primaria; la hija prefiere seguir la carrera de astronauta, contra los deseos de su madre.

3. El padre es escritor; la hija tiene gran afición por la literatura pero no tiene habilidad para escribir.
4. La madre es dentista y le gustaría que su hijo fuera dentista también. El chico está indeciso.
5. La familia tiene una pequeña finca. Los hijos quieren quedarse en ella. Padres e hijos discuten las ventajas y los riesgos de quedarse allí. (Grupo de cuatro personas)
6. La madre es cantante de música campera y no gana mucho dinero; quiere triunfar formando un dúo con su hijo de 18 años.

ESTRATEGIAS PARA LEER

Formal, Expository Language Versus Informal, Conversational Language

Tú and **usted** mark familiarity versus formality between speakers. Speakers can also convey informality and formality through the way they structure their messages, that is, the words they use and how they use them. Informal language is marked by the use of colloquial words or expressions (for example, **el cole** for **el colegio** and **el chaval** for **el muchacho**), idiomatic phrases, proverbs, and other culturally charged expressions, as well as abbreviated, incomplete, or run-on sentences. Informal language is associated with conversation but is often used by authors to create an effect, mood, or characterization in written works.

In this chapter, the reading is an interview with **el Juli**, a teenage bullfighter. Even his name is an example of colloquial language. **Juli** is a shortened version of his given name, **Julián**. Additionally, the definite article that precedes his name reflects a familiar way to refer to people in Spanish (for example, **la María, el Juan**). As you read, note the formal, expository language used by the interviewer versus the conversational nature of the information that **el Juli**, his teacher, and his father provide.

ESTRATEGIAS EN ACCION

A continuación hay una lista de frases extraídas directamente de la lectura. Indique las que son informales (I) y las que son ejemplos de lenguaje más formal (F). Después compare sus respuestas con las de sus compañeros/as y explíqueles sus conclusiones.

1. _____ Los que le han visto hablan y hablan sin parar de las cualidades de este precoz novillero...
2. _____ ... ¿de dónde te viene la afición?
3. _____ El día de mi Primera Comunión en una fiesta campera.

4. _____ Confiesa que se encuentra más a gusto en la Escuela de Tauromaquia de Madrid que en el colegio de Velilla de San Antonio,
pueblo en el que vive con su familia.

5. _____ Si quiere torear... ya sabe de sobra que tiene que aprobar.

6. _____ Hablando con él parece un chaval como los demás. Sin embargo
en la plaza se transforma.

7. _____ Sólo me siento delante de la tele para ver videos de toros.

8. _____ Su madre acude allá donde su hijo esté anunciado.

9. _____ Comprarme un Mercedes y una finca.

10. _____ «El Juli», su maestro y su padre comienzan a andar hacia Las
Ventas, hacia el futuro que esta firme promesa del toreo tendrá
que conquistar.

Un principito en los ruedos

Julián López «El Juli», un niño superdotado en el mundo de los toros

Vicente Zabala de la Serna

Toreó por primera vez en una fiesta campera el día de su primera comunión. Ese mismo año les pidió a sus padres como regalo de cumpleaños ingresar en la escuela taurina.

Los taurinos están prendados[2] con este niño bajito de trece años que se aburre en el colegio porque a sus compañeros eso de la fiesta nacional les trae al pairo[3]. Su normalidad en la calle se transforma en genialidad cuando salta a la arena y coge el capote. Julián López «El Juli», que compatibiliza sus estudios en el colegio de su pueblo con su adiestramiento en la Escuela de

Los expertos taurinos resaltan que este niño de trece años, que vive en la localidad madrileña de Velilla de San Antonio, será uno de los mandamases de la fiesta nacional en el año 2000. Destacan de él que «lleva el toreo en la cabeza. En el ruedo ni mira a nadie ni hace caso a nadie. Allá donde hace el paseíllo, lía el taco».[1]

[1]Allá... *He doesn't look or pay attention to anybody in the arena* [2]*enchanted* [3]les... no les importa

Tauromaquia de Madrid, está llamado a ser uno de los mandamases del toreo en el siglo XXI. Por el momento, se dedica a pulir su estilo y a montar el lío[4] allá donde hace el paseíllo. Un principito que aspira a erigirse en el rey de los ruedos.[5]

Los que le han visto hablan y hablan sin parar de las cualidades de este precoz[6] novillero[7] de la Escuela de Tauromaquia[8] de Madrid. Aseguran que en el año 2000 mandará en los ruedos. El tiempo lo dirá.

Julián López «El Juli» tiene una mirada azul muy viva. De escasa estatura,[9] rubio, simpático y risueño,[10] el chaval[11] se muestra tranquilo.

A ti, «Juli», ¿de dónde te viene la afición?

Mi padre fue novillero con caballos. Cuando lo dejó, yo le acompañaba a entrenar a la Casa de Campo,[12] y por ahí me entró.

¿Cuándo toreaste por primera vez?

El día de mi Primera Comunión[13] en una fiesta campera. Tenía nueve años. Ese mismo año les pedí a mis padres como regalo de cumpleaños ingresar en la Escuela Taurina[14] de Madrid. Nunca he querido ser otra cosa.

Confiesa que se encuentra más a gusto en la Escuela de Tauromaquia de Madrid que en el colegio de Velilla de San Antonio, pueblo en el que vive con su familia. Pero existe un pacto inquebrantable entre padre e hijo. «Si quiere torear   explica su progenitor[15]   ya sabe de sobra que tiene que aprobar».

Y los estudios, ¿cómo van?

Voy aprobando casi todo, y lo que me queda lo recupero luego en los exámenes de junio.

Hablando con él parece un chaval como los demás. Sin embargo, en la plaza se transforma. El maestro Sánchez relata que desde que llegó a la Escuela nunca ha habido que decirle nada porque «es algo fuera de lo normal».

> «Yo mato bien a pesar de mi estatura. Últimamente — comenta el precoz novillero madrileño — casi siempre queda en la media estocada, pero arriba, ¿eh?»

¿Qué haces en un día normal?

Voy al colegio por la mañana hasta las cuatro y media de la tarde. Pero allí me aburro, me gusta mucho más la Escuela de Tauromaquia, porque hago lo que realmente me gusta. En el «cole»,[16] además, mis compañeros no tienen mucha afición y no se puede hablar con ellos de toros. Después, a partir de las seis, ya en el Batán, entreno hasta las ocho.

¿Y en casa?

Sólo me siento delante de la tele para ver videos de toros. No me gustan los dibujos animados ni las series infantiles; aunque sí algunos juegos, como el ajedrez[17] o el futbolín.

¿Te gusta la música?

Sí, el flamenco.

«El Juli» es el menor de tres hermanos. Su hermana mayor, de veinte años, es bailaora,[18] y su hermano siempre va de ayuda del mozo de espada.[19] Su madre acude allá donde su hijo esté anunciado.

¿Sabes que en la plaza se puede morir?

Siempre corres ese riesgo.

¿Crees en Dios?

Lo normal. Siempre me santiguo[20] a la hora de hacer el paseíllo.

Cuando seas figura,[21] ¿qué es lo primero que harás?

Comprarme un Mercedes y una finca.

¡El eterno Mercedes!

Nos despedimos en la calle de Alcalá. «El Juli», su maestro y su padre comienzan a andar hacia Las Ventas,[22] hacia el futuro que esta firme promesa del toreo tendrá que conquistar. El camino es largo y duro. El toro selecciona a los mejores. «El Juli» lo sabe; pero no tiene miedo. Suerte, pequeño maestro.

Tomado de «Notas para aficionados profanos»

---

[4]montar... to stir things up   [5]ring, arena   [6]precocious   [7]novice, young bullfighter   [8]Bullfighting   [9]De... Bajo   [10]cheerful   [11]muchacho   [12]Casa... parque de Madrid   [13]Primera... First Holy Communion   [14]de Tauromaquia   [15]padre   [16]colegio   [17]chess   [18]bailadora de flamenco   [19]mozo... bullfight assistant   [20]me... I cross myself   [21]famoso   [22]Las... la plaza de toros en Madrid

¿Cuánto recuerda Ud.?

A. Marque (X) las aficiones de «El Juli» según la entrevista.

1. _____ el toreo
2. _____ el colegio
3. _____ el futbolín el la tele
4. _____ nadar

5. _____ el flamenco
6. _____ los perros
7. _____ los coches caros
8. _____ las chicas

B. Lea cada par de oraciones, y después indique la que concuerda con la entrevista.

1. **a.** «El Juli» es alto, fuerte e inquieto.
   b. «El Juli» es bajo, amable y vivaz.
2. **a.** «El Juli» cree que su padre le transmitió la afición al toreo.
   b. «El Juli» no sabe por qué le gusta torear.
3. **a.** «El Juli» se dedica completamente al toreo.
   b. «El Juli» complementa sus estudios en el colegio con clases taurinas.
4. **a.** De las seis a las ocho de la tarde, «El Juli» entrena.
   b. De las seis a las ocho de la tarde, «El Juli» mira televisión y juega con sus amigos y hermanos, como cualquier muchacho.
5. **a.** «El Juli» no piensa que puede morir en la plaza.
   b. «El Juli» comprende que torear significa correr grandes riesgos.

¿Qué se imagina Ud.?

A. «El Juli» y yo: semejanzas y diferencias. Aunque «El Juli» es un joven muy especial, también es un chico muy normal. Reflexione sobre lo que ha leído y también sobre sus propias experiencias, para hacer una comparación entre «El Juli» y Ud. Tenga en cuenta los siguientes detalles de su adolescencia. Después, comparta sus observaciones con un compañero (una compañera).

1. su afición principal y la edad en que empezó a dedicarse a ella
2. sus relaciones con sus padres y hermanos
3. su actitud hacia el colegio
4. sus relaciones con sus profesores y compañeros de escuela
5. un día típico de su vida
6. algún otro aspecto importante de su vida

B. Las tradiciones en mi familia. Para «El Juli», el toreo no sólo es una tradición nacional, sino una tradición familiar. ¿Hay alguna tradición que ha pasado de sus abuelos a sus padres en la familia de Ud.? Trabaje con un compañero (una compañera) para explicar de dónde viene esa tradición y en qué consiste o para explicar por qué no hay ninguna tradición. También comente si su padre o su madre le transmitió esta tradición a Ud. o no. Finalmente, dígale a su compañero/a si Ud. desea pasar esa tradición a sus hijos y nietos y por qué.

C. «El Juli» retratado por los demás.   «El Juli» hizo un autorretrato de su personalidad y de su vida para el periodista. ¿Qué imagen dibujarían de él otras personas que lo conocen de cerca? Adopte la perspectiva de una de las siguientes personas en la vida de «El Juli» para escribir un párrafo a manera de retrato sobre el carácter y las actividades del joven torero y de sus relaciones personales con él. Luego, trabajando en grupo, comparen los párrafos escritos desde la misma perspectiva. Finalmente, preparen una descripción que incorpore las ideas de todos y preséntenla a la clase.

1. la madre
2. la hermana
3. el hermano
4. el padre
5. un compañero del colegio
6. un profesor del colegio

D. «El Juli» en el año 2000: otra entrevista.   Se proyecta que «El Juli» será una estrella de los ruedos en el año 2000. Imagínese que ha llegado ese momento en la vida de «El Juli». Trabajando con un compañero (una compañera), imagínese que uno/a de Uds. es «El Juli» después de su mayor triunfo, y el otro (la otra) es el/la periodista que lo entrevista. Realicen una entrevista que exponga los cambios en la vida del torero en los últimos años.

GRAMATICA EN CONTEXTO

4. Talking About What You Have Done: The Present Perfect

The present perfect tense expresses an action that has already happened and may still be relevant to the present time. It is formed with the present tense of **haber** plus the past participle. Remember that the past participle is formed by replacing the ending of **-ar** verbs with **-ado**, and the ending of **-er** and **-ir** verbs with **-ido**.

he	hemos		
has	habéis	+	llegado (llegar)
ha	han		querido (querer)
			subido (subir)

Nunca **he querido** otra cosa.
Nunca **ha habido** que decirle nada.

I have never wanted anything else.
One never has had to correct him (say anything to him).

The following verbs have past participles that are irregular in form.

abrir	**abierto**	morir	**muerto**
cubrir	**cubierto**	poner	**puesto**
decir	**dicho**	romper	**roto**
escribir	**escrito**	ver	**visto**
hacer	**hecho**	volver	**vuelto**

No les **hemos dicho** nada nunca. *We've never said anything to them.*
Algunos toreros **han muerto** *Some bullfighters have died in*
   en el ruedo. *the ring.*

▲ **¡Practiquemos!**

A. Gente famosa.   Indique si las siguientes oraciones son ciertas (C) o falsas (F). Si son falsas, corríjalas.

1. _____ Millones de personas han leído las novelas de Danielle Steele.
2. _____ Arantxa Sánchez Vicario y Steffi Graf han llegado a ser famosas porque son actrices maravillosas y hermosas.
3. _____ En esta clase hemos estudiado las obras de Cervantes, Calderón y Lope de Vega.
4. _____ He visto a los presidentes de México, España y los Estados Unidos en la televisión.
5. _____ Whitney Houston ha escrito muchas canciones en contra de *(against)* la guerra.

B. ¿Qué ha hecho el niño?   Cambie todos los verbos al presente perfecto del indicativo, según el modelo.

MODELO: **Pablo** *llega* a las ocho. → **Pablo** *ha llegado* a las ocho.

El niño Julián *sale*[1] al campo. *Ve*[2] los caballos y toros y *ayuda*[3] a su padre. Los toros le *hacen*[4] una gran impresión. Por eso *decide*[5] hacerse torero, y le *pide*[6] a su padre permiso para asistir a la escuela taurina. Su padre le *dice*[7] que sí pero sólo si Julián aprueba sus cursos. Desde entonces el chaval *asiste*[8] al colegio del pueblo hasta las cuatro y media y *entrena*[9] para ser torero por la tarde. *Es*[10] muy dedicado a su afición.

C. ¿Qué has hecho tú?   Con un compañero (una compañera), pregúntense y contesten las siguientes preguntas.

1. ¿Cuántos días feriados *(holidays)* has tenido este año? ¿Qué has hecho durante alguno de estos días?
2. ¿Has ido a un restaurante de lujo (caro)? ¿Cuántas veces?
3. ¿Cuál es la comida más exótica (o extraña) que has comido?
4. ¿Has ido al cine recientemente? ¿Qué película has visto?
5. ¿Has vuelto a algún sitio donde te gustaba ir de niño/a? ¿Qué has pensado de ello?

5. Expressing -self (-selves) and each other: Reflexive Verbs

Normally, the object of a verb is different from the subject.

Roberto lava los platos.   *Roberto washes the dishes.*

SUBJECT   OBJECT

In some constructions, however, the subject and the object refer to the same person or thing.

Roberto **se** lava.   *Roberto washes himself.*

SUBJECT   (OBJECT: **Roberto**)

Verbs in Spanish accompanied by object pronouns that refer to the subject are known as *reflexive verbs*. The pronouns that accompany these verbs are reflexive pronouns. They must agree in person and number with the subject.

REFLEXIVE PRONOUNS	
me	nos
te	os
se	se

You have probably used reflexive verbs to talk about your daily activities. Some of these verbs include **acostarse (ue), afeitarse, bañarse, despertarse (ie), lavarse, levantarse, peinarse, secarse, vestirse (i).**

me afeito	nos afeitamos
te afeitas	os afeitáis
se afeita	se afeitan

Most verbs that take direct objects* can be used reflexively (usually expressed in English with *myself, yourself, herself,* and so on). Compare the following examples in which the reflexive pronouns take the place of the direct objects.

NONREFLEXIVE   REFLEXIVE

bañar   *to bathe*   bañarse   *to bathe oneself*
Pablo baña al perro.   Pablo **se** baña.
Pablo bathes the dog.   *Pablo bathes himself.*

mirar   *to look*   mirarse   *to look at oneself*
Papá mira el coche en el espejo.   Papá **se** mira en el espejo.
Dad looks at the car in the mirror.   *Dad looks at himself in the mirror.*

---

*If you need clarification on the function of direct and indirect objects, turn to grammar point 9 in **Capítulo 3.**

Similarly, reflexive pronouns can take the place of indirect objects.

<table>
<tr><td>NONREFLEXIVE</td><td>REFLEXIVE</td></tr>
</table>

NONREFLEXIVE	REFLEXIVE
poner *to put, place* Julia le pone los zapatos a su hijo. *Julia puts the shoes on her son.*	ponerse *to put (clothing) on oneself* Julia **se** pone los zapatos. *Julia puts her shoes on.*

escribir   *to write*
Mi hermana le escribe una nota a
    su novio.
My sister writes a note to her boyfriend.
	escribirse *to write to or for oneself*
	Mi hermana **se** escribe una
	    nota.
	My sister writes herself a note.

Phrases such as **a mí mismo/a, a ti mismo/a, a sí mismo/a/os/as, a nosotros/as mismos/as, a vosotros/as mismos/as** can also be added for emphasis.

Papá **se** lee el poema **a sí mismo.**	*Father reads the poem to himself.*
Yo **me** escribo versos **a mí mismo/a.**	*I write poetry for myself.*

Reciprocal Actions

The reflexive pronouns **se, nos,** and **os** can also express reciprocal actions (actions performed to or for each other or one another). In this case, **mútua-mente** or **el uno al otro** can be added for emphasis or clarity.

Se escriben (mútuamente) versos de amor.	*They write each other love poetry.*
Nos llamamos (el uno al otro) cada día.	*We call each other every day.*

Pronoun Placement

Reflexive pronouns either precede the conjugated verb or follow (and are attached to) the infinitive.

Nos vestimos rápidamente.
Nos vamos a vestir rápidamente.
Acabamos de vestir**nos** rápidamente.

▲ ¡Practiquemos!

A. Nuestra rutina diaria.   Combine los verbos de la primera columna con las frases de la segunda para formar una descripción de la rutina diaria de la familia de Alicia. Note que no todos los verbos que se usan son reflexivos.

MODELO: lavarse (mi hermano) / el pelo con este champú →
                Mi hermano se lava el pelo con este champú.

1. ____ poner (tú)	**a.**	en el espejo por un rato
2. ____ ponerse (mi hermana)	**b.**	los pijamas antes de desayunar
3. ____ lavar (mis hermanos)	**c.**	la ropa para ir a clase
4. ____ lavarse (la abuela)	**d.**	los platos del desayuno
5. ____ mirar (nosotros)	**e.**	la mesa cuando te lo piden
6. ____ mirarse (yo)	**f.**	televisión por la noche
7. ____ quitar (mamá)	**g.**	los dientes por la mañana
8. ____ quitarse (papá)	**h.**	de la mesa los platos sucios

Ahora ponga todas las acciones en orden cronológico, imaginándose que ésta es la rutina diaria de Ud.

MODELO: Primero, me lavo el pelo con este champú.
Luego... Entonces... y... Finalmente...

B. ¿Qué hacen esta mañana? Describa lo que hacen las siguientes personas esta mañana.

1   2   3   4

C. ¡Así es el amor! Trabajando con un compañero (una compañera), indiquen qué acciones hacen de manera recíproca dos jóvenes enamorados por primera vez. Inventen sus respuestas según el modelo y usando los verbos indicados. **Vocabulario útil:** tonterías *(silly things)*, flores, recados *(messages)*, cariñosamente *(affectionately)*, a todas partes *(everywhere)*, constantemente

MODELO: decir → Se dicen cosas bonitas.

1. llamar	**3.** comprar	**5.** abrazar	**7.** besar
2. escribir	**4.** acompañar	**6.** mandar	**8.** mirar

6. Indicating Change: More Reflexive Verb Forms

Many verbs in Spanish have reflexive forms although they do not have reflexive meanings. One group of such verbs expresses changes in psychological or physical states or in one's status. These verbs frequently express the idea of mental change, which is rendered in English with *to become* or *to get*. Many of these verbs are often followed by a preposition such as **con, de, en,** or **por.**

aburrirse (de)	to get bored (with)
acordarse (ue) (de)	to remember; to become aware of
alegrarse (de)	to become happy (about)
cansarse (de)	to get tired (of)
casarse (con)	to get married (to)
convertirse (ie) (en)	to become, change (into)
divertirse (ie) (con)	to have fun, be entertained (with)
divorciarse (de)	to get divorced (from)
enamorarse (de)	to fall in love (with)
enflaquecerse (zc)	to get thin
engordarse	to get fat
enojarse (con)	to get mad (at)
entristecerse (zc)	to become sad
olvidarse (de)	to forget (about)
preocuparse (por)	to worry, get worried (about)
sentirse (ie)	to feel; to become (+ *adjective/ adverb*)

Mi padre **se entristece** cuando llueve.	*My father gets sad when it rains.*
Me engordo si como demasiados chocolates.	*I get fat if I eat too many chocolates.*
Nunca **nos acordamos** de llamarlo.	*We never remember to call him.*

These verbs may also be used nonreflexively.

NONREFLEXIVE	REFLEXIVE
Esa clase me **aburre.** *That class bores me.*	**Me aburro** en esa clase. *I get bored in that class.*
Tú me **cansas** mucho. *You tire me out.*	**Me canso** mucho. *I get tired a lot.*

The following verbs are best rendered in English with expressions that include adverbs.

caerse	to fall *down*
comerse	to eat *up*
enterarse (de)	to find *out* (about)
irse	to go *away,* leave
llenarse (de)	to fill *up* (with)
sentarse (ie)	to sit *down*
tranquilizarse	to calm *down*

De noche el cielo **se llena** de estrellas.

At night the sky fills up with stars.

Tengo que **irme** por un rato.

I have to go away for a while.

A small group of verbs has no patterned translation into English. These verbs always have reflexive forms.

atreverse (a)   to dare (to)
burlarse (de)   to make fun (of)
comportarse   to behave
darse cuenta (de)   to realize
equivocarse   to make a mistake

equivocarse   to make a mistake
jactarse (de)   to brag (about)
quedarse (en)   to stay (in/at)
quejarse (de)   to complain (about)

Mis padres nunca **se equivocan.**
Diego **se jacta de** su propia fuerza.

My parents never make a mistake.
Diego brags about his own strength.

▲ ¡Practiquemos!

A. ¿Quién?   ¿Sabe Ud. a quién(es) se refiere cada oración?

1. _____ Se enamora de Julieta.
2. _____ Se engordan y se enflaquecen a ratos.
3. _____ Se preocupan por lo que hacen Lucy y Ethel.
4. _____ Se convierte en una princesa para ir al baile.
5. _____ Se quejan y se burlan el uno del otro.

a. la Cenicienta (*Cinderella*)
b. Romeo
c. Ricky y Fred
d. Stan Laurel y Oliver Hardy
e. Oprah Winfrey y Elizabeth Taylor

B. Diario de un estudioso.   Complete la siguiente descripción con el verbo apropiado en el presente del indicativo. Use la primera persona singular **(yo)** en cada oración.   ¡OJO! Hay un verbo que no se usa.

irse	olvidarse	quedarse	sentarse
levantarse	preocuparse	resfriarse	vestirse

Por la mañana yo _____[1] a las cinco porque _____[2] por los estudios. Inmediatamente _____[3] a la mesa y desayuno. Después _____[4] rápido y estudio unas tres horas. Entonces, _____[5] de casa y camino a la universidad. Me concentro tanto en los estudios que siempre _____[6] de algo. De noche normalmente no salgo; _____[7] en casa para poder hacer la tarea.

C. Conversación.   Trabaje con un compañero (una compañera) para hacer y contestar las siguientes preguntas entre sí.

MODELO: ¿cuándo? / acostarse por la noche →
¿Cuándo te acuestas por la noche?   Me acuesto a las once.

1. ¿cuándo? / levantarse por la mañana
2. ¿quién? / burlarse de tus manías *(whims)*
3. ¿de qué? / quejarse frecuentemente
4. ¿con quién? / enojarse muchísimo
5. ¿qué? / olvidarse de hacer frecuentemente
6. ¿adónde? / irse de vacaciones
7. ¿por qué? / (no) divertirse en esta universidad
8. ¿cuándo? / resfriarse fácilmente
9. ¿de quién? / acordarse cariñosamente
10. ¿de qué actividad? / cansarse mucho

D. Preguntas más indiscretas. Trabajando con un compañero (una compañera), háganse las siguientes preguntas.

1. ¿Qué haces generalmente cuando te enojas con tu mejor amigo/a (novio/a, esposo/a)? ¿cuando él / ella se enoja contigo? ¿Se han enojado los / las dos alguna vez?
2. ¿Tienes miedo de engordarte o enflaquecerte? ¿Qué crees que va a pensar tu amigo/a (novio/a, esposo/a) si te engordas o te enflaqueces mucho? Y si él / ella se engorda, ¿qué vas a hacer? ¿Haces algo para evitar enflaquecerte o engordarte?
3. ¿Cómo te comportas cuando tu amigo/a (novio/a, esposo/a) se equivoca? ¿Lo / La perdonas fácilmente? Si los dos se equivocan, ¿Uds. se perdonan mútuamente?
4. ¿Crees que te vas a casar con una persona rica y famosa algún día? ¿Por qué eres tan optimista / pesimista? ¿Crees que te vas a divorciar algún día? ¿Por qué sí o por qué no?
5. ¿Qué haces para olvidarte de tus problemas personales? ¿y para tranquilizarte cuando estás nervioso/a ?
6. ¿Qué quieres hacer pero no te atreves a hacerlo?

ESPAÑOL EN ACCION

A. ¡No me han molestado! Trabajando con un compañero (una compañera), imagínense dos conversaciones: (a) la primera entre la mamá de la historieta y su esposo; (b) la segunda entre la mamá y uno de sus hijos. Usen el presente perfecto para hacer preguntas y contestarlas según el modelo.

MODELO: MAMA: ¿Qué han hecho hoy los niños?
      PAPA: Han pasado todo el día en la casa.
     MAMA: Y ¿qué has hecho tú?
      PAPA: He jugado con ellos un poco.

ªO... *In other words, I will never be able to call you*

—¿Cómo? ¿Los niños? ¡Ah, muy bien! ¡No me han molestado en toda la tarde!

Para hacer sus preguntas y sus respuestas, pueden usar las siguientes sugerencias o su imaginación.

LA MAMA	EL PAPA	EL HIJO O LA HIJA
¿ir a trabajar?	leer el periódico	pintar las paredes
¿limpiar la casa?	mirar televisión	poner los juguetes
¿preparar la cena?	dormir un rato	en su dormitorio
¿bañar a los	terminar el	no molestar a papá
niños?	crucigrama	romper una
¿hacerse daño?	(crossword puzzle)	ventana
¿llamar a los	hablar con el vecino	cazar pajaritos
abuelos?	pensar en asuntos	jugar en la lluvia
¿escribir una carta?	importantes	subir a un árbol

B. Una discusión. El problema es que el hijo (la hija) quiere irse a una universidad lejana. Los padres sugieren una universidad en su propia ciudad. Divídanse en grupos de tres. Uno hace el papel (plays the role) del hijo (de la hija) y los otros los de los padres. Usando los siguientes verbos y otros, inventen la discusión entre padres e hijo/a.

PADRE / MADRE	HIJO / HIJA
quedarse en casa	irse lejos
perderse	divertirse
preocuparse	cuidarse bien
entristecerse	tranquilizarse
casarse	olvidarse de
convertirse en	darse cuenta de

C. Anunciando lo tradicional / Un anuncio tradicional. Imagínese que Ud. forma parte de un equipo de publicidad contratado por la Oficina de Turismo de su región para crear unos anuncios de televisión que exhiban las tradiciones locales con el propósito de atraer a más turistas. Con dos o tres compañeros/as, escojan el tema del anuncio (por ejemplo, puede ser una co-mida tradicional, un juego o un deporte que no se juega en otros lugares, un día de fiesta que se celebra sólo allí) para desarrollar un anuncio que después representarán ante la clase —¡y para filmar!

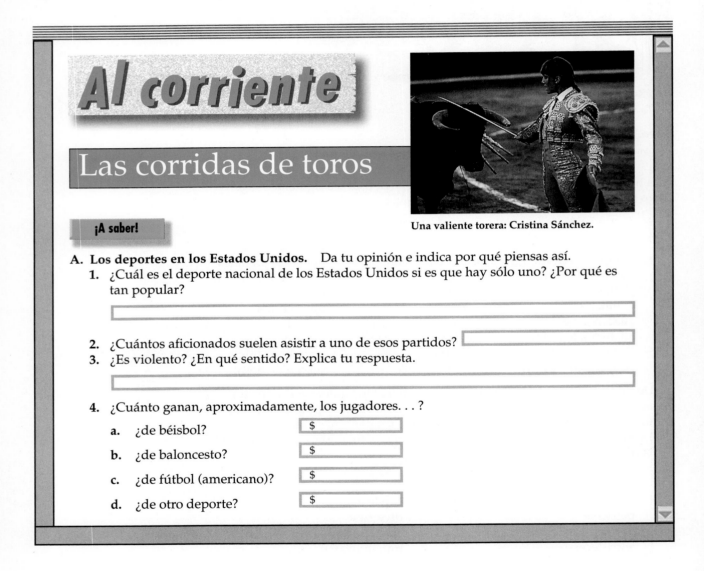

Al corriente

Las corridas de toros

Una valiente torera: Cristina Sánchez.

¡A saber!

A. Los deportes en los Estados Unidos. Da tu opinión e indica por qué piensas así.

1. ¿Cuál es el deporte nacional de los Estados Unidos si es que hay sólo uno? ¿Por qué es tan popular?

2. ¿Cuántos aficionados suelen asistir a uno de esos partidos?
3. ¿Es violento? ¿En qué sentido? Explica tu respuesta.

4. ¿Cuánto ganan, aproximadamente, los jugadores. . . ?

   a. ¿de béisbol? $

   b. ¿de baloncesto? $

   c. ¿de fútbol (americano)? $

   d. ¿de otro deporte? $

5. ¿Está bien que ganen tanto dinero, más de lo que gana una profesora universitaria o un médico o el Presidente del país? ¿Qué opinas tú?

B. **La tauromaquia.** Contesta las preguntas.

1. ¿Cuánto sabes de los toros? Indica si crees que es verdadera o falsa cada una de las siguientes frases.

VERDAD   FALSO

  ○   ○   **a.** Tanto los hombres como las mujeres suelen torear.

  ○   ○   **b.** Sólo el torero mismo se enfrenta con el toro.

  ○   ○   **c.** El toro siempre muere al final.

  ○   ○   **d.** Si el torero gana de una forma impresionante, puede recibir como premio el rabo y las orejas del toro.

  ○   ○   **e.** Los toreros pueden llegar a ser personajes muy famosos.

2. ¿Qué opinas de las corridas de toros? ¿Son violentas? ¿Son crueles? ¿Quién debe de ganar: el torero o el toro?

¡A leer!

La siguiente lectura, tomada de un sitio mexicano, describe el inicio de una corrida de toros. Léela y contesta las preguntas que se encuentran a continuación.

El comienzo: el paseíllo de la corrida de toros.

Al marcar el reloj la hora programada para el festejo,[1] se escucha el sonido de timbales y clarines, y en el patio de cuadrillas,[2] espadas[3] y subalternos[4] inician su camino para hacer su aparición ante el público expectante.

La comitiva[5] la encabeza[6] el alguacil[7] montado a caballo, quien recibe de la autoridad la llave de toriles,[8] símbolo de apertura,[9] y regresa para iniciar el paseíllo;[10] en segundo término aparecen los matadores, ocupando el de alternativa más antigua[11] el extremo izquierdo, y, el centro el de alternativa más reciente.

Cuando un matador se presenta en una plaza por primera vez, se identifica, al realizar[12] el paseíllo, con la montera[13] en la mano.

Los subalternos del primer espada ocupan la tercera posición en la fila;[14] los del segundo y tercero, la cuarta y quinta respectivamente. Les siguen puntilleros,[15] picadores,[16] monosabios[17] y, finalmente, mulillas.[18]

Después de presentar sus saludos a la autoridad cambian el capote de paseo[19] por el de brega.[20] La lidia[21] del primer toro está proxima a realizarse.

---

[1]celebration [2]quadrilles [3]matadors [4]alternates [5]procession [6]is lead by [7]mayor [8]bullpens [9]opening [10]inaugural procession [11]alternativa... full-qualification [12]al... when he carries [13]bullfighter's hat [14]line, parade [15]assistants who "finish off" the bull with a dagger [16]picadors (bullfighter's assistants) [17]assistants who help drag bull from ring [18]teams of mules (used to drag bull from ring) [19]capote... bullfighter's parade cloak [20]el... the bullfighter's "fighting" cloak [21]fight

Comprensión

1. ¿Qué ocurre en el patio de cuadrillas?

2. ¿Qué hace el alguacil y quiénes van delante de él?

3. ¿Cuándo lleva el matador la montera en la mano?

4. ¿En qué orden (1, 2, 3) aparecen los siguientes participantes en el paseíllo?

   [ ] el alguacil [ ] los subalternos [ ] los matadores

5. ¿Qué indica que la lidia del primer toro va a empezar?

¡A discutir!

Elige *uno* de los siguientes temas. (Nota que el tema C te ayudará para la sección ¡A escribir!)

A. Busca información sobre algún torero famoso y haz una lista de los momentos más importantes de su vida.

B. Haz una lista de los pasos importantes de una corrida. Define los términos que usas.

C. Algunos dicen que la corrida de toros es arte, mientras que para otros es un deporte horrible y cruel. ¿Cómo la ves tú? Haz una lista de 5 oraciones que defienden una de estas posiciones.

1.
2.
3.
4.
5.

> Para más información sobre las corridas de toros y otros temas relacionados, consulta la página de McGraw–Hill para *Al corriente* en la Internet.
> **http://www.spanish.mhhe.com**

¡A escribir!

Ahora, pensando en la información que agregaste en la sección previa, elabora tu opinión sobre la tauromaquia. ¿Es deporte o arte? Escribe un editorial breve al periódico defendiendo tu punto de vista. Puedes hacer una comparación entre ésta y el fútbol americano, por ejemplo.

¡HABLEMOS UN POCO!

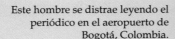

aquien... *the one who most rejects me is myself*

Este hombre se distrae leyendo el periódico en el aeropuerto de Bogotá, Colombia.

VOCABULARIO DEL TEMA

Las emociones

estar...

aburrido/a	**entusiasmado/a, emocionado/a** (excited)	**contento/a** **enamorado/a** (in love)	**enojado/a, frustrado/a**
alegre	**triste, deprimido/a** (depressed)	**orgulloso/a** (proud)	**avergonzado/a** (embarrassed)
asustado/a (frightened)	**tranquilo/a**	**preocupado/a**	**sereno/a**
celoso/a (jealous)		**seguro/a** (sure, certain)	**confundido/a**

Hablando del tema

Como cualquier madre, esta madre costarricense protege y consuela a su hija.

A. Una situación perpleja. ¿Cómo está en este momento Mafalda, la niña de la tira cómica? ¿Puede Ud. explicar por qué? ¿Cómo están las otras personas? ¿y las muñecas (*dolls*)? ¿A qué conclusión llega Mafalda por fin? ¿Cree Ud. que ella tiene razón?

B. Situaciones y emociones. Una misma situación puede producir emociones diferentes en diferentes personas. Trabaje con dos o tres compañeros/as para enumerar las posibles reacciones emotivas de las personas en *una* de las situaciones siguientes. Luego, expliquen sus conclusiones al resto de la clase.

1. Los padres de Lupe, que viven en México, nunca la han visitado en los Estados Unidos porque no se llevan bien con su marido norteamericano. Hoy Lupe se ha enterado de que sus padres han decidido venir a visitarla para conocer a sus nietas. ¿Qué emociones se imagina Ud. que siente Lupe ante esta noticia? ¿Y sus hijas? ¿Y su esposo? Hagan una lista de las emociones que sentirá cada uno.

PERSONAJES	REACCIONES EMOTIVAS		
Lupe	1.	2.	3.
Las hijas	1.	2.	3.
El esposo	1.	2.	3.

2. Esteban, el mejor jugador de un equipo profesional de béisbol, se rompe el brazo un día antes de un partido importante y no puede jugar: ¿Cómo se imagina Ud. que se siente Esteban? ¿Y sus compañeros de equipo? ¿Y cómo creen que reaccionarán los jugadores del otro equipo? Hagan una lista de las posibles reacciones de cada uno.

PERSONAJES	REACCIONES EMOTIVAS		
Esteban	1.	2.	3.
Sus compañeros	1.	2.	3.
El otro equipo	1.	2.	3.

C. ¿Cómo combatir la depresión? Es natural sentirse triste, preocupado o avergonzado a veces. ¿Qué se puede hacer cuando uno sufre emociones negativas? Con un compañero (una compañera), escojan *una* de las emociones negativas de la lista de vocabulario. Luego, hagan una lista de tres cosas que se pueden hacer para combatir esa emoción. Finalmente, expongan sus ideas a los demás estudiantes de la clase.

LECTURA

ACERCANDONOS A LA LECTURA

The theme of the mother-child bond is central to Hispanic culture. The common image is that of a caring, nurturing mother willing to endure any danger or sacrifice for the sake of her offspring, while the child thrives in this love. In *Prietita y la Llorona,* the Chicana writer Gloria Anzaldúa expands on the traditional theme by imagining a child who seizes an occasion to express reciprocal devotion, responsibility, and commitment. Another mother figure in the Hispanic tradition is la Llorona, a mother whose soul wanders the night in search of her children. Some believe she brings harm to living children out of grief and spite, but in Anzaldúa's story, the brave girl ventures through the night in search of medicinal herbs, to discover that the feared evil mother of legend is kind and helpful. Thus the myth of the Mother, all loving and all good, prevails.

VOCABULARIO PARA LEER

acercarse	to approach	**tropezar (ie) con**	to bump into
(des)aparecer (cz)	to (dis)appear	**volar (ue)**	to fly
apuntar	to point out, indicate		
asegurar(se)	to assure; to make sure	**la enfermedad**	illness, disease
crecer (cz)	to grow	**el/la guía**	guide
curar	to cure	**el llanto**	cry, weeping
darse cuenta	to realize	**el sonido**	sound
guiar	to guide	**el/la vecino/a**	neighbor
hallar	to find		
quedarse	to remain	**ancho/a**	wide, broad
		estar parado/a	to be standing still

A. Sinónimos. Escoja de la lista del vocabulario los sinónimos de las siguientes palabras.

1. encontrar
2. comprender
3. ruido
4. caerse
5. malestar

B. Definiciones. Explique en español qué significan las siguientes palabras o expresiones.

1. crecer
2. volar
3. estar parado
4. vecino
5. acercarse
6. desaparecer
7. ancho
8. guía
9. curar

COMENTARIOS PRELIMINARES

A. ¡Soy héroe! ¿Ha hecho Ud. alguna vez un acto heroico? Trabaje con dos o tres compañeros/as para narrar cada uno/a su propio acto de heroísmo. Mientras Ud. habla, sus compañeros/as apuntan su historia, y Ud. hace lo mismo cuando otro habla. Luego, comparen las diversas historias para hacer una lista de los elementos que todas tienen en común. Incluyan en su narración los siguientes datos.

1. ¿Cuántos años tenía Ud. cuando tuvo lugar el incidente?
2. ¿Qué circunstancias le motivaron a Ud. a hacer esta acción?
3. Describa la acción.
4. ¿Pasaron cosas que Ud. no esperaba mientras hacía su acto de heroísmo?
5. Describa sus emociones durante la acción: ¿sentía miedo, coraje u otras emociones?

Lectura | **75**

6. ¿Cómo se resolvió el incidente? ¿Terminó como Ud. quería?
7. Describa la reacción de los demás ante su acción.

B. La medicina moderna frente a la medicina tradicional. Muchas personas están insatisfechas hoy con la medicina moderna y por eso buscan otros tipos de tratamientos. Estos también tienen sus desventajas. Trabajando con cuatro compañeros/as, compartan ideas para hacer listas sobre las ventajas y desventajas de los dos tipos de medicina. Después, presenten sus ideas a toda la clase para hacer una lista colectiva de las ideas presentadas.

MEDICINA MODERNA		MEDICINA TRADICIONAL	
pro	**contra**	**pro**	**contra**
1.	1.	1.	1.
2.	2.	2.	2.
3.	3.	3.	3.

C. Un cuento al revés. De niños aceptamos como verdad los cuentos y leyendas que nos narran las personas mayores. Después, de adultos, nos damos cuenta de que los cuentos de hadas (*fairy tales*) y leyendas son pura fantasía, y que las cosas pueden tener otra explicación. Podemos, entonces, reinventar los cuentos a nuestro gusto. Trabaje con dos o tres compañeros/as para recontar uno de los siguientes cuentos.

1. *La Caperucita Roja (Little Red Riding Hood)*
2. *Blanca Nieves (Snow White)*
3. *La Cenicienta (Cinderella)*
4. *Otro cuento que Uds. recuerden*

ESTRATEGIAS PARA LEER

The Fairy Tale: Genre as Background Knowledge

Narrative genres generally adhere to conventions or patterns that enable readers to follow the story line with ease. Think of detective fiction, for instance: the reader can expect a crime, a criminal at large, clues, false suspects, and a highly intelligent and perceptive investigator who identifies the true culprit at the end. Thus the reader approaches the story equipped with a basic structure of the events that make up the plot. Similarly, the fairy tale (**cuento de hadas**) is a genre with which we are all familiar. The title of this chapter's selection highlights its sources in folklore. In *Prietita y la Llorona*, Anzaldúa incorporates the myth of **la Llorona**—a soul who wanders at night mourning her lost children—into a fairy tale structure set on the Texas-Mexico border.

Knowing that this story is essentially a fairy tale about a little girl (like *Little Red Riding Hood*), what elements would you expect the plot to contain? The following exercise will remind you of some concrete elements in most fairy tale plots.

▪ ESTRATEGIAS EN ACCIÓN

Los cuentos de hadas. Marque (X) los elementos que son típicos de los cuentos de hadas.

1. _____ Hay muchos héroes.
2. _____ Al héroe (a la heroína) le prohiben algo.
3. _____ El héroe (o la heroína) comete un acto de desobediencia.
4. _____ Hay guerras u otros conflictos políticos.
5. _____ El héroe (o la heroína) se pone en camino o hace un viaje.
6. _____ El héroe (o la heroína) pasa por una serie de obstáculos o dificultades.
7. _____ Hay una hada madrina (*fairy godmother*) y/o personas y animales que ayudan al personaje principal.
8. _____ Hay plantas y/o animales que hablan.
9. _____ La historia tiene un final trágico.
10. _____ Triunfa el/la protagonista.

Prietita y la Llorona

Gloria Anzaldúa

Prietita estaba en la casa de la curandera[1] trabajando en el jardín cuando su hermanita Miranda llegó corriendo a donde ella estaba. Prietita al momento se dio cuenta que estaba asustada.

—Prietita, Mami se siente muy mal. Le pegó[2] la vieja enfermedad otra vez. ¿Le puedes pedir ayuda a la curandera?

—Sí, le voy a preguntar —dijo Prietita levantándose y abrazando a su hermanita—. Doña Lola puede curar casi cualquier enfermedad. Ella conoce muchos remedios. Me está enseñando todo sobre los remedios.

—Doña Lola —dijo Prietita con mucho respeto—, usted conoce todas la

---

[1]*healer* [2]*Le... She came down with*

plantas curativas de este valle.[3] Mi madre sufre de la vieja enfermedad otra vez. ¿Hay algún remedio que la pueda ayudar?

—Sí, hay un remedio. Yo tengo todos los ingredientes pero me falta uno, las hojas[4] de la planta llamada ruda.[5] Lo siento, mijita,[6] pero he usado toda la ruda que tenía y ninguno de los vecinos la cultiva. Pero ven a la cocina que te voy a dibujar cómo es esta planta.

Prietita observó con mucho interés mientras la curandera dibujaba la ruda. Estaba preocupada de cómo iba a encontrar la planta curativa para Mami.

—Ay, doña Lola, usted debe saber dónde se puede encontrar un poco de ruda.

—Bueno, yo sé que hay plantas de ruda en los montes[7] del Rancho King —contestó la curandera—. Pero es peligroso meterse[8] allí. He oído que les dan de balazos[9] a los intrusos. —La curandera fijó[10] su vista[11] en Prietita—. No es un lugar seguro para una niña.

Prietita decidió que tenía que hallar la planta curativa. Esa tarde, caminó despacio por fuera de la "kineña" como aquí le dicen al Rancho King, buscando las hojas de color verde oscuro y las flores amarillas de la ruda. Varias veces pensó que la había encontrado, pero en cada vez la planta era un poco diferente al dibujo de doña Lola.

Clavó[12] la vista en el monte que quedaba al otro lado de la cerca. Por ahí estaba la planta de la ruda que podía ayudar a su mamá. Asegurándose que nadie la veía, se escurrió bajo el alambre de púas[13] y entró a la kineña.

Al principio Prietita se quedó cerquita de la cerca,[14] pero más y más se fue adentrando en el monte buscando la planta de la ruda. De pronto pensó que había oído un sonido como un chillido[15] y se acordó de las historias de su abuela sobre la Llorona, la mujer fantasma vestida de blanco. Su abuela decía que la Llorona se aparecía en la noche por los ríos o las lagunas llorando por sus hijos perdidos y buscando a otros niños para robárselos.

Prietita tembló.[16] Se dio la vuelta y buscó la cerca pero ésta no se veía por ninguna parte. Estaba perdida.

Respiró el olor del agua y pronto vio una venadita[17] con una colita blanca que parada junto a la laguna, agachaba la cabeza para beber. Prietita sin hacer ruido se le acercó a la venadita y le dijo en voz baja: —Por favor, venadita, ¿me puedes ayudar para encontrar un poco de ruda?

La venadita levantó su cabeza y miró a Prietita. Hizo un sonido suave y comenzó a dirigirse hacia el monte. Prietita pensó que le había dicho: «Sígueme», así que la siguió pero los huizaches,[18] los encinos[19] y los nopales[20] se lo impidieron. Pronto la venadita no se veía por ningún lado.

Prietita se sentó en un leño[20] caído. Se limpió la cara con su camiseta y miró hacia abajo. Una salamandra la observaba. Ella había leído en su libro sobre la naturaleza en la escuela que las salamandras no tienen voz.

---

[3]*valley* [4]*leaves* [5]*rue plant* [6]*mi hijita* [7]*hills* [8]*ir* [9]*bullets, gun shots* [10]*puso* [11]*su... los ojos, la mirada*
[12]*Puso* [13]*alambre... barbed wire* [14]*fence* [15]*shriek* [16]*trembled* [17]*small deer* [18]*acacias* [19]*oaks*
[20]*cactus plants* [21]*árbol*

—Salamandra, por favor ayúdame. Tú no puedes hablar pero quizás me puedes mostrar dónde hay un poco de ruda —dijo Prietita.

Ella siguió a la salamandra hasta que ésta desapareció entre la maleza.[22] Fue entonces que oyó el chillido otra vez.

«Cucurrucucú». Una paloma blanca estaba parada en un mezquite cantando su triste canción. Prietita se acercó de puntillas al árbol y le susurró: —Por favor, palomita blanca, necesito algo de ruda.

—Cucurrucucú —cantó la paloma y luego se fue volando.

Prietita tenía hambre y sed, y le dolían los brazos porque los acantos espinosos de Texas la habían arañado. Empezó a llorar pero luego se dijo a sí misma: «No te rajes,[23] Prietita. Tú tienes que encontrar la ruda para Mami.» Se secó las lágrimas, enderezó los hombros[24] y levantó la vista.

«Ah, sí, el árbol»? Se trepó[25] al árbol donde había estado la paloma. Quizás así pudiera ver a dónde dirigirse en seguida.

Desde esa rama del árbol, Prietita miró a cada dirección, pero nomás vio mezquites y nopales. Luego vio algo en los arbustos. Un jaguarundi. Se parecía a las ilustraciones que ella había visto de los jaguares en el México antiguo. Prietita dio un salto para bajarse y lo siguió. Pero pronto, él también se había ido.

Unas lucecitas se movían frente a ella. ¿Acaso eran linternas?[26] Doña Lola había dicho que les dan de balazos a los intrusos. Pero no, éstas eran sólo luciérnagas.[27] Quizás ellas la guiarán hacia la planta de la ruda. Prietita corrió tras de ellas, pero se tropezó con una raíz[28] que salía de la tierra. Cuando levantó la vista, las luciérnagas habían desaparecido.

La noche estaba muy oscura. «¿Por qué no puedo ver las estrellas?» se preguntó. «¿A dónde se han ido?» Luego se dio cuenta que una ramada llena de hojas las había tapado.

Otra vez Prietita oyó un apagado chillido pero no era el sonido de la paloma. Esta vez estaba segura que era el llanto de una mujer. Prietita quería correr, pero se dio fuerzas y caminó hacia donde salía ese sonido.

Pronto se encontró en una área sin árboles donde la luna se reflejaba en la superficie de la laguna. Prietita miró hacia la otra orilla de la laguna y vio una luz blanca entre los árboles. Luego vio a una mujer oscura vestida de blanco salir por entre los árboles y flotar sobre el agua.

En una voz temblorosa, Prietita se dirigió a la mujer fantasma: —Por favor, señora, ¿me puede ayudar a encontrar un poco de ruda?

La mujer fantasma se fue flotando por la orilla de la laguna y Prietita la siguió. Pronto la mujer se detuvo y apuntó a un lugar en la tierra. Prietita se arrodilló.[29] La luna se movió en el cielo y de pronto Prietita pudo ver la planta. La examinó y ¡sí, era la ruda! Ya sin miedo, cortó unas ramitas y alzó la vista hacia la mujer fantasma.

—Muchas gracias, señora Llorona.

---

[22]*weeds* [23]No... *Don't give up* [24]enderezó... *straightened her shoulders* [25]Se... *She climbed* [26]*flashlights*
[27]*fireflies* [28]*root* [29]se... *knelt*

La mujer fantasma guió a Prietita a través del monte. Pronto se encontraron moviéndose rápido por una vereda ancha y bien marcada. Prietita sintió como si estuviera volando.

Al fin, Prietita vio la cerca adelante y rápidamente cruzó bajo el alambre de púas. Luego cuando se volteó para despedirse de su nueva amiga ya no había nadie. La mujer fantasma había desaparecido.

Prietita miró a gente con linternas. Inmediatamente después se dio cuenta que Miranda corría hacia ella. Prietita abrazó a su hermanita.   Muchas gracias por venir a buscarme   dijo ella.

¿Cómo pudiste salir del monte?   le preguntó doña Lola.

Una mujer fantasma vestida de blanco fue mi guía.

¡La Llorona!   dijo Teté, el primo de Prietita   . Pero todos saben que ella se lleva a los niños y que no los regresa.

Tal vez ella no sea como mucha gente piensa que es   dijo doña Lola.

En silencio, Prietita puso las ramitas de ruda en manos de la curandera.

Gracias, mijita   dijo doña Lola. Prietita se sonrió.

Ven, vámonos a casa   dijo doña Lola   . Es tarde. Las acompañaré a ti y a Miranda hasta la casa de tu mamá.

Muchas gracias, señora   dijo Prietita.

Mañana te mostraré cómo se prepara el remedio curativo para tu mamá dijo doña Lola   . Me siento muy orgullosa de ti. Esta noche has crecido.

Tomado de «Prietita y la llorona»

¿Cuánto recuerda Ud.?

A. Indique si las oraciones sobre la lectura, *Prietita y la Llorona*, son ciertas (C) o falsas (F).

1. _____ La madre de Prietita se llama doña Lola.
2. _____ La ruda puede curar la enfermedad de la madre.
3. _____ La planta curativa se halla en unos montes peligrosos.
4. _____ La madre de Prietita le pide a ella que le busque la ruda para curarse.
5. _____ La gente decía que por la noche la Llorona robaba niños.
6. _____ Después de encontrar el venadito, la salamandra y la paloma, Prietita paró para descansar y comer.
7. _____ Una mujer vestida de blanco salió de entre los árboles para ayudar a Prietita en su misión.
8. _____ Miranda y doña Lola fueron a buscar a Prietita por el monte.
9. _____ La Llorona fue a casa de Prietita para darle el remedio a la madre.
10. _____ Doña Lola se siente orgullosa del valor y la devoción que ha demostrado Prietita.

B. Trabajando con un compañero (una compañera), vuelvan al ejercicio de **Estrategias en acción.** Comenten cuáles de los elementos del cuento de hadas se hallan en *Prietita*. Apoyen sus observaciones con ejemplos concretos del cuento.

¿Qué se imagina Ud.?

A. De nuevo en casa: diálogo entre Prietita y su madre.   ¿Cómo se imagina Ud. la conversación entre madre e hija cuando Prietita vuelve a casa con la planta medicinal? Trabaje con un compañero (una compañera) para inventar ese diálogo. Después, representen el diálogo ante la clase.

B. Después de la aventura: una conferencia de prensa.   Imagínese que la acción de Prietita despierta mucho interés entre los reporteros de todos los periódicos, la radio, la televisión, etcétera, y quieren entrevistar a Prietita y a todos los que participaron en esa aventura. Estos deciden dar una conferencia de prensa para todos.

Entre todos, asignen un papel a cada uno. Pueden ser reportero/a o uno de los siguientes personajes. Los reporteros tendrán listas sus preguntas, y los otros estarán preparados para contestarlas.

1. Prietita
2. el venadito
3. la salamandra
4. la paloma

5. Miranda
6. doña Lola
7. la Llorona

C. Un premio para Prietita.   Todos los vecinos de Prietita creen que su comunidad debe reconocer la acción heroica de la niña. El alcalde / La alcaldesa *(The mayor)* está de acuerdo, pero no sabe qué darle de premio: ¿una medalla, dinero, un diploma, un viaje u otra cosa? Imagínese que Ud. está en un comité que ha de recomendar al alcalde / a la alcaldesa el premio para Prietita. Trabaje con tres o cuatro compañeros/as para considerar cuál es el premio más apropiado para Prietita. Apoyen su recomendación con tres razones. Después, el alcalde / la alcaldesa (profesor[a]) considerará todas las recomendaciones.

GRAMÁTICA EN CONTEXTO

7. Expressing Resulting Conditions: Adjectives Related to Reflexive Verb Forms

As you saw in **Capítulo 2,** verbs such as **aburrirse, alegrarse, enamorarse, enojarse,** and the like express changes in psychological or physical states or in one's status. The conditions resulting from these changes are expressed by **estar** plus an adjective related to those verbs. You have already used some of these adjectives in the **Vocabulario del tema** at the beginning of this chapter.

REFLEXIVE VERB OF CHANGE	RESULTING CONDITION
aburrirse (de)	estar aburrido/a (de)
alegrarse (de)	estar alegre (de)
cansarse (de)	estar cansado/a (de)
casarse (con)	estar casado/a (con)
convertirse (ie) (en)	estar convertido/a (en)
divorciarse (de)	estar divorciado/a (de)
enamorarse (de)	estar enamorado/a (de)
enflaquecerse	estar flaco/a
engordarse	estar gordo/a
enojarse (con)	estar enojado/a (con)
enterarse (de)	estar enterado/a (de)
equivocarse	estar equivocado/a
pararse	estar parado/a
preocuparse (por)	estar preocupado/a (por)
sentarse (ie)	estar sentado/a
tranquilizarse	estar tranquilo/a

Prietita **se preocupa por** su madre.	Prietita **está preocupada por** su madre.
Prietita worries about her mother.	*Prietita is worried about her mother.*
Prietita **se sentó** a hablar con su amiga.	Prietita **está sentada** con su amiga.
Prietita sat down to talk with her friend.	*Prietita is sitting down (seated) with her friend.*

▲ ¡Practiquemos!

A. ¿Por qué está así?   Siga el modelo para explicar lo que ha ocurrido para producir el cambio indicado en la vida de estas personas.

MODELO: Marta está muy cansada. → *Se ha cansado* discutiendo con sus hijastros.

1. ¡Esta vez Miguel está enamorado de verdad! _____ de la hija de los vecinos.
2. Juan, ¡estás muy gordo! ¿_____ comiendo chocolates?
3. Todavía estoy enojada con mi novio. _____ porque me molesta su machismo.
4. Juan y María están casados desde hace sólo dos semanas. _____ en San Juan.
5. Papá, estás equivocado. _____ porque publicaron los datos erróneos.
6. Estamos alegres hoy. _____ de las buenas noticias.

7. Por fin estoy enterada sobre la situación política. _____ leyendo el periódico todos los días.
8. Ah, ya estás sentado a la mesa. ¿_____ porque tienes hambre?

B. ¿Cómo están? Indique el resultado de las siguientes situaciones.

> MODELO: Hace dos años Nando y su esposa decidieron que no podían vivir juntos. → Están divorciados.

1. Ramón y Concepción no quieren que sus hijas vivan solas en la ciudad porque hay mucho crimen allí.
2. Bárbara ha ganado 25 millones de dólares en la lotería.
3. Alicia y Manuel van a tomar el examen SAT mañana.
4. Jorge comió muy poco todo el semestre pasado.
5. La semana pasada trabajamos más de ochenta horas en la oficina.
6. Después de tanta angustia, sé que he tomado la mejor decisión.

8. More About Indicating Change: Reflexive Verb Forms with Adjectives

The following four verbs are used with specific adjectives to indicate the moment when psychological or physical changes, or changes in one's status, occur or begin. They are listed here alongside the adjectives most commonly used with them.

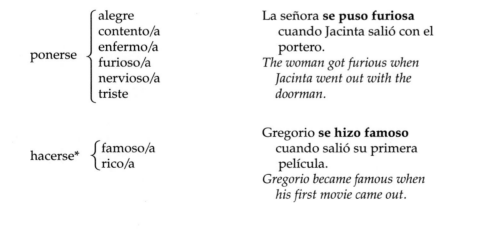

ponerse $\begin{cases} \text{alegre} \\ \text{contento/a} \\ \text{enfermo/a} \\ \text{furioso/a} \\ \text{nervioso/a} \\ \text{triste} \end{cases}$

La señora **se puso furiosa** cuando Jacinta salió con el portero.
The woman got furious when Jacinta went out with the doorman.

hacerse* $\begin{cases} \text{famoso/a} \\ \text{rico/a} \end{cases}$

Gregorio **se hizo famoso** cuando salió su primera película.
Gregorio became famous when his first movie came out.

---

*__Hacerse__ can also be used with nouns.
Se hizo presidenta de la compañía en poco tiempo.

She became president of the company in a short time.

| | | El padre **se quedó confundido** |
| quedarse | { agotado (*exhausted*)
callado
confundido
perplejo (*bewildered*)
serio
tranquilo | cuando leyó las noticias.
The father became confused when
he read the news. |

| | | Joaquín **se volvió loco** cuando |
| volverse | { loco
histérico/a | vio a su novia con otro.
Joaquín went crazy when he saw
his girlfriend with another man. |

Note that many of these *verb + adjective* combinations are synonyms of verbs that you have already learned.

ponerse alegre = alegrarse
quedarse tranquilo/a = tranquilizarse

▲ ¡Practiquemos!

A. Mi vida personal. Indique si los siguientes sucesos ocurren en su vida frecuentemente, a veces, casi nunca o nunca. Si hay más de una opción, escoja la más apropiada.

1. Me pongo nervioso/a cuando mis padres (mis hermanos/as, mis amigos/as) discuten entre sí.
2. Mi padre / madre (Mi mejor amigo/a, Mi novia/a) se queda muy serio/a cuando hablamos del dinero.
3. Cuando pienso en lo que han hecho por mí mis parientes (hijos/as, amigos/as), me pongo alegre.
4. Mis hermanos/as (hijos/as, amigos/as) se quedan callados/as cuando no les gusta un amigo mío.
5. Mi padre / madre (Mi mejor amigo/a) se pone furioso/a con la política del país.
6. Mis tíos/as (amigos/as) se quedan confundidos/as con las acciones de sus hijos.
7. Mis padres (compañeros/as de cuarto, amigos/as) se vuelven locos a causa de la música que toco.
8. Mi hermano/a menor (profesor[a] de español) se queda contento/a cuando hablo español.
9. Mi abuelo/a (tío/a) se queda perplejo/a cuando no puede acordarse de algo.
10. Mis padres (suegros, abuelos) se ponen tristes cuando piensan en su niñez.

B. ¿Por qué se pone así Filomeno? Filomeno Fernández es un tipo que reacciona fuertemente a todo. Trabajando con un compañero (una compañera), uno/a hace las preguntas acerca de Filomeno y el otro (la otra) contesta según el modelo.

MODELO: volverse loco / estar enamorado de dos chicas →
          —¿Por qué se vuelve loco Filomeno?
          —Porque está enamorado de dos chicas.

1. ponerse nervioso / no estudiar lo suficiente para los exámenes
2. ponerse alegre / pensar que / ir a hacerse famoso
3. ponerse triste / querer hacerse rico también
4. quedarse perplejo / no comprender por qué las chicas / no quererlo
5. ponerse furioso / creer que la gente / no entenderlo

C. Patinando hacia la fama.   Trabajando con un compañero (una compañera); contesten las siguientes preguntas. No se olviden de usar los verbos **ponerse, hacerse, quedarse** y **volverse.**

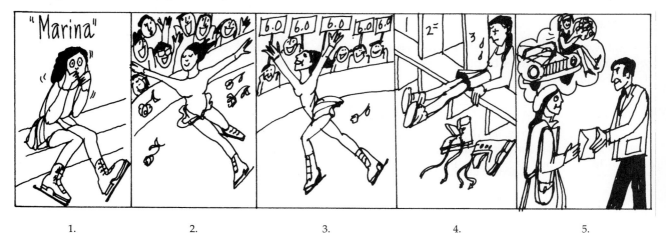

1.   2.   3.   4.   5.

1. ¿Cómo se siente Marina antes de patinar *(skating)*?
2. ¿Cuál es la reacción del público?
3. ¿Cómo reacciona Marina después de ver la decisión de los jueces *(judges)*?
4. ¿Cómo está después de acabar el programa?
5. ¿Qué le va a pasar a Marina en el futuro?

9. Expressing *whom* and *what*: Direct and Indirect Object Pronouns

The direct object is the person or thing that directly receives the action of the verb. It can be identified by answering the questions *what?* or *whom?*

Carlos	lee	**el periódico.**
SUBJECT	VERB	DIRECT OBJECT

The indirect object is the person or thing being referred to by the action of the verb. It can be identified by answering the questions *to whom?* or *for whom?*

Carlos	lee	el periódico	a Ricardo.
SUBJECT	VERB	DIRECT OBJECT	INDIRECT OBJECT

Both direct and indirect objects can be replaced by object pronouns, which is usually done to avoid repetition once the antecedent has been established.

> Carlos lo lee. (lo = el periódico)
> Carlos le lee el periódico. (le = a Ricardo)

Remember that, unlike reflexive pronouns, object pronouns refer to someone or something other than the subject of the verb.

Direct Object Pronouns

The following are the forms of the direct object pronouns. As with reflexive pronouns, they can either be placed before a conjugated verb or attached to the end of an infinitive.

me	me	**nos**	us
te	you *(sing. fam.)*	**os**	you *(pl. fam.)*
lo	you *(sing. m.)*, him, it	**los**	you *(pl. m.)*, they
la	you *(sing. f.)*, her, it	**las**	you *(pl. f.)*, they

La criada se llama Jacinta. No **la** conozco.	*The maid is called Jacinta. I don't know her.*
Lola ve a su novio y va a saludar**lo**.	*Lola sees her boyfriend and goes to greet him.*

▲ ¡Practiquemos!

A. ¿Qué es la verdad?   ¿Son ciertas (C) o falsas (F) para Ud. las siguientes declaraciones?

1. _____ Sé quién es Emilio Estévez, pero no lo conozco.
2. _____ Gloria Estefan y su esposo siempre me invitan a sus fiestas.
3. _____ Mis padres son buenos amigos de Henry Cisneros, quien los llama por teléfono todos los días.
4. _____ No conozco personalmente a la Reina (*Queen*) de España, pero la he visto en la televisión.
5. _____ Nuestro profesor (Nuestra profesora) de español nos habla casi siempre en español.

B. Para no hablar como los niños. . .   Las siguientes oraciones son típicas de las oraciones de un niño pequeño porque contienen repeticiones innecesarias. Elimine las repeticiones para crear oraciones más sofisticadas.

MODELO: *Papá* llama a sus suegros, y ellos escuchan a *papá.* →
Papá llama a sus suegros, y ellos *lo* escuchan.

1. Cecilia va a tener mellizos, pero no quiere tener mellizos.
2. La Sra. Gómez sabe preparar tacos, y va a preparar tacos esta noche.
3. Cada vez que mi abuelita viene a nuestra casa, beso a mi abuelita.
4. Prietita busca la ruda, pero no ha encontrado la ruda todavía.
5. He leído algo acerca de los remedios de curanderas, pero no puedo explicar los remedios de curanderas.

Indirect Object Pronouns

Indirect object pronouns have the same form as direct object pronouns, except for the third person. These indirect object pronouns are expressed in English using the prepositions *to, for, from, off,* and *on.*

me	to/for/from me	**nos**	to/for/from us
te	to/for/from you *(sing. fam.)*	**os**	to/for/from you *(pl. fam.)*
le	to/for/from you *(sing.),* him, her, it	**les**	to/for/from you *(pl.),* them

The emphatic phrases **a mí, a ti, a Ud., a él, a ella, a nosotros/as, a vosotros/as, a ellos/as, a Uds.** are often used together with the indirect object pronoun for clarity, even when it seems redundant. These phrases cannot be used in place of the indirect object pronouns in Spanish, however.

La criada **nos** ha servido más sopa (**a nosotros**).	*The maid has served us more soup.*
Mi padre **me** pone un suéter (**a mí**).	*My father puts a sweater on me.*

▲ ¡Practiquemos!

A. En mi familia. . . Escoja la opción que le parece más lógica, o dé otra más apropiada para completar los comentarios que Magalí hace sobre su familia.

1. Mi madre le escribe (notas breves / cartas de amor / ¿ ?) a mi padre.
2. Mis padres les mandan (dinero / paquetes / ¿ ?) a mis hermanos en la universidad.
3. A veces nuestros padres no muestran (fotos de ellos cuando eran jóvenes / cartas de los abuelos / ¿ ?).
4. Para mi cumpleaños, mi tía favorita me regala (suéteres tejidos [*knitted*] a mana / libros / ¿ ?).
5. Mi hermana cree que es mejor decirles a las abuelitas (toda la verdad / mentiritas [*little white lies*] / ¿ ?).

B. Mis hermanos nunca cambian. Simplifique las siguientes oraciones cambiando los nombres indicados por pronombres de complemento directo o indirecto (*direct or indirect object pronouns*).

MODELO: Joaquín nunca habla *a Lola.* → Joaquín nunca *le* habla.

1. A veces, Joaquín pega *a Lola.* Entonces mamá castiga *a Joaquín* y niega *a Joaquín* el postre durante un mes.
2. Después de la pelea, Lola no dice ni una palabra *a Joaquín* y Joaquín nunca pide perdón *a Lola.*
3. Mamá quiere mucho *a Joaquín y a Lola* y trata de dar más atención *a Joaquín y a Lola.*
4. Mis hermanos no se dan cuenta de que mamá tiene mucho trabajo. Nunca ayudan *a mamá.*

C. ¿Cuáles son los síntomas? Trabajando con un compañero (una compañera), imagínense que uno/a de Uds. va a la clínica porque su compañero/a de cuarto está enfermo/a. El otro (La otra) es médico/a. El médico (La médica) hace preguntas acerca de los síntomas de la persona enferma. El compañero (La compañera) las contesta, usando pronombres de complemento directo e indirecto.

MODELO: —¿Ud. ha visto hoy a su amigo/a?
—Sí, *lo/la* he visto.

1. ¿Tiene una fiebre (*fever*) muy alta?
2. ¿Ha comido el desayuno esta mañana?
3. ¿Tiene los ojos rojos?
4. ¿Su amigo/a les ha dicho algo a sus padres?
5. ¿Qué le ha dicho a Ud.?
6. ¿Ud. va a llevar a su compañero/a al hospital?

10. Talking About Needs, Likes, and Dislikes: Verbs Like *gustar*

Most of the time, sentences in Spanish are constructed as follows.

Joaquín   come   mucha sopa.
SUBJECT   VERB   OBJECT

Note that the subject and verb in this construction agree in number.

There is, however, an important and frequently used group of verbs in Spanish that does not follow this pattern but rather follows the pattern of the verb **gustar**. In the **gustar** construction, what would normally be considered the logical object is actually the subject of the sentence and therefore agrees in number with the verb. The person who experiences the emotion is indicated by the indirect object pronoun.

A Joaquín le	**gusta**	la sopa.
A Joaquín le	**gustan**	las sopas de su madre.
INDIRECT OBJECT	VERB	SUBJECT

Note in the following examples that the change in number of the indirect object affects only the indirect object pronoun and not the verb. It is only when the number of the subject changes that the verb changes accordingly.

A Joaquín **le gusta** la historia.
A los López **les gusta** la nueva novela.
A Joaquín **le gustan** los libros de historia.
A los López **les gustan** las novelas modernas.

Other verbs in this group include the following.

(des)agradar *(to [dis]please)*   importar *(to matter)*
doler (ue) *(to hurt)*   interesar
encantar *(to delight, please; to love)*   molestar *(to bother, annoy)*
faltar *(to lack)*   parecer (zc)
fascinar *(to fascinate; to like a lot)*   resultar
hacer falta *(to be necessary)*

Le **interesan** los sucesos.   *He's interested in current events.*
Nos **molesta** ese ruido.   *That noise bothers us.*

Note that the subject of these verbs may also be an infinitive or a clause, both of which are considered singular when functioning as the subject.

Me encanta cantar.   *I love to sing.*
Me resulta ridículo que hagas   *To me, it seems ridiculous for you*
  eso.   *to do that.*
Nos gusta **esquiar.**   *We like to ski.*
A mis padres les desagrada   *My parents are displeased that*
  que Lola tenga novio.   *Lola has a boyfriend.*

The emphatic phrases **a mí, a ti, a Ud., a él, a ella, a nosotros/as, a vosotros/as, a ellos/as, a Uds.** are often used with these verbs. They are most commonly placed before the verb that can also follow it.

A mí me fascinan los discos de Madonna.
Los discos de Madonna me fascinan **a mí.**

▲ ¡Practiquemos!

TE REANIMA. TE INSPIRA. TE REFRESCA. TE GUSTA.
TE ACERCA. TE IDENTIFICA. TE REPONE. TE VA.
TE LIPTON.

A. Gustos y preferencias.   Indique si a Ud. le fascinan, le gustan, le encantan, le hacen falta, le importan, le interesan, le molestan o le desagradan las siguientes cosas, según el modelo.

MODELO: la sopa → *Me enanta* la sopa.

1. las películas como *Independence Day*
2. las nuevas teorías astrofísicas

3. tener una familia muy unida
4. el pescado crudo (*raw*)
5. los profesores que no dan muchos exámenes
6. los días lluviosos (*rainy*)
7. tener un rato durante cada día para pensar
8. una novela muy romántica como *Love's Savage Sweetness*
9. la música *rap*
10. sacar buenas notas

B. Las reuniones familiares.   Dé el pronombre de complemento indirecto apropiado y el verbo correctamente conjugado, según el modelo.

MODELO: A ti *te gustan* (gustar) tus primos.

A mí _____ (encantar[1]) las reuniones familiares pero a mis padres _____ (parecer[2]) muy caóticas. Por supuesto que no _____ (faltar[3] [a nosotros]) comida en estas ocasiones. A mis tíos _____ (gustar[4]) hablar de los sucesos políticos y eso a mi madre _____ (molestar[5]) un poco. A mi abuela _____ (parecer[6]) que la política no es un tema adecuado entre parientes y _____ (resultar[7]) mejor hablar sólo de la familia. Pues, la verdad es que a mí _____ (agradar[8]) estas reuniones familiares.

C. Hay gustos para todo.   Hágale las siguientes preguntas a un compañero (una compañera) de clase para descubrir sus gustos personales.

1. ¿Qué te gusta hacer durante los fines de semana? ¿Te importa si te quedas en casa un sábado por la noche? ¿Por qué sí o por qué no?
2. ¿Qué tipo de música te fascina / molesta? ¿Por qué?
3. ¿Cuáles son las materias (*school subjects*) que más te interesan? ¿Por qué? ¿Todavía te hace falta tomar muchas clases en tu especialización para graduarte?
4. ¿Te resulta fascinante o aburrido el cine? ¿Qué películas que has visto recientemente te han parecido interesantes? ¿Cuáles te han parecido aburridas?

ESPAÑOL EN ACCION

A. Compañeros/as de apartamento.   Con dos o tres compañeros/as, imagínense que aunque no se conocen bien, el próximo semestre van a compartir un apartamento. Para evitar problemas, han decidido abrir un diálogo entre sí. Descríbanse a sí mismos/as y comenten sus gustos usando los siguientes verbos: **(des)agradar, encantar, fascinar, hacer falta, importar, interesar, molestar, parecer, ponerse, quedarse, resultar, volverse.** Den por lo menos cinco oraciones cada uno/a.

MODELO: A mí me fascina la música *reggae* y me encanta escucharla a todo volumen por la mañana cuando desayuno. No me gusta oír música por la noche cuando estudio porque me hace falta silencio para poder concentrarme. Me pongo furiosa si los platos sucios se quedan en el fregadero *(sink)* por más de un día. Me vuelvo loca si alguien come la comida que yo he comprado.

B. El suceso en el molino viejo. Trabaje con dos compañeros/as para dramatizar ante la clase la acción representada en los dibujos. Escoja cada uno/a de los siguientes papeles: heroína, villano o héroe. Deben incluir en su dramatización lo siguiente.

1. la heroína describe su estado emocional
2. la heroína también describe la ropa y la personalidad del villano
3. el villano habla de lo que piensa hacer y de sus motivos
4. el héroe describe a la heroína, la casa y las emociones que él siente
5. el héroe explica de dónde viene y por qué ha venido

C. Conversación telefónica. Imagínese que su familia está pasando por momentos de alta emoción porque su madre está enferma en el hospital y los doctores dicen que necesita una operación. Trabajando con un compañero (una compañera), representen ante la clase *una* de las siguientes conversaciones telefónicas sobre la enfermedad de su madre; no olviden mencionar el estado emocional de los miembros de la familia.

1. El doctor le comunica por teléfono a su padre que su madre necesita una operación.
2. Su padre lo/la ha llamado a Ud. a la universidad para decirle lo que pasa y pedirle que lo acompañe durante la operación.
3. Su madre llama a su hermana para informarle de la operación, pero no quiere que venga.
4. Ud. llama a su tía después de la operación para decirle cómo ha salido todo.
5. Su hermano, quien vive en Madrid, llama desde España a su madre después de la operación.

Al corriente

El cóndor andino en vuelo.

El Cóndor Andino

¡A saber!

1. ¿Has ido a un zoológico alguna vez? ¿Qué animales se encuentran allí?

2. ¿Por qué están en el zoológico los animales? ¿Para su propia protección o para la diversión de los seres humanos?

3. ¿Cuáles son las ventajas o desventajas de tener animales en un zoológico?

4. ¿Tienen derechos los animales? ¿Cuáles son?

5. ¿Puedes nombrar algunos animales extintos? ¿Cuáles de los siguientes animales crees que estén en peligro de extinción?

   ● el puma

   ● el mono araña
   (*spider monkey*)

   ● el flamenco

   ● el pudú
   (*small, South American deer*)

   ● el loro tricahue
   (*large species of parrot*)

   ● el guanaco
   (*mammal related to the llama*)

   ● el cóndor andino

   ● el cisne de cuello negro
   (*a black-neck swan*)

¡A leer!

La siguiente es una descripción del cóndor andino tomada del sitio WWW del Zoológico de Chile. Léela y contesta las preguntas a continuación.

CARACTERISTICAS

Habita[1] zonas muy elevadas, llegando en vuelo hasta los 9000 mt. de altitud. Posee[2] un pico[3] largo, fuerte y cortante. El cóndor macho se diferencia de la hembra porque éste posee una cresta (carúncula) visible.

MEDIDAS

Longitud: 3 a 4 mts. de envergadura[4] con las alas[5] extendidas. Peso: 12 kg.

DIETA

Es carnívoro, se alimenta[6] especialmente a base de carroña,[7] y ocasionalmente, puede rematar[8] a los animales moribundos[9] o heridos.

DATOS ECOLOGICOS

Hábitat: Zonas montañosas y paredes rocosas costeras.[10]
Distribución geográfica: América del Sur y en Chile a lo largo de toda la cordillera[11] de los Andes y parte de la cordillera de la Costa.
Estado de conservación: vulnerable

REPRODUCCION

Longevidad: 65 años. Incubación: 61 días. La hembra pone[12] un solo huevo de color blanco, que es dejado sobre la roca desnuda, en los riscos[13] más inaccesibles, a menudo en una situación expuesta al viento y a la intemperie. El cóndor suele criar cada dos años.

CURIOSIDADES

El cóndor es el ave en vuelo más grande del mundo. Es el ave heráldica[14] de Chile. En el zoológico de Santiago (Chile), han nacido varios ejemplares, constituyendo un logro[15] científico bastante importante, ya que es una especie bastante difícil de reproducir en cautiverio. Esto se alcanzó después de cinco años de investigaciones.

---

[1]Vive en [2]Tiene [3]*beak* [4]*wingspan* [5]*wings* [6]se... se nutre, come [7]*carrion* [8]*finish off* [9]casi muertos, para morir [10]de la costa [11]*range* [12]*lays* [13]*cliffs* [14]*heraldic* [15]*achievement*

Comprensión

1. ¿En qué se diferencia de la hembra el cóndor macho?

2. ¿Qué come el cóndor?

3. ¿Dónde se encuentran estas aves?

4. Dicen que su estado de conservación es vulnerable. Explica esto con tus propias palabras.

5. ¿Es verdad que los cóndores construyen sus nidos en árboles muy altos? ¿Cómo lo sabes?

¡A discutir!

Es verano, y trabajas en un comité municipal que lleva niños de excursión a diferentes lugares. Esta semana Uds. van al zoológico. Antes de salir, tienes que preparar a los niños con un informe sobre algún animal que los niños verán durante su visita al zoológico. Escoge un animal que te parezca interesante y escribe cinco datos sobre él.

Para más información sobre los cóndores andinos y temas relacionados, consulta la página de McGraw–Hill para *Al corriente* en la Internet.
http://www.spanish.mhhe.com

¡A escribir!

¡Animales!   Escribe un informe sobre un animal que conozcas para ser presentado a un grupo de niños que van a visitar el zoológico. ¡Y, claro, utiliza la información que agregaste en la sección previa!

ANTE EL PUBLICO

El General Juan Pérón, presidente de la Argentina, y su esposa, «Evita», saludan al pueblo argentino en octubre de 1950. La Sra. de Perón, una mujer admirada por los pobres y odiada por la clase alta, murió aproximadamente dos años después.

The thematic focus of **Unidad II** is public figures, especially how their public lives and their private selves coexist. In **Capítulos 4** and **6** you will read about two Hispanic entertainers popular in the United States: the well-known Spanish actor Antonio Banderas and the Cuban-American singer Gloria Estefan. **Capítulo 4** also includes a poem by the Spanish poet Gloria Fuertes. **Capítulo 5** contains a short story about a political strongman who pays a visit to the barber, by Colombian author Hernando Téllez.

The following mini-index will help you find the key grammar points presented in this unit.

CAPITULO

4

¡HABLEMOS UN POCO!

Esta ingeniera mexicana inspecciona un edificio dañado durante el gran sismo de 1985.

LAS PROFESIONES DEL FUTURO

Dirección Administrativa
Curso dirigido a quienes desean escoger la brillante profesión de Director Administrativo.

Auditor
Curso de Auditoría necesario para desarrollar la función de Auditor.

Asesor Laboral
Curso en el que se desarrollan las Relaciones Laborales: Contratos de Trabajo, Seguridad Social y Justicia Laboral.

AFIGE
Estudios Empresariales
Los Cursos AFIGE se imparten a distancia. Profesores especializados se encargan de contestar cuantas consultas se formulan y corrigen los ejercicios. Diploma autorizado por el Ministerio de Educación y Ciencia.
AFIGE lleva siete años dedicada a la Enseñanza a Distancia.
Los Cursos AFIGE, al irse incorporando las modificaciones legislativas, están SIEMPRE al día.

Contabilidad Empresarial
Curso de Contabilidad para llevar el correcto control económico de la Empresa.

Experto Fiscal
Curso básico de Tributación para lograr ser buen Asesor Fiscal. Una de las profesiones con más porvenir.

Me interesa que me informen más a fondo sobre el CURSO A DISTANCIA
☐ DIRECCION ADMINISTRATIVA
☐ CONTABILIDAD EMPRESARIAL ☐ AUDITOR
☐ EXPERTO FISCAL ☐ ASESOR LABORAL

Nombre _____
Dirección _____
Ciudad _____ Cod. Postal _____
Teléfono _____

AFIGE Centro de Enseñanza a Distancia
Autorizado por el Ministerio de Educación - Grupo 1 - número 258
AFIGE - Apartado 12144 - 08080 BARCELONA.

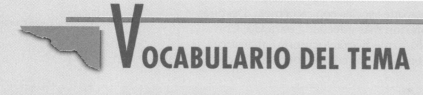

VOCABULARIO DEL TEMA

Las carreras* y los oficios (occupations)

Las bellas artes, el entre-tenimiento y los medios de comunicación

el actor, la actriz
el/la artista
el/la atleta profesional
el/la cantante
el escritor, la escritora
el locutor, la locutora
   (television or radio announcer)
el/la músico[†]
el/la periodista (journalist)

Los negocios y la industria

el abogado, la abogada
el contador, la contadora
   (accountant)
el/la economista
el financiero, la financiera
el/la gerente (manager)
el hombre / la mujer
   de negocios
el ingeniero, la ingeniera
el programador / la
   programadora de computadoras
el vendedor, la vendedora

El servicio público

el bombero, la bombera (firefighter)
el carpintero, la carpintera
el científico, la científica
el cura / sacerdote (priest)
el/la dentista
el enfermero, la enfermera
el maestro, la maestra
el médico, la médica
el militar, la mujer militar

Hablando del tema

A. Figuras públicas. Identifique la carrera o el oficio que tiene o tenía cada uno de estos norteamericanos famosos, según el modelo.

MODELO: Johnny Cash → Johnny Cash es cantante.
Winslow Homer → Winslow Homer era artista.

1. Henry Ford I
2. Marie Curie
3. John Lennon
4. Geraldo Rivera
5. Alice Walker
6. Edward James Olmos
7. Amelia Earhart
8. Martin Luther King, Jr
9. Hank Aaron
10. Connie Chung
11. Richard Nixon
12. Aretha Franklin
13. Jaime Escalante
14. Michelle Pfeiffer
15. Norman Schwarzkopf
16. Lee Iacocca

Este hombre de negocios venezolano se aprovecha de la tecnología moderna.

*Note that **carrera** has a double meaning: *career* and *course of study*. **Oficio** is generally used to describe occupations that do not require academic training.
[†]The female equivalents of many traditionally male-dominated careers are currently in flux in Spanish.

B. Metas y carreras.   ¿Cuál es su meta en la vida: ganar mucho dinero, ser independiente o hacer un impacto social? ¿Cuál es la carrera u oficio que le permitirá realizar sus metas? Dibuje una tabla como la siguiente para ayudarle a determinar cuál es la más indicada carrera para lograr sus metas.

En las columnas, escriba las profesiones que asocias con cada meta. Después analice sus propias metas y escoja la profesión más adecuada para Ud. Considere las siguientes profesiones: abogado/a, médico/a, locutor(a), maestro/a, carpintero/a, actor / actriz. Finalmente, comparta sus conclusiones con la clase.

dinero	prestigio	vacaciones largas	poder	fama	horario flexible	cambios sociales	creatividad	intelectua-lidad	ambiente sano	otro

C. ¿Que desea ser? Una encuesta.   Circule por la sala de clase por diez minutos para hacerles las cuatro preguntas siguientes a por lo menos siete de sus compañeros/as. Apunte las respuestas y los nombres de los compañeros (las compañeras) que entrevista. Después analice las respuestas para determinar cuál es la carrera —o el tipo de carrera— más popular y la menos popular. Finalmente, compare sus conclusiones con las de sus compañeros/as.

1. ¿Qué carrera u oficio deseas seguir? ¿Por qué?
2. ¿A qué carrera u oficio prefieres *no* dedicarte nunca? ¿Por qué?

LECTURA I

ACERCANDONOS A LA LECTURA

Although it is through work and achievement that public figures first gain prominence, their private lives eventually arouse more of the public's curiosity. In this chapter, you will read an interview with the Spanish actor Antonio Banderas and a poem by the Spanish poet Gloria Fuertes. Both readings reflect the play between private life and public eye.

Long known in Europe for his roles in films directed by Pedro Almodóvar (see reading in **Capítulo 11),** Antonio Banderas discusses his craft and his role in the recent U.S. film, *Evita.* He politely discloses aspects of his life with the movie star Melanie Griffith while guarding his privacy.

The poem by award-winning Gloria Fuertes reveals that the celebrity's hidden life is more somber than the public imagines.

advertir (ie, i) to warn
asustarse to become frightened
compartir to share
comprometerse a to make a commitment to
desarrollar to develop
deshacerse de to get rid of
firmar to sign
funcionar to work, function
grabar to (tape) record
parar to stop
plantear to plan, establish

reunir to put together / raise (money)
saltar to jump , jump over, skip
suceder to occur, happen

el asunto matter, affair
la cuestión issue, matter
la entrada entrance
el éxito success
el fracaso failure
la madrugada dawn, early morning

la pantalla screen
la película movie, film
la rama branch
los recuerdos memories
el reto challenge
la sombra shadow

ambos/as both

el sentido del humor sense of humor

A. Fuera de serie. Identifique la palabra que no pertenece al grupo y explique por qué.

1. triunfo, éxito, fracaso, suceder
2. cuestión, sombra, asunto, plantear
3. rama, película, pantalla, grabar
4. compartir, advertir, reunir, comprometerse

B. Definiciones. Explique en español qué significa cada palabra o expresión.

1. madrugada
2. funcionar
3. sentido del humor
4. deshacerse
5. reto
6. parar

COMENTARIOS PRELIMINARES

A. Carreras fantásticas. ¿Se puede Ud. imaginar la vida maravillosa que llevan los que practican ciertas carreras? Con un compañero (una compañera) o en un grupo pequeño, participen en una lluvia de ideas *(brainstorm)* para hacer una lista de todos los aspectos positivos de *una* de las carreras enumeradas en el Vocabulario del tema.

B. Carreras que son una pesadilla *(nightmare)*. ¿Piensa Ud. que hay carreras que dan más dolores de cabeza que satisfacción? Con un compañero (una compañera) o en un grupo pequeño, participen en una lluvia de ideas para hacer una lista de los aspectos problemáticos de *una* de las carreras enumeradas en el Vocabulario del tema.

C. Un día en el oficio de... Imagínese que Ud. es *uno/a* de los / las siguientes profesionales. Presente a la clase un informe completo del horario del día anterior (o de un día típico de trabajo). Recuerde usar palabras apropiadas del Vocabulario para leer.

  1. una novelista **2.** la ayudante de un director de películas **3.** un gerente de banco **4.** un músico de un conjunto de *rock 'n' roll* **5.** un abogado **6.** un enfermero **7.** un periodista

D. ¿Casarse con un/a colega? En general, la gente pasa más horas en el trabajo que en cualquier otro lugar. Por eso, es natural que los / las colegas formen parte de nuestra vida social también. Pero, ¿es sano compartir todo el tiempo libre con compañeros/as de trabajo? ¿Se casaría Ud. con un/a colega? ¿Por qué sí o por qué no? Trabaje con un compañero (una compañera) o en un grupo pequeño para hacer una lista de las ventajas y las desventajas de casarse con alguien que tiene la misma carrera. Después, compartan su lista con el resto de la clase.

ESTRATEGIAS PARA LEER

Characterization

Characterization includes all the information that an author provides about a character or that a character provides about himself or herself. Characters can be revealed through their movements, gestures, clothing, or actions, through comparison and contrast with other figures, through identification with a specific setting, activity or person, or through dialogue.

The quotes below have been excerpted from the article about Antonio Banderas. Read them carefully. What image of the actor do the quotes convey? As you read the selection, try to notice other ways Banderas' personality is revealed.

ESTRATEGIAS EN ACCION

Citas. Basándose en las citas a continuación, ¿cómo caracterizaría Ud. a Antonio Banderas? Puede referirse al Vocabulario del tema de los Capítulos 1 y 3.

  1. «Melanie viene conmigo... Estoy cansado de llevar una vida solitaria en habitaciones de hoteles».
  2. «Nunca me ha gustado estar presente en la opinión pública. Como actor prefiero mantener cierto misterio y dejar que la gente me redescubra en cada película».
  3. «Me lo tomé con sentido del humor y ahora no hemos vuelto a hablar del asunto».
  4. «Me distancio mucho de las películas una vez acabadas porque lo que me interesa es vivir el proceso de hacerlas».
  5. Sonríe y fija su mirada con la intensidad de los rayos X.

es como un niño tonto, que no anda y al que hay que tratar con cuidado y mimos.[22] Tampoco me gusta pensar en términos de éxito o fracaso, ni detenerme en las críticas o en la respuesta de los espectadores. Si lo haces, te atas por todas partes y pierdes autonomía y creatividad. Cada mañana, antes de llegar al estudio, me recuerdo a mí mismo que mi deuda[23] es con el personaje, con el Ché en esta ocasión.

Tomado de *Fotogramas y video*

---

[22]cuidado... *tender loving care*   [23]*debt*

¿Cuánto recuerda Ud.?

A. Identifique a las siguientes personas nombradas en el artículo y explique por qué son mencionadas.

1. Melanie Griffith
2. Madonna
3. Ché Guevara
4. Deborah Dolton
5. Andrew Lloyd Webber

B. Marque (X) las frases que caracterizan a Antonio Banderas según la entrevista.

1. _____ A Banderas le gusta trabajar en comedias musicales.
2. _____ Banderas es uno de los *guapos* del cine contemporáneo.
3. _____ A Banderas no le gusta cambiar de papel *(role)*; prefiere desempeñar el mismo tipo de personaje.
4. _____ Banderas es muy profesional: trabaja bien con Madonna, aunque ella tiene un temperamento difícil.
5. _____ Aunque le hicieron una oferta de producción, él prefiere actuar.

LECTURA II

ESTRATEGIAS PARA LEER

Poetic Voice

A poet chooses words, phrases, and structures in particular ways in order to create a certain effect. The tone *(El tono)* or attitude toward the subject revealed through the poet's voice *(la voz poética)* can greatly influence the effect the poem has on the reader: the reader may perceive the poetic persona (or character) as happy, sad, frustrated, or angry, among other things.

In *Sale caro ser poeta,* Gloria Fuertes shares her experience of being a poet. The following exercise will help you determine the poet's mood before you read the entire poem.

Escoja la opción que mejor represente la voz poética en cada frase citada del poema.

1. «Trabajo como esclavo *(slave)* llego a casa...»
   a. La poeta está encantada con su empleo.
   b. La poeta trabaja demasiado y está cansada.
   c. Hace muchísimas tareas domésticas en la casa.
2. «—escribiendo me da la madrugada—»
   a. Ella escribe toda la noche.
   b. Ella duerme de día.
   c. Ella se levanta muy temprano.
3. «me cuesta respirar cuando termino»
   a. La poeta está enferma.
   b. Tiene la nariz congestionada.
   c. Está exhausta al terminar un poema.
4. «y la gente no sabe de esto nada»
   a. El público no sabe los sacrificios que hace para escribir.
   b. Ella no quiere confiarle a nadie sus problemas.
   c. Todo el mundo es indiferente a sus sufrimientos.

Sale caro[1] ser poeta

Gloria Fuertes

Sale caro, señores, ser poeta.
La gente va y se acuesta tan tranquila
—que después del trabajo da buen sueño—.
Trabajo como esclavo[2] llego a casa,
me siento ante la mesa sin cocina,
me pongo a meditar lo que sucede.
La duda me acribilla[3] todo espanta;[4]
comienzo a ser comida[5] por las sombras
las horas se me pasan sin bostezo[6]
el dormir se me asusta se me huye[7]
—escribiendo me da[8] la madrugada—.
Y luego los amigos me organizan recitales,
a los que acudo y leo como tonta,

---

[1]Sale. . . *It costs dearly* [2]*slave* [3]me... *guns me down* [4]*is frightening* [5]*devoured* [6]*a yawn* [7]se... *escapes me* [8]me... se hace

y la gente no sabe de esto nada.
Que me dejo la linfa[9] en lo que escribo,
me caigo de la rama de la rima
asalto las trincheras[10] de la angustia
me nombran su héroe los fantasmas,
me cuesta respirar cuando termino.
Sale caro señores ser poeta.

Tomado de *Poeta de guardia*, 1968

---

[9]*apathy (lymphatic water)*   [10]*trenches*

¿Cuánto recuerda Ud.?

Trabajando con un compañero (una compañera), marquen (X) las frases que caracterizan el proceso de creación en cuanto a la persona poética, señalando la evidencia que ofrece el texto.

1. _____ No come bien.
2. _____ Trabaja día y noche.
3. _____ Se siente segura de su talento.
4. _____ Piensa mucho.
5. _____ Tiene una vida social activa.
6. _____ Ella sacrifica su salud para escribir.
7. _____ Tiene miedo.

¿Qué se imagina Ud.?

A. Una breve crítica de una película de Antonio Banderas. ¿Ha visto Ud. alguna película en que haya actuado Antonio Banderas (por ejemplo, *The Mambo Kings, The House of the Spirits, Desperado, Philadelphia, Two Much* y *Evita*)? Reúnase con compañeros/as que hayan visto la misma película y preparen una breve crítica para presentar ante la clase. Incluyan en su crítica los siguientes detalles.

1. un resumen del argumento *(plot)*
2. una descripción del personaje que caracterizaba Antonio Banderas
3. lo que más les gustó de la película
4. lo que menos les gustó de la película

B. Antonio Banderas visto por otros. En esta entrevista Antonio Banderas se caracteriza a sí mismo como un hombre que se preocupa por proteger su vida personal. ¿Cómo se imagina Ud. que lo caracterizarían otras personas que lo conocen de cerca? Con un compañero (una compañera) piensen cómo lo caracterizaría *una* de las personas a continuación. Después presenten esta imagen de Banderas ante la clase.

1. su madre		**5.**	Deborah Dolton, su ayudante
2. su ex esposa		**6.**	Alan Parker, el director
3. Melanie Griffith			de *Evita*
4. Madonna		**7.**	su mejor amigo

C. Consejos para una figura pública.   Imagínese que Ud. es un psicólogo (una psicóloga) que da consultas por radio. Aunque las llamadas que Ud. recibe son anónimas, Ud. reconoce la voz de las siguientes personas famosas. Escoja el caso de una de estas personas para darle breves consejos sobre cómo resolver sus problemas.

1. a Madonna, quien se queja de las visitas de su co-estrella durante el rodaje de su última película
2. a Antonio Banderas, quien se queja de que el público le da más importancia a su vida personal que a su talento y seriedad profesional
3. a la hija mayor de Melanie Griffith, quien desea que su madre les dedique más tiempo a ella y a sus hermanos
4. a la poeta de *Sale caro ser poeta*, quien quiere cambiar de vida pero no de carrera

GRAMATICA EN CONTEXTO

11. Talking About the Indefinite Past: The Imperfect

As you know, there are two simple past tenses in Spanish: the imperfect and the preterite. Each expresses a different conception of past events or states. Because there are no direct English equivalents for these tenses in Spanish (English has only one simple past tense), you will need to learn the conceptual differences between the types of situations in which the imperfect and the preterite are appropriate in order to use them correctly. For the moment, concentrate on mastering the imperfect and preterite forms and understanding the basic differences in the ways the two tenses are used.

Concept of the Imperfect

The imperfect implies indefinite past time, with no temporal limitations on the event described. It is used either to describe people, things, or situations in the past or to narrate habitual or repeated past events. The focus of the imperfect is on the events or states of being themselves rather than their beginning or end.

Notice how each speaker uses the imperfect to reminisce in the examples that follow.

DESCRIPTION IN THE PAST WITH NO TIME LIMITS

Cuando Antonio **era** joven le **encantaba** el cine.
Pocos **conocían** a Banderas en los Estados Unidos cuando **trabajaba** en España.
Madonna y Antonio no **compartían** un camerino.

HABITUAL OR REPEATED EVENTS IN THE PAST

Antonio **se levantaba** muy temprano para rodar la película.
Comía todos los días con Melanie.

Forms of the Imperfect

The imperfect indicative has a relatively regular tense formation. Most verbs follow one of the two regular conjugation patterns, and only three verbs are irregular in the imperfect indicative.

Regular Verbs

To form the imperfect indicative of all **-ar** verbs, add the appropriate ending to the stem of the infinitive. Note that the **nosotros** form carries a written accent.

cantar		
cant—	cant**aba**	cant**ábamos**
	cant**abas**	cant**abais**
	cant**aba**	cant**aban**

Antonio la **visitaba** después del trabajo.
Melanie lo **llamaba** durante el día.

To form the imperfect indicative of regular **-er** and **-ir** verbs, add the appropriate ending to the stem of the infinitive. Note that all forms carry a written accent mark.

tener			vivir		
ten—	ten**ía**	ten**íamos**	viv—	viv**ía**	viv**íamos**
	ten**ías**	ten**íais**		viv**ías**	viv**íais**
	ten**ía**	ten**ían**		viv**ía**	viv**ían**

Banderas **vivía** en España por muchos años.
No **tenía** que ajustarse al Ché histórico.

Irregular Verbs

ir	
iba	íbamos
ibas	ibais
iba	iban

Antonio **iba** al camerino a descansar todos los días.

ser	
era	éramos
eras	erais
era	eran

El Ché de la película no **era** el Ché histórico.

ver	
veía	veíamos
veías	veíais
veía	veían

Melanie y yo nos **veíamos** todas las tardes.

▲ ¡Practiquemos!

A. ¿Quiénes eran?   Identifique las siguientes personas. Después busque todos los verbos en el imperfecto del indicativo y explique por qué se usa el imperfecto en cada caso.

a. Douglas Fairbanks
b. Francisco Franco
c. Eleanor Roosevelt
d. Charles Lindberg
e. Susan B. Anthony
f. Benjamin Franklin

1. _____ Volaba durante los primeros días de la aviación. Todo el mundo lo consideraba un gran héroe, especialmente después de que cruzó por primera vez el Océano Atlántico en avión.
2. _____ Era político, físico, filósofo, publicista e inventor. Cuando era joven trabajaba en Filadelfia, donde publicaba *Poor Richard's Almanac*.
3. _____ Siempre acompañaba a su esposo, incluso a la Casa Blanca. Mucha gente la respetaba por todo lo que hacía para ayudar a los pobres durante la crisis económica de los años treinta.

4. _____ Era el Jefe de Estado de España durante muchos años. Muchos lo consideraban un dictador cruel porque creían que gobernaba a base de la represión política y social. Cuando murió en 1975, lo reemplazó el rey Juan Carlos II.

5. _____ Organizaba a las mujeres para luchar por el derecho de votar. Daba conferencias *(lectures)* en las cuales hablaba en contra de la esclavitud *(slavery)* y reclamaba los derechos de la mujer.

6. _____ Representaba a tipos nobles y románticos en los primeros días del cine. Aparecía en películas acerca de piratas y líderes revolucionarios.

B. ¡Antes no eras así! Imagínese que Ud. se encuentra con un viejo amigo. Comente lo cambiado que está ahora su amigo, según el modelo.

En 1910, los Bomberos tenían que coger un taxi (coche de esa época) para llegar al lugar de los incendios.

TAXI!!

MODELO: *¡Hablas* con todo el mundo! → Antes *no hablabas* con nadie.

1. ¡Llevas libros a casa!
2. ¡Te vistes de una manera formal!
3. ¡Juegas al tenis!
4. ¡Estás tan bronceado *(tanned)*!
5. ¡Conduces un coche BMW!
6. ¡Te gusta la música sinfónica!
7. ¡Vas a la ópera!
8. ¡Tienes mucha prisa!
9. ¡Quieres ser abogado!
10. ¡Te ves muy seguro de ti mismo!

C. Los recuerdos de una madre. La Sra. Gómez se ha puesto nostálgica y está recordando algunas escenas de la niñez de su hijo Pedro. Describa lo que hacía su hijo de niño *(as a child),* según los dibujos.

1. ¿De qué se vestía de niño Pedro? ¿Qué carrera quería seguir entonces?
2. ¿Con quién miraba televisión? ¿Cree Ud. que Pedro y su perro eran grandes amigos? ¿Por qué sí o por qué no?

3. ¿Qué le fascinaba a Pedro hacer de niño? ¿y a los otros niños?

4. ¿Cuál era el deporte favorito de Pedro? ¿Con quién lo practicaba? ¿A su padre también le gustaba el béisbol?

D. Cuando eras más joven... Hágale y conteste las siguientes preguntas acerca de la vida en la escuela primaria a un compañero (una compañera) de clase.

1. ¿Qué querías ser cuando eras estudiante de primaria?

2. ¿Tenías muchos amigos en aquel entonces *(at that time)*?

3. ¿Qué hacías para divertirte?

4. ¿Qué hacías durante los veranos? ¿Ibas a la playa o a las montañas con tu familia? ¿Les gustaban a todos esas salidas familiares?

5. ¿Miras mucha televisión? ¿Qué programas veías con frecuencia?

6. ¿Cómo llegabas a la escuela? ¿Montabas en bicicleta, tomabas el autobús, ibas caminando o te llevaban tus padres en el coche?

12. Talking About the Definite Past: The Preterite

Concept of the Preterite

The preterite implies definite time limitations in the past. It is used to describe the beginning, the end, or the completion of past events. In other words, it expresses actions that started and/or ended at some moment in the past.

Compré el disco de *Evita* en 1976, en Málaga.	*I bought the record of* Evita *in 1976, in Malaga.*
Como actor, Antonio Banderas **partió** del teatro.	*As an actor, Antonio Banderas got started in the theater.*

Forms of the Preterite

To form the preterite indicative of regular **-ar** verbs,* add the appropriate ending to the stem of the infinitive. Note the written accent on the first- and third-person singular.

cantar		
cant—	cant**é**	cant**amos**
	cant**aste**	cant**asteis**
	cant**ó**	cant**aron**

---

*You will learn the forms for irregular verbs in the preterite in subsequent chapters.

No **tomé** sus comentarios en serio.
Me **gustó** trabajar con Madonna.

To form the preterite tense of regular **-er** and **-ir** verbs, add the appropriate ending to the stem of the infinitive. Note that as with **-ar** verbs, the first- and third-person singular of **-er** and **-ir** verbs carry a written accent.[†]

aprender		
aprend—	aprend**í**	aprend**imos**
	aprend**iste**	aprend**isteis**
	aprend**ió**	aprend**ieron**

Aprendí mucho trabajando en los musicales.
Los productores lo **escogieron** para caracterizar a Ché.

▲ ¡Practiquemos!

A. Más figuras históricas. Identifique a las siguientes personas por sus acciones. Después explique por qué se usa el pretérito en cada caso.

- **a.** Jesse Owens
- **b.** Thomas Jefferson
- **c.** Ulysses S. Grant
- **d.** Clara Barton
- **e.** Dwight D. Eisenhower
- **f.** Mary Todd Lincoln

1. _____ Nació en Virginia en 1743. Escribió la Declaración de la Independencia de los Estados Unidos. Más tarde llegó a ser presidente del país.
2. _____ Luchó en la Guerra Civil norteamericana. Se encargó (*He took charge*) de comandar las tropas del norte que por fin derrotaron al General Lee.
3. _____ Sufrió después del asesinato de su esposo en 1865. Poco después de que se le murió un hijo, se volvió loca.
4. _____ Cuando participó en los Juegos Olímpicos de 1936, frustró muchísimo a Adolf Hitler al ganar cuatro medallas de oro.
5. _____ Vio la necesidad de hacer algo para aliviar el sufrimiento de los soldados. Fundó la Cruz Roja norteamericana.
6. _____ Ganó fama durante la Segunda Guerra mundial y aunque nunca se consideró la gente lo eligió presidente dos veces.

B. ¿Por qué llegó tarde? Jorge siempre tiene una excusa cuando llega tarde al trabajo. Complete las siguientes excusas de él usando el pretérito de los verbos.

[†]The verb **ver,** which carries no written accents, is an exception.

vi	vimos
viste	visteis
vio	vieron

MODELO: (yo) dejar / los anteojos / en casa → Dejé los anteojos en casa.

1. mis suegros / llamar / esta mañana a las cinco
2. anoche / el perro / decidir aullar (to howl) / y / no dejarnos dormir
3. (yo) salir de casa / sin los zapatos
4. mis niños / robar y esconder (hide) / mis papeles
5. nosotros / no encontrar / las llaves del coche
6. mi esposa / olvidarse de poner / el despertador

C. Momentos importantes de mi vida.   Haga oraciones completas para decir cuándo le pasaron a Ud. los siguientes eventos. Conjugue los verbos en el pretérito. También puede usar frases como **a los cinco años** o **a los doce,** etcétera. Luego compare su lista con la de otro/a estudiante.

MODELO: (yo) comer mi primera hamburguesa →
A los cuatro años comí mi primera hamburguesa.

1. (yo) salir con un chico (una chica)
2. mi padre (madre, amigo) / enseñarme a manejar
3. (yo) ver mi primera película
4. mis padres (abuelos) / regalarme mi primera bicicleta
5. mis amigos y yo / conocer la música de...
6. (yo) graduarse en la escuela secundaria

D. Preguntas personales.   Hágale las siguientes preguntas a un compañero (una compañera) de clase.

1. ¿A qué hora te acostaste ayer?
2. ¿A qué hora te despertaste esta mañana? ¿Te levantaste a la misma hora?
3. ¿Cómo te preparaste para la clase de hoy?
4. ¿A qué clases asististe ayer?
5. ¿Llamaste a alguien por teléfono ayer? ¿A quién? ¿De qué hablaron Uds.?

ESPAÑOL EN ACCION

A. Los veranos de mi niñez.   Trabajando con un compañero (una compañera), describan lo que hacían con sus amigos durante el verano cuando eran jóvenes. Usen el imperfecto para expresar sus recuerdos. **Vocabulario útil: ir a la playa / las montañas / la piscina** (swimming pool), aprovechar (to take advantage of) los ratos libres, soler + infinitivo, jugar a..., hacer travesuras (mischief), tomar el sol, (no) estar alegres/contentos/enojados/preocupados

B. Primero compré...   Trabajando con un compañero (una compañera), lean las siguientes declaraciones. Luego usen el pretérito para indicar cuatro acciones que hicieron antes de la que está indicada.

MODELO: Acabo de comer tacos. → Primero, compré la carne, el queso y
las verduras en una tienda. Entonces, lavé las verduras.
Después, preparé la carne. Por fin, comí los tacos.

1. Mis padres acaban de comprar un coche nuevo.
2. Tú y yo acabamos de entrar en el cine.
3. Nuestro equipo acaba de ganar el torneo.
4. Acabo de sacar una A en el examen final de español.

C. Memorias del pasado. Con un compañero (una compañera), comenten el
dibujo de una escena en casa de la familia Estévez.

1. ¿Por qué el Sr. Estévez les muestra el periódico a sus hijos? ¿Qué
querían saber ellos?
2. ¿Cuándo ocurrió la escena que el Sr. Estévez recuerda? ¿Dónde?
¿Cómo lo saben Uds.?
3. ¿Por qué había tantos periodistas y fotógrafos en la sala aquel día?
¿Por qué se imaginan que estaba allí Adolfo Estévez? ¿Qué hacía o
decía él en aquel momento?
4. ¿Cómo se vistió el presidente cuando visitó la universidad? ¿Por
qué? ¿Qué se imaginan Uds. que pensaba él mientras escuchaba al
joven Adolfo Estévez?
5. ¿Cómo ha cambiado físicamente Adolfo desde el día cuando conoció al presidente? ¿Cómo ha cambiado su vida? ¿Qué carrera probablemente tiene ahora? ¿Por qué creen Uds. eso?

Al corriente

Evita

¡A saber!

1. ¿Puede uno llegar a ser muy rico y famoso sin haber nacido así? ¿Puedes pensar en algunas personas, como ejemplos?

2. ¿Cómo describirías a la cantante y actriz Madonna?

3. Imagínate que tú eres una persona tan famosa y rica como Madonna. ¿Qué cosas haces con tu dinero e influencia social?

¡A leer!

La siguiente lectura es de una edición suplemental de Clarín Digital, una revista multimedia de la Argentina. El tema tiene que ver con la muerte de Eva Perón, una figura muy importante en la historia argentina.

LA MUERTE DE EVA PERON 44 AÑOS DESPUES

El 26 de julio de 1952 murió Eva Perón. Tenía 33 años. Fue acaso[1] la mujer que más influyó en la historia contemporánea de la Argentina. Amada u odiada, sin términos medios, la muerte de la segunda esposa del entonces presidente Juan Perón se transformó en uno de los episodios más singulares de la Historia Argentina. Su velatoria[2] movilizó a cientos de miles de personas que formaron fila[3] durante días esperando despedir[4] el cadáver embalsamado de «Evita». Hubo marchas de antorchas,[5] 30 días de luto[6] y dos en los que el país estuvo paralizado.

---

[1]quizás [2]wake, vigil over a corpse [3]formaron... lined up [4]to say goodbye to [5]torches [6]mourning

Comprensión

1. ¿En qué año nació Eva Perón?

   _____

2. ¿Qué relación tenía con el que era presidente de la Argentina en aquel entonces?

   _____

3. ¿Cómo reaccionaron los argentinos al saber de la muerte de Eva Perón? Indica todas las respuestas relevantes.

   ○ organizaron marchas

   ○ lloraron

   ○ miles llegaron a ver el cadáver

   ○ el país se quedó paralizado

4. ¿Por qué crees que fue tan significativa la muerte de la Sra. Perón?

   _____

¡A discutir!

Lee el artículo sobre la Fundación Eva Perón y haz una lista de lo que ha hecho esta organización para mejorar el nivel de vida del pueblo argentino.

«El 19 de junio de 1948 fue creada la Fundación Ayuda Social María Eva Duarte de Perón, con el propósito[1] de realizar[2] una obra[3] de verdadero interés social.

«Después del anuncio de la muerte de esta figura tan importante, con la voz quebrada por la emoción, el secretario general de la CGT, José Espejo, expresó que la señora Eva Perón "luchó por la justicia y el bien" y que "vivirá por siempre en el alma de los trabajadores y de los niños, de los ancianos,[4] de los desamparados,[5] de los dolientes[6] que ella redimió,[7] y cuyos[8] ojos lloran y sus corazones sangran[9] ante la ausencia eterna de la bien amada compañera Evita".»

---

[1]objetivo   [2]*accomplish*   [3]*work (of charity)*   [4]personas viejas   [5]*forsaken ones*   [6]*sick persons*   [7]*redeemed, set free*   [8]*whose*
[9]*bleed, suffer*

Las contribuciones de la Fundación Eva Perón:

1.

2.

> Para más información sobre Evita Perón y otros temas relacionados, consulta la página de McGraw–Hill para *Al corriente* en la Internet.
> **http://www.spanish.mhhe.com**

¡A escribir!

Muchos argentinos han protestado por el hecho de que Madonna fuera elegida para caracterizar Eva Perón en la película *Evita* (1997). Una de las quejas es que Madonna no es digna de hacer el papel de Evita. ¿Estás de acuerdo con este punto de vista? ¿Por qué crees que se ha ofendido el pueblo argentino? En tu opinión, ¿crees que Madonna ha sido la mejor candidata para hacer este papel o crees que el director de la película debería haber contratado a otra actriz? ¿Por qué? Piensa en los siguientes factores: ¿Qué tienen en común las dos? ¿En qué son diferentes? ¿Por qué crees que la reacción de los argentinos hacia Madonna ha sido tan fuerte? ¿Cómo la ve la gente de los Estados Unidos a Madonna? Escribe una carta al director de la película expresando tus opiniones al respecto.

¡HABLEMOS UN POCO!

[a]to isolate [b]loneliness, solitude

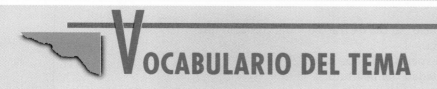

VOCABULARIO DEL TEMA

Enlaces temporales

primero (segundo, tercero) first (second, third)
después, luego, más tarde afterward, later
entonces then
entretanto meanwhile

por fin, finalmente, al final finally
al otro día, al día siguiente the next day
en aquel entonces (way) back then

EL PASADO		AHORA/HOY		EL FUTURO	
la semana pasada el fin de semana pasado el mes/año pasado hace quince días *(two weeks ago)* hace años	ayer por la mañana / tarde anteayer *(day before yesterday)* hace dos días anoche	esta {	mañana tarde noche semana	mañana por la mañana / tarde / noche pasado mañana *(day after tomorrow)*	la semana que viene (la próxima semana) el fin de semana que viene (el próximo fin de semana) el mes / año que viene (el próximo mes / año) en quince días
		este {	fin de semana mes / año		

Hablando del tema

A. En el laboratorio del Dr. Sesos.   Combine un elemento de cada grupo, formulando una narración completa para describir lo que le pasó al Dr. Sesos hace años en su laboratorio.

1. _____ En aquel entonces el famoso Dr. Sesos...
2. _____ Un día...
3. _____ Primero el doctor...
4. _____ Inmediatamente después de que nadie contestó,...
5. _____ Luego cuando vio que el profesor no estaba,...
6. _____ Después, todavía muy entusiasmado,...
7. _____ Un momento más tarde...
8. _____ Al final, lleno de miedo, el Dr. Sesos...

a. bajó corriendo la escalera.
b. trabajaba en un laboratorio de la universidad nacional.
c. descubrió que el telefonista tampoco estaba.
d. buscó a otra colega, la Dra. Gómez.
e. hizo un descubrimiento importante.
f. siguió buscando a sus colegas por todas partes.
g. fue a buscar a su colega, el Prof. Sánchez.
h. gritó las buenas noticias a los colegas que trabajaban con él.

B. El Dr. Sesos da parte a la policía.   Imagínese que Ud. es el protagonista de la tira cómica. Preocupado por la misteriosa desaparición de sus colegas, Ud. decide informar a la policía. Explique la situación en forma oral o escrita, incluyendo la siguiente información.

1. Primero hable de cómo empezó Ud. su día de trabajo y del contacto que tuvo con sus colegas esa mañana.
2. Después haga un resumen del experimento que hizo.
3. Entonces describa la extraña soledad del Instituto.
4. Finalmente, explique por qué es urgente localizar a sus compañeros.

C. Próximos planes.   Trabajando con un compañero (una compañera), cuente los planes que Ud. tiene para *mañana por la tarde, pasado mañana* y *la semana que viene* en por lo menos dos de los siguientes lugares u ocasiones.

1. en casa / en familia
2. en su barrio, pueblo o ciudad
3. en el trabajo
4. en su tiempo libre
5. en la universidad

LECTURA

ACERCANDONOS A LA LECTURA

In the reading for this chapter, Hernando Téllez, from Colombia, masters the balance between the specific and the universal in his story **"Espuma y nada más."** He creates concrete (individual) characters *(personajes)* in a universal setting—any of several Latin American countries in the throes of military repression. In addition, Téllez addresses social and political concerns without becoming pontifical or detracting from the literary value of his captivating story.

The **caudillo** (*chief* or *strong man*), for example, is a character with inner conflicts that can draw in the reader, despite his strong resemblance to the Hispanic stereotype reinforced by such leaders as Franco (Spain), Castro (Cuba), Pinochet (Chile), Stroessner (Paraguay), Somoza (Nicaragua), Trujillo (Dominican Republic), and Perón (Argentina).

colgar (ue) to hang
mezclar to mix
pulir to polish, finish
quemar to burn
revolver (ue) to stir
temblar (ie) to tremble
traicionar to betray

la barbería barbershop
la barbilla chin

la brocha brush
el cinturón belt
el cuello neck
la espuma foam
el fusilamiento shooting, execution
la navaja razor
el partidario partisan
las patillas sideburns
la peluquería beauty shop
el ropero clothes closet

el rostro face
la sábana sheet, cloth
el sudor perspiration, sweat
el verdugo executioner

desnudo/a naked
tibio/a tepid, lukewarm

algo por el estilo something
  like that

A. Fuera de serie. Identifique la palabra que *no* pertenece al grupo y explique por qué.

1. patillas, peluquería, fusilamiento, espuma
2. barbilla, cuello, desnudo, rostro
3. cinturón, ropero, brocha, sábana
4. revolver, traicionar, pulir, mezclar
5. verdugo, tibio, quemar, sudor

B. Definiciones. Explique en español qué significa cada palabra o expresión.

1. navaja
2. temblar
3. algo por el estilo
4. partidario
5. colgar

.... **C**OMENTARIOS PRELIMINARES

A. ¡A cortarse el pelo! ¿Le gusta a Ud. ir a la barbería o a la peluquería o detesta tener que hacerlo? ¿Cómo se relaciona con su barbero/a o peluquero/a, bien o mal?

Hable de sus experiencias en la barbería o la peluquería con sus compañeros/as; si quiere, puede contar una anécdota sobre una visita o un incidente memorable. (Recuerde usar el Vocabulario para leer.)

B. Cómo relacionarse con los demás. En un grupo pequeño, escojan *una* de las siguientes metas sociales y enumeren cinco cosas necesarias para realizarla. (Pueden usar los adverbios de la página 119.) Después, compartan sus opiniones con el resto de la clase. Sus opiniones sobre estos temas le serán muy útiles para entender y apreciar el cuento.

1. ser un buen hijo o una buena hija
2. ser un buen padre o una buena madre
3. llevarse bien con sus compañeros/as o colegas
4. llevarse bien con sus vecinos
5. tener éxito con sus pacientes (si es médico o dentista)
6. tener éxito con sus clientes (si se dedica a los negocios)
7. tener éxito con sus estudiantes (si es profesor)
8. ser buen ciudadano
9. gobernar bien un país, un estado, una ciudad o un pueblo

C. ¿Hay crímenes o delitos justificados? En casi todo el mundo se castigan el robo, el homicidio, la calumnia, la mentira, etcétera, por violar normas fundamentales de conducta. Sin embargo, hay circunstancias que reducen la magnitud de un crimen o un delito. Considere los siguientes casos y sus circunstancias; después, en un grupo pequeño discutan cada caso para llegar a una conclusión. Indiquen numéricamente en la última fila *(row)* el grado de justificación (10 siendo el más alto y 1 el más bajo). Finalmente, comparen sus respuestas con las de los otros grupos.

DELITO	CIRCUNSTANCIA	1	2	3	4	5	6	7	8	9	10
1. matar	en defensa propia										
2. matar	para hacer la justicia										
3. matar	por convicción religiosa										
4. matar	por venganza										
5. robar	por necesidad (para comer/sobrevivir)										
6. robar	para mantener a la familia										
7. robar	a otros que le han robado a uno										
8. mentir	para protegerse										
9. mentir	para proteger a otro										
10. mentir	a una persona que también miente										

ESTRATEGIAS PARA LEER

Dialogue and Point of View

An author must make a deliberate choice when deciding who will narrate his/her story *(cuento)* and how. Point of view *(Punto de vista)* is the filter through which a reader receives a story. That point of view or perspective is controlled by the narrator. While a reader might expect a third-person narrator to be more objective and removed from the events narrated, that same reader expects a first-person narrator, whether he/she participates directly in the plot or not, to be more subjective. First-person narratives require more participation (or work) from a reader due to this subjectivity and other elements. Is the narrator hiding something? Perhaps the narrator is not well-informed? Is the narrator a liar?

In **"Espuma y nada más,"** the first-person narrator, a small-town Colombian barber, narrates an army captain's visit to his barbershop. Embedded within the barber's narration (*la narración*) is the conversation between him and his military customer. Two levels of narrative are at work: the primary narration of the barber's story and a second level, the dialogue (*el diálogo*) between the characters. Use the puncuation and your background knowledge to distinguish between the main narration and the dialogue.

……… ESTRATEGIAS EN ACCION

Narración / Diálogo.   En un grupo pequeño, indiquen si las siguientes frases del cuento forman parte de la **narración** o del **diálogo**; marquen las frases con **N** o **D** respectivamente. Tomen en cuenta lo que Uds. ya saben de los personajes, del ambiente y de las técnicas narrativas. Después, comparen sus opiniones con las de los otros grupos.

1. ____ Y cuando lo reconocí me puse a temblar.
2. ____ ...mezclé un poco de agua tibia y con la brocha empecé a revolver.
3. ____ «Los muchachos de la tropa deben tener tanta barba como yo.»
4. ____ Se llamaba Torres. El capitán Torres.
5. ____ «...me iría a dormir un poco», dijo, «pero esta tarde hay mucho que hacer.»
6. ____ Sí. Yo era un revolucionario clandestino...
7. ____ Tomé la navaja...
8. ____ Yo podría cortar este cuello, así, ¡zas!, ¡zas! No le daría tiempo de quejarse...
9. ____ ...yo no quiero ser un asesino, no señor.
10. ____ «Me habían dicho que usted me mataría.»

Espuma y nada más

Hernando Téllez

No saludó al entrar. Yo estaba repasando sobre una badana[1] la mejor de mis navajas. Y cuando lo reconocí me puse a temblar. Pero él no se dió* cuenta. Para disimular[2] continué repasando la hoja. La probé luego sobre la yema del dedo gordo y volví a mirarla contra la luz. En este instante se quitaba el cinturón ribeteado de balas de donde pendía la funda de la pistola. Lo colgó de uno de los clavos del ropero

---

[1]*sheepskin*   [2]*feign, disguise things*

y encima colocó el kepis.[3] Volvió completamente el cuerpo para hablarme y, deshaciendo el nudo de la corbata, me dijo: «Hace un calor de todos los demonios.[4] Aféiteme». Y se sentó en la silla. Le calculé cuatro días de barba. Los cuatro días de la última excursión en busca de los nuestros. El rostro aparecía quemado, curtido[5] por el sol. Me puse a preparar minuciosamente el jabón. Corté unas rebanadas[6] de la pasta, dejándolas caer en el recipiente, mezclé un poco de agua tibia y con la brocha empecé a revolver. Pronto subió la espuma. «Los muchachos de la tropa[7] deben tener tanta barba como yo». Seguí batiendo la espuma. «Pero nos fué* bien, ¿sabe? Pescamos[8] a los principales. Unos vienen muertos y otros todavía viven. Pero pronto estarán todos muertos». «¿Cuántos cogieron?» pregunté. «Catorce. Tuvimos que internarnos bastante para dar con[9] ellos. Pero ya la están pagando.[10] Y no se salvará ni uno, ni uno». Se echó para atrás[11] en la silla al verme con la brocha en la mano, rebosante de espuma. Faltaba ponerle la sábana. Ciertamente yo estaba aturdido.[12] Extraje del cajón una sábana y la anudé al[13] cuello de mi cliente. Él no cesaba de hablar. Suponía que yo era uno de los partidarios del orden. «El pueblo habrá escarmentado[14] con lo del otro día», dijo. «Sí», repuse[15] mientras concluía de hacer el nudo[16] sobre la oscura nuca,[17] olorosa a sudor. «¿Estuvo bueno, verdad?» «Muy bueno», contesté mientras regresaba a la brocha. El hombre cerró los ojos con un gesto de fatiga y esperó así la fresca caricia del jabón. Jamás lo había tenido tan cerca de mí. El día en que ordenó que el pueblo desfilara[18] por el patio de

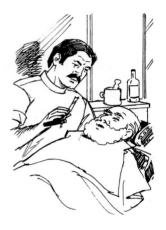

la Escuela para ver a los cuatro rebeldes allí colgados, me crucé con[19] él un instante. Pero el espectáculo de los cuerpos mutilados me impedía fijarme en el rostro del hombre que lo dirigía todo y que ahora iba a tomar en mis manos. No era un rostro desagradable, ciertamente. Y la barba, envejeciéndolo[20] un poco, no le caía mal.[21] Se llamaba Torres. El capitán Torres. Un hombre con imaginación, porque ¿a quién se la había ocurrido antes colgar a los rebeldes desnudos y luego ensayar sobre determinados sitios del cuerpo una mutilación a bala? Empecé a extender la primera capa de jabón.[22] Él seguía

---

[3]*military hat*   [4]*un... a hellish heat*   [5]*tanned, sun hardened*   [6]*slices*   [7]*troops*   [8]*We caught*   [9]*internarnos... go in rather deep in order to find*   [10]*ya... they're paying for it*   [11]*Se... He leaned back*   [12]*bewildered*   [13]*la... I knotted it around the*   [14]*habrá... no doubt learned its lesson*   [15]*I replied*   [16]*knot*   [17]*nape*   [18]*march or line up single file*   [19]*me... I ran across*   [20]*aging him*   [21]*no... didn't look too bad on him*   [22]*capa... lathering of soap*

Dio y *fue* no llevan tilde por ser monosílabos. En este cuento aparecen acentuados debido a la época en que se escribió.

con los ojos cerrados. «De buena gana[23] me iría a dormir un poco», dijo, «pero esta tarde hay mucho que hacer». Retiré la brocha y pregunté con aire falsamente desinteresado: «¿Fusilamiento?» «Algo por el estilo, pero más lento, respondió. «¿Todos?» «No. Unos cuantos apenas». Reanudé[24] de nuevo la tarea de enjabonarle la barba. Otra vez me temblaban las manos. El hombre no podía darse cuenta de ello y ésa era mi ventaja. Pero yo hubiera querido que él no viniera. Probablemente muchos de los nuestros lo habrían visto entrar. Y el enemigo en la casa impone condiciones. Yo tendría que afeitar esa barba como cualquier otra, con cuidado, con esmero, como la de un buen parroquiano, cuidando de que ni por un solo poro[25] fuese a brotar[26] una gota de sangre. Cuidando de que en los pequeños remolinos no se desviara la hoja. Cuidando de que la piel quedara limpia, templada, pulida, y de que al pasar el dorso de mi mano por ella, sintiera la superficie sin un pelo. Sí. Yo era un revolucionario clandestino, pero era también un barbero de conciencia, orgulloso de la pulcritud en su oficio. Y esa barba de cuatro días se prestaba para una buena faena.

Tomé la navaja, levanté en ángulo oblicuo las dos cachas, dejé libre la hoja y empecé la tarea, de una de las patillas hacia abajo. La hoja respondió a la perfección. El pelo se presentaba indócil y duro, no muy crecido, pero compacto. La piel iba apareciendo poco a poco. Sonaba la hoja con su ruido característico, y sobre ella crecían los grumos de jabón mezclados con trocitos de pelo. Hice una pausa para limpiarla, tomé la badana de nuevo y me puse a asentar el acero, porque yo soy un barbero que hace bien sus cosas. El hombre que había mantenido los ojos cerrados, los abrió, sacó una de las manos por encima de la sábana, se palpó[27] la zona del rostro que empezaba a quedar libre de jabón, y me dijo: «Venga usted a las seis, esta tarde, a la Escuela». «¿Lo mismo del otro día?» le pregunté horrorizado. «Puede que resulte mejor», respondió. «¿Qué piensa usted hacer?» «No sé todavía. Pero nos divertiremos». Otra vez se echó hacia atrás y cerró los ojos. Yo me acerqué con la navaja en alto. «¿Piensa castigarlos a todos?» aventuré tímidamente. «A todos». El jabón se secaba sobre la cara. Debía apresurarme. Por el espejo, miré hacia la calle. Lo mismo de siempre: la tienda de víveres y en ella dos o tres compradores. Luego miré el reloj: las dos y veinte de la tarde. La navaja seguía descendiendo. Ahora de la otra patilla hacia abajo. Una barba azul, cerrada. Debía dejársela crecer como algunos poetas o como algunos sacerdotes.[28] Le quedaría bien. Muchos no lo reconocerían. Y mejor para él, pensé, mientras trataba de pulir suavemente todo el sector del cuello. Porque allí sí que debía manejar con habilidad la hoja, pues el pelo, aunque en agraz, se enredaba en pequeños remolinos. Una barba crespa. Los poros podían abrirse, diminutos, y soltar su perla de sangre. Un buen barbero como yo finca su orgullo[29] en que

---

[23]De... Willingly, Gladly   [24]I resumed   [25]pore   [26]gush out   [27]se... he touched, he felt   [28]priests   [29]finca... bases his pride

eso no ocurra a ningún cliente. Y éste era un cliente de calidad. ¿A cuántos de los nuestros había ordenado matar? ¿A cuántos de los nuestros había ordenado que los mutilaran?... Mejor no pensarlo. Torres no sabía que yo era su enemigo. No lo sabía él ni lo sabían los demás. Se trataba de un secreto entre muy pocos, precisamente para que yo pudiese informar a los revolucionarios de lo que Torres estaba haciendo en el pueblo y de lo que proyectaba hacer cada vez que emprendía una excursión para cazar revolucionarios. Iba a ser, pues, muy difícil explicar que yo lo tuve entre mis manos y lo dejé ir tranquilamente, vivo y afeitado.

La barba le había desaparecido casi completamente. Parecía más joven, con menos años de los que llevaba a cuestas cuando entró. Yo supongo que eso ocurre siempre con los hombres que entran y salen de las peluquerías. Bajo el golpe de mi navaja Torres rejuvenecía,[30] sí, porque yo soy un buen barbero, el mejor de este pueblo, lo digo sin vanidad. Un poco más de jabón, aquí, bajo la barbilla, sobre la manzana, sobre esta gran vena.[31] ¡Qué calor! Torres debe estar sudando como yo. Pero él no tiene miedo. Es un hombre sereno que ni siquiera piensa en lo que ha de hacer[32] esta tarde con los prisioneros. En cambio yo, con esta navaja entre las manos, puliendo y puliendo esta piel, evitando que brote sangre de estos poros, cuidando todo golpe, no puedo pensar serenamente. Maldita la hora[33] en que vino, porque yo soy un revolucionario pero no soy un asesino. Y tan fácil como resultaría matarlo. Y lo merece. ¿Lo merece? No, ¡qué diablos! Nadie merece que los demás hagan el sacrificio de convertirse en asesinos. ¿Qué se gana con ello? Pues nada. Vienen otros y otros y los primeros matan a los segundos y éstos a los terceros y siguen y siguen hasta que todo es un mar de sangre. Yo podría cortar este cuello, así, ¡zas!, ¡zas! No le daría tiempo de quejarse y como tiene los ojos cerrados no vería ni el brillo de la navaja ni el brillo de mis ojos. Pero estoy temblando como un verdadero asesino. De ese cuello brotaría un chorro de sangre sobre la sábana, sobre la silla, sobre mis manos, sobre el suelo. Tendría que cerrar la puerta. Y la sangre seguiría corriendo por el piso, tibia, imborrable,[34] incontenible,[35] hasta la calle, como un pequeño arroyo escarlata.[36] Estoy seguro de que un golpe fuerte, una honda incisión, le evitaría todo dolor. No sufriría. ¿Y qué hacer con el cuerpo? ¿Dónde ocultarlo? Yo tendría que huír,* dejar estas cosas, refugiarme lejos, bien lejos. Pero me perseguirían hasta dar conmigo. «El asesino del Capitán Torres. Lo degolló mientras le afeitaba la barba. Una cobardía». Y por otro lado: «El vengador de los nuestros. Un nombre para recordar (aquí mi nombre). Era el barbero del pueblo. Nadie sabía que él defendía nuestra causa... » ¿Y qué? ¿Asesino o héroe? Del filo de esta navaja depende mi destino. Puedo inclinar un poco más la mano, apoyar un poco más la hoja, y hundirla. La piel cederá como la seda,[37] como el caucho,[38] como la badana. No hay nada más tierno que la piel del hombre y la

---

[30]*rejuvenated* [31]*vein* [32]*ha... he is about to do* [33]*Maldita... Cursed be the hour* [34]*indelible*
[35]*uncontrollable* [36]*arroyo... scarlet stream* [37]*silk* [38]*rubber*

---

*Actualmente *huir* no se acentúa.

sangre siempre está ahí, lista a brotar. Una navaja como ésta no traiciona. Es la mejor de mis navajas. Pero yo no quiero ser un asesino, no señor. Usted vino para que yo lo afeitara. Y yo cumplo honradamente con mi trabajo... No quiero mancharme de sangre. De espuma y nada más. Usted es un verdugo y yo no soy más que un barbero. Y cada cual en su puesto.[39] Eso es. Cada cual en su puesto.

La barba había quedado limpia, pulida y templada. El hombre se incorporó para mirarse en el espejo. Se pasó las manos por la piel y la sintió fresca y nuevecita.

«Gracias», dijo. Se dirigió al ropero en busca del cinturón, de la pistola y del kepis. Yo debía estar muy pálido y sentía la camisa empapada. Torres concluyó de ajustar la hebilla,[40] rectificó la posición de la pistola en la funda y, luego de alisarse maquinalmente los cabellos, se puso el kepis. Del bolsillo del pantalón extrajo unas monedas para pagarme el importe del servicio. Y empezó a caminar hacia la puerta. En el umbral[41] se detuvo un segundo y volviéndose me dijo:

«Me habían dicho que usted me mataría. Vine para comprobarlo. Pero matar no es fácil. Yo sé por qué se lo digo». Y siguió calle abajo.

Tomado de *El español y su escritura:*
Lectura y escritura para bilingües

---

[39]cada... *everyone in his place*   [40]*buckle*   [41]*threshold*

¿Cuánto recuerda Ud.?

¿A quién describe cada oración a continuación, al barbero (B) o al capitán (C)?

1. _____ Colgó su cinturón con la pistola en el ropero.
2. _____ No se ha afeitado en cuatro días.
3. _____ Está satisfecho con su trabajo los últimos días: ha tomado a catorce hombres prisioneros.
4. _____ Está confundido y preocupado; a veces tiembla.
5. _____ Castiga con mucha imaginación: cuelga a los revolucionarios desnudos.
6. _____ Su obligación profesional es no lastimar (*to hurt*).
7. _____ No acepta —ni rechaza— la invitación de ir a la Escuela por la tarde.
8. _____ ¿Cómo va a explicarles a sus amigos que dejó pasar la oportunidad de asesinar al enemigo?
9. _____ Piensa que es inútil matar: después vienen otros enemigos, y nunca habría paz.
10. _____ Piensa en la sangre que puede correr.
11. _____ Al final, tiene la piel fresca y el rostro más joven.

¿Qué se imagina Ud.?

A. El barbero y el capitán: la auto-imagen. ¿Cómo se caracterizaría el barbero a sí mismo? ¿Cómo se caracterizaría el capitán? Escoja *uno* de estos dos personajes para preparar un autorretrato en forma de monólogo para recitar ante la clase. ¡Esté preparado/a para indicar los detalles en el cuento que revelan los aspectos que Ud. menciona.

B. La imagen pública. ¿Qué piensa el barbero del capitán al principio del cuento? ¿Qué imagen del barbero tenía el capitán? ¿Sospecha algo del barbero el capitán? ¿Sabe el barbero cuál es la verdadera razón de la visita del capitán? ¿Cambia la percepción que cada uno de ellos tenía del otro al final del cuento? Comenten estos puntos en un grupo pequeño; apoyen sus opiniones con datos que ofrece el cuento. Después, compartan sus opiniones con los otros grupos.

C. ¿Héroes, cobardes o profesionales? El barbero y el capitán viven un conflicto interior: ¿es más importante seguir su conciencia o su obligación profesional? Los dos toman decisiones similares pero con resultados diferentes. ¿Piensa Ud. que sus decisiones los hacen héroes, cobardes o grandes profesionales? Una tabla como la siguiente puede ayudarle a organizar sus ideas. Después, comparta sus opiniones y sus razonamientos con el resto de la clase.

PERSONAJE	HEROE	COBARDE	PROFESIONAL CUMPLIDO	RAZONES
Barbero				1. 2.
Capitán				1. 2.

D. ¿Inocentes o culpables? En Comentarios preliminares se consideran varios crímenes y faltas y su grado de justificación según las circunstancias. En este cuento, el capitán va a matar y el barbero quiere matar. ¿Se podrían justificar (uno de) estos asesinatos? ¿Cuál(es) de ellos? Trabajando en un grupo pequeño, consideren los casos del barbero y del capitán, y llenen la tabla a continuación. Finalmente, comparen sus conclusiones con las de otros grupos de la clase.

PERSONAJE	DELITO	GRADO DE JUSTIFICACION	COMENTARIO
Barbero	matar al capitán	1 2 3 4 5 6 7 8 9 10	_____
Barbero	mentir al capitán	1 2 3 4 5 6 7 8 9 10	_____
Barbero	mentir a los amigos	1 2 3 4 5 6 7 8 9 10	_____
Capitán	mutilar prisioneros	1 2 3 4 5 6 7 8 9 10	_____
Capitán	matar revolucionarios	1 2 3 4 5 6 7 8 9 10	_____

GRAMATICA EN CONTEXTO

....

13. More on Talking About the Definite Past: Irregular Preterite Verb Forms

Verbs Ending in -zar, -car, or -gar

Verbs that end in **-zar, -car,** or **-gar** have a spelling change in the first person singular of the preterite to preserve the original pronunciation of the infinitive.

comenzar		
z → c	comencé	comenzamos
	comenzaste	comenzasteis
	comenzó	comenzaron

Other verbs in the **z → c** category include **alcanzar, almorzar, cazar, cruzar, empezar, escandalizar, organizar, tranquilizar.**

> **Comencé** a sentirme nervioso.
> *but*
> **Empezó** a hablarme de la guerra.

buscar		
c → qu	bus**qu**é	buscamos
	buscaste	buscasteis
	buscó	buscaron

Other verbs in the **c → qu** category include **acercar, comunicar, explicar, identificar, pescar, practicar, sacar, secar.**

> **Pes**qu**é** a los principales.
> *but*
> **Explicó** cómo había capturado a los rebeldes.

jugar		
g → gu	jugué	jugamos
	jugaste	jugasteis
	jugó	jugaron

Other verbs in the **g → gu** category include **llegar, pagar.**

> Por fin **lle*g*ué** a una decisión.
> *but*
> **Pagó** la cuenta con unas monedas.

-Er and -ir Verbs with Stems Ending in a Vowel

The **-i-** of the third-person preterite endings of these verbs changes to **-y-.**

leer*		
	leí	leímos
	leíste	leísteis
	leyó	leyeron

Other verbs in this category include **caer, concluir, construir, contribuir, creer, distribuir, incluir.**

> Las noticias **inclu*y*eron** varios sucesos trágicos.
> Un soldado **ca*y*ó** en manos del enemigo.

Stem-Changing -ir Verbs†

These verbs register a stem change in the third-person singular and plural of the preterite.

sentir		
e → i	sentí	sentimos
	sentiste	sentisteis
	sintió	sintieron

Other verbs in the **e → i** category include **divertir(se), pedir, preferir, repetir, seguir (conseguir, perseguir), servir.**

---

*Note that five preterite forms of **leer** have written accents.
†Remember that **-ar** and **-er** stem-changing verbs are regular in the preterite.

Seguí repasando la hoja hasta que **pidió** que lo afeitara.

El caudillo **repitió** sus órdenes.

dormir		
o → u	dormí	dormimos
	dormiste	dormisteis
	durmió	**durmieron**

Morir undergoes the same change as **dormir.**

Murieron diez revolucionarios en los cerros.

Other Irregular Verbs

A number of common verbs are irregular in the preterite, showing vowel as well as other spelling changes in their stems. Note that none of these forms carries a written accent mark.

andar	anduv-			
estar	estuv-			
haber	hub-			
poder	pud-			
poner	pus-			
saber	sup-		e	imos
tener	tuv-		iste	isteis
			o	ieron
querer	quis-			
hacer*	hic-			
venir	vin-			
conducir†	conduj-			
decir†	dij-			
traer†	traj-			

*The form for the third-person preterite of **hacer** is **hizo.**
†When the preterite stem ends in **-j-,** the **-i-** of the third person plural ending is dropped (**-ieron → -eron**), as in **decir: dije, dijiste, dijo, dijimos, dijisteis, dijeron.** Other verbs in this category include **deducir, producir, traducir.**

Cuando lo reconocí, me **puse** a temblar.

Nadie **supo** que él **estuvo** en la guerra.

No **pudimos** oír lo que **dijeron.**

Me **hizo** un gesto para despedirse.

Ser, ir, and dar

The verbs **ser, ir,** and **dar** have completely irregular preterite forms that must be memorized. Note that **ser** and **ir** have identical forms in the preterite; context will tell you which meaning is intended.

ser, ir		dar	
fui	fuimos	di	dimos
fuiste	fuisteis	diste	disteis
fue	fueron	dio	dieron

El militar **fue** a ver al barbero.
Fue un hombre de barba crespa.
El barbero no **dio** ninguna señal de ser rebelde.

 **¡Practiquemos!**

A. ¿Quién lo dijo?   Identifique la persona que podría haber hecho (*could have made*) cada una de las siguientes declaraciones.

a. Benjamin Franklin
b. Ponce de León
c. Alexander G. Bell
d. George Washington
e. el emperador Vespasiano
f. la princesa Diana

g. Franklin Roosevelt
h. Cristóbal Colón
i. Rosa Parks
j. Marco Polo
k. Elvis Presley
l. William Shakespeare

1. _____ Busqué la Fuente de la Juventud (*Fountain of Youth*).
2. _____ Comencé mis investigaciones sobre el pararrayos (*lightning rod*) con una cometa (*kite*) y una llave.
3. _____ Escribí los dramas más famosos del mundo.
4. _____ Pesqué al esposo más conocido del mundo.
5. _____ Construí el Coliseo en Roma.
6. _____ Comuniqué con el Sr. Watson por medio del teléfono.
7. _____ Escandalicé a mucha gente con la música que hice.
8. _____ Le dije la verdad a mi papá.
9. _____ No quise (*I refused*) dejar mi asiento en el autobús.
10. _____ Llegué a las Indias con tres barcos (*ships*) pequeños.
11. _____ Estuve en la Casa Blanca durante la Segunda Guerra mundial.
12. _____ Les traje información acerca de la China a los europeos.

B. ¿Fue un día normal?   Complete el siguiente párrafo con la forma apropiada del pretérito.

Mi compañero de cuarto y yo _____ (hacer[1]) muchas cosas el sábado pasado. Yo _____ (limpiar[2]) el cuarto y Pedro _____ (poner[3]) todos los libros en orden. Más tarde él _____ (leer[4]) una novela para su clase de literatura y yo _____ (hacer[5]) la tarea de español.

Por la tarde _____ (salir: nosotros[6]) a la playa con unos amigos. _____ (Jugar: yo[7]) al fútbol con ellos. Luego _____ (ir: yo[8]) a nadar pero como no _____ (traer[9]) el traje de baño, _____ (tener[10]) que meterme en el agua desnudo. _____ (Nadar[11]) hasta que el sol me _____ (dejar[12]) tan rojo como un camarón (shrimp).

De repente un tiburón (shark) _____ (comenzar[13]) a perseguir a Pedro. El _____ (empezar[14]) a gritar porque en ese momento el tiburón _____ (venir[15]) a tres metros de él. Nos _____ (pedir[16]) socorro (ayuda) pero, por suerte, _____ (poder[17]) escaparse. ¡Qué susto nos _____ (dar[18]) ese tiburón! No, de ninguna manera _____ (ser[19]) una día normal.

C. El atraco (*holdup*).   Trabajando con un compañero (una compañera), cuenten lo que pasó el día del atraco y lo que le sucedió al ladrón (*thief*). Usen los adverbios de transición de la lista del Vocabulario del tema.

1. entrar
   pedir

2. ponerse nervioso
   sacar
   dar
   no decir nada

3. irse corriendo
   no seguirlo
   caerse desmayado
   (to faint)

4. decir
   hacer señas
   (signals)
   seguir sin parar

5. chocar con (*to crash into*)
   no poder escapar

6. morir
   ponerle una manta
   venir

D. Tu última visita al (a la) dentista.   Con un compañero (una compañera), háganse y contesten la siguientes preguntas usando el pretérito.

1. ¿Cuándo fue la última vez que fuiste a una barbería o peluquería?
2. ¿El barbero / peluquero te vio inmediatamente o tuviste que esperar?
3. ¿Estuviste en la silla por más de una hora? ¿Te pusiste nervioso/a?
4. ¿Te afeitó o sólo te cortó el pelo?
5. ¿Cuánto dinero le pagaste?

14. Describing the Past: Preterite Versus Imperfect

As you know, the two simple past tenses in Spanish, the preterite and the imperfect, express different conceptions of past events or states.

The preterite is used when an action or state of being is conceived of as being completed or when the focus is on the beginning or end of an action or state of being.

> Lourdes le **confesó** el plan a Paco y en seguida **comenzó** a sentirse humillada.

The imperfect, in contrast, is used when an action or state of being is not defined by a specific time period or when the focus is on the action or state itself, rather than its onset or end. This is the reason the imperfect is used to give physical descriptions and other background information, to describe mental states and emotions, to describe habitual or repeated past actions, and to narrate actions in progress. In none of these contexts is the beginning or end of the action or state of being relevant.

> Lourdes **era** alta y delgada. Se le **notaba** que **tenía** gran fuerza mental. Sin embargo, se **sentía** humillada cada vez que le **confesaba** sus planes a Paco. Le **hablaba** de lo que **había** descubierto la noche cuando...

The following verbs express quite different meanings in English according to the tense in which they are used. Note how their English rendition in each case illustrates the basic conceptual difference between the tenses. When used in the preterite, each describes the beginning of an action or state of being, and when used in the imperfect, each simply describes a state of being.

IMPERFECT	PRETERITE
conocer = *to know*	**conocer** = *to meet*
El barbero ya **conocía** al capitán.	Se **conocieron** hace muchos años.
The barber already knew the captain.	*They met each other years ago.*

saber = to know	saber = to find out
El capitán ya **sabía** del barbero. *The captain already knew about the barber.*	El barbero no **supo** del peligro en que estaba hasta el final. *The barber didn't find out about the danger (he was in) until the end.*
poder = to be able	**poder** = to manage to, succeed in
El capitán **podía** matar al barbero en cualquier momento. *The captain was able to kill the barber at any moment.*	No **pudieron** aguantar el calor. *They failed to handle the heat.*
tener = to have	**tener** = to get; to begin to possess
El barbero **tenía** familia. *The barber had a family.*	El barbero **tuvo** un hijo este año. *The barber had a son this year.*
querer = to want	**querer** = to try
El **quería** afeitarse. *He wanted to get a shave.*	**Quiso** inspirarle miedo. *He tried to frighten him.*
no querer = to not want	**no querer** = to refuse
No quería ver al capitán. *He didn't want to see the captain.*	**No quiso** matarlo. *He refused to kill him.*

▲ ¡Practiquemos!

En mi caso... Indique si las siguientes declaraciones son ciertas (C) o falsas (F) según sus propias experiencias. Después corrija las oraciones falsas para que sean ciertas según sus experiencias personales.

1. _____ Mis padres ya conocían al alcalde de mi pueblo/ciudad cuando yo nací.
2. _____ Conocí a mi mejor amigo/a en la escuela secundaria.
3. _____ Cuando tenía 12 años yo ya sabía de dónde venían los bebés.
4. _____ Supe la verdad acerca de Santa Claus el año pasado.
5. _____ Podía comprender el español cuando tenía 10 años.
6. _____ No pude terminar el último examen de español.
7. _____ Tenía una bicicleta durante mi niñez.
8. _____ Una vez no quería acompañar a mis padres al cine, pero como no quería mentirles *(to lie to them),* fui al cine con ellos.
9. _____ Una vez quise aconsejar a un amigo, pero él no quiso escucharme.

Sequential and Simultaneous Actions

Because of the time relationship implied by each tense, a choice to use either the preterite or the imperfect must be made when expressing sequential or simultaneous actions. A succession of completed actions is expressed with the preterite.

No **saludó** al entrar. Cuando lo **reconocí,** me **puse** a temblar. **Colgó** la pistola. **Volvió** el cuerpo para hablarme. Y se **sentó** en la silla.	*He didn't speak upon entering. When I recognized him, I began to tremble. He hung up his pistol. He turned to speak to me. And he sat in the chair.*

Two ongoing and simultaneously occurring actions are expressed in the imperfect.

En ese instante se **quitaba** el cinturón de donde **pendía** la pistola.	*In that moment he took off the belt from which the pistol hung.*

A completed action that begins or ends while another action is in progress is expressed in the preterite. The ongoing action is expressed in the imperfect.

Cuando él **entró,** yo **repasaba** la hoja de afeitar.	*When he entered (**completed action**), I was sharpening the razor (**ongoing action**).*
«Muy bueno», **contesté** mientras **regresaba** a la brocha.	*"Very well," I answered as I returned to the brush.*

▲ ¡Practiquemos!

A. ¿Son una serie de sucesos o son sucesos simultáneos?   Indique si los verbos en cada oración constituyen una serie de sucesos (SE) o unos sucesos simultáneos (SU).

1. _____ Timoteo leía el periódico mientras Diego, su compañero de cuarto, preparaba la cena.
2. _____ Ricardo se levantó, se lavó la cara y los dientes y se vistió. Entonces salió para ir a su primera clase.
3. _____ Margarita hablaba por teléfono con su novio cuando el cartero (*mailman*) llegó con un paquete para ella.
4. _____ Me quité los zapatos y me acosté en el sofá para mirar las noticias del día.
5. _____ Mientras mamá preparaba los huevos, papá nos sirvió el jugo.
6. _____ Me reuní con Maripepa y Paco en la biblioteca después de que almorzaron, y estudiamos por dos horas. Luego fuimos a clase y tomamos el examen.

B. Lo que hice esta mañana.   Combine las frases para crear una oración sobre dos sucesos simultáneos o dos oraciones sobre una serie de sucesos. Añada (*Add*) las palabras **cuando** y **mientras** cuando sean apropiadas.

MODELO: levantarse / hacer buen tiempo →
  Cuando me levanté, hacía buen tiempo.
  o: Me levanté a las diez. A las once oí cantar a los pájaros.

1. desayunar / mirar los dibujos animados *(cartoons)*
2. terminar de comer / volver a mi habitación
3. vestirme / hacer mis planes para el día
4. escuchar las noticias en la radio / saber de un tornado en el oeste
5. estar vestido/a / pedirle a mamá las llaves del coche
6. llegar al centro comercial *(mall)* / ver a algunos amigos míos

C. Un dolor de muelas.   Invente una historia en el pasado para explicar lo que pasó el día en que el Sr. Morales sufrió un dolor de muelas. Use **mientras** y **cuando** para combinar acciones simultáneas en el pasado.

1. despertarse
   no sentirse bien
   dolerle la muela
	2. hacerse el desayuno
	   no poder comer
	   estar deprimido
	   decidir ir al
	      dentista
		3. subir al coche
		   ir llorando
		   continuar doliendo
			4. llegar
			   estacionar
			   entrar apoyando
			      la mandíbula
			      en la mano

15. Talking About Events in Progress: The Present Participle

The Present Progressive

The present progressive consists of a conjugated form of the verb **estar** plus a present participle (the **-ndo** form) of another verb. It is used to express actions in progress. Although **estar** can be conjugated in any tense in this construction, the present and the imperfect are the most commonly used tenses.

   Because other verb forms are usually used to describe progressive actions in Spanish, the present progressive is not used as frequently as it is in English. When it *is* used in Spanish, therefore, the present progressive emphasizes the ongoing nature of the action. In the following pairs of sentences, for example, note that although both sentences refer to an event in progress, the progressive underscores the ongoing progress of the action.

NONEMPHATIC	EMPHATIC
Muevo la silla.	Estoy moviendo la silla.
Se pone de pie.	Está poniéndose de pie.
Sacaba un diente.	Estaba sacando un diente.
Suspiraban.	Estaban suspirando.

Certain verbs such as **tener, poder,** and **ser** are not generally used in the progressive since they already convey an ongoing perspective.

The Participle as an Adverb

The **-ndo** form has other uses in addition to combining with **estar** to form the progressive tenses. It can also be used as an adverb, describing how an action is (was, or will be) carried out.

Se sentó en la silla **quejándose** del calor.	*He sat down in the chair, complaining of the heat.*
Lo afeité **cuidando** de que la piel quedara limpia.	*I shaved him, making sure his skin ended up clean.*

Verbs of motion such as **andar, continuar, ir, regresar, seguir, venir,** and **volver** are often accompanied by this adverbial **-ndo** form.

La piel **iba apareciendo** poco a poco.	*The skin began appearing (to appear) little by little.*
Siguió caminando calle abajo.	*He kept walking down the street.*

Formation of the Present Participle

To form the present participle, add **-ando** to the stem of **-ar** verbs and **-iendo** to the stem of **-er** and **-ir** verbs.

mirar	mir-	+	ando	=	mir**ando**
comer	com-	+	iendo	=	com**iendo**
vivir	viv-	+	iendo	=	viv**iendo**

Estábamos sudando mucho en aquel calor de la tarde.	*We were sweating a lot in that afternoon heat.*
El capitán **estaba contando** sus aventuras.	*The captain was telling the story of his adventures.*

When the stems of **-er** and **-ir** verbs end in a vowel, the **i** of the present participle ending changes to **y.**

creer	cre-	+	**y**endo	=	cre**yendo**
construir	constru-	+	**y**endo	=	constru**yendo**

Other verbs in this category include **caer (cayendo), leer (leyendo), oír (oyendo), traer (trayendo).***

> **Estamos construyendo** un nuevo edificio de gabinetes.
> *We are building a new medical office building.*
>
> Los oficiales **están trayéndonos** malas noticias.
> *The officers are bringing us bad news.*

In **-ir** stem-changing verbs, the **e** of the stem changes to **i**, or the **o** of the stem changes to **u**.

e → i	sentir	sint-	+	iendo	=	sintiendo
	pedir	pid-	+	iendo	=	pidiendo

Other verbs in this category include **decir, reír,[†] seguir, servir, venir.**

> El capitán no nos **está diciendo** la verdad.
> *The captain is not telling us the truth.*

o → u	dormir	durm-	+	iendo	=	durmiendo
	morir	mur-	+	iendo	=	muriendo

Poder (pudiendo) follows this pattern as well, but the form is seldom used.

> ¿Quién **estaba durmiendo** en su casa?
> *Who was sleeping in his house?*

▲ ¡Practiquemos!

A. Qué están haciendo los políticos? Combine las frases para formar oraciones lógicas que describan lo que pueden estar haciendo los siguientes políticos en este momento. ¡OJO! A veces hay más de una respuesta lógica.

1. _____ El presidente y la primera dama están...
2. _____ El vicepresidente está...
3. _____ El secretario de estado sigue...
4. _____ El secretario del interior continúa...
5. _____ El alcalde de Los Angeles anda...
6. _____ Los alcaldes de Minneapolis y Detroit van...

a. viajando a Europa para asistir al funeral de un jefe de estado.
b. discutiendo con los líderes de Greenpeace.
c. durmiendo en la Casa Blanca.
d. oyendo los consejos de los líderes de otros países.
e. colaborando con los alcaldes de unas ciudades canadienses.
f. enterándose de los últimos sucesos en el barrio hispano.

---

*The present participle of **ir** is **yendo,** but this form is seldom used. A form of the imperfect is generally preferred.

> **Iban** al cine cuando los vemos.
> *They were going to the movies when we saw them.*

[†]Note that in forming the present participle of **reír**, the second **i** drops out: **ri + iendo → riendo.**

B. ¿Qué pasó anoche?   Anoche alguien cometió un robo en la residencia estudiantil donde vive Susana. Ahora ella tiene que decirle a un policía lo que ella y sus compañeras de cuarto estaban haciendo cuando ocurrió el robo. Combine las oraciones según el modelo, eliminando las palabras que sobran *(that are superfluous)*, para dar las explicaciones de Susana.

MODELO: Salimos de la fiesta. Estábamos hablando. →
Salimos de la fiesta hablando.

1. Regresamos a las 11 de la noche. Estábamos cantando.
2. Nos duchamos con agua fría. Estábamos riéndonos como locas.
3. Seguimos la fiesta. Estábamos tomando más cerveza.
4. Un vecino tocó la puerta. Estaba quejándose del ruido.
5. Entonces las demás se durmieron. Estaban roncando *(snoring)*.
6. Yo me quedé despierta. Estaba leyendo una revista.

C. La interrogación.   Ahora otro policía sigue haciéndole preguntas acerca de los sucesos de anoche. Imagínese que Ud. es Susana y conteste las preguntas según las indicaciones.

MODELO: ¿Qué hacía Ud. ayer a las 8 de la tarde? (estudiar en la biblioteca) → Estaba estudiando en la biblioteca.

1. ¿Dónde estaba Ud. a las 9 de la noche? (caminar a la fiesta)
2. ¿Qué bebidas servían en la fiesta cuando llegaron Uds.? (servir Coca-Cola y ron)
3. ¿Qué hacían Uds. a las 11 de la noche? (salir de la fiesta)
4. ¿Qué hacía Ud. a las 11:30? (leer una revista)
5. Y después, ¿qué hacía entre las 11:45 y las 12:00? (bañarse hasta las 12:00)
6. ¿Qué hacía Ud. a las 12:15? (dormir)
7. ¿Por qué no me contesta Ud. más rápido? (tratar de recordar lo que hacía)

ESPAÑOL EN ACCION

A. Una vez conocí a una persona fascinante.   Todo el mundo ha conocido a una persona muy interesante. Explíquele a un compañero (una compañera) cómo y dónde conoció a esa persona fascinante. ¿Cómo era? ¿Qué hacía? ¿De qué hablaron Uds.? ¿Qué hicieron juntos? ¿Qué cosas agradables o desagradables hizo o dijo esa persona?   Trate de usar los dos tiempos: el pretérito y el imperfecto.

Al final, cada persona debe compartir con el resto de la clase la historia de su pareja.

B. Recordando un momento emocionante.   ¿Cuál ha sido el momento más emocionante de su vida? Cuéntele a un compañero (una compañera) todo lo que pasó en esa ocasión. Incluya los siguientes datos.

1. ¿Dónde tuvo lugar?
2. ¿Con quién(es) estaba? ¿Cómo era(n) esa(s) persona(s)?
3. ¿Qué ocurrió? Cuéntelo en detalle.
4. ¿Qué emoción sintió?
5. ¿Cómo terminó el incidente?
6. ¿Ha tenido otro momento tan emocionante desde entonces? ¿Qué pasó después?
7. ¿Cambió su vida esta experiencia? ¿Cómo?

Miss Venezuela en su emocionante momento de triunfo

Al corriente

Bogotá
Colombia

SUDAMÉRICA

EL OCÉANO PACÍFICO

EL OCÉANO ATLÁNTICO

Colombia

¡A saber!

1. ¿Qué aspectos de las noticias son más importantes para ti? Explica por qué.

   ⬤ el pronóstico del tiempo   ⬤ las noticias internacionales

   ⬤ las noticias locales   ⬤ los desportes

2. ¿En qué medio de comunicación tienes más confianza? Explica por qué.

   ⬤ el noticiero que se ve en la tele   ⬤ la radio

   ⬤ el periódico   ⬤ los «infomerciales»

3. En tu opinión, ¿cuántos canales son necesarios para mantener un buen servicio de televisión? ¿Por qué opinas eso?

   ⬤ 1   ⬤ 3   ⬤ 25

4. ¿Hay censura de la prensa en los Estados Unidos o hay libertad de prensa? Explica por qué.

¡A leer!

Pensando en tus respuestas en la sección previa, lee el siguiente párrafo sacado de un sitio colombiano y contesta las preguntas a continuación.

LA PRENSA COLOMBIANA

Uno de los orgullos auténticos de Colombia es su prensa y el ejercicio libre del periodismo.[1] Hay muy buenos diarios y revistas, informados y bien escritos. La radio es sorprendentemente moderna. La televisión —tres canales nacionales, varios regionales y otros sistemas de TV cable— es del Estado, pero su manejo[2] está fuera del control gubernamental y mantiene abierta la expresión pública de opiniones de todos la matices,[3] incluso las más radicales. Todos los partidos y movimientos cuentan con[4] medios propios de difusión y con espacios abiertos en los medios estatales sin censura oficial. Sin embargo, no hay una opinión pública verdaderamente influyente. Como toda versión de los hechos sociales y políticos es contradicha[5] muchas veces, el resultado es que tanto la prensa misma como sus lectores parecen pasar alternativamente de la conmoción[6] a la catarsis y de ésta a la perplejidad,[7] o al escepticismo.[8]

---

[1]ejercicio... *exercising of free press*   [2]*management*   [3]*levels (lit., tint, color, shade, hue)*   [4]cuentan... *count on*   [5]*contradicted*   [6]*commotion*   [7]*perplexity, confusion*   [8]*skepticism*

Comprensión

1. En Colombia sólo tienen tres canales de televisión. Justifica tu respuesta.

   ⬤ Verdadero   ⬤ Falso

2. ¿Es moderna la radio colombiana? ¿Cómo lo sabes?

3. Según el párrafo, ¿es verdad que todas las opiniones son radicales? Si la televisión es del Estado, ¿cómo se mantiene la libertad de expresión? Explica cómo.

4. ¿Existe la censura en Colombia? ¿Hay cambios de opinión? ¿Cómo lo sabes?

5. ¿La mayoría de los colombianos tiene la misma perspectiva acerca de los hechos sociales y políticos.

◯ Verdadero ◯ Falso

[   ]

¡A discutir!

Tú y tu compañero/a trabajan de reporteros/as para el periódico de su universidad. Acaban de entrevistar a varios estudiantes colombianos acerca de la naturaleza única de Colombia entre los países sudamericanos. Los colombianos dicen lo siguiente de su país.

> Colombia, en suma, es Caribe, es también parte del Pacífico, es andina, es amazónica. De todo eso, y de unos componentes raciales relativamente equilibrados, Colombia deriva un fuerte mestizaje,[1] sobre todo en el plano cultural, lo cual imprime a su contexto humano mayor homogeneidad[2] que la de otros países que tienen una gran población indígena, como México, Guatemala, Perú o Bolivia, o con mayor presencia europea, como Argentina o Chile. Se trata, desde luego, de un mestizaje incompleto, pero que avanza desde muy atrás, dado que aquí no ha habido inmigración importante desde la colonia.

---

[1]*mixing of different racial backgrounds*   [2]*homogeneity; being alike*

Haz con tu compañero/a una lista descriptiva de cinco cosas en particular que han aprendido sobre Colombia.

[   ]

Para más información sobre Colombia y otros temas relacionados, consulta la página de McGraw–Hill para *Al corriente* en la Internet.
http://www.spanish.mhhe.com

¡A escribir!

Informe sobre Colombia.   Entrega un informe escrito sobre Colombia al editor del periódico universitario para los que piensan viajar a Sudamérica. Piensa en tu público: ¿Qué deben saber de Colombia los estudiantes norteamericanos? ¿Su posición geográfica? ¿Las distintas regiones? ¿Su tradición política? ¿Otras cosas?

[   ]

CAPITULO

6

¡HABLEMOS UN POCO!

Un bautizo en la catedral de Sevilla

Una animada fiesta de quinceañera

Una boda mariachi en San Miguel de Allende, México

VOCABULARIO DEL TEMA

Las etapas de la vida

La niñez
atreverse a (to dare to)
crecer (zc) (to grow)
descubrir
divertirse (ie, i)
jugar (ue) a... (to play [a game])
sonreír (i,i) (to smile)

el juego (game)
el juguete (toy)
la muñeca (doll)

enérgico/a
infantil (childhood [adj])
precoz
sonriente (smiling)
travieso/a (mischievous)

La juventud
acostarse (ue) tarde
alejarse (to detach)
conquetear (to flirt)
enamorarse
graduarse

llevar la contraria (to rebel, contradict)
probar (ue) (to try, test)
salir con (to date)

el/la aficionado/a (fan)
la discoteca
el entusiasmo
el premio
el/la soñador(a) (dreamer)
el tiempo libre
la vergüenza (embarrassment, shame)

atrevido/a (daring, bold)
distraído/a (absent-minded)
inseguro/a (insecure)
rebelde (rebellious)
sensible (sensitive)
sociable (outgoing, friendly)
testarudo/a (stubborn)

La madurez
alcanzar (to attain)
ascender (ie) (to be promoted)
aspirar a (to aspire to)
casarse
divorciarse
ganarse la vida (to make a living)
mudarse (to move)
el acontecimiento (event)
la boda (wedding)
el embarazo (pregnancy)
el esfuerzo (effort)
el éxito (success)
la experiencia
la frustración
el matrimonio
la preocupación
el reconocimiento (recognition)
la seguridad

seguro/a

La vejez
descansar
disfrutar (to enjoy)
jubilarse (to retire)
sufrir
tener tiempo de/para (to have time to)

el descanso (relaxation)
el dolor (pain, ache)
la enfermedad (illness, disease)
la jubilación (retirement)
los nietos
los recuerdos (memories)
la satisfacción
el tratamiento (treatment)

calvo/a (bald)
lento/a (slow)
respetable
sabio/a (wise)

Hablando del tema

A. Los acontecimientos de la vida. Primero, enumere los acontecimientos de la lista a continuación según el orden en que han ocurrido —o piensa Ud. que pueden ocurrir— en su vida. Después, trabajando con compañero (una compañera), comparen sus listas y explíquense: (a) las diferencias entre las etapas de su vida; (b) las emociones (o experiencias) que acompañan los acontecimientos en la lista.

_____ Fui a mi primer concierto de _rock 'n' roll_.

_____ Tuvo la primera bicicleta.

_____ Salí con un chico (una chica) por primera vez.

_____ Perdí mi último diente de leche (_baby tooth_).

_____ Fui aceptado en la universidad.

_____ Me jubilé.

_____ Me fui a vivir solo/a.

_____ Aprendí a manejar.

_____ Ascendí al puesto más alto en mi profesión.

_____ Tuve una operación.

_____ Nació mi primer nieto.

_____ Me gradué de dentista (o maestro/a, abogado/a, médico/a, etcétera).

_____ Me recetaron gafas.

B. Una fantasía infantil. Los niños en general tienen fantasías de cuando sean grandes: unos sueñan con ser estrellas de cine o de rock, mientras que otros sueñan con ser astronautas o científicos famosos. ¿Qué fantasías tenía Ud.?

Reúnase con tres compañeros/as. Cada uno/a describirá sus fantasías infantiles al grupo. Cuando llegue su turno, descríbales en por lo menos cinco oraciones su fantasía a los demás, e incluya la siguiente información. Apunten las descripciones de sus compañeros/as. Después, revisen sus apuntes y escojan, entre las fantasías narradas en su grupo, la más romántica, la más realista, la más ambiciosa y la más cómica o divertida. Finalmente, sigan las instrucciones de su profesor(a) para presentar la fantasía de uno/a de sus compañeros/as a la clase.

1. ¿Cuántos años tenía cuando tenía esta fantasía?
2. ¿De qué edad se veía en su fantasía?
3. ¿En qué lugar se veía Ud. en su fantasía? ¿en una oficina? ¿en un laboratorio? ¿en un baile? ¿en el campo?
4. Narre una escena o un incidente creado por su fantasía y las emociones que sentía.
5. ¿Pensaba que este sueño se convertiría en realidad algún día?

C. Veinticuatro horas en una vida: una etapa en fotos. Imagínese que Ud. es un fotógrafo (una fotógrafa) que forma parte de un equipo contratado por una familia que desea fotografiar/retratar las actividades de sus miembros durante veinticuatro horas para un álbum. Ud. escoge a _dos_ de los siguientes para retratar. Trabajando con dos compañeros/as, preparen las seis mejores fotografías de las actividades del día. Descríbanlas y las circunstancias en que fueron tomadas ante la clase.

1. el bebé precoz, de 18 meses
2. la niña de 10 años
3. el hermano mayor, un estudiante de 17 años que vive en la universidad
4. el padre de 45 años
5. la madre —quien no dice su edad
6. el abuelo, aún muy activo, de 70 años

LECTURA

ACERCANDONOS A LA LECTURA

Few Hispanic entertainers have captured the hearts of the public like Gloria Estefan of the former Miami Sound Machine. She is completely bilingual, and, to the delight of her audiences, she sings and composes in Spanish and English.

Estefan began a fairy-tale life and her ascent to stardom when she met band leader Emilio Estefan. She has, however, had her share of struggles. As a child, she escaped with her family from Cuba after Castro took power. Her family started over in the United States, a new country with an unfamiliar language. More recently, she overcame a life-threatening spinal injury following a car accident. Her courage and determination redoubled the admiration of her fans. Her musical talent and unwavering dedication to her craft continue to guarantee her success.

This chapter's selection on Gloria Estefan will give you a glimpse of the person behind the star image. As you read this interview in Spanish, you will come across an occasional word or phrase that originates from English: **los soundtracks, el show, the Latin Boys.** This phenomenon is called *code-switching* and commonly occurs where two languages and cultures are in close contact with each other. You will learn more about the meeting of Hispanic and Anglo-American culture in the next unit.

VOCABULARIO PARA LEER

asegurarse to make sure
deber to owe
enterarse to find out
entrenarse to train, go into training
estar acostumbrado/a to be used to
experimentar to experience, experiment
exponer to expose
grabar to record

hacer ejercicios to exercise
levantar pesas to lift weights
llamar la atención to call attention
llevar a cabo to carry out

la banda music band
el disfraz disguise
el entrenamiento training
el genio genius
la gira tour

la máquina machine
el peso weight
el regreso return

agotador(a) exhausting

desafortunadamente unfortunately

en medio de in the middle of
por supuesto of course

A. Sinónimos. Busque en la lista del Vocabulario para leer un sinónimo para cada palabra a continuación.

1. descubrir
2. realizar
3. viaje
4. intelectual
5. lamentablemente
6. sentir

B. Fuera de serie. Identifique la palabra que no pertenece al grupo y explique por qué.

1. banda, grabar, canción, peso
2. entrenarse, deber, hacer ejercicios, levantar pesas
3. llamar la atención, exponer, regreso, disfraz

C. Definiciones. Explique en español qué significa cada palabra o expresión.

1. por supuesto
2. máquina
3. estar acostumbrado
4. agotador
5. asegurarse

COMENTARIOS PRELIMINARES

A. Mi ídolo. Casi todo el mundo ha tenido un ídolo en alguna etapa de su vida. A veces la persona famosa ha servido de modelo o de inspiración en la vida. En otros casos, es motivo de evasión o distracción de los problemas diarios. De cualquier forma, la imagen que tenemos de la persona que admiramos no se ajusta a la realidad que él / ella vive, y por eso es interesante saber algo de su vida privada.

Trabajando con un compañero (una compañera), primero cada uno/a debe escoger uno de sus ídolos, del presente o del pasado, y prepare una lista de cinco preguntas que le gustaría hacerle personalmente. Su ídolo puede ser una persona que vive o que ya murió; sus preguntas pueden ser acerca de cualquier etapa o aspecto de la vida de esa persona. Después, alterne con su compañero/a para hacer el papel del ídolo del otro (de la otra). Conteste las preguntas que él / ella le hace. Finalmente, explique si, según la imagen que le ha presentado su compañero/a, su ídolo sigue siendo una persona extraordinaria o si sólo es un ser humano como todos.

B. Detalles de la vida privada de los famosos. Al público le encanta saber los detalles de la vida privada de las personas famosas, pero quizás unas cosas sean más interesantes que otras. ¿Qué cosas le interesa a Ud. saber de los famosos y hasta qué punto?

En la tabla como la siguiente, indique su interés por los detalles de la vida íntima de su figura favorita. Escriba entre 1 y 5—el 5 refleja el mayor interés. Después, con dos compañeros/as, comparen sus respuestas. Observen similitudes y contrastes, y saquen conclusiones para luego comentarlas con todos los estudiantes de la clase.

LA VIDA PRIVADA DE LOS FAMOSOS	GRADO DE INTERES				
	1	2	3	4	5
1. rutina de trabajo					
2. relaciones con sus colegas					
3. planes profesionales					
4. dinero que gana					
5. dinero que tiene					
6. casa					
7. vida amorosa					
8. relaciones con sus hijos					
9. relaciones con sus padres					
10. relaciones con sus empleados					
11. comida preferida					
12. viajes y vacaciones					
13. pasatiempos					
14. rutina de ejercicio					
15. estado de salud					

C. El derecho a la vida privada.   Es verdad que todos tenemos derecho a una vida privada sin perturbaciones, pero también es verdad que parte del precio de la fama es sacrificar la vida privada hasta cierto punto.

Si Ud. fuera famoso/a, ¿qué aspectos de su vida privada no divulgaría y cuáles no le importaría divulgar a veces o siempre? Complete la tabla a continuación. Luego explique el porqué de sus respuestas a dos compañeros/as.

SI FUERA CELEBRE, DIVULGARIA...	NUNCA	A VECES	SIEMPRE
1. fotografías de mi(s) boda(s)			
2. mi edad			
3. la verdadera historia de mi pasado			
4. el nombre de las personas con quienes tuve amores			
5. las fotografías de mis hijos			
6. mi dirección			
7. el nombre de mi peluquero / barbero			
8. la marca y el precio de mi automóvil			
9. mi régimen de alimentación			
10. el nombre de mi psicoanalista			

D. De viaje por un año: ¿qué —y a quién— llevo? Imagínese que por razones profesionales Ud. va a estar fuera de casa un año. Como no puede llevar muchas cosas, tiene que escoger con cuidado las que va a llevar. Revise la lista en la tabla para valorizar por su importancia cada elemento. El 5 es el más importante. Después compare sus preferencias con las de dos compañeros/as y explíqueles el porqué de la importancia de lo que escogió.

ME LLEVO...	GRADO DE IMPORTANCIA				
	1	2	3	4	5
1. un miembro de mi familia					
2. mi profesor(a) de música (japonés, gimnasia, etcétera)					
3. comidas especiales / agua mineral					
4. agua mineral					
5. tres tarjetas de crédito					
6. música					
7. libros que quiero leer					
8. ropa deportiva					
9. toallas y ropa de cama					

ME LLEVO...	GRADO DE IMPORTANCIA				
	1	2	3	4	5
10. juguetes o artículos decorativos					
11. ropa de trabajo					
12. una cámara					
13. cosméticos y artículos para la higiene personal					
14. un televisor portátil					
15. artículos religiosos					

ESTRATEGIAS PARA LEER

Making Sense of Details

Details are usually included in a text for a specific purpose: to flesh out a main point or complete a characterization, to give examples or clarify points that a reader might question, or to provide supporting evidence for claims or opinions. As a reader, be alert to the details and try to understand what is being communicated through them. The following exercise will provide some practice in developing this skill.

ESTRATEGIAS EN ACCION

A. El título.   Primero considere el título de la lectura de este capítulo: **«Con Gloria, puertas adentro»**. Basándose en el título, ¿de qué supone Ud. que tratará este artículo? ¿Qué se va a revelar de Gloria Estefan? Con un compañero (una compañera) comenten sus opiniones.

B. Párrafos preliminares.   Lea los primeros dos párrafos y anote cinco detalles acerca de Gloria Estefan. ¿Qué le sugieren a Ud. estos detalles acerca de la personalidad de la cantante? Comparta su opinión con un compañero (una compañera).

C. Emilio.   Lea el intercambio que empieza «¿Es Emilio el genio creador?» y que termina con «... sea quien es... ». ¿Qué papel desempeña Emilio en la vida o en la carrera de la cantante? ¿Qué correspondencia hay entre estos detalles y el título? Con un compañero (una compañera), comenten sus opiniones.

Después de cinco años desaparecida de los escenarios,[1] Gloria Estefan ha regresado con *Evolution*, una gira mundial, que la llevará hasta el Olympia de París. La diva del Imperio Estefan, la estrella de las Olimpiadas de Atlanta, que ha vendido 50 millones de discos, habló de su evolución personal y se mostró segura llevando las riendas de su propio destino

Con Gloria

Puertas adentro

La familia Estefan

Mercedes Scott

Desapareció un día, hace cinco años, de los escenarios. Su última gira, *Into The Light* en 1991, la realizó diez meses después de sufrir un accidente de tráfico (en medio de otra gira) que pudo haber sido fatal. Gloria Estefan se fracturó la columna vertebral[2] pero, gracias a una exitosa[3] operación (o a un milagro), no quedó paralizada. «Pienso mucho en Christopher Reeve *(Superman)*», dice. «Yo pude haber terminado así. Tuve mucha suerte».

Cinco años sin salir de gira pueden ser suficientes como para que un artista sea olvidado. ¿Por qué ese retiro? ¿Se refugió en su mansión millonaria a descansar sobre sus glorias? En lo absoluto. Grabó cinco discos (uno por año), filmó videos, se sometió a[4] un tratamiento de fertilidad, vivió un embarazo, trajo al mundo a su hija Emily, se envolvió[5] en diferentes causas benéficas[6] y comunitarias, se recargó de estamina[7] y, junto a Emilio, trabajó para hacer realidad un ambicioso sueño; lanzar[8] un disco en inglés basado en ritmos[9] afro-cubanos y latinoamericanos. Una producción con la que pretende demostrar su evolución artística dentro de dos corrientes culturales muy distantes: la anglo-sajona y la latina. Sería mucho pedir tratar de fundirlas[10] en una sola, pero, aparentemente, ésa es la intención de esta diva[11] que ha ganado premios *Grammy*, premios *MTV*, que abarrota[12] estadios y arenas, que tiene su estrella en el «Paseo de la fama» de Hollywood y que, hasta la fecha, ha vendido más de 50 millones de discos en todo el mundo. *Evolution*, su nueva gira mundial, no

---

[1]*theater stages* [2]*columna... spinal column* [3]*successful* [4]*se... underwent* [5]*se... participó* [6]*charitable* [7]*stamina* [8]*to launch*
[9]*rhythm, music* [10]*merge them* [11]*renowned singer* [12]*jams, packs*

pudo haber tenido un mejor «marco histórico»... los Juegos Olímpicos 1996 (llevados a cabo en Atlanta), en los que ella tuvo a su cargo la canción tema: «Reach» («Puedes llegar»). Sin duda, un regreso triunfal de Gloria.

El es famoso, sociable, guapo y millionario... Es el genio detrás de *Estefan Enterprises* (sus oficinas están en el glamoroso South Beach), de *Crescent Moon Records* (su estudio de grabación, donde no sólo se produce su propia música, sino la de Frank Sinatra, Celine Dion, Aretha Franklyn, The Rolling Stones, Celia Cruz y Luis Miguel) y de *Jon Secada Productions* (su mayor estrella internacional, después de Gloria Estefan). Ha producido los *soundtracks* (bandas sonoras) de exitosas películas de Hollywood: *El Especialista*, *Top Gun*, *Tres hombres y un bebé*, *Pocahontas*, *La Sirenita* y, recientemente, cuatro de las canciones que Madonna interpreta en su película *Evita*. Por si fuera poco, colabora con dos de los más reconocidos compositores[13] y productores norteamericanos, Phil Ramone y Quincy Jones... Emilio Estefan está acostumbrado a rozar los codos[14] con los grandes...

Pero el mejor «producto» de Emilio, según muchos opinan, es Gloria Estefan... una estrella que él ha estado «preparando», poco a poco, desde hace 21 años, cuando la conoció en una boda (en el año 1975) y le pidió que se integrara[15] a su grupo *The Latin Boys (Los muchachos latinos)*. Gloria, con sólo 17 años y un terrible miedo escénico,[16] aceptó. De manera que para darle cabida,[17] tuvo que cambiarle el nombre a la banda... y así fue que surgió *Miami Sound Machine*. «Un nombre que a mí no me gustó», admite Gloria, «porque nunca fuimos una máquina... éramos una banda muy orgánica». Mientras amenizaban[18] fiestas los fines de semana, de lunes a viernes Gloria

> «Emilio no es el creador de mi imagen, porque lo que el público ha visto es el proceso de una mujer mandurando. Pero si no fuera por él, yo no sería la Gloria Estefan que todos conocen, porque no hubiera buscado la fama.»

estudiaba sicología[19] en la Universidad de Miami y trabajaba como intérprete de español e inglés en la Aduana de los Estados Unidos.[20] Emilio se ganaba la vida tocando el acordeón en restaurantes locales. El resto... es historia. Pero si aún queda alguien que no conozca los detalles, al menos se dará cuenta de adonde han ido a parar los Estefan. Gloria asegura estar en un momento muy importante de su carrera y de su vida y, casualmente,[21] el hombre detrás de ambas cosas es el mismo. ¿Se lo debe todo a él? Para enterarnos de lo que piensa y experimenta Gloria Estefan como artista y en el plano íntimo, la visitamos en Star Island, una isla privada de Miami Beach. La bombardeamos a preguntas y Gloria, sin poses, nos dio las respuestas.

—¿Es Emilio el genio creador[22] detrás de Gloria Estefan?

—Detrás de mi imagen no, porque lo que el público ha visto es el proceso de una mujer madurando. Pero si no hubiera sido por Emilio yo no fuera la Gloria Estefan que ustedes conocen, porque yo sola nunca hubiera buscado la fama. Creo que fue el destino[23] quien nos unió a Emilio y a mí. Nos enamoramos primero, antes de hacer todo esto.

—¿Discutes con él? ¿Le llevas la contraria si no estás de acuerdo en algo?

—¡Por supuesto! Nosotros discutimos. Cuando no estamos de acuerdo, la última palabra la tengo yo, sobre todo si se trata de mi imagen... y créeme, yo soy testaruda en ese aspecto.

—Entonces, en el plano musical... ¿Emilio tiene la última palabra?

—No. Los dos. En mis discos canto yo, tengo que venderlos yo y soy yo la que hago la decisión final. *Destiny*, mi nuevo disco, iba a contener,[24] originalmente, doce canciones, pero había una con la que yo no me sentía muy a

---

[13]*composers* [14]*rozar... rub elbows* [15]*se... to join* [16]*miedo... stage fright* [17]*darle... make room for her* [18]*enlivened* [19]*psicología*
[20]*Aduana... U.S. Customs* [21]*coincidentally* [22]*genio... creative genius* [23]*fate* [24]*incluir*

gusto,[25] y decidí eliminarla. Emilio jamás me ha dicho tienes que vestirte así, cantar así... Para él, lo importante es que el artista se encuentre a sí mismo, sea quien es...

—¿Con esta gira hay un cambio de tu imagen, Gloria?

—Soy yo, simplemente. No llevo ningún «disfraz» (risas). Pero en lo musical, el *show* es muy complejo. Llevamos dos percusionistas más, una guitarra extra, una sección de metales de cinco músicos, y no de tres, como ha sido hasta ahora. Quiero que el público se haga una mejor idea de quién soy yo, desde que la música comenzó en mi vida... y donde estoy en este momento. Pero no me interesa que se lleven sólo una impresión de mí como cantante; quiero que me conozcan como persona.

—La gira comenzó en Atlanta...

—Sí, justo antes de la apertura de los juegos olímpicos, el pasado 18 de julio. Seguimos dando conciertos por los Estados Unidos y luego haremos el cierre[26] de las Olimpiadas. Terminamos en Miami el día 23 ó 24 de septiembre, pero el día 22 será un día especial, porque el canal de televisión *HBO* trasmitirá el *show*. Después de eso tendré tres semanas libres. Dos de ellas las usaré para descansar en casa y, la otra, para viajar a Europa con mi familia, más que nada para ajustarnos al cambio

de hora, porque a la semana siguiente empezará de nuevo la gira. Los primeros conciertos serán en España. Luego vamos a Italia y a París, donde nunca antes habíamos tocado en vivo... En París estaremos en el «Olympia»... allí tendremos que hacer un concierto más íntimo, por la capacidad del teatro. En Inglaterra, Holanda, Irlanda, Alemania, Suecia y el resto de los países los *shows* se harán en estadios y arenas. A mediados de diciembre[27] regresaremos a Miami, para pasar la Navidad en familia y descansar hasta mediados de enero, para embarcarnos otra vez hacia América Latina. Finalmente, viajaremos a Japón, el sur de Asia, Australia y, probablemente, Africa.

—¿Estarás un año entero[28] de gira?

—Casi un año, quizás termine en mayo o junio del año próximo. Eso dependerá de si vamos o no a Africa.

—Emily y Nayib están contigo de gira. ¿No te preocupa que se expongan a algún peligro?

—¡Qué más peligro que dejarlos solos en algún lugar! No, no, para nada. Llevo a una muchacha que cuida a Emily desde hace varios meses, y estamos muy contentos con ella. Ella era maestra de niños de 2 y 3 años en Perú, habla inglés y español, y es muy amorosa.[29] Emily la adora y eso es una buena señal. Jenny es la única

persona con la que mi hija se va estando yo presente.

—¿Qué piensas del hecho[30] de que Emily esté expuesta a la fama tan temprano?

—Desafortunadamente, la fama le viene encima, quiera ella o no. Mientras más la esconda, más alto se hace el precio de una fotografía suya y más la seguirán. Yo nunca he tenido problemas con los *paparazzi*,[31] porque los trato con mucho respeto. Pero antes no me importaba tanto que fotografiaran a Emily, porque ella estaba cambiando, pero ahora llega a una edad en que su físico no cambia mucho y es más reconocible, de manera que pararé eso de las fotos. Sé que será difícil, porque la prensa se empecina y te hace la vida imposible.

—A este punto de tu fama, ¿te atreves a salir sola?

—¿Sola... sola?

—Sí, tú sola, sin más compañía.

—Es difícil que lo haga. Si un día quiero ir a casa de mi madre o de mi hermana, puede que me vaya sola en mi automóvil. Pero salir a caminar o a un lugar público... no.

—¿Tienes guardaespaldas en casa?

—Guardaespaldas no, pero salgo con una amiga y sus hijos, y mis hijos... siempre voy acompañada.

—Pero eso no te garantiza[32] la seguridad.

---

[25]no... *I didn't feel very comfortable* [26]*closing* [27]A... *In mid-December* [28]un... *a whole year* [29]*cariñosa* [30]del... *of the fact*
[31]*freelance photographers* [32]*guarantee*

—No. Pero llamo menos la atención. Cuando salgo con Emilio es imposible pasar inadvertida,[33] porque a él lo conocen más que a mí...

—¿Qué le falta a Gloria por hacer?

—Me encantaría ver a mis hijos crecer felices. Quisiera ver a mis nietos y disfrutarlos. Y algún día escribiré un libro, cuando llegue el momento para eso. Ya las casas editoriales me lo están pidiendo, pero es muy pronto para que yo escriba un libro. Y te aclaro que cuando lo haga, me gustaría escribirlo yo, aunque tarde diez o quince años. Quiero que cuando lean ese libro me conozcan a mí... No me interesa que lean lo que escribió otro sobre Gloria Estefan. Por supuesto, necesito a alguien que me ayude, que lo edite. Pero lo dejo para el futuro... cuando tenga tiempo.

Tomado de *Buen hogar*

---

[33]*unnoticed*

¿Cuánto recuerda Ud.?

Empareje cada frase a la izquierda con una frase de la derecha para formar oraciones completas y lógicas, según el artículo.

1. Después de su accidente...
2. El disco que Gloria Estefan lanzó en inglés...
3. *Evolution*, la nueva gira internacional de Gloria Estefan...
4. Emilio Estefan, el esposo de Gloria...
5. Gloria Estefan comenzó su carrera musical a los 17 años...
6. Cuando Gloria y Emilio discuten acerca de temas profesionales...
7. Lo que desea lograr Gloria en su gira mundial es...
8. Gloria se entrena físicamente
9. Los hijos de Emilio y Gloria los acompañan...
10. Cuando quiere salir...
11. En el futuro...

a. comenzó en Atlanta.
b. es ella quien tiene la última palabra.
c. haciendo mucho ejercicio.
d. Gloria estuvo cinco años sin salir de gira.
e. Gloria desea escribir un libro y tener nietos.
f. hacerse conocer como persona —no sólo como artista— ante el público.
g. porque es peligroso dejarlos solos en casa.
h. demuestra su evolución artística dentro de dos culturas.
i. Gloria llama a una amiga.
j. empujó a Gloria a la fama.
k. cuando aún era estudiante de sicología en la Universidad de Miami.

¿Qué se imagina Ud.?

A. La vuelta al mundo en un año: ventajas y desventajas. La gira *Evolution* obliga a Gloria Estefan y al grupo que la acompaña a estar lejos de casa por un año entero, lo cual tiene ventajas y desventajas diferentes para cada miembro del grupo.

Con uno/a o dos compañeros/as, piensen en la ventajas y desventajas de hacer esta gira desde el punto de vista de *una* de las personas a continuación. Después, hagan una lista de esas ventajas y desventajas para compartir con el resto de la clase.

1. Gloria Estefan
2. Emilio Estefan
3. Nayib Estefan, el hijo de 16 años
4. el cocinero
5. el entrenador
6. Linda, la peluquera de Glori
7. Jenny, la niñera de Emily

B. Conferencia de prensa. Imagínese que después de la gira mundial *Evolution*, Gloria Estefan y algunos miembros de su familia y de su equipo deciden ofrecer para el público una conferencia de prensa —¡y esa entrevista se celebrará en su clase de español!

La clase se dividirá entre periodistas y los que regresan de la gira. Los estudiantes que hacen el papel de periodistas deben preparar una pregunta para cada persona del grupo de *Evolution*. Los otros estudiantes contestarán las preguntas de los periodistas después de escoger uno de los siguientes papeles. Recuerde que el tiempo es limitado en las conferencias de prensa: por eso los periodistas deben preparar preguntas claras y directas y las personas entrevistadas deben responder sincera pero brevemente para guardar su intimidad.

1. Gloria Estefan
2. Emilio Estefan
3. Nayib Estefan
4. Jenny, la niñera de Emily
5. el cocinero
6. el fotógrafo
7. el entrenador
8. la madre de Gloria

C. ¿Vale la pena ser hijo/a de una persona famosa? En la entrevista Gloria Estefan observa que su vida es emocionante y que le da muchas satisfacción, pero también menciona que presenta peligros para sus hijos. ¿Hay peligros que ella no menciona? ¿Son mayores las ventajas de ser hijo/a de una estrella que las desventajas? ¿Le gustaría a Ud. ser hijo/a de una persona famosa como Gloria Estefan?

Trabajando en un grupo pequeño, escojan a una persona famosa y hagan una lista de por lo menos tres de las ventajas y desventajas que tiene el hecho de ser hijo/a de ese personaje. Luego piensen si les gustaría o no ser ese hijo (esa hija). Finalmente, compartan sus ideas con el resto de la clase.

GRAMATICA EN CONTEXTO

16. Talking About What You Had Done: The Past Perfect Tense

Like the present perfect tense you reviewed in **Capítulo 4 (he hecho, has llegado,** and so on), the past perfect tense **(el pluscuamperfecto)** describes actions seen as completed with regard to a certain point in time. Whereas the present perfect describes actions completed with respect to a point in the present, the past perfect describes actions completed with respect to a point in the past. Note in the following examples that the events occurring first chronologically are conjugated in a perfect tense, regardless of where they appear in the sentence.

Lo que el público **ha visto** es el proceso de una mujer madurando.	*What the public has seen is the process of a woman maturing.*
Antes de su accidente, Gloria **había tenido** mucho éxito con Miami Sound Machine.	*Before her accident, Gloria had experienced great success with the Miami Sound Machine.*

The past perfect tense (or pluperfect, as it is sometimes called) is formed with the imperfect of **haber** plus the past participle.

había ganado	habíamos ganado
habías ganado	habíais ganado
había ganado	habían ganado

▲ ¡Practiquemos!

A. Historia de una vida. Ponga en orden cronológico (a–e) los siguientes sucesos de la vida de Gloria Estefan.

1. _____ En los Juegos Olímpicos de 1996, le habían pedido a Gloria cantar el tema «Reach».
2. _____ Pudo haber sido fatal el accidente que había sufrido regresando de un concierto.
3. _____ Cuando se casó con Emilio, Gloria nunca había actuado en público.
4. _____ Emilio había cambiado el nombre de la banda de *The Latin Boys* por el de *Miami Sound Machine*.
5. _____ Había nacido si hijo Nayib.

B. ¿Qué dijo el personaje famoso? Imagínese que Ud. es reportero/a de televisión. Ahora tiene que explicar qué dijo un personaje famoso en una entrevista privada que Ud. le hizo. Modifique las siguientes oraciones, empleando el pluscuamperfecto según el modelo.

MODELO: He viajado por todo el mundo. →
Dijo que había viajado por todo el mundo.

1. Los fotógrafos me han molestado mucho.
2. No he podido salir de la casa sin guardaespaldas.
3. Los *fans* no me han dejado solo/a en los restaurantes.
4. He tratado de escribir un libro sobre mi vida.
5. Mi último disco ha ganado un premio *Grammy*.
6. Mi música y yo nos hemos hecho famosos.

C. ¿Qué habías hecho?   Trabajando con un compañero (una compañera), completen las siguientes frases, usando el pluscuamperfecto según el modelo. Al terminar la conversación, cada persona debe informarle a la clase una cosa interesante que su compañero/a ha hecho.

MODELO: Cuando entré en la universidad, ya... →
Cuando entré en la universidad, ya *había estudiado* español por tres años.

1. Cuando regresé a casa (a mi cuarto) ayer, ya...
2. Al terminar el último fin de semana, ya...
3. Cuando me acosté anoche, ya...
4. Cuando el profesor (la profesora) entró en la clase hoy, ya...
5. Cuando vine a clase ayer, ya...
6. Antes de empezar a estudiar en la universidad, yo ya...
7. Antes de tomar el último examen de español, nosotros/as ya...
8. Antes de empezar esta conversación, nosotros/as ya...

17. Telling Who Did What to Whom: Double Object Pronouns

In previous chapters, you have practiced using direct object, indirect object, and reflexive pronouns separately. As you know, however, when the context is clear, two pronouns can be used together in order to avoid repetition. Use the following formula to help you combine two of them correctly.

indirect before *direct; reflexive* first of all

The following are the two most frequent combinations of pronouns.

- indirect object + direct object
- reflexive + direct object

INDIRECT OBJECT PRONOUN + DIRECT OBJECT PRONOUN

¿El chiste? Daniel **nos lo** contó.
¿Los votos? El pueblo **me los** había dado.

REFLEXIVE PRONOUN + DIRECT OBJECT PRONOUN

¿La camisa roja? **Me la** puse ayer.
¿Las manos? Ya **nos las** secamos.

If a third-person indirect object pronoun **(le/las)** occurs before a third-person direct object pronoun **(lo/la/los/las),** the **le/les** changes to **se.***

---

*Don't confuse this **le → se** with the reflexive pronoun **se.**

¿La verdad? (~~Le~~ la dije.) → **Se la** dije.

¿Los paquetes? (~~Les~~-los dieron.) → **Se los** dieron.

Multiple pronouns follow the same placement rules in a sentence as single pronouns.

1. They precede a conjugated verb.

    ¿Su posición? Xavier **nos la** explica siempre.

2. They follow and are attached to the end of an infinitive or **-ndo** form.

    Va a explicár**nosla**.   Está explicándo**la**.   Está explicándo**nosla**.

Note that accents must be added to retain the original stress when two pronouns are attached to an infinitive, or when any pronoun is attached to an **-ndo** form.

▲ ¡Practiquemos!

A. ¿La política? ¡Debemos prestarle más atención!   Las siguientes declaraciones están divididas en dos partes. Combínelas de una manera lógica.

1.	_____ ¿Los debates políticos?	**a.**	¡Es necesario defenderla!
2.	_____ ¿La prensa libre?	**b.**	Vamos a visitarlo pronto.
3.	_____ ¿Nuestro gobierno?	**c.**	El pintor está terminándolo ahora.
4.	_____ ¿Aquel pueblo mexicano?	**d.**	Todos las hemos dicho.
5.	_____ ¿El nivel de la política?	**e.**	Estamos tratando de mejorarlo.
6.	_____ ¿Los nuevos ciudadanos?	**f.**	Tenemos que vigilarlo.
7.	_____ ¿Ese retrato del alcalde?	**g.**	Me interesa escucharlos.
8.	_____ ¿Las mentiritas *(little white lies)*?	**h.**	Debemos ayudarlos un poco.

B. ¿Puedes hacerlo tú?   Indique la pregunta lógica en cada caso, según el modelo.

MODELO: No conozco a ese cantante. → ¿Puedes presentármelo?

1.	_____ No comprendo el chiste que acabas de contarme.	**a.**	¿Puedes explicárselo tú?
2.	_____ No me atrevo a decirle la verdad a Victoria.	**b.**	¿Debo comprártelas esta noche?
3.	_____ No puedo pagarles a Elena y a Marisol los cien pesos que les debo.	**c.**	¿Quieres contármelo de nuevo?
4.	_____ No tenemos tiempo para explicarles a Luis y Felipe lo que pasó.	**d.**	¿Se los puedes pagar tú?
5.	_____ No podemos ir a ese pueblo sin usar tu coche.	**e.**	¿Te atreves a decírsela tú?
6.	_____ No puedo comprarte las plantas ahora.	**f.**	¿Nos lo puedes prestar *(lend)* hoy?

C. Conversaciones.   Termine la segunda parte de cada conversación lógicamente, usando un pronombre de complemento directo y otro de complemento indirecto.

MODELO: —Voy a comprarme un billete para el concierto. ¿Tienes el tuyo *(yours)*?

          —Todavía no. ¿Puedes... → comprármelo?

1. —Alicia no estuvo en clase hoy. ¿Sabe ella que tenemos examen mañana?
   —Sí, Sarita está hablando con ella por teléfono; acaba de...
2. —¿Conoces a mi hermana Lupita?
   —Desgraciadamente, no. ¿Quieres... ?
3. —¿Comprenden Uds. la solución de este problema?
   —No, pero Diego va a...
4. —¿Ya te devolvió tus libros Raúl?
   —Sí,... esta mañana.
5. —¿Has oído el chiste acerca del alcalde y el marciano (*Martian*)?
   —No, ¿...?
6. —¿Quiénes le pidieron ayuda al profesor?
   —... Miguel y yo.

D. En la universidad. Conteste las siguientes preguntas acerca de su universidad. No se olvide de cambiar los objetos directos e indirectos a pronombres para evitar la repetición.

1. ¿Cuáles de sus profesores le dan buenas notas a Ud.? ¿Por qué no se las dan los demás? ¿A quiénes sí se las dan con frecuencia? ¿Por qué?
2. ¿Sus profesores les hacen fiestas a Uds. a veces? ¿Cuándo? ¿Dónde? ¿Uds. los invitan a sus fiestas también?
3. ¿Su profesor/a de español les sirve a Uds. comida mexicana o española a veces? ¿Les enseña a prepararla?
4. ¿Ud. les explica algunas reglas del español a sus compañeros de clase que no las entienden? ¿o ellos se las explican a Ud.? ¿o solamente se las explica a Uds. el profesor (la profesora)?

 18. Pronouns That Follow Prepositions

The pronouns that follow prepositions are the same as the subject pronouns with two exceptions: **mí*** and **ti.**

a		
con†		
de		
en	mí	nosotros/as
para	ti	vosotros/as
por	él, ella, Ud.	ellos, ellas, Uds.
sin		
sobre		

---

*Pronominal **mí** is accented to distinguish it from the possessive adjective (*mi* **libro**).
†Remember that **con** forms a new word when followed by **mí** or **ti**: *Los jóvenes se identifican* **conmigo,** *no* **contigo.**

Gloria Estefan siempre ha simpatizado **con nosotros.**
En los diarios salen muchos comentarios **sobre ella.**
Para ti la familia es muy importante, ¿no?
Mi familia ha hecho mucho **por mí.**

When preceded by the following prepositions, the subject pronoun forms are used in all cases.

excepto ⎫	yo	nosotros/as
entre ⎬	tú	vosotros/as
según ⎭	él, ella, Ud.	ellos, ellas, Uds.

Hay mucha diferencia **entre tú
y yo.**
Según ella, ha tenido mucha
suerte en su vida.

*There is a lot of difference between
you and me.*
*According to her, she's been very
lucky in her life.*

▲ ¡Practiquemos!

A. ¿Cierto o falso?   Indique si las siguientes declaraciones son ciertas (C) o falsas (F) según su propia experiencia. Si son falsas, corríjalas.

1. _____ Mis amigos saben mucho acerca de mí, pero yo no sé nada acerca de ellos.
2. _____ Mis padres (Mis amigos) me dicen con frecuencia: «Nos preocupamos mucho por ti».
3. _____ Mis amigos que viven lejos de aquí me mandan cartas a mí, y yo también les mando cartas a ellos.
4. _____ Nuestro profesor (Nuestra profesora) de español casi siempre habla español con nosotros.
5. _____ Mi mamá siempre va conmigo cuando tengo que ir al dentista.

B. Una carta de amor.   Felisa, una joven muy enamorada, acaba de escribirle la siguiente carta a su novio Gabriel. Complétela con los pronombres personales apropiados.

Gabriel, quiero estar con _____[1] toda mi vida. No puedo vivir sin _____.[2]
Nunca debes estar lejos de _____.[3] Yo confío *(trust)* en _____[4] siempre
porque sé que no hay secretos entre _____[5] y _____.[6] Sin embargo, cuando
le comenté algo a mi papá sobre _____[7] y nuestros planes, él se enojó bastante. Según _____,[8] no ganas suficiente dinero. Entre _____[9] y _____[10]
siempre hay desacuerdos y discusiones. Pero para _____[11] eres perfecto,
Gabriel; no me importa el dinero. ¿Quieres casarte pronto con _____[12]?
Con mucho cariño, Felisa.

ESPAÑOL EN ACCION

A. Mi estrella favorita antes de ser famoso/a: una adivinanza. ¿Quién es su estrella favorita? (Puede ser del cine, de la canción, de la política, de los deportes, etcétera.) ¿Qué sabe Ud. acerca de la vida de esa persona antes de que fuera famoso/a? Presente a la clase cinco frases (usando el pluscuamperfecto) sobre la vida anterior de su estrella, sin decir su nombre, para que sus compañeros/as adivinen quién es.

B. Recuerdos de la gira *Evolution*. Imagínese que muchos años después de la gira internacional de Gloria Estefan, Ud. es *uno* de los siguientes personajes que relata sus recuerdos del gran viaje. Narre sus recuerdos ante la clase, usando el pluscuamperfecto y pronombres de complemento.

1. Gloria Estefan a los 75 años, a sus nietos
2. Emilio Estefan a los 80 años, a otros jubilados que juegan al golf con él
3. Nayib a los 45 años, a sus colegas
4. Jenny, quince años después, a Emily que ahora tiene 18 años
5. el fotógrafo, veinticinco años después, a un grupo de estudiantes de fotografía

Al corriente

Cuba

La bandera de Cuba

¡A saber!

1. Describe la diversidad étnica de tu estado o comunidad. ¿A qué grupo étnico pertenece la mayoría? ¿Cuáles son los grupos minoritarios?

2. En los Estados Unidos, los cubanoamericanos constituyen una minoría importante. ¿Dónde vive la mayoría de ellos?

3. ¿Tienen los cubanoamericanos mucho contacto con su país natal? Explica por qué sí o no.

4. Si eres estadounidense, hoy en día no puedes viajar directamente a Cuba porque no existen relaciones diplomáticas entre los dos países. ¿Hay algo de Cuba que te interese?

- ⚪ las playas
- ⚪ la música
- ⚪ la comida
- ⚪ el baile

¡A leer!

La siguiente lectura es de un sitio cubano y trata de la población cubana. Léela y contesta las preguntas a continuación.

La juventud cubana

LA POBLACION CUBANA

Nuestra población la forman descendientes de españoles, africanos y asiáticos y es superior a los diez millones. Es predominantemente blanca: el 73%. Hay un 14% de mestizos[1] y un 12% de negros. En la Habana viven cerca de tres millones.

Es una población con un alto nivel de instrucción debido a[2] que la educación es gratuita[3] y obligatoria[4] hasta la segunda enseñanza. En la actualidad[5] funcionan con ese objetivo 47 institutos y centros universitarios.

---

[1]*persons whose ancestors are of mixed racial backgrounds* [2]*debido... due to* [3]*gratuitous, free* [4]*compulsory* [5]*present time*

Comprensión

1. ¿De qué origen son los cubanos?

2. ¿Qué porcentaje de la población vive en la ciudad capital?

- ⚪ 73%
- ⚪ 33%
- ⚪ 14%
- ⚪ 12%
- ⚪ 10%

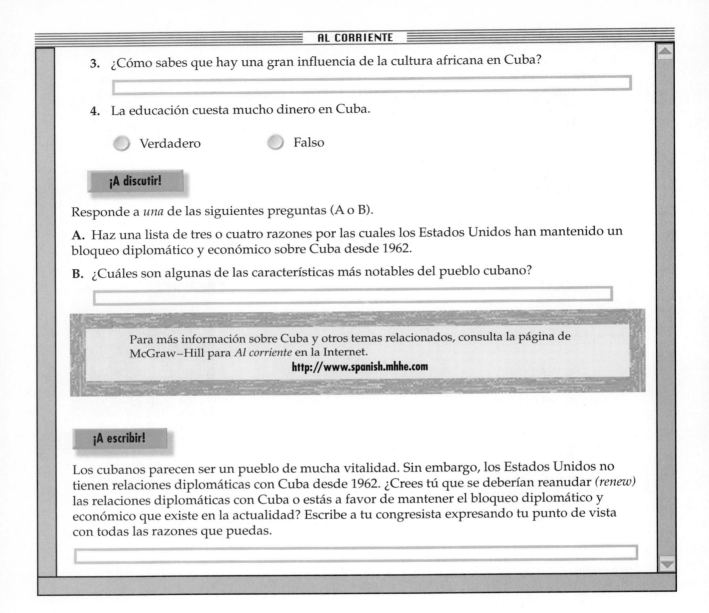

3. ¿Cómo sabes que hay una gran influencia de la cultura africana en Cuba?

4. La educación cuesta mucho dinero en Cuba.

   ○ Verdadero   ○ Falso

¡A discutir!

Responde a *una* de las siguientes preguntas (A o B).

A. Haz una lista de tres o cuatro razones por las cuales los Estados Unidos han mantenido un bloqueo diplomático y económico sobre Cuba desde 1962.

B. ¿Cuáles son algunas de las características más notables del pueblo cubano?

Para más información sobre Cuba y otros temas relacionados, consulta la página de McGraw–Hill para *Al corriente* en la Internet.
http://www.spanish.mhhe.com

¡A escribir!

Los cubanos parecen ser un pueblo de mucha vitalidad. Sin embargo, los Estados Unidos no tienen relaciones diplomáticas con Cuba desde 1962. ¿Crees tú que se deberían reanudar *(renew)* las relaciones diplomáticas con Cuba o estás a favor de mantener el bloqueo diplomático y económico que existe en la actualidad? Escribe a tu congresista expresando tu punto de vista con todas las razones que puedas.

UNIDAD III

LOS HISPANOS QUE VIVEN EN LOS ESTADOS UNIDOS

Cada año los puertorriqueños que viven en Nueva York expresan su orgullo nacional en el desfile del Día de Puerto Rico.

Unidad III depicts the situation of Spanish-speaking people in the United States. Its readings highlight some of the special problems and sources of hope and pride of Hispanics in this country. **Capítulo 7** profiles popular Puerto Rican writer Esmeralda Santiago. **Capítulo 8** depicts a young man's search for his Mexican roots, as told through his letters to a friend back in California. **Capítulo 9** focuses on the problem of assimilation and loss of cultural identity.

CAPITULO 7

¡HABLEMOS UN POCO!

En una fiesta en Puerto Rico, dos músicos entretienen a los invitados.

De compras en un barrio de Nueva York

VOCABULARIO DEL TEMA

El cuerpo humano

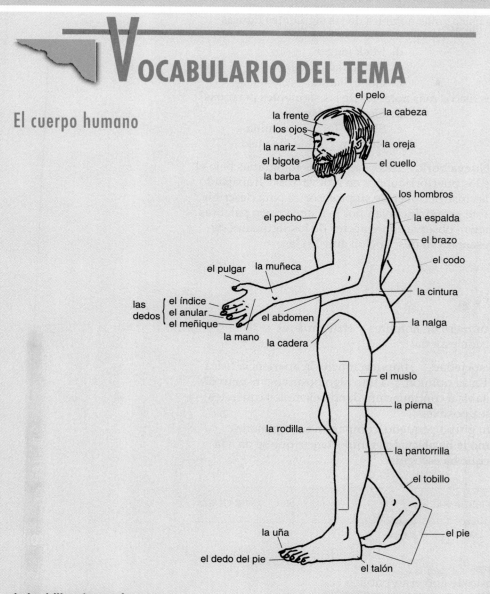

el pelo
la frente
los ojos
la nariz
el bigote
la barba

la cabeza
la oreja
el cuello

el pecho

los hombros
la espalda
el brazo
el codo

el pulgar
la muñeca

las dedos
{ el índice
el anular
el meñique
la mano

el abdomen

la cintura

la nalga

la cadera

el muslo

la pierna

la rodilla

la pantorrilla

el tobillo

la uña

el dedo del pie

el pie

el talón

la barbilla, el mentón *chin*
la boca *mouth*
la cara *face*
las cejas *eyebrows*
la mandíbula *jaw*

las mejillas *cheeks*
las pecas *freckles*
las pestañas *eyelashes*
los labios *lips*

Hablando del tema

A. Hablando de la gente famosa.

1. ¿Cuáles son los rasgos físicos más notables de las siguientes figuras públicas?
   - **a.** Michael Jackson
   - **b.** Madonna
   - **c.** Maria Shriver
   - **d.** Mick Jagger
   - **e.** Whoopi Goldberg
   - **f.** Gene Shallit

2. ¿Cuáles eran los rasgos físicos más notables de las siguientes personas?
   - **a.** Abraham Lincoln
   - **b.** Clark Gable
   - **c.** Marilyn Monroe
   - **d.** Groucho Marx
   - **e.** Shirley Temple, de niña
   - **f.** Rip van Winkle, de viejo

B. Los puertorriqueños en Nueva York. Escoja *una* de las fotografías bajo el título **¡Hablemos un poco!** de los puertorriqueños en Nueva York. Trabajando en un grupo pequeño, sigan las instrucciones de su profesor(a) para describir por escrito a las personas de este grupo. Incluyan por lo menos cinco palabras del **Vocabulario del tema** y hagan observaciones acerca de los siguientes detalles. Más tarde su grupo presentará su descripción ante la clase.

1. dónde están
2. qué ropa llevan
3. qué tienen en las manos
4. qué hacen
5. la proporción entre el número de hombres y el de mujeres
6. cualquier otra observación especial

C. La apariencia en nuestra sociedad. ¿Importa mucho la apariencia física para ejercer ciertas carreras? En su opinión, ¿es esto algo positivo o negativo? Exponga sus opiniones en la tabla a continuación, dando ejemplos concretos para apoyarlas siempre que sea posible.

Después, trabajando en un grupo pequeño, compartan sus opiniones. Cada uno/a debe explicar cómo le ha afectado la importancia que se da a la apariencia física en la carrera que ha escogido.

¿IMPORTA LA APARIENCIA FISICIA PARA... ?	SI	NO	¿POR QUE?
1. ser locutor			
2. ser actor			
3. ser profesor universitario			
4. ser candidato a un puesto de gobierno/público			
5. conseguir un buen empleo administrativo			
6. ser atleta			
7. enseñar en una escuela primaria			
8. lograr un puesto en el campo de la medicina			

LECTURA

ACERCANDONOS A LA LECTURA

Esmeralda Santiago, born in Puerto Rico and the oldest of eleven brothers and sisters, moved with her family to Brooklyn, New York, at the age of thirteen. Despite the hardships of adapting to a new environment and of learning English, she entered the competitive and prestigious High School of Performing Arts. She went on to work full-time while attending college part-time. She earned a degree from Harvard University in 1976. In addition to her creative writing, Ms. Santiago has worked actively to improve the quality of life for victims of domestic violence and, with her husband, director Frank Canto, has founded *Cantomedia,* a film production company based in Boston.

Esmeralda has published two books: *When I Was Puerto Rican,* an autobiographical account of her childhood, and *America's Dream,* a novel. Both were first written in English and later translated into Spanish. In the following interview, Ms. Santiago discusses issues of Puerto Rican identity concerning both island and mainland Puerto Ricans. The author occasionally uses English words or phrases as a way of conveying accuracy: to quote English speakers or to communicate phrases without an exact Spanish equivalent. These are concrete examples of code-switching, a phenomenon that generally characterizes bilingualism.

VOCABULARIO PARA LEER

apoyar to support
desarrollar to develop
desenvolverse (ue) to develop, unravel
relatar to tell, recount, relate a story
suceder to happen, take place, occur

la acogida welcome
las amistades friends, acquaintances
el/la ciudadano/a citizen
el/la compatriota compatriot, fellow citizen
el/la conocido/a acquaintance, friend
la empresa company
el ensayo essay

el escrito, los escritos writing(s), work(s)
la esquina corner
el mensaje message
la obra work (such as a novel, play, etc.)
el poder power
el valor value

aun even
bien very (as adverb modifying adjective)
deliberadamente deliberately

a medias half, halfway
no tener la menor idea to not have a clue / any idea

A. Relaciones semánticas. Identifique la palabra o frase de la lista del **Vocabulario para leer** que se relaciona con cada grupo de palabras a continuación. ¡OJO! Es posible que haya más de una respuesta posible en algunos casos.

1. también, inclusive
2. contar, narrar
3. ocurrir, pasar
4. creación literaria
5. amigos, relaciones sociales
6. corporación, compañía, negocio
7. habitantes de un país
8. crecer, ampliar(se)
9. noticia, comunicación, recado

B. Definiciones. Explíquele en español a un compañero (una compañera) qué significan las palabras y frases a continuación.

1. acogida
2. bien
3. esquina
4. a medias
5. ambos
6. valor
7. el poder
8. no tener la menor idea
9. apoyar

COMENTARIOS PRELIMINARES

A. Si yo fuera escritor(a)... Imagínese que Ud. es escritor(a) y que tiene que escoger el tema de su próxima novela. Naturalmente, Ud. quiere escribir sobre un tema que Ud. conozca bien y que le interese, pero que también le interese al público y que se venda. Para ayudarse a hacer una buena selección, complete la tabla a continuación, valorizando los temas que le interesan a Ud. y los que Ud. cree que le pueden interesar al público (el 5 indica el mayor interés). Luego, trabajando en un grupo pequeño, comenten sus conclusiones preliminares.

TEMAS	QUE ME INTERESAN A MI					QUE LE INTERESAN AL PUBLICO				
el amor	1	2	3	4	5	1	2	3	4	5
la familia	1	2	3	4	5	1	2	3	4	5
la mujer	1	2	3	4	5	1	2	3	4	5
la niñez	1	2	3	4	5	1	2	3	4	5
la juventud	1	2	3	4	5	1	2	3	4	5
el trabajo	1	2	3	4	5	1	2	3	4	5
el campo	1	2	3	4	5	1	2	3	4	5
la ciudad	1	2	3	4	5	1	2	3	4	5
la política	1	2	3	4	5	1	2	3	4	5
la delincuencia	1	2	3	4	5	1	2	3	4	5
la historia	1	2	3	4	5	1	2	3	4	5
la identidad	1	2	3	4	5	1	2	3	4	5

B. Con el editor.   Imagínese que Ud. es el escritor (la escritora) de la actividad A, quien ya ha escogido el tema de su próxima obra. Escriba un breve resumen (de 50 palabras) del argumento (*plot*) para mostrárselo a su editor y pedirle su opinión profesional. Como autor, a Ud. le preocupa la originalidad de la idea y las posibilidades de éxito de este proyecto. Al editor le interesa saber por qué es importante tratar este tema y por qué puede interesarle al público, antes de comprometerse a publicar la novela. Trabajando con un compañero (una compañera), dramaticen esta conversación entre autor y editor.

C. ¿Qué significa ser estadounidense?   Imagínese que Ud. se va a vivir a un país extranjero donde hay pocos estadounidenses. Por eso, los naturales de ese país tienen mucha curiosidad por saber de Ud. y constantemente le preguntan en qué consiste ser estadounidense. Ud. piensa mucho acerca de las experiencias comunes a todos los estadounidenses y trata de reducir su respuesta a cinco factores fundamentales; entre ellos considera los siguientes.

1. la familia
2. el inglés
3. la educación
4. la comida
5. los deportes/pasatiempos
6. el 4 de julio
7. la música
8. la diversidad étnica
9. la geografía
10. las leyendas del Oeste
11. el sistema político
12. los rasgos físicos
13. la televisión
14. la historia colonial y la Revolución Americana
15. otros factores

Después de hacer una lista preliminar de los cinco factores principales para Ud., trabaje con dos o tres compañeros/as para compartir, comparar y comentar sus respuestas: ¿son similares o diferentes sus respuestas? ¿por qué? Finalmente, preparen entre todos una definición de lo que es ser estadounidense, que sea fácil de comprender, para los naturales del país que visitan.

D. El sueño norteamericano.   Primero escoja a una persona famosa —o que Ud. conoce personalmente— que ejemplifica *el sueño norteamericano*, y haga una descripción de la vida de esa persona que ilustre lo que significa el concepto del *sueño norteamericano*. Luego, trabajando con tres o cuatro compañeros/as, relate cada uno/a la biografía de esa persona mientras los/las demás toman apuntes. Después de que cada compañero/a haya hecho su relato, analicen todas estas historias para descubrir lo que tienen en común. Finalmente, compartan sus conclusiones con toda la clase.

ESTRATEGIAS PARA LEER

Identifying Cognates

As you know, there are a great number of words whose English form and meaning are similar to those of their Spanish equivalents. Many of the cognates shared by the two languages are derived from a common word root. For example, both the English word *conservative* and the Spanish **conservador** are derived from the root **conserv-**. Simply recognizing the root, however, may sometimes not be enough to help you understand an unfamiliar word, because the same root can be used to form many words. For example, **conserva, conservación, conservar,** and **conservatismo** are all derived from the root **conserv-**. Once you have identified the root of a cognate, you need to determine its grammatical function in the sentence in order to fully understand its meaning. The following commonly occurring endings will help you determine the function of unfamiliar words.

You should be aware that, at times, words that appear to be cognates actually have quite different meanings. These words are known as *false cognates.* For example, the verb **soportar** (or the adjective **soportable**) suggests the idea of *supporting* or *maintaining* when, in fact, the word means *to tolerate* or *to put up with.* The confusion that a relatively small number of false cognates causes, however, is far outweighed by the benefit gained from learning to recognize the large number of true cognates.

Nouns:	**-ad** (actividad, facultad), **-cia** (farmacia), **-dor(a)*** (operador), **-ente*** (paciente), **-iento** (pensamiento), **-ión** (tradición, compasión), **-ista*** (artista), **-onte** (horizonte), **-ismo** (pluralismo)
Adjectives:	**-do/a*** (obligado, ofrecida), **-able** (controlable), **-dor(a)*** (hablador), **-ente*** (decente), **-oso/a** (famosa), **-ista*** (capitalista), **-ico** (irónico), **-ivo/a** (pasivo)
Adverbs:	**-mente** (rápidamente)
Verbs:	**-ar** (llamar), **-er** (creer), **-ir** (salir), **-ó** (oyó), **-ía** (leía), **-aba** (cantaba), **-do*** (ocurrido), **-ndo** (conversando), etcétera

········ ESTRATEGIAS EN ACCION

A. Los cognados.   Estudie los siguientes cognados (de la lectura de este capítulo) y adivine su significado y función.

1. colonizada
2. convertía
3. surgió

4. atacar
5. suficientemente
6. empleadores

7. insularidad
8. increíble
9. titulaste

B. Más cognados.   Ahora repase los tres primeros párrafos de la lectura para ver cuántos cognados puede identificar. Debe encontrar por lo menos diez cognados.

---

*Some endings can signal more than one word type. For example, **-dor, -ente,** and **-ista** can occur with both nouns and adjectives; and **-do** can occur with adjectives and verbs, since the past participle of the verb form also functions as an adjective.

Esmeralda Santiago:
ANTE LA IDENTIDAD PUERTORRIQUEÑA

Marisol Pereira Varela

«Mi misión como escritora es presentar personas que hasta ahora nadie se había preocupado por ellas.» Con estas proféticas palabras Esmeralda Santiago embiste[4] la experiencia de escribir desde una dimensión desconocida. Cuando regresó a Puerto Rico, luego de trece años, sus compatriotas le dijeron que estaba demasiado americanizada, que no era puertorriqueña. Allí vio sus pies posarse[5] sobre tierra de nadie.

> «La jíbara[1] puertorriqueña... se convertiría en una híbrida[2] quien nunca perdonaría el desarraigo[3]».
> —Esmeralda Santiago, Cuando era puertorriqueña

«¿Cómo pueden decirme que no soy puertorriqueña? Yo nací aquí, crecí en Puerto Rico hasta los trece años, hablo el español, leo el español, bailo la salsa... si yo no soy puertorriqueña, ¿qué es ser puertorriqueña?» Sin embargo Esmeralda sintió cómo vivir fuera de su país natal convertía a los puertorriqueños en ciudadanos a medias.

MPV: ¿Qué te motivó a escribir?

ES: Yo vivo en una comunidad que no es puertorriqueña y si no hablo español todos los días, ¿qué es de mi puertorriqueñidad?[6] Eso surgió en los escritos que yo hice; una editora vio un ensayo y se puso en contacto conmigo para que escribiera un libro. Esa falta de acogida que recibí en Puerto Rico, fue lo que me hizo empezar a explorar la identidad puertorriqueña en los Estados Unidos.

Tus dos libros *Cuando era puertorriqueña* y *El sueño de América* se publicaron originalmente en inglés y luego se tradujeron al español. ¿Por qué?

No fue en parte una decisión sino la realidad; ambos libros son por contrato con empresas americanas, tengo que escribirlos en inglés y después que los escribo dicen que lo quieren en español. Lo contrario sería un suicidio porque en Nueva York no hay editoras que hablen español.

A Rosario Ferré la atacaron por escribir su libro en inglés, como escritora ella busca un público más amplio. Que un puertorriqueño escriba en chino, no quiere decir que sea menos puertorriqueño, sino que los chinos están aprendiendo algo de la puertorriqueñidad que no sabían antes. En vez de hacer sentir a una persona como si estuviera haciendo algo malo, debemos apoyarlo pues lleva un mensaje de quienes somos a un público que no tiene la menor idea.

¿Cómo describes tu estilo literario?

Me gusta escribir acerca de sitios que existen, pero siempre me gusta poner protagonistas que no existen en medio de la realidad. También una de las cosas que más me atrae es la ironía. Me gusta el humor irónico y el humor negro; por ejemplo, en El sueño de América, los americanos no ven nada de

---

[1]*Puerto Rican country woman*   [2]*hybrid*   [3]*uprooting, banishment*   [4]*confronts, faces*   [5]*placed*   [6]identidad puertorriqueña, «*Puerto Ricanness*»

humor, pero muchas mujeres hispanas y muchos puertorriqueños me dicen «Is so funny!». Aun en la tragedia hay humor. Me encanta la yuxtaposición[7] de cosas que no encajan.[8]

¿Consideras tu literatura femenina?

Me matarían los críticos si digo que sí, las feministas si digo que no. Creo que lo que yo escribo es femenino y feminista, yo miro el mundo desde el punto de vista de una mujer. Pero es bien difícil, porque si lo digo así parece que dijera que no importa que los hombres me lean, pero por ejemplo, cuando los hombres leen las feministas entienden a sus mujeres mucho mejor. Yo leo escritores hombres y no necesariamente me gusta todo lo que dicen pero tengo que leerlos para ver lo que ellos piensan y cómo ven el mundo. Los hombres deben hacer lo mismo.

Los títulos de ambos libros tienen diferentes niveles de lectura. ¿Por qué los titulaste así?

Lo hice deliberadamente, ambos son bien irónicos. En el título del primer libro, Cuando era puertorriqueña, quería empezar un diálogo entre los puertorriqueños y en Puerto Rico, sobre lo que es ser puertorriqueño, porque sé que yo no soy la única a quien las personas le han dicho «tú no eres puertorriqueña» porque he vivido fuera. Muchas amistades me han relatado lo mismo. Como que[9] hay grados[10] de puertorriqueñidad. Quería empezar un diálogo que hiciera a las personas pensar. El problema es que se ofenden, tiran el libro a una esquina y no lo quieren comprar. Es una reacción bien típica de las personas que no están lo suficientemente receptivas para entender lo que quiere decir y que se explica en las páginas del libro.

¿Por qué es tan opuesta la manera en que describes la vida de los inmigrantes en tus dos obras?

En El sueño de América yo quería explorar la vida de una mujer que no tiene ningún poder, para mí el libro es acerca de «power and lack of it», por eso la hice una doméstica,[11] porque las domésticas están bajo el poder de sus empleadores y América está bajo el poder de Correa. ...Es la mujer colonizada. No es accidente que ella es de Vieques.[12]

Tenía mucho interés en explorar esa parte de la vida de las mujeres que viven en Estados Unidos. Si tú eres colonizada políticamente eso te afecta emocionalmente y sicológicamente, cierto o falso, esa fue la pregunta que me hice. Si eres colonizada políticamente, ¿querrá eso decir que eres colonizada sicológicamente?

Es algo que me interesa, vis a vis lo que es Puerto Rico, lo que es Vieques. Para los viequenses,[13] Vieques es un mundo separado del resto del mundo, y me impresiona bastante esa insularidad.[14] La vida de una isla, tan dominada por la presencia americana, es increíble, eso para mí es un microcosmos de la vida puertorriqueña.

Ese tema quería explorarlo de una manera distinta a la que se expone en Cuando era puertorriqueña. Como esa obra es un relato de mi vida, no era la temática[15] pues estaba limitada por lo que sucedió.

¿Tienes algunos temas que pienses desarrollar en el futuro?

Quiero seguir escribiendo sobre la puertorriqueñidad en los Estados Unidos, pues todos tenemos un primo, un hermano, pariente o conocido por allá, y es bien importante saber cómo nos estamos desenvolviendo en ambos sitios. Para que ellos sepan que hay alguien que está tratando de explorar lo que es ser puertorriqueño donde quiera que estén. Para que sientan que tienen algún valor.

Pues yo misma, que vine a Estados Unidos, no encontraba libros de lo que es ser puertorriqueña. Eso me decía «I don't matter» y ésa es la actitud que tienen nuestros jóvenes de que no valen nada porque nadie se preocupa por explorar su vida. Es una misión, escribir libros que nuestra juventud pueda leer.

Tomado de *Imagen*

---

[7]juxtaposition, contact, proximity   [8]no... do not go / fit together   [9]Como... It's as if   [10]degrees   [11]domestic servant   [12]a tiny island off Puerto Rico that is culturally Puerto Rican but heavily occupied by U.S. military bases   [13]los habitantes de Vieques   [14]la vida de la isla   [15]set of themes

¿Cuánto recuerda Ud.?

Complete cada oración según lo que expone Esmeralda Santiago en la entrevista. ¡OJO! A veces hay más de una posibilidad.

1. Esmeralda Santiago volvió a Puerto Rico...
   a. después de trece años
   b. a los 13 años de edad
   c. cuando ya estaba americanizada
2. Esmeralda Santiago escribe para...
   a. explorar la vida de las mujeres puertorriqueñas en los Estados Unidos
   b. afirmar su identidad como norteamericana
   c. llevar un mensaje al público norteamericano, el cual no conoce la realidad puertorriqueña
3. En Puerto Rico sus libros...
   a. no tuvieron buena acogida
   b. se leen en inglés
   c. ofenden a muchas personas
4. Con respecto al feminismo y la literatura feminista...
   a. Esmeralda Santiago declara que es feminista porque presenta a sus personajes desde el punto de vista de una mujer
   b. la autora escribe para las mujeres, no para los hombres
   c. Esmeralda Santiago sólo lee libros escritos por mujeres
5. El tema de la puertorriqueñidad...
   a. le permite a la autora criticar a la sociedad
   b. le sirve a la autora para establecer un diálogo entre los puertorriqueños de la Isla y los que viven en los Estados Unidos
   c. en la literatura escrita en inglés le da importancia y validez a la experiencia de los inmigrantes puertorriqueños en los Estados Unidos

¿Qué se imagina Ud.?

A. Una entrevista de radio: reacciones del público. Imagínese que Ud. acaba de oír por la radio la entrevista con Esmeralda Santiago. A Ud. le impresionaron mucho las respuestas de la escritora y por eso Ud. llama a la emisora (la estación) de radio para expresar sus opiniones. Como sólo le permiten hablar por un minuto, Ud. escoge comentar sobre *uno* de los siguientes temas solamente.

1. por qué escribe en inglés una escritora puertorriqueña
2. el estilo literario (humorístico e irónico) de la escritora
3. el feminismo y la literatura feminista
4. Vieques
5. la mujer colonizada
6. la identidad puertorriqueña

B. ¡Tú no eres norteamericano/a!   Imagínese que Ud. acaba de volver a los Estados Unidos después de vivir diez años en un país extranjero. A causa de sus nuevas experiencias Ud. ha cambiado durante esos diez años, naturalmente; pero cuando regresa, descubre que los Estados Unidos han cambiado también. Para empezar, sus antiguas amistades ahora le dicen: «¡Tú no eres norteamericano/a!» porque Ud. no encaja perfectamente en la vida estadounidense de hoy.

Trabajando con un compañero (una compañera), comenten sus reacciones a los siguientes puntos.

1. ¿Se ofendería Ud. si alguien le dijera que ha perdido su identidad?
2. ¿Piensa Ud. que hay maneras en que sigue siendo la misma persona? ¿Hay valores o rasgos de su identidad que son permanentes? (La actividad C de Comentarios preliminares puede ayudarle a aclarar sus ideas.)
3. ¿Comprende por qué sus antiguos conocidos le dicen a Ud. que ya no es norteamericano/a? ¿Qué significará *ser norteamericano/a* para ellos? ¿Qué puede haber cambiado en Ud. que no encaja con esa imagen?
4. ¿Trataría Ud. de cambiar su persona para ser aceptado por los demás o aceptaría Ud. la nueva situación, aunque fuera incómoda? ¿O trataría de hacer que los demás entendieran su situación?

C. El sueño de América.   Imagínese que Ud. es novelista y que una casa editorial le acaba de pedir que escriba una obra titulada *El sueño de América.* Ud. tiene completa libertad para desarrollar el tema, los personajes, el argumento, etcétera, pero los editores desean que Ud. diga unas palabras sobre su proyecto en una conferencia de prensa. Prepare ese resumen para presentarlo en esa conferencia de prensa, que tendrá lugar en su clase de español.

GRAMATICA EN CONTEXTO

19. Making Requests: Formal *(Ud., Uds.)* Commands

Commands are the most direct way of communicating that you want someone to do something. Whether affirmative or negative, they are easy to recognize because the verb appears at or near the beginning of a sentence and is heavily emphasized.

Hable solamente en español.
Escriba algo sobre Puerto Rico.

Váyase al sur de la Isla.
No diga nada malo del Viejo San Juan.

Formal **Ud., Uds.** Commands

The formal commands are formed with the first-person singular **(yo)** stem of the present indicative and the following endings: **-e/-en** for **-ar** verbs; **-a/-an** for **-er** and **-ir** verbs. It may be helpful to remember the endings as being based on vowels "opposite" to those in the infinitive endings.

VERB (INFINITIVE)	FIRST-PERSON STEM		SINGULAR COMMAND	PLURAL COMMAND
cant**ar**	cant-	→	cant**e** Ud.	cant**en** Uds.
corr**er**	corr-	→	corr**a** Ud.	corr**an** Uds.
aplaud**ir**	aplaud-	→	aplaud**a** Ud.	aplaud**an** Uds.
d**ar**	d-	→	d**é*** Ud.	d**en** Uds.
practic**ar**	practic-[†]	→	practi**que** Ud.	practi**quen** Uds.
lleg**ar**	lleg-[†]	→	lle**gue** Ud.	lle**guen** Uds.
caz**ar**	caz-[†]	→	ca**ce** Ud.	ca**cen** Uds.

Because the formal commands are based on the first-person singular stem, any stem changes occurring in this form also appear in the corresponding command form.

VERB (INFINITIVE)	FIRST-PERSON STEM		SINGULAR COMMAND	PLURAL COMMAND
cerrar (ie)	cierr-	→	**cierre** Ud.	**cierren** Uds.
contar (ue)	cuent-	→	**cuente** Ud.	**cuenten** Uds.
servir (i)	sirv-	→	**sirva** Ud.	**sirvan** Uds.
poner (g)	pong-	→	**ponga** Ud.	**pongan** Uds.
hacer (g)	hag-	→	**haga** Ud.	**hagan** Uds.
venir (g)	veng-	→	**venga** Ud.	**vengan** Uds.
traducir (zc)	traduzc-	→	**traduzca** Ud.	**traduzcan** Uds.
contribuir (y)	contribuy-	→	**contribuya** Ud.	**contribuyan** Uds.

The command forms for the verb **ir** *(to go)*, **ser** *(to be)*, and **ver** *(to see)* are completely irregular.

ir	**vaya** Ud.	**vayan** Uds.
ser	**sea** Ud.	**sean** Uds.
ver	**vea** Ud.	**vean** Uds.

***Dé** carries a written accent to distinguish it from the preposition **de.**
[†]The same spelling changes you learned in **Capítulo 5** with the irregular preterites (**c → qu, g → gu, z → c**) also occur with the formal commands in order to preserve the original pronunciation of the infinitive. The commands do not carry written accents unless a pronoun is attached.

A. Táctica y estrategia de la pérdida de peso. Lea rápidamente este artículo y marque todos los mandatos formales. Luego compare su lista con la de uno/a de sus compañeros/as de clase. ¿Cuál de Uds. encontró más mandatos formales?

B. Por favor. Dé el mandato del infinitivo indicado en cada oración.

1. Ese vaso es de cristal. _____ (Tener) Ud. cuidado con él, por favor.
2. No puedo conversar ahora. _____ (Llamar) Ud. más tarde, por favor.
3. Nos gusta cenar a las ocho en punto. No _____ (llegar) Ud. tarde, por favor.
4. Quiero verlos otra vez. _____ (Volver) Uds. mañana, por favor.
5. Hay algo aquí que deben ver. _____ (Venir) Uds. acá, por favor.
6. Tomás no quiere ir solo al partido. _____ (Ir) Uds. con él, por favor.

Using Pronouns with Commands

As with other verb forms, object pronouns can also be used with commands to avoid repeating a previously mentioned noun. They are affixed to the end of affirmative commands in the usual order you reviewed in **Capítulo 6:** *indirect before direct: reflexive first of all.* A written accent is needed when adding one or more pronouns in order to maintain the correct stress.

> **Propóngale** escribir otra novela. *Suggest that she write another novel.*
> (**le** = *indirect object pronoun [Esmeralda]*)

> **Diviértanse** en la fiesta. *Enjoy yourselves at the party.*
> (**se** = *reflexive pronoun [Uds.]*)

> **Tráigamelos,** por favor. *Bring them to me, please.*
> (**me** = *indirect object pronoun;* **los** = *direct object pronoun [los libros]*)

With negative commands, the object pronouns come between **no** and the verb.

> No **la** traduzcan al inglés. *Don't translate it into English.*
> (**la** = *direct object pronoun [la novela]*)

Táctica y Estrategia de la Pérdida de Peso

Es mejor que

- Coma despacio.
- Evite tentaciones. Saque los alimentos de alto contenido calórico del refrigerador y de la despensa.[a] Tenga en casa únicamente lo que se propone comer en su dieta.

- Coma menos grasa.[b] Use azúcares naturales de granos, frutas y verduras.
- Coma menos helado, queso, aderezos[c] para ensaladas y aceites.
- Evite los bocadillos[d] o tentenpies de paquete,[e] las galletas[f] y los postres con alto contenido en grasas.
- Use utensilios de teflón.
- Prepare las carnes al horno[g] o a la parrilla,[h] y las verduras al vapor,[i] en lugar de freírlas[j] en grasa o aceite.
- Coma productos lácteos desgrasados («skim milk» en vez de leche entera).
- Haga ejercicio regularmente.
- Busque hacer actividades divertidas que no incluyan el comer (deportes, cultivar el jardín, etc).
- Acuda[k] a terapia individual o de grupo si tiene dificultad para mantener su peso.

---

[a]*pantry* [b]*fat* [c]*dressings* [d]*snacks* [e]*tentenpies... packaged snacks* [f]*cookies* [g]*al... oven roasted* [h]*a... grilled* [i]*al... steamed* [j]*en... instead of frying them* [k]*Vaya*

No **se** muden a Nueva York.　　*Don't move to New York.*
(**se** = *reflexive pronoun [Uds.]*)

No **me las** traigan todavía.　　*Don't bring them to me yet.*
(**me** = *indirect object pronoun;* **las** = *direct object pronoun [las novelas]*)

▲　¡Practiquemos!

A. La etiqueta del taco.　Los tacos son sabrosísimos, pero a veces resultan difíciles de comer. A continuación aparecen algunas recomendaciones para evitar que se desarmen *(they fall apart)* y le manchen *(stain)* la ropa. Primero dé el mandato apropiado y luego indique a qué dibujo corresponde cada oración.

1.　_____ (Tomar) el taco por los extremos y (levantarlo).
2.　_____ (Distribuir) bien el relleno *(filling)* sobre la tortilla, pero no (llenarla) demasiado.
3.　_____ (Inclinarse) hacia adelante, extendiendo la mano más allá de *(beyond)* los hombros.
4.　_____ (Asegurarse) de que el lado más delgado de la tortilla esté encima del otro.
5.　_____ (Extender) bien la tortilla sobre la mano izquierda y (alinearla) en dirección este/oeste.
6.　_____ (Doblar) primero el borde derecho por el medio y (sobreponerle [*to put on top of it*]) el izquierdo.

B. Instrucciones para una escritora.   Imagínese que Ud. es Esmeralda Santiago y que le exige a su editor algunas condiciones especiales para la publicación de su libro. Escoja el mandato lógico para cada oración.

1. El nuevo libro no sale en Puerto Rico.
   Saque/Publique/Hágame el libro en Puerto Rico también.
2. La edición no tiene buenas ilustraciones.
   Póngale/Tráigale/Tenga unas fotos en colores.
3. La prensa no sabe nada del nuevo libro todavía.
   Prometa/Hágale/Déle mucha publicidad a este libro.
4. El papel es caro.
   No se sirva de / No le eche / No use un papel de calidad inferior.
5. El libro cuesta mucho.
   No lo venda / No lo traiga / No lo dé a un precio muy alto.

C. Lo que manda el doctor.   Los Sres. Lara tienen exceso de peso *(weight)* y el colesterol muy alto. Están en la oficina de su doctor, quien les ha preguntado sobre sus actividades y sus gustos en cuanto a la comida. Imagínese que Ud. es el doctor y reaccione a los comentarios de los Sres. Lara con mandatos formales para decirles lo que (no) deben hacer.

MODELO: LA SEÑORA: Me gusta mucho comer pastel de chocolate. →
              Pues, ¡no lo coma!

1. EL SEÑOR: Me encanta comer helado.
2. LA SEÑORA: Nunca hago ejercicios aeróbicos.
3. EL SEÑOR: Me pongo furioso en la oficina.
4. LA SEÑORA: Tomo ocho tazas de café cada día.
5. EL SEÑOR: Debo perder cinco kilos.
6. LA SEÑORA: No duermo más de cinco horas cada noche.
7. LOS SEÑORES: Siempre pedimos hamburguesas y papas fritas cuando salimos a comer.
8. LOS SEÑORES: Ponemos sal *(f.)* en todo lo que comemos.

20. Talking About the Future

There are three ways to express the future in Spanish, two of which you have already studied. You can use

- the present tense in a future context, especially with verbs of movement and time markers.

      Mañana **salgo** para Miami.

- the expression **ir a** + *infinitive* in the present tense.

      Mañana **voy a salir** para Miami.

- the true future tense.

      Mañana **saldré** para Miami.

In colloquial speech, future time is most often expressed with the present tense of **ir a** + *infinitive*. The true future tense is more frequently used to express will power, an implied command, or a speculation about the present.

WILL

Iré a la fiesta aunque no tengo invitación.

I will go (am going) to the party although I don't have an invitation.

IMPLIED COMMAND

Vendrás a mi oficina mañana.

You will (must) come to my office tomorrow.

SPECULATION ABOUT THE PRESENT

Mi editor no está. ¿**Estará** enfermo?

My editor isn't here. Can he be (I wonder if he is) sick?

Formation of the Future Tense

The future tense of regular verbs is formed by adding the following endings to the infinitive.

escribir	
escribir**é**	escribir**emos**
escribir**ás**	escribir**éis**
escribir**á**	escribir**án**

Esmeralda **escribirá** más libros en español.
Bailará la salsa con amigos.
La **verán** muchas personas.

The future tense of the following common verbs is formed with an irregular stem plus the future endings.

decir → **dir-**	poner → **pondr-**	tener → **tendr-**
haber → **habr-**	saber → **sabr-**	valer → **valdr-**
hacer → **har-**	salir → **saldr-**	venir → **vendr-**
poder → **podr-**		

decir		
dir-	dir**é**	dir**emos**
	dir**ás**	dir**éis**
	dir**á**	dir**án**

Esmeralda **hará** otra visita al Viejo San Juan.
Podrá ver a todos sus amigos allí.

 **¡Practiquemos!**

A. Entrevista con Esmeralda.   Imagínese que Ud. va a entrevistar a la escritora Esmeralda Santiago y prepara mentalmente preguntas lógicas. Complete cada pregunta con la opción más adecuada.

1. —— ¿Me saludará... ?
2. —— ¿No me dirá... ?
3. —— ¿Será muy fácil... ?
4. —— ¿Me describirá... ?
5. —— ¿Nos llevaremos... ?
6. —— ¿Le harán gracia... ?

a. hacerla sentir cómoda con la entrevista
b. bien desde el comienzo
c. mis preguntas sobre la literatura feminista
d. en inglés o español
e. su estilo literario
f. nada de su vida privada

B. Comprando un coche nuevo.   Con un compañero (una compañera), decida cada uno/a lo que hará para comprar un coche nuevo.

MODELO: ir a buscar el coche ideal → Iré a buscar el coche ideal.

1. leer los anuncios en el periódico
2. visitar una agencia de coches
3. ver muchos modelos diferentes
4. preguntarle al comerciante el precio de cada uno
5. hacer una inspección del motor del coche que más me gusta
6. dar una vuelta *(to take a spin)* por la ciudad
7. ponerlo a prueba *(to put it to the test)* en la carretera
8. llegar a un acuerdo *(agreement)* con el comerciante
9. pagarle una fianza *(down payment)*
10. salir muy contento/a con el coche nuevo

C. Especulaciones acerca de Esmeralda Santiago.   Probablemente Ud. no sabrá todas las respuestas a las siguientes preguntas, pero podrá especular *(speculate)* un poco, ¿no?

MODELO: ¿Con quién está Esmeralda Santiago en este momento? →
          Estará con su familia.

1. ¿Adónde va de vacaciones?
2. ¿Cuánto dinero gana al año?
3. ¿Cómo pasa los ratos libres?
4. ¿Dónde tiene su casa principal?
5. ¿Cómo es su casa?
6. ¿Cuánto tiempo le lleva escribir un libro?
7. ¿Cuántos meses al año pasa viajando?
8. ¿Qué piensan los críticos de su obra literaria?
9. ¿En qué lengua va a escribir su próximo libro?
10. ¿Se siente más norteamericana que puertorriqueña o vice versa?

ESPAÑOL EN ACCION

A. Un consejero (una consejera) escolar bilingüe.   Trabaje con un compañero (una compañera) para dramatizar *una* de las siguientes situaciones que pueden ocurrir en una escuela en donde hay muchos alumnos inmigrantes. En cada situación, un(a) estudiante hará el papel de padre, madre o alumno que pide consejo profesional mientras que el otro (la otra) estudiante hará el papel de consejero/a escolar, quien trata de resolver los problemas de los estudiantes o de sus padres. En algunos casos, pueden incorporar a estudiantes para hacer los otros papeles de amigo/a, maestro/a, etcétera, en la dramatización. (Recuerden usar verbos en el imperativo e imperativos con pronombres.)

1. Un chico de 14 años va al consejero porque, aunque tiene mucho talento, es dedicado y tiene buenas notas, no fue aceptado en un prestigioso programa de música y arte porque su inglés es limitado. Dramaticen el diálogo entre el muchacho y el consejero. (Para llegar a una solución, es posible crear una escena adicional con otros personajes, como los padres del chico, el director del programa de música y arte, etcétera.)

2. Una chica de 12 años no ha asistido a clases durante un mes porque tiene que quedarse en casa para cuidar a sus hermanos menores mientras sus padres trabajan. Ella va a hablar con su consejero porque la directora de la escuela quiere suspenderla por falta de asistencia. (Se puede crear una escena adicional con otros personajes, como los padres de la chica, la directora de la escuela, etcétera.)

3. Un niño de 9 años, muy curioso y activo, no juega durante la hora de recreo: los otros niños de su edad no quieren jugar con él porque no es norteamericano. El consejero escolar, quien ha notado su tristeza, lo llama a su oficina para determinar cuál es el problema y la manera de resolverlo. (Se puede crear una escena adicional con otros personajes, como los padres del niño, su profesora, sus compañeros de clase, etcétera.)

4. Un padre inmigrante recibe la noticia de que su hija de 11 años —una estudiante excelente en su país de origen— debe repetir el cuarto año en este país. La niña está tan disgustada que no quiere ir a la escuela. El padre, quien no sabe qué hacer, consulta con el consejero bilingüe de la escuela. (Para resolver el caso, se puede crear una escena adicional con otros personajes, como los profesores de la niña, el director de la escuela, un especialista en problemas de aprendizaje, etcétera.)

5. Una madre inmigrante recibe información sobre los alimentos que sus hijos necesitan para mantenerse en buena salud. Ella quiere lo mejor para sus hijos, pero no sabe preparar esas comidas —¡y tiene miedo de que sean muy caras! Decide preguntarle al consejero bilingüe cuáles son sus alternativas. (Se puede crear una escena adicional con otros personajes, como un médico, un especialista en nutrición, otras madres, etcétera.)

B. Los episodios de Pepe e Isabel: una teleserie. Trabajen en grupos pequeños para participar en los episodios de una teleserie —¡que quizás se filme en la clase! Escojan y desarrollen *uno* de los siguientes episodios.

1. **Pepe e Isabel.** (Tres estudiantes) En tres escenas sin diálogo, Pepe e Isabel harán las actividades de su vida diaria: Pepe es un estudiante universitario y atleta. Es serio, responsable e independiente. Isabel es estudiante y modelo; le gustan el ballet clásico, las artes y hacer amistades. Ellos no se conocen todavía. Un(a) estudiante narra las actividades de Pepe e Isabel mientras los otros (las otras) dos, siguiendo la narración, las representan.

2. **Pepe e Isabel se conocen.** (Dos estudiantes) Como Pepe e Isabel viven en el mismo barrio, estudian en la misma universidad y hacen cultura física en el mismo gimnasio, es probable que se conozcan en uno de estos lugares. En esta escena se presenta ese primer encuentro. ¿Cómo se conocerán? ¿Qué estarán haciendo cuando se ven por primera vez? ¿Qué se dirán?

3. **Ambos consideran las cosas.** (Cuatro estudiantes) Pepe e Isabel están sorprendidos por la primera impresión que se causaron mutuamente: a Pepe le gustan las mujeres bajas, de pelo corto y rubio, ¡e Isabel no es así!; y a Isabel normalmente le interesan los hombres de aspecto intelectual, de nariz puntiaguda y que llevan gafas, ¡y Pepe no es así! En su confusión, Isabel consulta por teléfono con su mejor amiga, Elena; Pepe le habla de esto a su hermano mayor después de la cena.

4. **Por teléfono.** (Dos estudiantes) Isabel decide entablar amistad con Pepe y Pepe piensa hacer lo mismo con Isabel. ¿Quién llama a quién primero?

5. Isabel y Pepe cuatro meses después. (Dos o más estudiantes) ¿Qué tipo de relaciones han cultivado Isabel y Pepe durante estos meses? ¿Serán sólo conocidos? ¿amigos? ¿novios? ¿Se casarán?

C. En el futuro... A casi todo el mundo le gusta imaginar el mundo del futuro. Con un compañero (una compañera), piensen en cómo serán en cincuenta años los siguientes lugares. ¿Cuáles serán los cambios más notables? ¿A qué se deberán?

1. su universidad
2. su pueblo/ciudad natal
3. Nueva York (o Los Angeles)
4. los Estados Unidos
5. el mundo entero

Al corriente

¡La salsa!

Una pareja baila salsa.

¡A saber!

1. ¿Qué música te gusta escuchar?

- jazz
- rap
- blues
- música tejana
- rock
- reggae
- rock suave
- folklórica
- clásica
- rock metálico
- tecno
- country

¿Otra? _____

2. ¿Cuál es tu conjunto musical favorito? ¿Cómo es la música que toca?

_____

3. ¿Te gusta sólo escuchar la música o también bailarla?

_____

4. ¿Conoces la música de Gloria Estefan? ¿Cómo es? Descríbela.

   ○ rápida / lenta   ○ animada / tranquila   ○ alegre / triste

5. ¿Qué tipos de instrumentos se usan?

   ○ guitarras   ○ atambores   ○ de viento

   ○ piano   ○ de cuerda   ○ percusión

   ○ violines

¡A leer!

La siguiente lectura es de un sitio puertorriqueño y trata de la música salsera. Léela y contesta las preguntas a continuación.

¿QUE ES LA SALSA?

Técnicamente hablando, salsa es un término tan amplio[1] como la música jazz y el rock. Este es un movimiento que compone[2] varios ritmos como el son, el mambo, la guaracha, la bamba y el merengue. En cuanto a estilo, pues se podría decir que tiene características de la música charanga,[3] conjunto, sexteto[4] y varios otros. Es importante reconocer las diferencias entre los movimientos y ritmos ya mencionados y saber entender su relación.

La salsa puede ser descrita como un término general que compone varios estilos rítmicos e instrumentaciones que se originan no sólo en Puerto Rico sino que también en países como Cuba, República Dominicana y otros países más. Todo este ritmo e instrumentación vienen formando patrones[5] rítmicos que más bien se conocen como «Clave».[6]

Lo que distingue a estos ritmos en la música salsera es este patrón rítmico cuya presencia y papel son estrictamente mantenidos por músicos y productores que se especializan en la música salsera. Estas personas son las que vienen creando una base de ritmos que se mantiene como única entre los estilos musicales de origen afro-caribeño.

---

[1]*general (lit., ample, wide)*   [2]*includes (lit., composes)*   [3]*musical groups that use only wind instruments*   [4]*sextet, group of six musicians/singers*   [5]*modelos*   [6]*in music,* clave *means "clef"*

Comprensión

1. Hablando de ritmos musicales, ¿es la salsa

   ○ un término **general**?   ○ o un término **específico**?

2. ¿Cuáles de los siguientes ritmos pertenecen a lo que es la salsa?

   ○ vals   ○ mambo   ○ merengue

   ○ tango   ○ clave

3. ¿En qué países latinoamericanos se origina la salsa?

- ⬤ Argentina
- ⬤ Cuba
- ⬤ Puerto Rico
- ⬤ México

4. ¿Tiene la salsa influencias de la música africana?

[   ]

¡A discutir!

Contesta las siguientes preguntas acerca de los bailes.

1. Haz una lista de los bailes que tú sabes bailar.

   Ejemplos: tango, rumba, merengue, vals, salsa, cha-cha-chá, flamenco, etcétera

   [   ]

2. Haz una lista de los bailes que tus padres saben bailar.

   [   ]

3. Haz una lista de los bailes que te gustaría aprender a bailar.

   [   ]

Para más información sobre la salsa y otros temas relacionados, consulta la página de McGraw-Hill para *Al corriente* en la Internet.
http://www.spanish.mhhe.com

¡A escribir!

Algunas personas dicen que una de las diferencias entre los norteamericanos y los latinoamericanos es que los norteamericanos no saben bailar. Defiende esta postura o arguye en su contra, dando ejemplos o haciendo referencia a lo que has leído acerca de la salsa o basándote en tus experiencias personales.

[   ]

CAPITULO

8

¡HABLEMOS UN POCO!

Vuele con American:
Reciba Un Auto de Hertz Gratis

American Airlines® y Hertz anuncian con orgullo
una ocasión única para grandes ahorros: ahora su
boleto de American a la Florida, Texas o
California lo lleva gratis por dos días a bordo
de un subcompacto de Hertz. Simplemente,
haga su reservación con 24 horas de anticipación, y presente su boleto de American y
tarjeta de embarque en el mostrador Hertz
del aeropuerto a su llegada. Para ser
eligible, tiene que quedarse con el auto
un sábado en la noche.

POR LOS CAMINOS DEL MUNDO℠

Hertz alquila autos Ford y otras marcas de prestigio

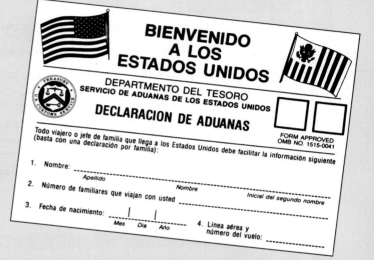

BIENVENIDO
A LOS
ESTADOS UNIDOS

DEPARTMENTO DEL TESORO
SERVICIO DE ADUANAS DE LOS ESTADOS UNIDOS

DECLARACION DE ADUANAS

FORM APPROVED
OMB NO. 1515-0041

Todo viajero o jefe de familia que llega a los Estados Unidos debe facilitar la información siguiente
(basta con una declaración por familia):

1. Nombre: _____
   Apellido _____ Nombre _____ Inicial del segundo nombre

2. Número de familiares que viajan con usted _____

3. Fecha de nacimiento: ___|___|___
   Mes Día Año

4. Línea aérea y
   número del vuelo: _____

CRUCEROS

¡Son una celebración!
Desde Cartagena

SIN VISA – CRUCERO FANTASTICO
Salidas desde noviembre 3 todos los Martes San Blas-Panamá-Montego
Bay-Aruba-Cartagena. Salidas especiales para Navidad y Año Nuevo

RESERVE DESDE YA-CUPOS MUY LIMITADOS
CARRERA 50 PALACE No. 54-06.
TELS: 241 96 08 - 241 98 20
SUCURSAL SAN DIEGO
CARRERA 43A No. 33-42 TEL: 232 93 33

VIAJES VERACRUZ Ltda

VOCABULARIO DEL TEMA

Hacer un viaje

El aeropuerto
aterrizar (to land)
despegar (to take off [an airplane])
facturar el equipaje (to check the baggage)
volar (ue)

el/la agente
el avión
la tarjeta de embarque (boarding pass)
la terminal
el vuelo (flight)

La estación de autobuses
el autobús
el boleto (ticket)
el/la chofer
el pasaje (fare, passage)
el/la pasajero/a (passenger)
la sala de espera (waiting room)
la ventanilla (ticket window)

La estación de trenes / del ferrocarril (railroad)
el andén (boarding platform)
el asiento (seat)
el ferrocarril
el tren
la vía (track) **del tren**

El puerto (port)
embarcar (to go aboard)
navegar (to sail, navigate)

el barco (boat, ship)
el crucero (cruise ship; cruise)
el yate

La frontera (border)
la aduana (customs)
la declaración
el/la inspector(a)
el pasaporte

Hablando del tema

A. Medios de transporte: comentarios.   Hoy en día la tecnología ofrece muchas alternativas en cuanto a los medios de transporte cuando se trata de hacer un viaje. El medio de transporte que seleccionamos puede depender de lo que consideramos importante en un viaje: ¿llegar lo más pronto posible o con el menor peligro posible? ¿viajar económicamente o cómodamente? Examine la tabla a continuación para expresar su opinión sobre cada medio de transporte, indicando (✔) el medio de transporte que mejor se caracteriza por los adjetivos señalados. Después, trabajando en un grupo pequeño, comparen sus respuestas con las de dos o tres compañeros/as. Si hay diferencias de opinión, explíquense las razones.

MEDIO DE TRANSPORTE	MAS...				
	COMODO	RAPIDO	SEGURO	BARATO	AGRADABLE
avión barco tren autobús carro/coche otro medio					

B. ¿Cómo prefiere ir? Muchas veces las circunstancias de un viaje influyen en el método de transporte que escogemos. A continuación se describen varias situaciones en que Ud. considera las ventajas y desventajas de las alternativas que se le presentan. Después, trabajando con un compañero/a, comparen sus respuestas, explicando sus decisiones.

1. Ud vive a 75 millas de la universidad en una zona montañosa donde el invierno es muy cruel. Ud. va y viene a clases cuatro días a la semana, pero, afortunadamente, hay varios medios de transporte. Se puede ir en...

	VENTAJAS	DESVENTAJAS
a. coche propio	_____	_____
b. autobús (hay dos al día)	_____	_____
c. tren (cada 90 minutos)	_____	_____

   ¿Cómo prefiere ir Ud.?

2. Ud. tiene una entrevista de trabajo en una ciudad que está a 400 millas de distancia, pero Ud. no tiene coche ni hay servicio de aviones en el área. Sus alternativas son las siguientes.

	VENTAJAS	DESVENTAJAS
a. viajar siete horas en autobús	_____	_____
b. alquilar un coche	_____	_____
c. tomar un tren en un pueblo cercano	_____	_____

   ¿Cómo prefiere ir Ud.?

3. Ud. desea hacer un viaje con su compañero/a por las islas del Caribe para sus vacaciones. Hay varias posibilidades.

	VENTAJAS	DESVENTAJAS
a. ir en una gira organizada que incluye el transporte en avión, un crucero y traslado de los aeropuertos a los hoteles	_____	_____

    b. **crear su propio itinerario,
viajando a varias islas por
avión (Ud. paga cada pasaje
por separado)** _____ _____

    c. **volar a Puerto Rico, quedarse
allí y alquilar** *(rent)* **un coche
para viajar por la isla** _____ _____

    ¿Qué prefiere hacer Ud.?

4. Para las vacaciones Ud. quiere llevar a su esposo/a e hijos a la región
donde nacieron sus padres. Aunque es una zona aislada y despoblada,
Ud. tiene muchos parientes por allí, diseminados en un radio *(radius)* de
dos horas a la redonda. Para visitarlos a todos, Ud. considera...

	VENTAJAS	DESVENTAJAS
a. llevar su viejo coche de cuatro puertas	_____	_____
b. alquilar una camioneta	_____	_____
c. tomar los lentos autobuses locales	_____	_____

    ¿Qué prefiere hacer Ud.?

C. Planes de viaje. Un compañero (una compañera) de clase quiere viajar
a los siguientes lugares. Como nunca ha estado en ninguno de ellos, le ha
pedido a Ud. ayuda para organizar el viaje. Trabajando con dos o tres com-
pañeros/as, elaboren un diálogo en que hacen planes para *uno* de los viajes de
la lista, considerando lo siguiente: ¿Tienen que hablar con un agente para
hacer una reservación? ¿Cuánto costará el viaje? ¿Tendrá que sacar pasaporte
o tarjeta de embarque? ¿Tendrá que facturar el equipaje? ¿Será necesario pasar
por la aduana? Después representarán el diálogo ante la clase.

1. Quebec, capital de la provincia del mismo nombre, situada en Canadá a
700 kilómetros al norte de la ciudad de Nueva York.

2. Ciudad Juárez, México, ciudad fronteriza situada cerca de El Paso,
Texas.

3. Barbados, isla caribeña situada, aproximadamente, a 1.000 kilómetros al
este de Caracas, Venezuela.

4. Catamarca, Argentina, pueblo situado en los Andes a,
aproximadamente, 1.000 kilómetros al norte de Buenos Aires.

LECTURA

ACERCANDONOS A LA LECTURA

In this chapter's reading you will travel to Mexico with Carlos, the young Chicano narrator who is returning to the town in which he was born but left as a child. Carlos is on a journey of self-discovery, trying to understand who he is and what he wants to do with his life. Although he was raised for the most part in the United States, he has never felt completely at home there, and now he feels a great need to understand and get in touch with his Mexican heritage. Will this journey to Mexico help Carlos find the answers he is looking for?

VOCABULARIO PARA LEER

atraer (atraigo) to attract
gozar (de) to enjoy
parar to stop
platicar to chat *(Mex.)*
revisar to check, examine
tardar (en) + *infinitivo* to be slow, take a long time
  (to do something)

la esquina street corner
el/la extranjero/a foreigner, alien; foreign country (m.)

el piso floor

aislado/a isolated
ligero/a light *(in weight)*

dejar de + *infinitivo* to stop *(doing something)*

tener sentido to make sense
tener / sentir vergüenza to be / feel embarrassed, ashamed

A. ¿Cuál tiene más sentido? Cada una de las siguientes oraciones va seguida por una pregunta con tres opciones. ¿Cuál de las tres tiene más sentido según la oración?

1. Ud. tarda mucho en llegar a la estación de trenes y todavía tiene que comprar el boleto. ¿Va directamente al restaurante, a su asiento o a la ventanilla?

2. Ud. platica por un rato con varios empleados de una aerolínea mexicana. ¿Está Ud. en el extranjero, en el andén o en la estación de autobuses?
3. Un policía revisa su mochila *(backpack)*. ¿Está Ud. en el vuelo, en la aduana o en el yate?
4. Ud. goza de viajar sin llevar mucha ropa. ¿Lleva Ud. una maleta roja, aislada o ligera?
5. Al platicar con otro viajero, Ud. dice algo totalmente ridículo. ¿Tiene Ud. razón, vergüenza o miedo?

B. Definiciones. Explique en español qué significa cada una de las siguientes palabras u oraciones.

1. la esquina
2. el piso
3. el ambiente
4. un extranjero
5. Eso no tiene sentido.
6. No dejo de pensar en ti.
7. Esa persona me atrae mucho.
8. No debes tardar.

La ruta más corta entre dos puntos es la línea recta.

Aproveche nuestro nuevo servicio sin escalas desde Chicago a León, Guanajuato.

COMENTARIOS PRELIMINARES

A. ¡Un viaje fabuloso! ¿Ha hecho Ud. —o desea hacer Ud.— un viaje inolvidable? ¿A qué lugar? ¿Con quién? ¿Cuándo? ¿Cómo? ¿Por qué medio de transporte?

Trabaje con tres compañeros/as para describir, cada uno(a), su viaje fabuloso. Deben usar por lo menos cinco frases, e incluir la siguiente información.

1. el lugar de destino
2. el medio de transporte
3. compañero/a de viaje
4. la estación del año / el tiempo que hace entonces
5. narre una escena o un incidente memorable del viaje

Apunte cada uno/a las descripciones de los/las demás. Después, examinen sus apuntes y escojan el más exótico, el más fascinante en cuanto a los deportes, el más romántico y el más cómico o divertido. Finalmente, sigan las instrucciones de su profesor(a) para recontar la información ante la clase.

B. ¿Por qué viajo? A casi todo el mundo le entusiasma la idea de viajar, pero tal vez por diferentes razones. ¿Cuáles son algunos de los motivos por los cuales la gente viaja?

En la tabla a continuación se enumeran algunas razones por las que las personas viajan. Indique el grado de motivación que le inspira a cada una (el 5 indica el grado más alto). Después, trabajando en un grupo pequeño, comparen sus respuestas con las de sus compañeros/as para explicarse las similitudes y diferencias en sus motivaciones.

¿POR QUE VIAJO?	1	2	3	4	5
1. para romper la monotonía diaria					
2. para visitar parientes					
3. para descansar					
4. para conocer nuevas personas					
5. para aprender cosas nuevas					
6. para probar comidas diferentes					
7. para tomer el sol					
8. para hacer compras					
9. para hacer deportes					
10. para observar las costumbres de otros lugares					
11. para practicar otras lenguas					
12. para trabajar					

C. El país de mis antepasados. ¿De qué país (o países) vinieron sus padres, sus abuelos o sus bisabuelos? ¿Ha visitado Ud. ese país? ¿Cómo es o cómo se lo imagina?

Trabajando con un compañero (una compañera), describan un país de origen suyo o de sus antepasados. Base cada uno/a su descripción en una visita que hizo a ese país o en los relatos que ha oído en la familia. Incluyan en sus descripciones la siguiente información. Después de escuchar a sus compañeros/as, Ud. le contará a la clase lo que fue más interesante para Ud. en las descripciónes.

1. cómo es el país —dónde está situado, la geografía, paisaje, clima, etcétera
2. cómo es la gente —su carácter, vida, creencias, tradiciones, etcétera
3. la comida típica del lugar
4. una costumbre propia del lugar
5. una anécdota de algo que ocurrió en ese lugar.

ESTRATEGIAS PARA LEER

Reading Personal Narrations

Look at this chapter's selection, read the title, and examine what Carlos writes to his friend Enrique at various points during his trip to Mexico. The style of the reading is much like a dairy—Carlos logs his activities, makes plans, and comments on his experiences—except that, instead of addressing his thoughts to himself, Carlos records them in letters to his friend.

As you read the selection, pay attention to the information Carlos reveals about himself through his questions and observations to Enrique.

ESTRATEGIAS EN ACCION

¿Qué escribe Carlos? Lea el trozo *(fragment)* a continuación para contestar las preguntas que le siguen. Luego, compare sus respuestas con las de sus compañeros/as de clase.

> Ya te había mencionado mi viaje a México antes de que tomáramos los exámenes finales. Fue una lástima *(pity, shame)* no quedarme en la universidad por el verano. Ya ves, regreso a Santa Bárbara y salgo a las dos semanas de estar aquí. Sin embargo, tú estarás probablemente deseando estar de viaje en vez de estar batallando con los libros. Pero a ti te dieron el *grant*[1] y a mí me daban un *loan*.[2]

---

[1]beca [2]préstamo

1. ¿Estudian Carlos y Enrique en la misma universidad?
2. ¿Son buenos amigos?
3. El viaje a México, ¿es una idea nueva de Carlos o ha estado pensando en hacer este viaje por algún tiempo?
4. ¿Dónde vive Carlos?
5. ¿En qué circunstancias piensa Ud. que a Carlos le gustaría quedarse en la universidad durante el verano?
6. ¿Qué se puede especular acerca de la situación económica y el nivel académico de Carlos?

Cartas a Enrique

Jesús Rosales

> Bus Station
> Santa Barbara, Calif.

Enrique,

¿Qué es lo que ofrece esta ciudad que tanto atrae a extranjeros? Ha sido siempre para mí difícil comprenderlo. Yo, claro, vine a vivir aquí porque mi papá trabajaba en esta ciudad. Nunca he podido preguntarle a mi padre la razón por abandonar su trabajo en los ferrocarriles mexicanos. Se puede decir que me he acostumbrado a no preguntarle nada desde hace tantos años que ahora hasta siento vergüenza hacerlo. He tenido curiosidad porque me explique lo de[1] esa foto que nos mandó una vez desde este país. Estaba parado cerca de la barra de un restaurante aparentemente de lujo[2]... Se veía muy elegante mi padre. Se veía importante. De categoría.[3] Me imagino que le iba tan bien que no quiso regresar a México y ahorró[4] lo suficiente para mandarnos traer a la frontera. Desde entonces vivimos en Santa Bárbara...

Es curioso, Enrique, pero esta ciudad, a pesar de que yo haya estudiado[5] aquí por tantos años y de haber vivido en la misma casa por casi veinte y dos... , no ha hecho ningún intento por ofrecerme una humilde mirada.[6] Por lo menos un fingido coqueteo.[7] Su cuerpo, ostensiblemente cruzado de brazos,[8] ha permitido en mí la formación de una islita[9] humana transportada cotidianamente[10] en carritos Chevrolet y Converse tennis shoes.

Ya te había mencionado mi viaje a México antes de que tomáramos los exámenes finales. Fue una lástima[11] no quedarme en la universidad por el verano. Ya ves, regreso a Santa Bárbara y salgo a las dos semanas de estar aquí. Sin embargo, tú estarás probablemente deseando estar de viaje en vez de estar batallando con los libros. Pero a ti te dieron el *grant* y a mí me daban un *loan*. Nada cambiará en mi ausencia. Los Dodgers seguirán siendo Dodgers.

Regresando a Santa Bárbara. ¿Qué ofrece esta ciudad que atrae a tanto extranjero? Para los turistas su gozo es yacer en la arena[12] de la

---

[1]He... *I've been curious for him to explain about* [2]de... *luxurious* [3]De... *Prominent.* [4]*he saved*
[5]haya... *I have studied* [6]humilde... *humble glance* [7]fingido... *feigned flirtation* [8]ostensiblemente... *with its arms obviously crossed* [9]*small island* [10]todos los días [11]*pity, shame* [12]gozo... *pleasure is stretching out in the sand*

playa, *grill chicken* en la montaña y congelarse[13] en su ambiente. Los extranjeros les limpian las mesas y les recogen la basura.[14] ¿Esto es lo que atrae a estas personas? Me voy a México cargando[15] esta inquietud.[16] Sabes, me siento un poco nervioso y con algo de miedo. No me gustaría pensar que un extranjero sale para el extranjero.

Saludos a Ramiro.

Tu amigo,
Carlos

---

[13]*freeze*   [14]*garbage*   [15]*carrying*   [16]*uneasiness*

[En una segunda carta que no aparece aquí, Carlos describe la estación de autobuses de Los Angeles, donde ve a muchos hombres desamparados (sin casa). Allí compra su boleto a Tijuana.]

Central Camionera[1]
Tijuana, Baja California

Enrique,

El viaje a Tijuana fue algo aburrido.... Me senté al lado de la ventanilla de lado derecho del camión[2] y me quedé dormido un poquito más allá de Anaheim....

El camión paró brevemente en la frontera mexicana mientras que los gendarmes[3] mexicanos revisaban pasaportes y permisos. Bajaron a algunos mexicanos que obviamente se veían nerviosos. Hablaron con un hombre dentro de una oficina.... Los hombres subieron visiblemente desahogados[4] al camión y el chofer continuó a su destino....

Tardo unos minutos para ajustarme al ambiente de la camionera. Parado en línea para comprar el boleto a Mazatlán me siento más y más ligero.... Compro mi boleto.... Compro unos cuentos y dulces. Voy al baño y por veinte minutos me siento en la sala de espera.

Aquí va la diferencia más contundente[5] entre camioneras. En Los Angeles cuando compré el boleto subí al segundo piso a la sala de espera. La gran sala no tiene ventanas. Sólo puertas numeradas del uno al veinte y ocho. Si no tienes boleto no te permiten subir a la sala de espera. Allí te sientes aislado, sofocado... . En Tijuana la camionera vibra

---

[1]Estación de autobuses *(Mex.)*   [2]autobús *(Mex.)*   [3]policías   [4]*relieved*   [5]notable

En México la gente viaja frecuentemente en autobús.

con vida... . No es muy saludable[6] pero tiene sentido tomarse una Coca-Cola en el desayuno o en la cena. Tiene sentido gozar de los placeres[7] simples de la vida sin pensar en los daños a los pulmones[8] o a los dientes a causa de cigarrillos o del azúcar. Aquí en Tijuana puedo respirar. Y respirar profundamente. Me gusta. ¡No sabes cuánto me gusta!

Enrique, ya parece que anuncian la salida de mi camión. No aflojes[9] en las clases. Cuídate mucho.

Tu amigo,
Carlos

---

[6]*healthy*   [7]*pleasures*   [8]*lungs*   [9]*slack off*

[En la cuarta carta, Carlos describe la angustia que los viajeros sienten al pasar por la aduana en la frontera porque los gendarmes mexicanos suelen demandarles dinero. Carlos le cuenta a Enrique cómo se negó a pagarles una mordida *(bribe)*.]

Terminal de camiones
Navojoa, Sonora

Enrique,

Permanecimos[1] en Sonoita por más de dos horas... . El chofer anunció que paraba media hora para desayunar... . Yo fui a la esquina a comprarme unos tacos de asada[2] y un refresco y regresé lueguito[3] a la sala de espera. Este miedito de que me deje el camión nunca se me ha quitado. No te rías, Enrique.

    No dejo de pensar en la última plática que tuvimos en «Arlene's». Te comenté que tenía un gran deseo de visitar a México durante el verano. Me acuerdo que me preguntaste por qué. No pude contestarte. Sólo te dije que tenía la necesidad por hacerlo. Pero, fue más que eso, Enrique. Ando en busca de alternativas. Ya se complican las cosas, ¿verdad? Esto me recuerda mi primera cita con el consejero[4] John Díaz antes de entrar a la universidad. Me preguntó, «¿Qué carrera te gustaría estudiar?» Le respondí que en ese momento no lo sabía. «No te preocupes» me dijo, «sólo tienes diecinueve años, es normal que no lo sepas todavía»... . De su estante de libros sacó un catálogo de oficios y carreras... . Empecé a hojearlo[5] y descubrí una pléyade[6] de alternativas: Salí de su oficina más confundido que nunca. ¿Será esta busca, ahora, algo similar? Con ganas de poder[7] hablar contigo me despido por ahora. Hace unas cartas que no le mando saludos a Ramiro. Hazlo por favor.

    Tu amigo,
    Carlos

---

[1]Nos quedamos   [2]*roast beef*   [3]*muy pronto*   [4]*counselor*   [5]*glance through it*   [6]multitud   [7]Con... *Wishing I could*

¿Cuánto recuerda Ud.?

Identifique a las siguientes personas, lugares y cosas.

1. _____ Carlos
2. _____ Enrique
3. _____ la camionera
4. _____ Santa Bárbara
5. _____ Tijuana
6. _____ el gendarme
7. _____ John Díaz

a. una ciudad situada cerca de la frontera entre México y California
b. un joven chicano que hace un viaje a México
c. un policía mexicano que revisa pasaportes y permisos
d. un amigo de Carlos que estudia este verano en la universidad
e. la ciudad donde Carlos ha pasado casi veintidós años sin llegar a sentirse parte de ella
f. una estación de autobuses en México
g. un consejero de la universidad quien le ofreció a Carlos muchas alternativas en cuanto a escoger una carrera.

En un restaurantito en Sinaloa

Enrique,

Esperaba escribirte desde Mazatlán pero el camión paró en un restaurantito en las afueras de Los Mochis....

Vengo sentado al lado de un señor de Nayarit que se llama Carmelo Macías.... Me gusta mucho platicar a este señor. Más sobre su vida. Ve en mí a un joven que necesita consejos y siente que es su deber adiestrarme[1] a la sabiduría de la vida. Habló mucho sobre amores fieles[2] e infieles. Habló de sus hijos; de lo trabajador que es; del respeto a los padres; de la injusticia del gobierno; de la música de antes (Los Dandys).... Me dijo que venía de Oxnard, Calif.... Sólo me interesó preguntarle una cosita: «Y dígame, Don Carmelo, ¿piensa usted quedarse en México o piensa regresar a trabajar a los Estados Unidos?» No contestó luego. Su pausa fue interminable y yo ansiaba[3] palabras. «Mira muchacho» —me contestó— «El error más grande de mi vida fue venirme a los Estados Unidos. He formado en mi vida un círculo vicioso. Deseo trabajar, ser individual y vivir la palabra justicia en todos sus aspectos. Busco esto en México y añoro[4] a los Estados Unidos. Regreso a los Estados Unidos y lloro por estar en México. Es un círculo vicioso con doble sufrimiento. Me hubiese gustado haber aliviado[5] un poco el dolor quedándome en un sólo lugar. En mi caso no fue una necesidad salirme de mi casa en Tepic. Yo no necesitaba dinero. No puedo contestarte tu pregunta.»

El señor Carmelo tiene unos cincuenta años de edad. Su respuesta despertó en mí aún más inquietud respecto a mi venida a México. Sabía que visitaría a mis tíos y a mis primos pero había más que eso en este viaje. Y esto es lo que me inquieta. ¿Qué busco, Enrique? ¿Qué crees exactamente que es lo que busco al venir acá? Cincuenta años no es edad apropiada para pensar en esto, ¡y no quiero esperar para encontrar respuestas a esas alturas[6]!

Tu amigo,
Carlos

---

[1]deber... *duty to lead me to the wisdom*   [2]*faithful*   [3]*yearned for*   [4]*I miss*   [5]Me... *I would have liked to have alleviated*   [6]a... *at that point in my life*

[En la séptima carta escrita desde Mazatlán, Carlos describe la anticipación y el miedo que siente al acercarse a su destino casi mítico. Comenta que para entender el presente, uno tiene que comprender el pasado.]

Central de Camiones
Durango, Durango

Enrique,

Si yo te dijera que he llegado a mi destino y me siento tremendamente solo y necesito de ti y de Ramiro sería un *understatement*. Todo el camino he venido pensando en la llegada de este momento y ahora que el camión cruzó por la ciudad y descansa en la central camionera no sé a dónde ir o a quién llamar. He llegado al lugar mítico que ahora es realidad. Miro a mi alrededor[1] y veo mi cara en muchos de los trabajadores de la camionera. Soy yo el vendedor de carnitas[2] en el puestecito de afuera.[3] Soy el taxista que en un rato me transportará a la casa de mis tíos. El niño que vende chicles[4] se parece al retrato del niño que mi mamá carga en su cartera.[5] La muchacha de las trenzas[6] es mi hermana y su madre es mi madre. Todos mis tíos y primos son los pasajeros y aunque no cargan mi cara se parecen mucho a mí. ¿¡Te puedes imaginar todo un edificio ocupado de hombres chicos y grandes, gordos y flacos, jóvenes y viejos, usando mis ojos, mi pelo y mis dientes!? Esto es lo que veo aquí en la camionera de Durango a las seis y media de la tarde. Mi jornada[7] termina en esta camionera. Afuera en la calle me espera algo nuevo y diferente....

No es necesario despedirme de ti. Ya llegará el momento cuando platicaremos de nuevo en «Arlene's» o quizá en otro lugar similar. Me imagino que terminarás el programa de verano con éxito. Necesitas hacerlo. Caminarás por Bruin Walk con la esperanza de por fin terminar el próximo año la universidad y darle duro a las solicitudes para facultades de medicina.[8] Después pensarás en lo bueno que te portarás[9] con la gente del barrio que irá a ti con fe de recuperar[10] su dignidad humana. Yo estaré caminando por las calles de Durango. Caminando por la primaria[11] que me enseñó a deletrear[12] mi español. Caminaré pensando en lo serio que debería de tomar el curso de mi vida. Pensando en mis últimos veintidós años en las manos de mis padres y de mi ambiente. Tanto tiempo para llegar a estas conclusiones. Tanto tiempo, que ruego[13] a Dios, no se repita.

Ya casi puedo asegurarte que nunca podré ser la misma persona al regresar a Los Angeles.... Mis estudios me mantendrán ocupado al igual que mi trabajo (cuando trabaje) pero nunca llegará una culminación

---

[1]a... *around me*   [2]*meat-filled tacos*   [3]puestecito... *little outdoor stand*   [4]*chewing gum*   [5]*wallet*   [6]*braids*
[7]viaje   [8]darle... *attack the medical school applications*   [9]te... *you will behave*   [10]con... *with confidence in recovering*   [11]escuela primaria   [12]*spell*   [13]*I beg*

En las calles de México se venden comidas, refrescos y otras cosas en puestos pequeños.

espiritual, positiva y total, en mí mientras no sienta la cultura de mi ambiente. Ya he vivido más de veintidós años en la *golden* California para darme cuenta de esto. ¿Crees que necesito más para «encontrarme»? No, Enrique, si mi cultura no se adapta a mi ambiente, ahora, dudo que mañana lo haga al enfrentarme a jueguitos[14] más sofisticados de la sociedad dorada.[15]

No sé qué me espera aquí en Durango pero por lo menos he sentido una tremenda curiosidad por caminar por sus calles con la esperanza, quizás, de encontrar algún huequito[16] donde pueda depositar, perpetuamente, algo de mí. El azar,[17] Enrique, el azar. ¿Qué control en verdad tenemos sobre nuestras vidas? Deséame suerte, amigo. Mi destino puede que esté en tus pensamientos.

Eternamente agradecido
Tu amigo,

Carlos

---

[14]dudo... *I doubt it will do it tomorrow when it confronts me with little games* [15]de oro [16]*little hole* [17]*fate*

Tomado de *Palabra nueva: Cuentos Chicanos 2*, Dos Pasos Editions, Inc.

¿Cuánto recuerda Ud.?

Identifique a las siguientes personas y lugares de las últimas cartas de Enrique.

1. _____ Carmelo Macías
2. _____ Sinaloa
3. _____ Durango
4. _____ Arlene's
5. _____ Bruin Walk

a. un lugar donde Carlos y sus amigos se reúnen para platicar
b. un señor mexicano que vive ahora en Oxnard, California
c. una parte muy famosa de la Universidad de California en Los Angeles
d. el destino de Carlos, el pueblo donde viven sus parientes mexicanos
e. un estado mexicano donde paró el camión en que viajaba Carlos

¿Qué se imagina Ud.?

A. Las percepciones de Carlos. En sus cartas, Carlos expresa muchos de sus sentimientos y hace observaciones sobre México y también sobre los Estados Unidos. Primero, marque los conceptos que él asocia con la sociedad estadounidense (E) y los que se relacionan con la cultura mexicana (M); si hay conceptos relacionados con ambos, indíquelos con las dos letras. Busque ejemplos concretos en las cartas para apoyar a sus respuestas. Luego, trabajando en un grupo pequeño, comparen sus respuestas y coméntenlas.

SOCIEDAD	CONCEPTO	EVIDENCIA
_____	materialismo	
_____	injusticia	
_____	aceptación	
_____	exclusividad/distinción de clases	
_____	impersonalidad	
_____	pequeños placeres	
_____	control, reglas, leyes, orden	
_____	espiritualidad/mitos	
_____	oportunidades profesionales	
_____	buen clima	
_____	flexibilidad	
_____	diversiones, ocio	
_____	relaciones interpersonales: amistad, familia, etcétera	
_____	desorganización	

B. Vuelta a las raíces.   Hace años, el escritor norteamericano Alex Haley escribió el libro *Roots,* que llegó a ser una teleserie muy popular. El viaje de Carlos también representa una vuelta a las raíces. Basándose en sus propias experiencias, en las experiencias de sus amigos y parientes y en las de los protagonistas de *Roots,* comente con un compañero (una compañera) el impacto del viaje de Carlos. Consideren los siguientes puntos.

1. ¿Qué sintió Carlos o cómo se sintió en el país de sus antepasados?
2. ¿Es fácil o difícil que Carlos se adapte completamente a México?
3. ¿Qué busca Carlos? ¿Puede encontrarlo solamente en México?
4. ¿(Cómo) Cambiará la actitud de Carlos hacia los Estados Unidos después del viaje?
5. ¿(Cómo) Cambiará su vida después del viaje?

C. ¿Quedarse en México o regresar a California?   En la última carta parece que Carlos se inclina por quedarse en México, pero no se sabe si lo hará.

Imagínese que Carlos sostiene conversaciones sobre los Estados Unidos y México con varias personas que conoce, para así tener varios puntos de vista antes de tomar una decisión.

Trabajando con un compañero (una compañera), escojan una de las situaciones a continuación para dramatizar un diálogo ante la clase. El diálogo debe basarse en lo que saben de los personajes, pero también puede ser producto de su imaginación. Después de todas las dramatizaciones, la clase entera discutirá si es mejor que Carlos se quede en México o que regrese a los Estados Unidos.

1. **Carlos** le pide consejos a su **padre,** quien le habla de por qué él se fue de México, de su actitud hacia su nueva vida en California y por qué no ha vuelto con la familia a México.
2. **Carlos** consulta con **Enrique,** quien tiene muchas de las mismas dudas e inquietudes que tiene Carlos.
3. **Carlos** le habla a **Carmelo Macías,** el señor a quien conoció durante el viaje; éste le ayuda a considerar las ventajas y desventajas de sus varias opciones.
4. **Carlos** llama a **John Díaz,** su consejero académico, quien le habla de las diferencias que existen entre Mexico y los Estados Unidos en cuanto a las perspectivas profesionales y económicas.
5. **Carlos** charla con **el gendarme de la frontera,** quien basa sus consejos en la experiencia de la gente que él ve cruzar la frontera —de la vida que dejan, la vida que desean y de la vida que encuentran en los Estados Unidos.
6. **El chofer del camión** le describe a **Carlos** su humilde vida en México y le habla de su sueño de irse a los Estados Unidos.

GRAMÁTICA EN CONTEXTO

21. Expressing Unrealized Actions: The Subjunctive

Concept of the Subjunctive

All simple sentences have at least one main clause with a subject and verb. Complex sentences consist of at least a main and a subordinate clause that are connected in Spanish by **que** or an adverbial conjunction such as **cuando, para que, aunque, tan pronto como, con tal de que,** and so on.

Verbs in the main clause are conjugated only in indicative mood or are expressed as commands.

MAIN CLAUSE	+	QUE	+	SUBORDINATE CLAUSE
Te digo		que		ella está en casa.
Dígale a Jorge		que		ella está en casa.

But in the subordinate clause, you must decide whether to use an indicative or subjunctive form of the verb. The subjunctive is used for events presented as if they were unrealized, potential, or even nonexistent. If the events are realized, the indicative must be used.

La operadora dice que me **llamas** [indicative] desde México.	*The operator says you're calling me from Mexico. [The event is actually occurring.]*
La operadora quiere que me **llames** [subjunctive] al otro numero.	*The operator wants you to call me at the other number. [The event has not yet occurred.]*

The meaning of the main clause verb largely determines whether the indicative or the subjunctive will be used in the subordinate clause. You will study some of the circumstances requiring the subjunctive in the subordinate clause in this and subsequent chapters.

Regular Forms

The forms of the present subjunctive are very similar to the formal commands you have already studied in **Capítulo 7** in that they take "opposite" vowel endings.

	STEM	PRESENT SUBJUNCTIVE	
(-ar) parar	par-	pare	paremos
		pares	paréis
		pare	paren
(-er) correr	corr-	corra	corramos
		corras	corráis
		corra	corran
(-ir) dividir	divid-	divida	dividamos
		dividas	dividáis
		divida	dividan

Espero que Enrique no **tarde** en llegar.	*I hope Enrique isn't late in arriving.*
No quiero que él **discuta** con Ramiro.	*I don't want him to argue with Ramiro.*

-Ar and -er Stem-Changing Verbs

The present subjunctive forms for **-ar** and **-er** stem-changing verbs follow the pattern for indicative stem-changing verbs. Remember that the **nosotros** and **vosotros** forms have regular stems.

(e → ie) cerrar		
cierr-/cerr-	cierre	cerremos
	cierres	cerréis
	cierre	cierren

Other verbs in this group include **entender, nevar, pensar, perder, querer, recomendar.**

(o → ue) poder		
pued-/pod-	pueda	podamos
	puedas	podáis
	pueda	puedan

Other verbs in this group include **contar, encontrar, llover, mostrar, mover, recordar, resolver, soler, volver.**

-Ir Stem-Changing Verbs

In addition to the present indicative stem changes, **-ir** stem-changing verbs also show the **e → i** and **o → u** changes you learned in the **nosotros** and **vosotros** forms of the preterite.

(e → i) pedir		
pid-	pida	pidamos
	pidas	pidáis
	pida	pidan

Other verbs in this category include **competir, divertirse, mentir, reír(se)* repetir, seguir, servir, vestirse.**

(o → ue) dormir		
duerm-/durm-	duerma	durmamos
	duermas	durmáis
	duerma	duerman

Morir is conjugated in the same way.

▲ ¡Practiquemos!

A. ¿Qué quieren?† Escoja una de las opciones para indicar lo que quieren las siguientes personas.

1. ____ Carlos quiere que...
2. ____ Enrique quiere que...
3. ____ El consejero John Díaz quiere que...
4. ____ Don Carmelo Macías quiere que...
5. ____ Los demás pasajeros en el camión quieren que...
6. ____ La mujer que vende tacos en la calle no quiere que...
7. ____ El chofer quiere que...
8. ____ El gendarme quiere que...

a. los estudiantes piensen en sus futuras carreras
b. Carlos le muestre lo que tiene en la mochila (*backpack*)
c. Carlos vuelva pronto a Santa Bárbara
d. los viajeros le pidan algo gratis
e. Carlos escuche sus consejos
f. el chofer cierre la ventana porque hace frío
g. los pasajeros coman rápido y regresen a tiempo
h. Enrique le cuente a Ramiro los detalles de su viaje

---

*Note that the present subjunctive of **reír(se)** requires a written accent on four forms: **(me) ría, (te) rías, (se) ría, (nos) riamos, (os) riais, (se) rían.**

†This usage of the subjunctive after **querer** will be discussed in greater detail later in this chapter.

B. La familia de Carlos.   Todos los miembros de su familia esperan algo. Forme el subjuntivo para indicar lo que dice cada individuo.

1. SU HERMANA: Ojala* que Carlos me _____ (escribir) cartas este verano.
2. SU PADRE: Ojalá que nuestro hijo _____ (encontrar) la casa de sus tíos sin dificultades.
3. SU MADRE: Ojalá que mi hijito no _____ (resfriarse) durante el viaje.
4. SUS TIOS MEXICANOS: Ojalá que Carlos nos _____ (mostrar) fotos de sus padres en California.
5. SUS PRIMAS MEXICANAS: Ojalá que _____ (querer) salir con nosotras.
6. SU ABUELO: Ojalá que Carlos y sus papás _____ (mudarse) otra vez a México.
7. SU ABUELA: Ojalá que _____ (reírse) cuando le contemos la historia de él y la vecinita.
8. SU PRIMO: Ojalá que Carlos _____ (poder) comprender que no somos como los norteamericanos.

C. Ramiro, el amigo difícil.   Imagínese que Ud. es el mejor amigo (la mejor amiga) de Ramiro y que está explicándole a otro amigo suyo cómo es Ramiro. Dele ejemplos de cómo actúa en las siguientes situaciones, según el modelo.

MODELO: Cuando Ramiro está deprimido, no quiere que yo *me divierta* (divertirse).

1. Cuando hace mucho calor, Ramiro no quiere que yo _____ (cerrar) todas las ventanas.
2. Cuando no puede resolver un problema, no quiere que yo lo _____ (resolver) tampoco.
3. Cuando quiere estar a solas (*alone*), no quiere que yo _____ (volver) a casa temprano.
4. Cuando va a una fiesta de disfraces (*costume*), no quiere que yo _____ (vestirse) de la misma forma.
5. Cuando tiene ganas de platicar toda la noche, no quiere que yo _____ (dormirse).
6. Cuando quiere saber la verdad, no quiere que yo le _____ (mentir).
7. Cuando acaba de tomar una decisión, no quiere que yo le _____ (recordar) otras opciones.
8. Cuando salimos a cenar, no quiere que yo le _____ (recomendar) platos.

Ahora cambie las oraciones para incluir a su otro amigo Carlos, que también es amigo de Ramiro.

MODELO: Cuando Ramiro está deprimido, no quiere que (nosotros) *nos divirtamos.*

---

*As you will study in **Capítulo 9,** the subjunctive is used after **Ojalá** (an impersonal expression of hope).

Stem Changes Based on First-Person Singular (yo) Form

Because the present subjunctive for the following verbs is based on the first-person singular (yo) form of the present indicative, any irregularity in that form will be maintained throughout the present subjunctive.

yo FORM	STEM	PRESENT SUBJUNCTIVE	
conocer (zc)			
conozco	conozc-	conozca	conozcamos
		conozcas	conozcáis
		conozca	conozcan
caer (g)			
caigo	caig-	caiga	caigamos
		caigas	caigáis
		caiga	caigan

Other verbs in this group include **(a)traer ([a]traig-), decir (dig-), hacer (hag-), ofrecer (ofrezc-), oír (oig-), poner (pong-), salir (salg-), tener (teng-), venir (veng-).**

Verbs whose first-person singular (yo) form ends in **-oy** in the present indicative show irregularities in all forms of the present subjunctive. Their endings, however, follow the same pattern as those of regular verbs.

dar	dé,* des, dé,* demos, deis, den
estar	esté, estés, esté, estemos, estéis, estén
ir	vaya, vayas, vaya, vayamos, vayáis, vayan
ser	sea, seas, sea, seamos, seáis, sean

Irregular Verbs

haber	haya, hayas, haya, hayamos, hayáis, hayan
saber	sepa, sepas, sepa, sepamos, sepáis, sepan
ver	vea, veas, vea, veamos, veáis, vean

---

*As with the formal command **dé,** the subjunctive **dé** requires a written accent to distinguish it from the preposition **de.**

Spelling Changes

Certain verbs require a spelling change in order to preserve the original pronunciation of the infinitive. You have learned many of these changes with the present indicative, the formal commands, and the preterite.

-zar → -ce
almorzar*(ue)   almuerce, almuerces, almuerce, almorcemos, almorcéis, almuercen

Other verbs in this group include **alcanzar, cazar, comenzar* (ie), cruzar, empezar* (ie), escandalizar, organizar, tranquilizar.**

-gar → -gue; -guir → -ga
llegar   llegue, llegues, llegue, lleguemos, lleguéis, lleguen **seguir* (i)**   siga, sigas, siga, sigamos, sigáis, sigan

Other verbs in these groups include **jugar* (ue), negar* (ie), pagar, conseguir,* distinguir, perseguir.***

-car → -que
buscar   busque, busques, busque, busquemos, busquéis, busquen

Other verbs in this group include **acercar, comunicar, explicar, identificar, pescar, platicar, practicar, sacar, secar.**

g → j
escoger   escoja, escojas, escoja, escojamos, escojáis, escojan

Other verbs in this group include **coger, elegir (i, i), recoger.**

---

*Notice that these verbs have stem changes as well as the spelling changes noted here.

▲ ¡Practiquemos!

A. ¿En qué insisten?* Cada una de las siguientes personas quiere algo. Busque Ud. la terminación lógica en cada caso.

1. _____ Carlos insiste en que...
2. _____ Enrique necesita que...
3. _____ Carmelo Macías desea que...
4. _____ Enrique y Ramiro esperan que...
5. _____ El chofer del autobús recomienda que...
6. _____ Las personas que venden tacos y carnitas en la camionera prefieren que...

a. Carlos sepa sus opiniones
b. Carlos platique con ellos pronto en «Arlene's»
c. Enrique le diga a Ramiro que está pensando en él
d. los pasajeros vayan a sus puestos (*food stands*) y almuercen allí
e. una buena facultad de medicina le ofrezca una beca (*scholarship*)
f. los pasajeros estén de vuelta (*back*) dentro de media hora

B. ¿En qué insiste la Sra. López? La Sra. Flora López, la dueña (*owner*) de un puesto en la camionera de Tijuana, es muy exigente (*demanding*) con sus empleados. Indique lo que les exige, según el modelo.

MODELO: La Sra. López les dice que *vengan* (venir) preparados a trabajar duro. → La Sra. López les dice que *vengan*...

1. La Sra. López exige (*demands*) que sus empleados _____ (llegar) a las seis de la mañana.
2. No quiere que le _____ (dar) excusas si tardan en llegar.
3. Insiste en que _____ (estar) allí trabajando todo el día.
4. Les prohíbe que _____ (ir) a otra parte para cenar.
5. No deja (*allows*) que le _____ (decir) nada mientras trabajan.
6. Les dice que no _____ (hacer) otra cosa menos (*except*) trabajar.
7. Sólo permite que _____ (almorzar) por diez minutos.
8. No permite que nadie _____ (salir) antes de las seis.
9. Quiere que _____ (comunicarse) con ella por teléfono si no pueden venir a trabajar.
10. Insiste en que _____ (ser) corteses con los clientes.

22. Expressing Desires and Requests: Subjunctive with Expressions of Will and Influence

In **Capítulo 7** you learned to use direct commands to tell someone to do something. A less abrasive way to make requests in Spanish is to use a construction in which a main clause verb of will or influence introduces the desired action

---

*In this activity and the one that follows, you will see a variety of verbs used in the first (main) clause of each sentence. You will learn more about the resulting usage of the subjunctive in the subordinate clause in the next section.

in the subordinate clause. Because all events that depend on expressions of will or influence are unrealized, the verb in the subordinate clause must be in the subjunctive.

Queremos que nos **llames** desde México.

We want you to call us from Mexico.

Note that each clause has a different subject: one person who is doing the willing or influencing and another who is expected to accomplish the prescribed act. If the same person performs both actions, then the infinitive—not the subjunctive—is used in the subordinate clause.

Quiero **llamarles** desde México.   ¿Prefieres **llamarme** desde México?

The following are common verbs of will: **desear, necesitar, preferir (ie, i), querer (ie).**

Necesitamos que nos **llames**.   **Preferimos** que no **vengas** mañana.

The following are common verbs of influence: **aconsejar** *(to advise)*, **decir,*** **dejar** *(to permit)*, **exigir** *(to demand)*, **invitar, mandar** *(to order)*, **obligar, pedir (i, i), permitir, prohibir, recomendar (ie), rogar (ue)** *(to beg)*, **sugerir (ie, i).**

No **permito** que **vayas** a esa casa.

Verbs of influence, unlike verbs of will, can also be followed by an infinitive when each clause has a different subject. In this case, an indirect object pronoun replaces the subject of the dependent clause. Note that the following two constructions have the same meaning.

Mis padres me piden **que los llame**.   Mis padres me piden **llamarlos**.

▲ **¡Practiquemos!**

A. La vida de una pobre estudiante.   Forme oraciones lógicas.

1. _____ Mis profesores quieren que...
2. _____ Mis padres exigen que...
3. _____ Mi jefa necesita que...
4. _____ Mi compañera de cuarto me pide que...
5. _____ Mis amigos desean que...
6. _____ Mi novio me ruega que...
7. _____ Mi mejor amiga sugiere que...
8. _____ Les pido a todos que...

a. le ayude a limpiar el cuarto mañana
b. me dejen en paz por una semana
c. tome unas vacaciones
d. pase más tiempo con ellos
e. estudie más
f. trabaje horas extra
g. escriba a máquina *(type)* su trabajo
h. saque sólo las mejores notas en todas las clases

---

*The subjunctive is used in the dependent clause with the verb **decir** when it conveys a command. The indicative is used when it conveys information. Compare the following.

Mis padres me dicen que los **llame**.
Mis padres me dicen que tú los **llamas** a veces.

My parents tell me to call them.
My parents tell me that you call them at times.

B. ¿Qué quieres que todos hagan que no hacen ahora? Trabajando con un compañero (una compañera), háganse y contesten las siguientes preguntas.

1. ¿Qué quieres que haga tu madre (hermana / compañero/a de cuarto)?
2. ¿Qué necesitas que hagan tus padres (hermanos / amigos)?
3. ¿Qué prefieres que hagan tus compañeros de clase?
4. ¿Qué deseas que hagan tus profesores?
5. ¿Qué quieres que haga tu mejor amigo/a?

C. ¿Qué te manda el Sr. Díaz? Imagínese que el Sr. Díaz es su consejero. Sus amigos le preguntan qué consejos le da. Complete cada oración con una opción (a–j) para contestarles.

1. _____ Me pide que...	a.	(no) mirar menos televisión
2. _____ Me aconseja que...	b.	(no) leer más libros
3. _____ Me sugiere que...	c.	(no) jugar al Nintendo
4. _____ Me ruega que...	d.	(no) conocer a personas diferentes
5. _____ Me dice que...	e.	(no) vestirme con más cuidado
6. _____ Me prohibe que...	f.	(no) pensar en qué carrera quiero seguir
	g.	(no) ser descortés con los profesores
	h.	(no) ver cierta película
	i.	(no) llegar tarde cada día
	j.	(no) escoger mis amigos con más cuidado

Impersonal Expressions of Will and Influence

Most impersonal expressions consist of **ser / estar** + *adjective,* without a specified subject. If they express will or influence, these expressions will be followed by a subordinate clause that takes the subjunctive.

The following are common impersonal expressions: **es aconsejable** *(advisable)*, **es forzoso** *(unavoidable)*, **es importante, es mejor, es necesario, es preciso** *(necessary)*, **es urgente, está prohibido, hace falta** *(it is necessary)*.

> **Es preciso** que nos **llames** esta noche.
> **Es urgente** que **sepamos** el nombre de ella.

Even when these expressions are negative, they still require the subjunctive.

> *No* **hace falta** que **uses** tu   *It's not necessary for you to use*
>   tarjeta de crédito.   *your credit card.*

Impersonal expressions are followed by an infinitive if no person is mentioned.

> **Es preciso practicar** esto.
> **No hace falta salir** ahora.

Indirect Commands

With verbs of will, the main clause can be omitted in order to form an indirect command. The person being commanded is not addressed directly (otherwise a direct command would be used). These expressions begin with **que.**

¡Que me **llamen** esta noche!	*Let them call me tonight.*
¡Que llame él primero!	*Let him call first (be the first to call).*

▲ ¡Practiquemos!

A. Es preciso que lo hagamos.   Indique si las siguientes declaraciones son ciertas (C) o falsas (F). Después, corrija las falsas.

1. _____ Está prohibido que el profesor (la profesora) nos dé malas notas.
2. _____ Es importante que vengamos a clase todos los días.
3. _____ Es mejor que no haya más personas en nuestra clase.
4. _____ Es aconsejable que almorcemos hoy en la cafetería de la universidad.
5. _____ Está prohibido que practiquemos español fuera *(outside)* de la clase.
6. _____ Hace falta quitarse los zapatos antes de salir.

B. En mi opinión...   Invente oraciones originales, empezando con una de las expresiones impersonales y cambiando el verbo indicativo al subjuntivo, según el modelo.

MODELO: Mi profesor(a) va a Tijuana este fin de semana. →
Es urgente (No hace falta / Es forzoso) que él / ella *vaya* a Tijuana este fin de semana.

1. Uno de mis compañeros de clase conoce a una estrella del cine.
2. El presidente de nuestro país nos dice siempre la verdad.
3. Yo consigo un millón de dólares este año.
4. Mi mejor amigo quiere visitar Durango.
5. Mi hermano/a (amigo/a) está enamorado/a de alguien.
6. Nuestro profesor (Nuestra profesora) juega muy bien al golf.

MIRAR EL MUNDO EN ESPAÑOL

Mire NOTICIERO TELEMUNDO

Noticias del momento, información del mundo, lunes a viernes a las 5:30 de la tarde. Lana Montalbán y Jorge Gestoso les dan reportajes exclusivos desde la capital de Mexico a Nueva York a Madrid.

Ver el mundo en español... solamente en el canal

26 wciu•tv chicago

C. ¡Qué perezoso!   Ud. es perezoso/a y prefiere que otras personas le hagan todo. Use los pronombres de complemento directo e indirecto para indicar qué quiere que hagan las siguientes personas.

MODELO: lavarme la ropa / mamá → ¡Que me la lave mamá!

1. prepararnos la cena / papá
2. decirme un chiste / Paco y Felipe
3. hacernos una fiesta / Miguel
4. explicarles la lección / Timoteo
5. darle comida al gato / Raquel

23. Making Requests of Friends: Informal *(tú)* Commands

With friends and acquaintances of approximately the same age or younger, informal commands are used to make direct requests.

Like formal commands, informal commands are easy to recognize because the verb appears at or near the beginning of a sentence and is heavily emphasized. Affirmative commands with object pronouns are especially easy to spot because the pronouns are attached as one word to the end of the verb.

Most informal affirmative commands look just like the third-person singular **(Ud.)** forms of the present indicative tense.

Habla con ellos un rato.   **Aprende** esto.

Negative informal commands are identical to the second-person singular **(tú)** forms of the present subjunctive. Object pronouns are positioned between **no** and the verb.

No dejes de estudiar muy duro este verano.
No me digas tonterías *(foolish things)*.
No te rías de mí, Enrique.

A few frequently used verbs have irregular affirmative informal commands. The negative commands are regular.

INFINITIVE	AFFIRMATIVE	NEGATIVE	INFINITIVE	AFFIRMATIVE	NEGATIVE
decir	**di**	no digas	salir	**sal**	no salgas
hacer	**haz**	no hagas	ser	**sé***	no seas
ir	**ve**	no vayas	tener	**ten**	no tengas
poner	**pon**	no pongas	venir	**ven**	no vengas

---

*This form is accented to distinguish it from the pronoun **se**.

 **¡Practiquemos!**

A. Deséame suerte, amigo. Primero identifique el mandato en cada oración. (¡OJO! A veces hay dos.) Luego indique quién lo haría *(would give it)*: Carlos (C), Enrique (E) o Ramiro (R). Diga también, ¿a quién se lo haría?

1. _____ Mañana salgo para Durango. Deséame suerte, amigo.
2. _____ Dime todo lo que está haciendo Carlos. No he recibido ninguna carta de él.
3. _____ No estudies demasiado este verano. Trata de descansar un rato cada día.
4. _____ Explícale a Ramiro lo que te he comentado acerca de los gendarmes mexicanos.
5. _____ No discutas tanto con Enrique. Llévate bien con él.
6. _____ No te preocupes por nada. ¡Diviértete en el viaje!

B. Hazlo por mí. Su primo favorito quiere que Ud. haga varias cosas. Dé los mandatos informales, según el modelo.

MODELO: Quiero que lo hagas por mí. → *Hazlo* por mí.

1. Deseo que me ayudes con esto.
2. Es preciso que vuelvas a casa.
3. Hace falta que me des cinco dólares.
4. Sugiero que te pongas otros zapatos.
5. Necesito que me digas la verdad.
6. Prefiero que salgas mañana.
7. Es mejor que te vayas ahora.
8. Quiero que vengas a casa.

Ahora vuelva a cambiar las oraciones a mandatos familiares negativos.

MODELO: *No lo hagas* por mí.

ESPAÑOL EN ACCION

A. Para adaptarse a este país. Imagínese que Ud. forma parte de un equipo de consejeros que dan consultas por la radio. Una de las llamadas que reciben es de un inmigrante a quien le es difícil adaptarse a su nuevo país. Para orientarlo, su equipo le hace seis recomendaciones que comienzan de la siguiente manera.

1. Es necesario que...
2. Hace falta que...
3. Es importante que...
4. Los norteamericanos esperan que...
5. Sugerimos que...
6. Ojalá que...

B. Consejos para los emigrantes. Imagínese que unos amigos suyos (unas amigas suyas) piensan irse a vivir a un país hispánico. Le piden consejos a Ud. antes de irse porque saben que Ud. estudia español y tiene conocimientos de la cultura hispánica. Ud. les da las siguientes ideas.

1. Les recomiendo que _____ porque _____.
2. Es mejor que _____ porque _____.
3. No hace falta que _____ porque _____.
4. El gobierno exige que _____.
5. Los latinos prefieren que _____.

Al corriente

¡Chicano!

¡A saber!

1. ¿De dónde eres tú?

2. ¿De dónde son tus padres / tu familia?

3. ¿Cómo describirías tu herencia o identidad cultural?

4. ¿Qué significa ser chicano/a?

5. ¿De dónde son los chicanos? Explica.
   ⦿ México   ⦿ los Estados Unidos

Este es el logotipo de la serie en cuatro partes de PBS «Chicano! History of the Mexican American Civil Rights Movement». Para visitar la página Web de la serie, ve la página de McGraw–Hill para Al corriente en la Internet. © 1996 National Latino Communications Center.

6. ¿Cuántos chicanos crees que hay en los Estados Unidos?

○ 250.000 ○ 500.000 ○ 850.000 ○ 1.300.000

7. ¿Puedes escribir una definición de los siguientes términos?

chicano:

_____

mexicano:

_____

mexicanoamericano:

_____

hispano:

_____

¡A leer!

La siguiente lectura es de *¡Chicano!*, una serie histórica presentada en la televisión pública que examina la experiencia méxicoamericana—por qué es distinta de la experiencia de otras corrientes inmigratorias— y explora, además, los conflictos culturales y políticos relacionados con el tema. Léela y contesta las preguntas a continuación.

¡CHICANO!

Desde los tiempos de la Guerra Méxicoamericana de 1846–1848, los méxicoamericanos han luchado[1] para lograr[2] la igualdad y todos los derechos que merecen[3] como ciudadanos de los Estados Unidos. Durante las décadas de 1960 y 1970, muchos méxicoamericanos reflexionaron sobre sus vidas y comenzaron un movimiento nacional para reclamar sus derechos civiles y afirmar su identidad cultural. Ellos tomaron un nombre que se había usado en términos despectivos[4] contra ellos por muchos años —Chicano— y la transformaron a un término de orgullo,[5] de afirmación y lucha.

---

[1]*fought* [2]*achieve* [3]*they deserve* [4]*contemptuous* [5]*pride*

Comprensión

1. ¿Son los chicanos ciudadanos de los Estados Unidos?

○ sí   ○ no

2. ¿Cuándo comenzó el movimiento chicano?

○ hace 10 años   ○ en los años sesenta   ○ entre 1846–1848

3. Antes de iniciarse el movimiento, ¿que conotación tenía el nombre *chicano*?

    ⦿ negativa   ⦿ positiva

4. La palabra *chicano* ahora implica muchas cosas. ¿Cuál de los siguientes conceptos **no** se asocia con este término?

    ⦿ indocumentado   ⦿ lucha   ⦿ orgullo   ⦿ afirmación

¡A discutir!

Haz una lista de tres personas famosas que se identifican como chicanos y brevemente explica por qué son famosos.

1.

2.

3.

Para más información sobre los cóndores andinos y temas relacionados, consulta la página de McGraw–Hill para *Al corriente* en la Internet.

http://www.spanish.mhhe.com

¡A escribir!

Escribe un discurso dirigido a ciertas personas de grupo étnico (los puertorriquenos, los palacos, los japoneses, etcétera) exhortandoles a que no se olviden de su herencia cultural. Expliqueles por qué es importante que conserve su identidad.

¡HABLEMOS UN POCO!

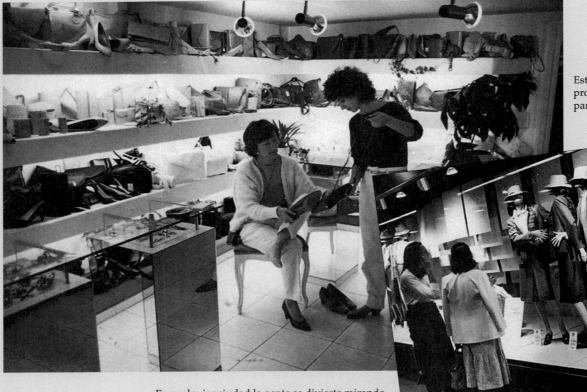

Esta señora se está probando un nuevo par de zapatos.

En cualquier ciudad la gente se divierte mirando las modas que se exhiben en los grandes almacenes.

Cómo nos vestimos

La ropa
el abrigo
los bluejeans/vaqueros
la blusa
los calcetines (socks)
la camisa
la camiseta (T-shirt)
la chaqueta (jacket)
el esmoquin (tuxedo)
la falda
el impermeable (raincoat)
las medias (stockings)
los pantalones (cortos)
el sobretodo (overcoat)
la sudadera (sweatshirt)
el suéter
el traje (suit)

Los zapatos
las botas (boots)
las sandalias
los tenis
las zapatillas (slippers)
los zapatos de tacón alto (high heels)

Los accesorios
en anillo (ring)
la bolsa
la bufanda (scarf)

la cadena (chain)
el cinturón
la corbata
las gafas (oscuras/de sol) ([sun]glasses)
la gorra (cap)
los guantes (gloves)
el paraguas (umbrella)
los pendientes (earrings)
la pulsera (bracelet)
el reloj
el sombrero

Las telas (fabric, material) **y otros materiales**
el algodón (cotton)
el cuero (leather)
el encaje (lace)
la lana (wool)
la pana (corduroy)
la piel (fur)
el poliéster
la seda (silk)
el tejido (knit)

Para describir la ropa
a cuadros (checked)
a rayas (striped)
de lunares (dotted)
claro/a (light-colored)
oscuro/a (dark)

Hablando del tema

A. ¡Cómo se viste!   Observe la ropa y los accesorios del hombre
(*el yuca*) del dibujo de la página 222. Luego escoja los adjetivos o frases de la

lista que usaría para describir a este individuo, y al lado diga por qué piensa así. Después, compare sus respuestas con las de un compañero (una compañera). Use el Vocabulario del tema en sus respuestas.

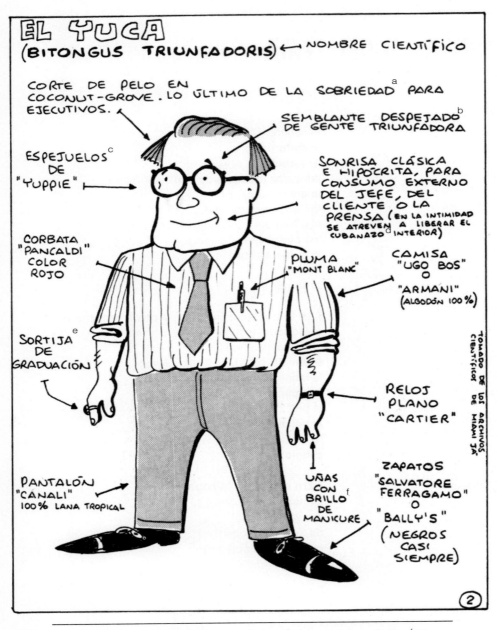

EL YUCA
(BITONGUS TRIUNFADORIS) ← NOMBRE CIENTÍFICO

CORTE DE PELO EN COCONUT-GROVE. LO ÚLTIMO DE LA SOBRIEDAD[a] PARA EJECUTIVOS.

SEMBLANTE DESPEJADO[b] DE GENTE TRIUNFADORA

ESPEJUELOS[c] DE "YUPPIE"

SONRISA CLÁSICA E HIPÓCRITA, PARA CONSUMO EXTERNO DEL JEFE, DEL CLIENTE O LA PRENSA (EN LA INTIMIDAD SE ATREVEN A LIBERAR EL CUBANAZO[d] INTERIOR)

CORBATA "PANCALDI" COLOR ROJO

PLUMA "MONT BLANC"

CAMISA "UGO BOS" O "ARMANI" (ALGODÓN 100%)

SORTIJA[e] DE GRADUACIÓN

TOMADO DE LOS ARCHIVOS CIENTÍFICOS DE MIAMI JA.

RELOJ PLANO "CARTIER"

PANTALÓN "CANALI" 100% LANA TROPICAL

UÑAS CON BRILLO[f] DE MANIKURE

ZAPATOS "SALVATORE FERRAGAMO" O "BALLY'S" (NEGROS CASI SIEMPRE)

②

---

[a]*moderation* [b]semblante... *self-assured expression* [c]gafas [d]cubano verdadero [e]anillo [f]*shine*

¿ES EL YUCA... ?	SI	NO	¿POR QUE?
1. rico	✔		Lleva un reloj *Cartier*, los cuales son muy caros.
2. inteligente			
3. vanidoso			
4. ambicioso			
5. competitivo			
6. viril/masculino			
7. sincero			
8. nervioso			
9. tiene buen gusto			
10. impersonal			

B. Y Ud., ¿cómo se viste? Trabajando con dos o tres compañeros/as, observen cómo están vestidos/as ahora y piensen en cómo se visten en otras ocasiones. Sigan las instrucciones de su profesor(a) para hacerse a las siguientes preguntas las respuestas de sus compañeros/as.

1. ¿Por qué está Ud. vestido/a así? ¿Por qué ha escogido la ropa que lleva ahora mismo?
2. ¿Siempre se viste Ud. de la misma manera para asistir a clase? ¿Por qué?
3. ¿Qué ropa no lleva Ud. nunca a clase? ¿Por qué no?
4. ¿Qué se pone Ud. los sábados para pasar el día? ¿Y los sábados por la noche?
5. ¿Qué se pone Ud. cuando cena con sus padres y los amigos de sus padres o con los padres de sus amigos/as? ¿Se viste igual que cuando va a un baile de etiqueta (*formal*)?

C. El *yuca*, el *yuppie* y yo. Ud. seguramente se dio cuenta de que el *yuca* —quien vive en Coconut Grove, cerca de Miami— es la versión cubanoamericana del *yuppie*. ¿Es el *yuppie* parecido al *yuca*? ¿Y cómo es Ud. comparado con el *yuppie*? ¿Se considera Ud. un(a) *yuppie*? Para organizar su respuesta, primero haga cinco observaciones acerca del *yuca*, comparándolo con el *yuppie*. ¿Es Ud. como el *yuppie*? Anote sus respuestas en las columnas respectivas antes de compartir sus comentarios con la clase. (Puede usar el Vocabulario del tema para dar sus respuestas.)

EL *YUCA*	EL *YUPPIE*	YO
1.		
2.		
3.		
4.		
5.		

LECTURA I

ACERCANDONOS A LA LECTURA

What is the price of success? Is it possible for a person from another culture to be successful in the United States without abandoning ties to his or her culture? These are some of the issues addressed in this chapter's first reading, by Samuel Mark. Mark, a Cuban-born Hispanic, calls into question the definition of success for Hispanics who have been raised according to a set of cultural norms vastly different from those of mainstream North America. As you read, try to determine whether the word **asimilado** has a positive or negative connotation for the author.

VOCABULARIO PARA LEER

abrazar to embrace
adivinar to guess
emborracharse to get drunk
matricularse to enroll

rezar to pray
sentirse a gusto to feel comfortable, at ease
el ascensor elevator

la beca scholarship
la empresa business, corporation
la misa (church) mass
la sonrisa smile

A. Asociaciones.   Primero identifique el verbo o el sustantivo de la lista del Vocabulario para leer que se asocia con las siguientes palabras. Luego forme una oración original con cada palabra de la lista.

1. alegrarse
2. subir
3. los negocios

4. el alcohol
5. la intuición
6. los brazos

B. Definiciones. Explique en español qué significa cada palabra o expresión.

1. la beca
2. matricularse
3. rezar

4. emborracharse
5. la misa
6. sentirse a gusto

COMENTARIOS PRELIMINARES

A. La vida ideal. Es natural que se trabaje con el fin de conseguir una vida mejor. ¿Cómo se imagina Ud. su vida ideal? Considere los siguientes puntos para hacer un retrato de lo que la vida ideal sería para Ud. Después, trabaje con un compañero (una compañera) para exponer esa imagen de la vida ideal; explíquele, además, a su compañero/a, cómo se va a —o cómo se puede— preparar para alcanzar ese ideal.

1. *su familia:* cuántas personas son, cuánto tiempo pasa con ellos, sus actividades juntos, etcétera
2. *su casa:* tamaño, cuántos cuartos tiene, para qué son los cuartos, dónde está situada la casa, sus actividades allí, etcétera
3. *su trabajo:* a qué se dedica, sus tareas profesionales, cuántas horas a la semana trabaja, lugar de trabajo, los colegas, el sueldo, etcétera
4. *los amigos:* quiénes son, cuántos son, cómo se conocieron, qué tienen en común, qué les gusta hacer juntos, etcétera
5. *tiempo libre:* cuánto tiempo libre tiene, cómo lo pasa, con quién, etcétera
6. *las cosas materiales:* cuál es la cantidad mínima y máxima de cosas materiales que desea poseer, cuáles son las cosas indispensables para Ud.: ¿el teléfono celular? ¿el tocadiscos compacto? ¿el coche deportivo?, etcétera

B. ¿Vale la pena vivir para triunfar en el trabajo? Se sabe que para triunfar se requiere mucho trabajo y también algunos sacrificios. ¿Qué está Ud. dispuesto/a a sacrificar para realizar sus metas y triunfar en la vida? Primero llenen una tabla como la de la próxima página, y después, trabajando en un grupo pequeño, comparen sus respuestas. Comenten también las ventajas y desventajas de los sacrificios que están dispuestos/as a hacer.

¿ESTA UD. DISPUESTO/A A... ?	SÍ	NO	A VECES / POR UN TIEMPO
1. trabajar 60–80 horas a la semana			
2. descuidar sus prácticas religiosas			
3. posponer el matrimonio; no casarse hasta los 35 años			
4. pasar su tiempo libre con su jefe, en vez de estar con amigos o parientes			
5. jugar al tenis con colegas, cuando Ud. prefiere jugar al béisbol con los niños			
6. beber vino, en vez de cerveza (o vice-versa) para imitar al jefe			
7. decorar su casa con muebles caros, en vez de muebles cómodos			
8. comer comida francesa (u otra) en vez de la comida que prefiere			
9. dedicarles poco tiempo a sus hijos			
10. vestirse de acuerdo con las reglas de elegancia, inclusive en su tiempo libre			
11. renunciar a la idea de tener hijos.			

C. Mis confesiones. Imagínese que a Ud. lo/la invitan para hablar en un programa de televisión que se llama *Mis confesiones*. Debe hablar de algún aspecto de su vida que muy pocas personas conocen o comprenden, pero del que a Ud. no le molesta hablar. Como el tiempo es limitado, debe escoger bien su tema y preparar bien lo que va a decir. Puede escoger uno de los siguientes temas. Después, el público puede hacerle preguntas o dialogar con Ud.

1. su niñez
2. su vida académica
3. su trabajo
4. sus aventuras amorosas
5. sus amistades
6. su vida familiar
7. su situación económica
8. su salud
9. sus pasatiempos

D. Un gran señor. La frase *un gran señor* evoca muchas imágenes, las cuales pueden ser diferentes para cada persona. Prepare en cinco frases un bosquejo *(sketch)* de un «gran señor», y luego presénteselo a un compañero (una compañera). Comparen sus descripciones para saber qué tienen en común los dos bosquejos. Finalmente, presenten sus conclusiones a toda la clase.

ESTRATEGIAS PARA LEER

Tone

In spoken language, the tone or the attitude with which something is expressed can convey a meaning beyond the strict definition of the words. For example, the simple phrase "I'm fine" can be a friendly, sincere, ridiculing, hostile, or sarcastic remark, depending on the tone the speaker uses. If you fail to grasp the correct tone, you miss the real message being communicated.

Similarly, the author of a written passage may use tone to express his or her opinions or attitudes about the subject. Unfortunately, when reading you don't have the advantage of hearing the speaker's intonation, so you have to be alert to any clues the author offers. Among others, these include the circumstances in which the action takes place and the ironic or humorous use of words. Knowing something about the author will often help you guess his or her attitude on a particular subject.

ESTRATEGIAS EN ACCION

A. Tono. Samuel Mark abre su artículo con una adivinanza *(riddle):* **Adivina, adivinador, ¿quién será ese gran señor?** Escoja el *tono* que Ud. piensa que esta frase establece para el resto del artículo. Después, trabajando con un compañero (una compañera), comparen sus respuestas.

1. solemne
2. irónico
3. frívolo
4. otro tono: _____

B. El gran señor. Ahora lea la siguiente descripción del **gran señor,** el personaje principal del artículo de Mark. Después, trabajando con un compañero (una compañera), comenten los puntos a continuación.

1. ¿Es ésta la descripción de un hombre que merece *(deserves)* respeto y admiración, como se espera por el título?
2. ¿Cuál piensa Ud. que es la actitud de Mark hacia este personaje?
3. ¿Cómo piensa Ud. que el autor sabe tanto acerca de este tipo de personaje?

Dejó de ir a misa los domingos porque sentía la obligación de jugar al golf y tomar el «brunch» en el club con su jefe. Dejó de ver a sus antiguos amigos de la [escuela] secundaria porque ya no tenían nada en común con él (esta gente no bebía *beaujolais*, ni calzaba [llevaba] Reeboks, ni había visto la última de Woody Allen,...).

La adivinanza y el desarraigo:[1] confesiones de un hispano

Samuel Mark

A divina, adivinador, ¿quién será ese gran señor?

Se le encuentra con facilidad en zonas urbanas como Los Angeles, Nueva York, Miami, Chicago y Houston.

Tiene entre treinta y treinta y cinco años de edad.

Generalmente lleva corbatas de seda y trajes oscuros diseñados por Pierre Cardin, Yves St. Laurent y Ralph Lauren. Los más conservadores se visten en Brooks Brothers. Gana al año entre treinta y cincuenta mil dólares.

Durante el verano, se pasa dos semanas descansando en un Club Med.

Habla inglés mejor que los nativos.

Se considera a sí mismo asimilado.

¿Quién será ese gran señor?

En la escuela católica primaria aprendió a rezar, a leer y escribir, a respetar a sus maestros, y a ponerse de pie cuando entraba alguna visita en su aula.[2] Más tarde se matriculó en los cursos preuniversitarios y sacó buenas notas, ya que sus padres (los de la casa) y los padres (los de la escuela) le inculcaron[3] desde chico que tenía que ser el primer varón[4] de su familia en graduarse en una universidad. Además, por las noches su madre siempre le advertía[5] «Yo no me estoy matando como ope-

---

[1]uprooting [2]sala de clase [3]enseñaron [4]hombre [5]admonished

radora todo el día para que tú saques malas notas».

Gracias a unas becas especiales para «minorías norteamericanas», ingresó en una universidad privada, donde aprendió, entre otras cosas, a ir a clase descalzo,[6] a emborracharse con un «six pack», a acostarse con chicas rubias y a pronunciar su apellido a la «americana».

Después de cuatro años, se graduó en Administración de Empresas y comenzó a trabajar en una gran corporación multinacional, convirtiéndose así en una de las veinte caras morenas o negras de esa gran empresa.

Allí se asimiló más aún todavía. Comprendió enseguida de que le convendría[7] ponerse sólo camisas blancas, beige o azul claro, corbatas de escuelas públicas inglesas y trajes grises o azul marino, con rayitas. Aprendió también a saludar a sus compañeros y clientes con un buen apretón de manos,[8] a no abrazar a sus amigos o pasarles el brazo por encima de los hombros en público, y a hablar con la gente con una sonrisa tonta en los labios y una mirada fija,[9] pero amistosa, manteniendo a la vez una distancia corporal[10] de por lo menos dos pies. Al principio le costó un poco[11] el tratar a la gente con moderada agresividad y de hablar con gran entusiasmo

sobre sus propios proyectos y logros profesionales. Cuando le entraban ataques de modestia, se acordaba siempre de lo que le había dicho uno de sus profesores: «En el mundo de los negocios, no sólo tienes que ser una persona motivada, sino también tienes que lucir como tal[12]».

Lo que quizás le resultó más difícil fue acostumbrarse a la manera de ser de sus compañeras de trabajo. Como buenas mujeres liberadas, se ponían de pie cuando alguien se las presentaba, se molestaban cuando se les abría la puerta o se les dejaba que salieran primero del ascensor. A veces estas emancipadas le invitaban a almorzar, y al final de la comida insistían en que cada uno tenía que pagar lo suyo.[13] Hasta a esto se acostumbró.

En muy poco tiempo empezó a sentirse completamente a gusto en este mundo. Dejó de ir a misa los domingos porque sentía la obligación de jugar al golf y tomar el «brunch» en el club con su jefe. Dejó de ver a sus antiguos amigos de la secundaria[14] porque ya no tenían nada en común con él (esta gente no bebía *beaujolais*, ni calzaba[15] Reeboks, ni había visto la última de Woody Allen, ni conocía la obra de Robert Wilson). Casi dejó de ver a sus padres porque cuando les visitaba, le

molestaba muchísimo el plástico transparente del sofá, las flores de plástico de la Virgen, las muñequitas[16] españolas y su manera de comer. Además, cada vez que les visitaba, su madre no le dejaba tranquilo con eso de que cuándo se iba a casar y empezar a tener hijos. Más de una vez pensó, y si me caso, ¿qué van a pensar mi jefe y mis compañeros de mis parientes, que no saben ni para qué sirve un tenedor de ensalada?

Aunque salía de vez en cuando con alguna chica rubia (algún gusto le había quedado de sus años de universitario) a ver alguna película en Westwood o un partido de polo, de vez en cuando se sentía un poco solo en su condominio del *West Side*. En esos momentos se preguntaba, ¿vale la pena vivir solamente para el trabajo?

Adivina, adivinador, ¿quién será ese gran señor?

El nuevo «yuppie» hispánico/latino: asimilado, motivado, emasculado, desenraizado.[17]

Samuel Mark, nacido en Cuba y educado en los Estados Unidos, tiene 35 años, trabaja en la Universidad del Sur de California (USC) y se viste en Brooks Brothers.

Tomado de *La Opinión*, 9 de noviembre de 1986

---

[6]sin zapatos [7]le... *it would be advisable for him* [8]apretón... *handshake* [9]mirada... *fixed look* [10]del cuerpo [11]le... *it was a bit hard for him* [12]lucir... parecer ser así [13]cada... *each one had to pay for his or her own* [14]escuela secundaria [15]llevaba [16]*little dolls*
[17]*rootless*

¿Cuánto recuerda Ud.?

Diga si las declaraciones que siguen describen, según Samuel Mark, al hispano no asimilado en los Estados Unidos (N) o al hispano «asimilado, motivado, emasculado, desenraizado» en la cultura anglosajona (A).

1. _____ Usualmente lleva corbatas de seda y trajes oscuros de diseñadores famosos.
2. _____ Se matricula en un programa preuniversitario y saca buenas notas.
3. _____ Pronuncia su apellido en buen castellano.
4. _____ Ingresa en una buena universidad privada gracias a unas becas especiales para minorías norteamericanas.
5. _____ Después de graduarse en Administración de Empresas, empieza a trabajar en una gran corporación multinacional.
6. _____ Abraza fuertemente a sus parientes y a sus amigos; a veces les pasa el brazo por encima de los hombros.
7. _____ Se acerca muchísimo a la gente con quien habla.
8. _____ Suele levantarse de su asiento cuando se acerca a él una mujer e insiste en pagar la cuenta cuando almuerzan juntos.
9. _____ Va a misa todos los domingos.
10. _____ Tiene vergüenza porque sus parientes no saben usar los tenedores para la ensalada.
11. _____ Vive en un condominio, pero a veces se siente muy aislado allí.

¿Qué se imagina Ud.?

A. Carlos y el *yuca*: dos hispanos en los Estados Unidos. Carlos en «Cartas a Enrique» (la lectura del **Capítulo 8**) y el *yuca* de este capítulo contemplan su vida como hispanos en los Estados Unidos. ¿Cómo compara Ud. las metas, obstáculos y experiencias de los dos? ¿Persiguen ellos las mismas cosas o buscan y experimentan realidades diferentes? Considere los siguientes puntos para organizar sus ideas en la tabla. Después, trabaje con un compañero (una compañera) para compartir sus observaciones y comentar las posibilidades que tiene cada uno para lograr sus metas. Finalmente, compartan sus conclusiones con toda la clase.

	CARLOS	EL YUCA
1. lugar de origen		
2. lugar de residencia		
3. medio socio-económico		
4. nivel de educación académica		
5. relaciones con la familia		
6. relaciones con los amigos		

	CARLOS	EL YUCA
7. observaciones sobre el mundo norteamericano		
8. observaciones sobre el mundo latino		
9. metas		
10. obstáculos que impiden lograr las metas		
11. otras experiencias		

B. Los triunfadores.   ¿Es el *yuca* del artículo un triunfador típico? Compare al personaje de este artículo con un triunfador que Ud. conoce en la vida real. Puede consultar la tabla en Comentarios preliminares (ejercicio B) para hacer sus comparaciones. Luego, comente sus observaciones con dos o tres compañeros/as.

C. La asimilación.   El *yuca* de este artículo trata de imitar lo que él piensa que es la forma de vida de un triunfador norteamericano. ¿Piensa Ud. que su meta es admirable? ¿O piensa Ud. que la asimilación es inevitable y que por lo tanto no hay que hacer tanto esfuerzo? ¿Puede haber alguna ventaja en no asimilarse? ¿Qué desventajas hay en la asimilación? Comente sus observaciones con dos o tres compañeros/as.

D. El subtítulo.   El subtítulo de este artículo es «Confesiones de un hispano». ¿Piensa Ud. que este título es apropiado? ¿Por qué cree Ud. que el autor les llama confesiones a estas observaciones sobre el gran señor. Comente el subtítulo con dos o tres compañeros/as.

LECTURA II

ACERCANDONOS A LA LECTURA

Samuel Mark's presentation of cultural differences is analytical in nature. But cultural clashes can also be understood on a more emotional level, as seen through a child's eyes, for instance. In **"Ohming instick,"** Chicano poet

Ernesto Padilla tries to put the reader inside the mind of Armando, a school-boy whose parents are Spanish-speaking migrant fieldworkers, so that the reader can experience firsthand the frustration and alienation the boy feels.

VOCABULARIO PARA LEER

esconder(se) to hide, conceal (oneself)   **el cielo** sky; heaven   **la pluma** feather
pegar to hit, beat   **la nube** cloud   **el sol** sun

A. Asociaciones. Las siguientes palabras son sinónimos o antónimos de algunas palabras de la lista del Vocabulario para leer. ¿Con qué palabra se asocia cada una?

1. golpear   2. mostrar   3. el infierno

B. Definiciones. Explique en español qué son las siguientes cosas.

1. el sol   2. una nube   3. una pluma

ESTRATEGIAS PARA LEER

Reading Poetry

Understanding poetry can sometimes be difficult because it is not often writ-ten in complete sentences, thus making it harder to understand the relation-ships between words. This problem may be further complicated when reading Spanish poetry by the fact that word order in Spanish is much more flexible than that of English. Of course, you will not find all Spanish poetry difficult. However, if you are having trouble with several lines of poetry, it may be help-ful to rearrange the words, adding or deleting information to make complete, clear sentences.

ESTRATEGIAS EN ACCION

Lea los siguientes fragmentos del poema de este capítulo. Cambie el orden de las palabras para que las frases sean más comprensibles. Luego, trabajando en un grupo pequeño, comparen sus cambios. Finalmente, verifiquen la estruc-tura de las frases con toda la clase.

Mi palomita, Lenchita,
que me quitaron
porque iba a volar en las olimpiadas...

y lloré también
cuando entre las miles de palomas que
enseñaron en la televisión
el primer día
de las olimpiadas,
¡Yo miré a mi Lenchita!

Ohming instick

Ernesto Padilla

«The Peacock
as you see in Heidi's drawing here,
is a big colorful bird.
It belongs to the same family as . . .»
    ...Habla de Pavos[1]
      ya yo sueño
              de pavos magníficos
    con
        plumas azules;
    como el cielo
            cuando él se esconde tras las
    nubes
        a mediodía,
        plumas rojas;

    _____

[1]pavos reales *(peacocks)*

Los niños hispanos que viven en los Estados Unidos son una gran fuente de esperanza para nuestro país.

que se hacen anaranjosas[2]
como en la tarde
   al caer bajo
las sierras,
      el sol tira para todo
el cielo rayos
anaranjándose
   con tiempo...

«. . . and the pigeon, which all of you should already know what it looks
like. The pigeon can be trained to return to his home, even if it is taken far
away . . .»

   ...¡Ahora habla de palomas[3]...!
« . . . This is called the Pigeon's 'homing instinct,' and . . . »
  ...Mi palomita, Lenchita,
  que me quitaron[4]
  porque iba a volar en las olimpiadas[5]
  ¡lloré entonces!
  y lloré también
  cuando entre las miles de palomas que
  enseñaron en la televisión
  el primer día
  de las olimpiadas,
  ¡Yo miré a mi Lenchita!

  y después Lenchita volvió a casa
  ya lo sabía...

«ALRIGHT!»
«Are you kids in the corner paying attention?»
«Armando, what is a Peacock? What does homing instinct mean? . . .»

¿A MI ME HABLA?
¡SOY MUY TONTO!

«Aohming instick eis... eis... como Lenchita... »
«Armando, haven't I told you not to speak Spa . . . »
   ¡Caramba
   me van a pegar...!
«It's bad for you . . . Go see Mr. Mann.»
... Mañana
      sí iré con papá.
  ¡Pizcaré[6] mucho algodón...

---

[2]se... se ponen anaranjadas   [3]*pigeons*   [4]*me... they took away from me*   [5]los Juegos Olímpicos que tuvieron
lugar en México, D.F., en 1968   [6]*I'll pick*

¿Cuánto recuerda Ud.?

Indique si las siguientes declaraciones son ciertas (C) o falsas (F), según el poema. Si son falsas, corríjalas.

1. _____ A Armando le gusta expresarse en la clase porque los demás estudiantes lo consideran un poeta excelente.
2. _____ Armando deja de soñar despierto (*daydream*) cuando ve entrar en el aula un pavo magnífico con plumas azules.
3. _____ Armando comprende casi todo lo que dice su maestra.
4. _____ Cuando oye la palabra «paloma», Armando empieza a pensar en Paloma, su hermana mayor.
5. _____ Lenchita, la palomita de Armando, voló en los Juegos Olímpicos en México en 1968.
6. _____ Cuando la maestra se dirige a él, Armando le explica todo lo que hizo Lenchita.
7. _____ La maestra le dice al chico que vaya a ver a Mr. Mann porque cree que puede ayudarlo a conseguir otra paloma.
8. _____ Armando decide ir a pizcar algodón porque está muy frustrado en la escuela.

¿Qué se imagina Ud.?

A. El mensaje. ¿Cuál es la idea principal que quiere comunicarnos Padilla en su poema? Resúmala en una sola oración. Luego compare y verifique su resumen con los de dos otros/as compañeros/as.

B. La educación bilingüe. ¿Qué sabe Ud. acerca de la educación bilingüe? ¿Qué opina de ella el poeta? ¿Y la maestra en el poema? ¿Con cuál de los dos está Ud. de acuerdo? Trabaje con dos o tres compañeros/as para exponer sus respuestas.

C. ¿Clase monolingüe o bilingüe? Si Ud. fuera un niño norteamericano (una niña norteamericana) que viviera en un país donde se hablara otro idioma, ¿le gustaría más asistir a una clase donde se hablara sólo la lengua del país, es decir, monolingüe, o a una clase bilingüe? Puede dar su respuesta basándose en el poema o en otros conocimientos. Trabaje con dos o tres compañeros/as para exponer sus respuestas.

D. ¿Cómo es un buen maestro? ¿Le gustaría a Ud. ser alumno/a de la maestra del poema? ¿Piensa Ud. que es una buena maestra o no? ¿Por qué? ¿Cuáles son las características de un buen maestro (una buena maestra)? Trabaje con dos o tres compañeros/as para exponer sus respuestas.

....

24. **Introducing Future Events: Indicative Versus Subjunctive in Adverbial Clauses**

Subordinate clauses beginning with adverbial conjunctions such as **cuando, después (de) que, en cuanto** *(as soon as)*, **hasta que, mientras,** and **tan pronto como** *(as soon as)* may be expressed either in the indicative or the subjunctive mood. In accordance with the general subjunctive pattern, the choice between the indicative or the subjunctive depends on whether the event in the subordinate clause has been realized (indicative) or remains unrealized (subjunctive). Note that habitual or frequently repeated actions are treated as realized events and are therefore expressed in the indicative.

HABITUAL, REALIZED ACTIONS (INDICATIVE)	UNREALIZED ACTIONS (SUBJUNCTIVE)
Cuando salimos, pago la cuenta. *When we leave, I pay the bill. ([Every time we come to this restaurant,] I pay the bill when we leave.)*	**Cuando salgamos,** voy a pagar la cuenta. *When we leave, I'm going to pay the bill.*
En cuanto terminamos de cenar, pedimos la cuenta. *As soon as we finish eating dinner, we ask for the check. (We usually ask for the check as soon as we finish eating dinner.)*	**En cuanto terminemos** de cenar, pediremos la cuenta. *As soon as we finish eating dinner, we'll ask for the check.*

Note that with adverbial conjunctions, conjugated verb forms (not infinitives) are used in both clauses even when the main clause and the subordinate clause refer to the same subject.

 ¡Practiquemos!

A. El gran señor. Decida si se aplican las siguientes situaciones a la vida del gran señor. Después, vuelva a leer cada oración y explique por qué se usa el indicativo o el subjuntivo en cada caso.

sí	no	**1.** Cuando se gradúa en la universidad, encuentra empleo en una corporación grande.
sí	no	**2.** Dejá de vestirse como estudiante en cuanto consigue trabajo.
sí	no	**3.** Después de que empieza a trabajar, deja de ir a misa los domingos.
sí	no	**4.** Tan pronto como se haga amigo de su nueva colega, la llevará a visitar a sus padres.
sí	no	**5.** No se casará mientras su mamá viva.
sí	no	**6.** No se dará cuenta de su enajenación *(alienation)* cultural hasta que sea demasiado tarde.

B. ¡Fiesta sorpresa! Ud. y sus compañeros están planeando una fiesta sorpresa para Alejandro. Complete las siguientes oraciones con la forma apropiada del verbo indicado. **¡OJO!** Las acciones no realizadas se señalan con el subjuntivo; las habituales se señalan con el indicativo.

1. Gritaremos ¡SORPRESA! en cuanto _____ (entrar) Alejandro.
2. Comeremos pastel después de que él _____ (apagar [*to blow out]*) las velas *(candles)* de la torta.
3. Indica buena suerte cuando una persona _____ (apagar) todas las velas a la vez.
4. La música no empezará hasta que Olga y Susana _____ (traer) los discos.
5. Alejandro siempre baila como un loco cuando _____ (poner: nosotros) música salsa.
6. Le haremos un brindis *(toast)* a Alejandro cuando _____ (ser) las doce.
7. Saldremos de la fiesta sólo después de que _____ (darle: nosotros) una serenata de cumpleaños a Alejandro.
8. Esta noche los invitados no dormirán hasta que ya no _____ (poder) quedarse despiertos.
9. En nuestra cultura, los invitados en una fiesta no se van tan pronto como _____ (acabar) la torta y los refrescos.
10. Cuando Alejandro _____ (despertarse) mañana, ya será un año más viejo.

Adverbial Conjunctions

The following adverbial conjunctions are always followed by the subjunctive because their meaning implies some unfulfilled or unrealized condition: **a menos que** *(unless),* **antes de que** *(before),* **con tal (de) que** *(provided that),* **para que** *(so that, in order that),** **sin que** *(unless).*

Yo no me estoy matando en el trabajo **para que tú saques** malas notas.	*I'm not killing myself at work so (that) you can get bad grades.*
Iré a la universidad **con tal de que me ofrezcan** una beca.	*I'll go to the university provided that they offer me a scholarship.*
Antes de que busques trabajo, debes decidir lo que quieres en la vida.	*Before you look for work, you should decide what you want in life.*

Para que is by far the most frequently used expression in this group.

 **¡Practiquemos!**

A. Más acerca del gran señor.   Identifique las oraciones que describen al gran señor.

sí   no   **1.** Su madre trabaja para que él pueda recibir una educación universitaria.

sí   no   **2.** No se emborracha sin que sus padres le den permiso.

sí   no   **3.** Suele abrirles la puerta a las mujeres para que puedan pasar primero.

sí   no   **4.** No visita a sus amigos norteamericanos a menos que sus parientes lo acompañen.

sí   no   **5.** Saldrá con una mujer con tal de que ella pague lo suyo *(her share).*

sí   no   **6.** Pone plástico transparente en el sofá antes de que lleguen sus amigos para cenar.

B. Comentarios acerca del yuca.   Complete lógicamente cada comentario sobre el yuca de la lectura.

1. Será tu amigo con tal de que...
2. Irá a jugar al golf tan pronto como...
3. Se viste en Brooks Brothers para que...
4. Será una persona desenraizada hasta que...
5. No se casará a menos que...
6. No cambiará su vida mientras...
7. Le gusta visitar a su familia sin que...

. . . .

25. Expressing Attitudes: Subjunctive with Expressions of Emotion, Doubt, and Denial

In addition to indicating an as-yet-unrealized event, the subjunctive can also be used to convey an attitude towards an event. This includes subordinate clause events that are influenced by one's emotions or whose existence is doubted or denied.

Expressions of Emotion

The following are common expressions of emotion: **alegrarse (de), esperar, gustar, molestar, sentir (ie, i), sorprender, temer, tener miedo (de); ojalá*** *(I hope that);* **es bueno, es lástima** *(pity/shame),* **es malo, es preferible, es ridículo, es terrible.**

***Ojalá** is invariable in form; the speaker is always understood to be the subject.

Me **molesta** que **fumes** en el cuarto.
Tengo miedo de que nos **vean.**
Es bueno que **vayas** con tu madre.

Remember that impersonal expressions are followed by an infinitive if no person is mentioned.

Es preferible llegar temprano.
Es lástima no verlo.

Expressions of Doubt and Denial

The following are common expressions of doubt and denial: **no creer, dudar** *(to doubt)*, **no estar seguro/a, negar (ie)** *(to deny)*, **no es cierto, es dudoso, es imposible, es improbable, es posible, es probable, no es seguro, no es verdad.**

No creo que **sea** una persona sincera.
No es verdad que **sea** un *yuppie.*
Dudo que **entienda** inglés.

Note that the expressions **creer, estar seguro/a, es cierto, es obvio, es seguro, es verdad, está claro,** and **me parece** are followed by the indicative, because they express affirmation.

Creo que **es** una persona sincera.
Es verdad que **es** un yuppie.
Me parece que **entiende** inglés.

▲ ¡Practiquemos!

A. Armando.   Indique si las siguientes oraciones reflejan la realidad del niño del poema «Ohming instick». Después, vuelva a leer cada oración y explique por qué se usa el indicativo o el subjuntivo en cada caso.

1. Es obvio que Armando sabe hablar muy bien el inglés.
2. Es dudoso que Armando se comunique bien con su maestra.
3. Armando se alegra de comprender que la maestra está hablando de pavos.
4. No creo que Armando comprenda que la maestra está hablando de pavos.
5. Está claro que Armando no tiene alma *(soul)* poética.
6. La maestra duda que Armando le preste atención.
7. Armando teme que la maestra vaya a pegarle.
8. Es lástima que la maestra no sea más comprensiva.

B. Más comentarios acerca de Armando.   Comente lo que Ud. opina de Armando, según el modelo.

MODELO: Armando duda que la maestra... *lo comprenda.*

1. No estoy seguro/a que Armando...
2. Tengo miedo de que él nunca...
3. No dudo que el chico...
4. También es cierto que su maestra...
5. Es probable que Mr. Mann...
6. Armando teme que los demás chicos...
7. Me parece que el padre de Armando...
8. Espero que esa familia...

C. ¿Qué cree Ud.?   Las siguientes oraciones expresan opiniones muy fuertes acerca de nuestra sociedad. Primero lea cada oración y decida si Ud. está de acuerdo con la opinión que se presenta o no. Si no, cámbiela para que exprese su propia opinión.

1. Me gusta que haya discriminación racial en el mundo.
2. Es bueno que las minorías tengan las mismas oportunidades que tiene el resto de la sociedad.
3. Creo que cada individuo puede ofrecerle algo a la sociedad.
4. Es posible que algunos individuos tengan más talento que otros.
5. Pero es seguro que todos merecemos las mismas oportunidades.
6. Temo que la discriminación no desaparezca nunca.
7. Me sorprende que muchos de nuestros líderes no digan públicamente que están dispuestos a luchar contra la discriminación.
8. Niego que nuestras diferencias culturales hagan más fuerte a nuestro país.

ESPAÑOL EN ACCION

A. Preguntas personales.   Con un compañero (una compañera) de clase, contesten las siguientes preguntas personales, añadiendo (*adding*) una cláusula principal (*main clause*) y otra subordinada después de la conjunción adverbial.

MODELO: ¿Cuándo vas a tener tu propio apartamento? →
Voy a tener mi propio apartamento cuando *salga de la universidad.*

1. ¿En qué circunstancias sales con alguien? _____ cuando _____ .
2. ¿En qué circunstancias dejas de salir con alguien? _____ tan pronto como _____ .
3. ¿Cuándo viste una producción teatral por primera vez? _____ cuando _____ .
4. ¿Cuándo vas a casarte? No _____ hasta que _____ .
5. ¿Dejarás de trabajar algún día? _____ en cuanto _____ .
6. ¿Cuándo estarás totalmente contento/a con tu vida? Después de que _____ , yo _____ .

B. Debate sobre la educación bilingüe.   Divídanse en dos grupos y preparen un debate sobre el siguiente tema: ¿Debe ser únicamente el inglés la lengua que se usa en nuestras escuelas (o en nuestra nación)? Expresen sus opiniones usando las siguientes sugerencias.

dudar	asimilarse a la cultura predominante
temer	despreciar *(to disdain)* las otras lenguas
alegrarse de	respetar los derechos de los demás
sentir	acostumbrarse a las normas norteamericanas
gustar	producir unidad política
es triste	sentirse a gusto en la clase
(no) es posible	aprender mejor en la lengua materna
(no) es probable	causar problemas sociales

C. Una hispana en el mundo de los negocios: Diálogos de una teleserie.
Imagínese que Ud. aparecerá en un episodio de una teleserie que trata de una persona hispana en una empresa norteamericana. El/La protagonista es una persona muy inteligente, trabajadora y ambiciosa. Trabajando con un compañero (una compañera), escojan *una* de las siguientes situaciones para dramatizar en clase —y grabar en video para la teleserie.

1. El/La protagonista visita la oficina de empleo y planificación profesional de su universidad. Le explica al consejero (a la consejera) que es la primera persona en su familia en lograr un título universitario y le indica cuáles son sus habilidades, intereses y metas. Después de examinar las credenciales del candidato, el consejero (la consejera) le señala varios puestos, pero le avisa que ninguno es perfecto para él/ella en vista de su experiencia. De todos modos, le da una idea general de la cultura de esos lugares de trabajo y de los peligros de trabajar en ellos. El/La protagonista tiene que decidir si quiere seguir adelante y solicitar uno de los puestos.

2. Es el día de la entrevista para el puesto que solicitó el/la protagonista. El presidente le habla un poco de su empresa y de las tareas y responsabilidades del puesto. Es un hombre muy severo que también le hace unas preguntas para determinar si el/la protagonista es el/la mejor candidato/a. El/La protagonista contesta todo, pero se siente muy nervioso/a: no sabe si ha comunicado suficiente seguridad en su talento y preparación. ¿Le hará el presidente una oferta?

3. Es el primer día de trabajo del protagonista (de la protagonista). En la oficina descubre que hay otro empleado hispano (otra empleada hispana). Aunque el/la protagonista se da cuenta de que su colega es también su rival, decide aceptar su invitación a almorzar juntos. Durante la comida, el/la colega le revela algunos detalles que el presidente omitió sobre la empresa. El/La protagonista no esperaba estas noticias, pero va a intentar encontrarle el lado positivo a la situatión...

4. El/La protagonista desea lanzar *(to launch)* una campaña de publicidad en español para uno de los productos de la empresa. Piensa que ésta es una manera de servir a su empresa y también a su comunidad. Le propone sus ideas a su jefe, quien no muestra mucho interés. ¡Las ideas de su empleado/a son tan diferentes! El/La protagonista defiende su punto de vista, ¿pero podrá realizar su campaña?

5. Después de trabajar cinco años en la misma empresa, el/la protagonista está cansado/a de este rígido ambiente corporativo; desea independizarse y experimentar con productos nuevos y mercados nuevos, como el mercado hispano en los Estados Unidos. Le comunica al presidente de la empresa sus intenciones de irse y le da las gracias por la oportunidad que le dio de trabajar y de aprender en su empresa. Al presidente le disgusta la posibilidad de perder a un empleado (una empleada) tan creativo/a; por eso trata de retenerlo/la con una oferta interesante. ¿Se quedará en la empresa el/la protagonista?

Al corriente

Silvio Rodríguez

¡A saber!

Silvio Rodríguez con su mejor amigo, la guitarra

1. Nombra a tres cantantes de música de protesta o de música con contenido social.

2. ¿Escoge uno de estos músicos y describe su estilo de música.

⬤ rock   ⬤ salsa

⬤ jazz   ⬤ folklórica

¿otro estilo?

3. ¿Cuáles son algunos de los temas principales de esta música de protesta? ¿De qué hablan estos músicos?

1.

2.

4. En Latinoamérica, ¿cuáles podrían ser los conflictos sociales más grandes que servirían de tema para una música de protesta?

5. ¿Son los problemas sociales de Nicaragua, Cuba o México los mismos que tenemos en los Estados Unidos? Explica tu respuesta.

¡A leer!

La siguiente lectura es el prólogo que Mario Benedetti escribió para el libro *Silvio, Memoria trovada de una revolución* de Joseba Sanz. Léela y contesta las preguntas a continuación.

ACERCA DE SILVIO

Por muchas razones, y hasta sinrazones, Silvio Rodríguez es un cantante fuera de serie.[1] Cofundador, con Pablo Milanés, Noel Nicola, Vicente Feliú, Eduardo Ramos, Sergio Vitier (y aunque nadie sabe quién la bautizó así) de la Nueva Trova,[2] ha aportado[3] su indudable prestigio a un movimiento que revitalizó la canción cubana y la catapultó en el plano internacional. No obstante, aún dentro de un núcleo tan fermental, con el que siempre se sintió plenamente identificado, Silvio es un talante inconfundible.[4]

---

[1]fuera... *in a class by himself*   [2]Nueva... *New (Cuban) Song (of Latin American social protest)*   [3]ha... *he has contributed to*   [4]*unmistakable*

Curiosamente, su voz no es cálida ni grave ni particularmente seductora, sino más bien aguda,[5] de un timbre[6] casi metálico y sin embargo frágil. Al escucharlo, uno llega a temer que en cualquier momento se le quiebre,[7] ... Con características que en cualquier otro cantante serían anticarismáticas,[8] Silvio funda precisamente su carisma. Quizá el secreto resida en que siempre transmite una gran sinceridad, una honestidad a toda prueba, un no aparentar[9] lo que no es, y, en estos tiempos de famas prefabricadas, de engendros de la machacona[10] y mistificadora publicidad,[11] esa actitud, a la que el público accede sin intermediarios, significa una bocanada de aire fresco[12] en un ámbito,[13] como el del espectáculo,[14] por lo común tan especulativo[15] como artificial.

---

[5]*high-pitched* [6]*voice quality* [7]*se... it might break on him* [8]*anti-charismatic* [9]*no... not appearing* [10]*engendros... repetitive (media) creations/monsters* [11]*mistificadora... media spin* [12]*bocanada... breath of fresh air* [13]*environment* [14]*stage, show business* [15]*speculative*

Tomado de: *Joseba Sanz,*
Memoria Trovada de una Revolución, Editorial
Txalaparta, Navarra.

Comprensión

1. ¿De dónde es Silvio Rodríguez?

2. La Nueva Trova o Canto Nuevo es música *comprometida*...
   - que se conoce sólo dentro Cuba
   - que ha logrado fama internacional
   - que implica sólo al artista Silvio Rodríguez

3. El timbre de la voz de Silvio Rodríguez es poderoso.
   - verdadero
   - falso

4. Caracteriza el estilo musical de Silvio Rodríguez.

¡A discutir!

A continuación se ofrece una lista de otros músicos del Canto Nuevo. Escoge una canción de cualquiera de ellos y transcribe una sola estrofa (stanza).

- Amparo Ochoa
- Alejandro Filio
- Atahualpa Yupanqui
- Fernando Delgadillo
- Gabino Palomares

- Mexicanto
- Santiago Feliú
- Silvio Rodríguez
- Violeta Parra

Artista:

Canción:

Transcripción:

Para más información sobre Silvio Rodríguez y otros músicios del Canto Nuevo, consulta la página de McGraw–Hill para *Al corriente* en la Internet.
http://www.spanish.mhhe.com

¡A escribir!

Compara y contrasta la música del Canto Nuevo de Silvio Rodríguez con la del músico o cantante que has indicado al principio de la lección (**¡A saber!, 2.**) u otro musico o cantante de música comprometida *(socially committed)* para entregar una reseña a la entrevista *Rolling Stone.*

ESPAÑA

Esta foto fue tomada en la Feria Mundial de Sevilla en 1992. Ese año también tuvieron lugar en España los Juegos Olímpicos de Barcelona.

The thematic focus of **Unidad IV** is Spain, the country from which the Spanish-speaking world originally received its language and much of its culture.

Although it is difficult to capture the essence of an entire nation in just three chapters, these materials will give you a sample of the variety of Spanish life. **Capítulo 10** contains an article about the Plaza Mayor, which is both literally and figuratively the heart of each Spanish town. **Capítulo 11** contains a sketch about Spain's celebrated and controversial film director Pedro Almodóvar. **Capítulo 12** outlines modern Spanish society in a journalistic piece that centers on the life of an average family.

The following mini-index will help you find the key grammar points presented in the unit.

LEYENDA DEL PLANO

1. Iglesia de San Mateo.
2. Casa de las Cigüeñas.
3. Casa de las Veletas.
4. Iglesia de San Francisco Javier.
5. Colegio Menor «Luisa de Carvajal».
6. Palacio de los Golfines de Abajo.
7. Iglesia de Santa María.
8. Torre de los Carvajal.
9. Torre de los Espaderos.
10. Casa de los Toledo-Montezumas.
11. Torre Bujaco.
12. Palacio Episcopal.
13. Palacio de Mayoralgo.
14. Arco de la Estrella.
15. Torre de los Pulpitos.
16. Torre del Horno.
17. Torre de la Hierba.
18. Arco de Santa Ana.
19. Torre del Postigo.
20. Torre Redonda.
21. Puerta de Mérida.
22. Torre Desmochada.
23. Arco del Cristo.
24. Arco del Socorro.
25. Palacio de Godoy.
26. Iglesia de Santiago.
27. Palacio de Justicia.
28. Casa de la Galarza.
29. Palacio de la Isla.
30. Casa Condes de Torreorgaz.
31. Iglesia de San Juan.

32. Palacio de los Golfines de Arriba.
33. Palacio de los Condes de Torreorgaz.
34. Casa de los Ulloa.

35. Torre de los Plata.
36. Casa de los Carvajal.
37. Oficina de Turismo.
38. Casa de la Generala.
39. Casa del Mono.
40. Casa de los Pereras.

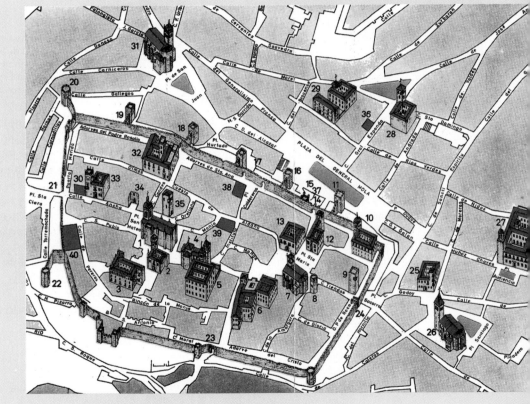

VOCABULARIO DEL TEMA

Preposiciones imprescindibles *(essential)*

Para hablar de un lugar*
a través de *across, through*
al lado de *beside*
alrededor de *around*
cerca de / lejos de *near / far (from)*
delante de / detrás de *in front of / behind*

dentro de / fuera de *inside, within / outside*
encima de / debajo de *above, on top of / below, under*
enfrente de *in front of, opposite*
entre *between, among*
frente a *facing, opposite*

junto a *next to*
sobre *above, on, upon*

Para hablar del tiempo*
a lo largo de *throughout*
a mediados de *around the middle of*

antes de / después de *before / after*
a principios de / a finales de *at the beginning of / end of*
desde... hasta *from . . . to / until*
durante *during*

Hablando del tema

A. Cáceres: una introducción. Imagínese que el alcalde de Cáceres, un pueblo antiguo de Extremadura —una región de España que queda al suroeste *(southwest)* de Madrid—, quiere atraer a esa ciudad más turistas. Para promover la historia y la arquitectura de Cáceres, ha contratado a la agencia de publicidad en la que trabaja Ud. para conseguir unos anuncios de radio. Trabajando con dos o tres compañeros/as, vean el mapa de la página 248 y escojan *uno* de los títulos a continuación para redactar un anuncio según las especificaciones de su cliente; después presentarán su anuncio ante la clase.

Vocabulario útil: el adarve *(walkway atop a wall)*, el arco *(arch)*, la esquina, la muralla / el muro *(wall)*, el palacio, la plaza, el portal *(city gate)*, el rincón *(inside corner)*, la torre *(tower)*

---

*Note that these categories are not necessarily exclusive. A few of the prepositions listed in one category can also be included in the other. For example: **alrededor de, a través de, entre,** and **sobre** can also be used with time, and **a lo largo de** can also be used with places.

1. **Cáceres, un monumento a la historia.** Cáceres es como un documento histórico. ¿Cómo es el centro histórico de Cáceres? ¿Qué forma tiene? ¿Es cuadrado *(square)?* ¿redondo *(round)?* ¿triangular? ¿Qué marca los límites del centro histórico? ¿Dónde se encuentra la mayor parte de los edificios históricos de Cáceres? ¿Puede Ud. explicar por qué?

2. **Cáceres, una fiesta para arquitectos.** Cáceres tiene muchos edificios y construcciones distinguidos por su arquitectura. ¿Qué clase de construcciones se encuentran en esta ciudad? ¿Qué clase de edificios se ven en el plano? ¿Son contemporáneos o antiguos? ¿De qué siglo o época histórica serán? ¿En qué parte de la ciudad están?

3. **Las plazas de Cáceres.** En casi todas la ciudades españolas, las plazas son el centro de muchos aspectos de la vida de sus habitantes. ¿Cuántas plazas se ven dentro y fuera de las murallas de Cáceres? (Se identifican en el plano con la abreviatura **Pl.**) ¿Cómo se llaman? ¿Cómo son estas plazas? ¿Son todas iguales? ¿Están todas en el centro histórico? ¿Qué edificios se encuentran alrededor de las plazas por lo general? ¿Qué se puede hacer en estos lugares?

4. **Las murallas, las torres y los portales del Cáceres guerrero.** Las murallas le dan a Cáceres un toque especial. ¿Cómo es la muralla de Cáceres? ¿Qué forma tiene? ¿Está bien conservada o le faltan partes? ¿Cuántos portales tiene? ¿Cuántas torres hay en la ciudad? ¿Dónde están? ¿Qué importancia tienen las murallas, las torres y los portales de Cáceres?

5. **Cáceres, ciudad de iglesias.** ¿Cuántas iglesias tiene Cáceres? ¿Cómo se pueden reconocer? ¿Cómo se llaman? ¿Está la mayoría de ellas dentro o fuera de las murallas? ¿Qué otros edificios están cerca de las iglesias? ¿Qué explicación o importancia puede tener esto?

B. ¿Dónde queda... ? Mire el plano para descubrir dónde quedan los siguientes lugares en Cáceres. Después, trabaje con un compañero (una compañera) para hacer los papeles de turista y ciudadano. Uno/a pregunta dónde queda un lugar y el otro (la otra) contesta la pregunta. ¡OJO! Hay varias maneras de preguntar y de identificar la ubicación *(location)* de cada lugar.

1. la Iglesia de Santa María *(7)*
2. la Torre de Bujaco *(11)*
3. el Palacio de Godoy *(25)*
4. el Colegio Menor «Luisa de Carvajal» *(5)*
5. la Casa de los Ulloa *(34)*
6. el Palacio de Justicia *(27)*

C. Un poco de historia. ¿Cuánto sabe Ud. de la historia de España? Combine una frase de cada sección para formar oraciones completas.

1. _____ Los moros (*Moors, Muslims*) invadieron la Península Ibérica...

2. _____ Los moros permanecieron en la Península Ibérica...

3. _____ La Reconquista de España por los españoles cristianos tuvo lugar entre...

4. _____ Cristóbal Colón descubrió América...

5. _____ La exploración de gran parte de las Américas tuvo lugar...

6. _____ España perdió casi todas sus restantes (*remaining*) colonias...

7. _____ La Guerra Civil española se luchó...

8. _____ Francisco Franco, dictador de España, gobernó...

9. _____ El rey actual (*present*), Juan Carlos I, empezó a reinar (*reign*)...

10. _____ La primera elección general en cincuenta años fue...

a. a finales del siglo XIX, después de perder la guerra contra los Estados Unidos en 1898

b. 718 y 1492, terminando cuando los reyes Fernando e Isabel tomaron Granada

c. a lo largo del siglo XVI, cuando España era el país más poderoso del mundo

d. en 1977

e. desde 1936 hasta 1939, terminándose un poco antes de la Segunda Guerra mundial

f. en el año 711

g. en 1492

h. desde 1939 hasta su muerte en 1975

i. durante ocho siglos, desde 711 hasta 1492

j. en 1975, inmediatamente después de la muerte de Franco

Las respuestas correctas son: 1. f
2. i 3. b 4. g 5. c 6. a 7. e
8. h 9. j 10. d

LECTURA

ACERCANDONOS A LA LECTURA

The architecture of a place, like its people, has its own recognizable character. Would New York City be the same without the Empire State Building or Times Square? How would the character of Paris change if it had no Latin Quarter or Champs-Elysées? Likewise, a Spanish city without its **Plaza Mayor** (*main square*) would be an anomaly. The **Plaza Mayor** is more than an architectural concept; it is a forum for maintaining tightly knit social bonds, even in a large cosmopolitan city such as Madrid. In this chapter's reading, **"Las Plazas Mayores de España,"** you will explore aspects of some of the well-known plazas of Spain: their history, architecture, and charm.

acontecer (zc) to happen
disfrutar (de) to enjoy
esforzarse (ue) (a) to exert oneself, strive (to)
rodear to surround

la actualidad present time

el incendio fire
la madera wood
el paseo walk, stroll
el plano map *(of a city);* plan, chart
la planta (baja) (ground) floor
el puesto booth, shop *(in a market)*

actual present
bello/a beautiful
espantoso/a frightening, terrifying
imprescindible essential, indispensable

A. Fuera de serie. Identifique la palabra en cada grupo que no es sinónimo de las demás.

1. el piso, el mercado, la planta
2. la madera, el paseo, la caminata, la excursión
3. presente, actual, antiguo, contemporáneo
4. el incendio, el fuego, el edificio
5. vital, imprescindible, sensible, indispensable
6. gozar, rodear, disfrutar, gustar
7. ocurrir, convertir, suceder, acontecer
8. terrible, horrible, espantoso, perezoso
9. lindo, hermoso, bello, seco
10. luchar, acontecer, batallar, esforzarse

B. Definiciones. Explique qué significa cada una de las siguientes palabras o frases.

1. la actualidad
2. la madera
3. el puesto de discos compactos
4. rodear
5. la corrida de toros
6. el plano

Anticipating Content

You have learned to expect certain things from different categories of writing or genres. For instance, you know that poems deal in metaphors, plays or interviews involve a fair amount of colloquial speech, and short stories rely heavily on the narrator's trustworthiness or point of view, as you have seen in previous chapters. Learning to use the expectations you have about a text will help you read more efficiently and understand more of what you read.

Read the first two paragraphs of this chapter's selection and characterize its genre. What kind of information would you expect to find in this type of article? Do you expect it to focus on specific people, places, events, or something else?

ESTRATEGIAS EN ACCION

A. Las plazas.   En «Las Plazas Mayores de España» va a ver que cada Plaza Mayor tiene su propio encanto. Examine secciones de la lectura y los subtítulos para encontrar información sobre la ubicación e importancia de cada plaza. Después, busque la ciudad en que se encuentra cada una de esas plazas en el plano de la página 248. Finalmente, trabaje con un compañero (una compañera) para verificar lo que ha descubierto.

B. Las plazas en la vida social.   Piense en la función social que cumple la plaza en las ciudades españolas. Por ejemplo, la costumbre del paseo se asocia frecuentemente con la Plaza Mayor. ¿Cuánto tiempo cree Ud. que se necesita para dar un paseo? ¿Qué actividades se puede hacer o no mientras dan un paseo? ¿Cree Ud. que el coche ha tenido algún efecto en la cultura de la Plaza Mayor?

C. Las funciones de la Plaza Mayor.   Trabajando con un compañero (una compañera) hagan una lista de todas las funciones que puede haber desempeñado la Plaza Mayor en España a lo largo de los siglos. Cuando lean el artículo, vean si acertaron con sus conjeturas.

COMENTARIOS PRELIMINARES

A. La ciudad española y la ciudad norteamericana.   Trabajando con un compañero (una compañera), describan el centro histórico de alguna ciudad antigua norteamericana (Boston, Filadelfia, San Antonio, San Diego, etcétera) o el de la ciudad donde viven Uds. ¿Cómo se compara ésta con el centro histórico de Cáceres? ¿Qué elementos tienen en común? ¿Pueden explicar el porqué de sus semejanzas (*similarities*) y diferencias?

B. El eje de la comunidad.   En las comunidades por lo general hay un lugar que se asocia con los acontecimientos más importantes y también con las actividades habituales de sus habitantes. ¿Qué lugar es ése en su comunidad? ¿El parque? ¿La iglesia? ¿El centro comercial? ¿La calle Mayor? ¿La escuela? ¿La universidad? ¿Otro lugar?

Primero, complete la tabla de la próxima página para indicar qué lugar se asocia con cada función enumerada a la izquierda. Después compare sus respuestas con las de otro/a estudiante de su misma comunidad; entre ambos/as determinen qué lugar se puede considerar el eje (*hub*) de su comunidad.

FUNCION SOCIAL	LUGAR
_____ 1. celebrar las fiestas nacionales	1.
_____ 2. pasear	2.
_____ 3. asistir a espectáculos públicos	3.
_____ 4. ir de compras	4.
_____ 5. reunirse con los amigos	5.
_____ 6. Ver exposiciones culturales o artísticas	6.
_____ 7. convocar reuniones o manifestaciones políticas	7.
_____ 8. pasar el tiempo libre con la familia	8.
_____ 9. tomar un café (u otra bebida), y ver pasar a la gente	9.
_____ 10. servir de atracción turística	10.
_____ 11. circular libremente por la calle	11.
_____ 12. encontrarse con personas de varios grupos étnicos, clases, edades y costumbres	12.

Las Plazas Mayores de España

La Plaza Mayor de Salamanca es, según el acuerdo general de la gente española, la más bella de todas.

Judith Glynn

Desarrollándose en todos los sentidos, España es hoy día una nación moderna, adaptada a nuevas costumbres y maneras de apreciar las cosas. Pero no por ello se olvida totalmente de cómo disfrutar de la vida, algo que el español ha convertido en un arte. Para ellos, las relaciones humanas son muy importantes; de ahí la relevancia del *paseo*, que se convierte en un acto social, cultural y bien relajador.

Muy vinculada[1] con este concepto del paseo, está la existencia de las *Plazas Mayores*, que fueron y son —en muchas ciudades y poblaciones

[1]relacionada

españolas— los lugares escogidos para reunirse y para celebrar fiestas especiales y patronales,[2] corridas de toros y días de mercado. Las del centro y el norte de España, en particular, son deliciosas de explorar, y aquí vamos a recorrer,[3] redescubriéndolas, algunas de las más famosas.

En Salamanca: una de las más bellas

De Salamanca se ha dicho que es la Universidad y la Plaza Mayor. Esta, que se encuentra situada estratégicamente en el centro de la ciudad, es el imprescindible punto de reunión y lugar de paseo de la población. Por su armonía y belleza artística, pocos disputan su fama de ser la plaza más bella de España. Incluso los habitantes de otras regiones —a pesar de su típica lealtad[4] española al lugar de su nacimiento— así lo admiten.

La Plaza Mayor salmantina surgió[5] al buscarse un lugar donde instalar el mercado, muy importante en la vida de la ciudad. Antiguamente se llamó Plaza San Martín, por estar en un extremo de ella la iglesia de ese nombre, y era más grande que la actual plaza.

A finales del siglo XVI se edificaron las «carnicerías[6] reales» y las casas que las rodeaban. La plaza comenzó a perder sus enormes proporciones, que fueron disminuyendo al construirse la Casa Consistorial[7] en el siglo XVII. A principios del siglo XVIII comenzaron los trabajos de edificación de la plaza nueva, que habrían de durar[8] muchos años. En la actualidad, aún se conservan en la Alcaldía[9] los planos de la plaza, de estilo barroco, que fueron trazados[10] por los arquitectos Andrés García de Quiñones y Alberto Churriguera, de la famosa familia de arquitectos españoles que ha dado su nombre al estilo churrigueresco (equivalente a una arquitectura bastante recargada[11] de adornos).

Lejos de lo ocurrido con otras plazas españolas, la Plaza Mayor de Salamanca sigue siendo el centro de vida de los salmantinos, que la han conservado con orgullo y no la han arrinconado[12] como un monumento nacional, mera reliquia del pasado desprovista de toda vigencia.[13] A cualquier hora del día o del atardecer,[14] la plaza está animada. Hay en ella numerosos establecimientos e incluso un pequeño centro comercial de 24 tiendas, el *Multi-Plaza*, quizá algo fuera de lugar —con las luces de su marquesina[15] y su moderna apariencia— junto a los antiguos edificios que lo rodean.

El mejor momento de apreciar la vida de la plaza es el domingo por la tarde, cuando se invade con familias enteras. Los cafés y restaurantes se llenan y las mesas de las terrazas, con el buen tiempo, son el lugar ideal para observar a esta especie[16] de colmena[17] humana en que la plaza se convierte.

Toledo: una plaza histórica

Durante muchos siglos, la plaza más importante de Toledo fue la de Zocodover, nombre arábigo que significa «mercado de las bestias». Esta plaza fue por mucho tiempo el centro de la vida toledana, el lugar de todo lo bueno y lo malo que les acontecía a los moradores[18] de la ciudad. Además de los tradicionales mercados —llamados *los Martes* por tener lugar ese día—, también se celebraban en ella las corridas de toros e innumerables fiestas, así como las ejecuciones de los condenados.

Por esta famosa plaza desfilaron[19] las diferentes culturas que poblaron la ciudad: judíos,[20] árabes, mozárabes[21] y castellanos.[22] De esta mezcla[23] de razas y lenguajes, se fundió[24] en Zocodover un solo idioma y un solo pueblo, llegando a culminar esta unidad en el siglo XVI. (Paradójicamente, en ese mismo siglo —1560–61—, Felipe II tomó la decisión de trasladar la residencia de la Corte española de Toledo a Madrid.)

En el habitual bullicio[25] de esta plaza, principalmente durante los días de mercado, estudiaron las populares y picarescas costumbres de su época Cervantes[26] y Quevedo,[27] trasladándolas fielmente[28] a sus inmortales obras.

---

[2]de santos [3]*pass through* [4]*loyalty* [5]apareció [6]*butcher shops* [7]*Casa… Town Hall* [8]habrían… *would have to last* [9]Oficinas del alcalde [10]*drawn* [11]*overdecorated* [12]dejado fuera de uso [13]desprovista… sin uso práctico [14]*late afternoon* [15]*marquee* [16]clase [17]*beehive* [18]habitantes [19]pasaron [20]*Jews* [21]cristianos que vivían entre los árabes [22]personas de Castilla, cristianos [23]*mixture* [24]unió [25]ruido [26]Miguel de Cervantes (1547–1616), autor de *Don Quijote de la Mancha* [27]Francisco de Quevedo (1580–1645), autor de prosa y poesía satíricas [28]*faithfully*

A los madrileños les gusta pasar los fines de semana en Chinchón, donde se encuentra una Plaza Mayor que conserva todavía el ambiente de siglos pasados.

Una tradición castellana

No sólo las ciudades importantes tuvieron sus Plazas Mayores. En Castilla, ellas forman parte de la tradición y llegaron a ser imprescindibles en la vida de cualquier población, por pequeña que ésta fuera.[34]

Cerca de Madrid, se encuentra Chinchón, donde los madrileños[35] pasan frecuentemente los fines de semana. Además de su iglesia parroquial, con un neoclásico retablo[36] de Goya, la población cuenta, naturalmente, con su Plaza Mayor. De forma circular, tiene el anillo exterior empedrado con guijarros,[37] y el centro de arena.[38] Los edificios que la rodean son de madera con soportales.[39] La planta baja de estos edificios está ocupada por tiendas, y en el piso superior hay apartamentos.

Al contrario de otras villas, en las que las plazas han perdido gran parte de su antigua importancia, la Plaza Mayor de Chinchón (quizá por ser necesario atravesarla para trasladarse[40] de un lugar de la ciudad a otro) ha conservado su animación. Allí se celebran regularmente mercados, representaciones de obras religiosas durante la Semana Santa, fuegos artificiales[41] y, en agosto, en honor de San Roque, fiestas taurinas, para las cuales los balcones se engalanan[42] con banderas[43] y mantones de Manila.[44] Durante estas fiestas, la juventud de la villa toma parte en algo bien típico de Chinchón. Colocan[45] en el centro de la plaza botellas del renombrado[46] anís que allí se produce, y tratan de burlar[47] al toro y evitarlo mientras se esfuerzan bravamente en recobrar las botellas.

Pero no todo era alegría en la plaza, pues en ella tenían lugar asimismo los suplicios[29] y, durante muchos años, para recordarlos, se podía ver en su centro el cadalso[30] de piedra allí plantado. Finalmente, la ciudad logró librarse de él, haciendo que tan sólo apareciera[31] en los días de las ejecuciones, que solían ser frecuentes.

Con el paso de los años, la plaza ha ido sufriendo transformaciones y, paulatinamente,[32] perdiendo su interesante carácter. Hoy día, aunque todavía se celebran en ella varios actos, incluyendo procesiones, Zocodover es víctima del tráfico moderno, irónicamente creado en parte por la misma afluencia turística que llega a Toledo para apreciar su importancia histórica y artística. Aunque existe ahora un movimiento para volverle a dar la popularidad de que antes gozó, Zocodover, de momento, pertenece a los automóviles que constantemente la atraviesan.[33]

La más conocida de España

Tan famosa como la Puerta del Sol[48] es la Plaza Mayor de Madrid, que en tiempos pasados fue un agitado escenario[49] de la historia de la ciudad, bajo los Austrias (hasta 1700) y, después, bajo los Borbones, que ahora, con Juan Carlos I, han vuelto a reinar.

La Plaza Mayor estaba formada por 136 casas, de cinco pisos cada una, dispuestas[50] en forma rec-

---

[29]asimismo... también las torturas   [30]*scaffold*   [31]haciendo... *having it appear only*   [32]lentamente   [33]la... pasan por ella   [34]por... *no matter how small it was*   [35]personas de Madrid   [36]decoración de un altar   [37]empedrado... *paved with pebbles*   [38]*sand*   [39]arcadas   [40]ir   [41]fuegos... *fireworks*   [42]decoran   [43]*flags*   [44]mantones... *embroidered shawls*   [45]Ponen   [46]famoso   [47]jugar con, torear   [48]Puerta... plaza situada en el centro de Madrid   [49]*stage*   [50]arregladas, puestas

Aunque en otros tiempos la Plaza Mayor de Madrid fue escenario de incidentes tumultuosos, hoy en día es un buen sitio para tomar un cafecito, cenar y divertirse con los amigos en un ambiente pacífico.

tangular. Entre todas ellas se sumaban[51] más de 400 balcones corridos[52] en los que, durante los festejos[53] y acontecimientos, se podían acomodar unas 50.000 personas. En una de las casas de la parte norte de la plaza, llamada Casa de Panadería, los reyes tenían sus propias habitaciones en la primera planta, para poder presenciar[54] las fiestas desde sus balcones.

En 1620, un año después de haber sido acabada la plaza, se celebró en ella la beatificación de San Isidro, el patrono de Madrid, con procesiones, danzas y máscaras. Al año siguiente, la plaza adquirió[55] un aspecto más trágico al ser decapitado allí don Rodrigo Calderón,* ministro de Felipe III.

Durante los años, continuó la plaza siendo el lugar favorito para muchos de los más importantes espectáculos de la capital española.

La plaza ha pasado también por sus épocas de desastres y tumultos. En 1631, occurió en ella un es-

pantoso incendio que destruyó toda la parte sur. En 1672, de nuevo un incendio acabó con la otra parte de la plaza. A pesar de esto, continuó siendo el centro de espectáculos divertidos o trágicos, desde corridas de toros hasta ajusticiamientos[56] y, más tarde, durante el reinado de Felipe V, ya en la primera mitad del siglo XVIII, se convirtió en mercado público. La Plaza Mayor representó también un papel muy importante en el célebre motín[57] de Esquilache (ministro de Carlos III).** Unos cuantos años después, ocurrió el tercer incendio que, al reducir a cenizas[58] la parte este, hizo necesaria la total reedificación de la plaza, que no se acabó por completo hasta 1853.

En la actualidad, la Plaza Mayor es un lugar comercial, pero sobre todo de atracción turística. Los apartamentos que hay en ella son muy valorados, y desde los mismos se pueden apreciar bien los conciertos y danzas folklóricas que se celebran en la plaza, especialmente durante las fiestas de San

---

*Favorito del duque de Lerma y del rey Felipe III que cayó en desgracia y fue decapitado en 1621.
**Leopoldo Gregorio, el marqués de Esquilache, fue ministro del rey Carlos III durante la segunda mitad del siglo XVIII. Su mala política provocó un motín en 1766.

---

[51]se... había   [52]*connecting, continuous*   [53]festividades   [54]mirar   [55]obtuvo   [56]ejecuciones   [57]rebelión   [58]*ashes*

Isidro en plena[59] primavera, en mayo de cada año. En la época de las Navidades, los mercaderes[60] establecen sus puestos con tenderetes[61] de adornos, hechos a mano, para exhibir y vender los *nacimientos*[62] y árboles navideños.

Para bien saborear el gusto de la plaza, hay que visitarla a la hora del aperitivo de los domingos, cuando las terrazas de sus varios bares y restaurantes se encuentran repletas[63] de familias madrileñas y turistas. Muchas personas la visitan semanalmente,[64] atraídas por el mercado numismático y filatélico[65] que allí tiene lugar todos los domingos. En medio de todo este bullicio, los niños corretean[66]

y juegan alrededor de la estatua de Felipe III erigida[67] en el año 1848.

La Plaza Mayor de Madrid continúa en nuestros días —así como muchas otras de diferentes regiones de la Península Ibérica— siendo un vigoroso y muy animado centro de la vida española. A la vez, resulta una genuina expresión del alma[68] tan peculiar y rica de ese pueblo, fundador de las naciones de Hispanoamérica.

Tomado de *GeoMundo*, enero de 1985

---

[59]la mitad de   [60]vendedores   [61]puestos de venta al aire libre   [62]*Nativity scenes*   [63]llenas   [64]cada semana   [65]numismático... de monedas *(coins)* y estampillas   [66]corren alegremente   [67]construida   [68]*soul*

¿Cuánto recuerda Ud.?

Las declaraciones que siguen se refieren a las Plazas Mayores de España *en general.* ¿Hay algunas declaraciones incorrectas? Si las hay, corrija los errores.

1. Los españoles valoran las antiguas Plazas Mayores de sus ciudades y las preservan como si fueran *(as if they were)* museos.
2. El paseo es una de las costumbres españolas más reverenciadas. Desde hace siglos tiene lugar en la Plaza Mayor.
3. Los habitantes de cada población de España opinan que su plaza local es más bella que la de Salamanca.
4. Los españoles de otros siglos edificaron las Plazas Mayores para formar el centro del pueblo: el sitio del mercado principal.
5. En las Plazas Mayores acontecían toda clase de actividades: espectáculos, corridas de toros, representaciones teatrales, proclamaciones reales, canonizaciones y ejecuciones de condenados.
6. En otros siglos tanto la gente común como los nobles se sentaban en los balcones que rodeaban la Plaza Mayor para presenciar los acontecimientos del día.
7. En la actualidad lo común es sentarse en los restaurantes y cafés de la Plaza Mayor para conversar y mirar a los demás.

¿Qué se imagina Ud.?

A. ¿Por qué sobrevive *(survive)* la Plaza Mayor?   Este artículo describe un fenómeno cultural muy importante tanto de la España histórica como de la contemporánea. Trabajando en un grupo pequeño, hagan una lista de por lo menos cinco actividades cívicas y sociales que han contribuido a la importancia de la Plaza Mayor, tanto en el pasado como en el presente.

B. La Plaza Mayor y el futuro.   ¿Cree Ud. que en el futuro va a disminuir la importancia de la Plaza Mayor como elemento cultural? ¿Por qué sí o por qué no? Primero enumere innovaciones introducidas por la vida moderna que poco a poco disminuyen el papel central de la Plaza Mayor en las ciudades de España. Después, trabaje con un compañero (una compañera) para intercambiar su análisis.

C. El café y el paseo: sus equivalentes norteamericanos.   La autora de este artículo menciona dos costumbres españolas: el paseo y la visita al café al aire libre. Trabajando en un grupo pequeño, explíquense por qué no tienen los norteamericanos las mismas costumbres. ¿Hay algo en la sociedad norteamericana actual que sustituya a la Plaza Mayor? Finalmente, compartan sus opiniones con el resto de la clase.

GRAMÁTICA EN CONTEXTO

26. Expressing Impersonal or Passive Meanings and Unplanned Events: *se* Constructions

Most sentences are active, that is, they consist of an agent (the subject), an action (the verb), and a recipient of the action (the direct or indirect object).

Felipe II	construyó	la plaza en Madrid.
SUBJECT	VERB	OBJECT

There are, however, various constructions in which the agent does not play this crucial role, but rather is depersonalized, unknown, or not important to what is being said. In English the most common construction of this type is the passive voice (*The plaza **was built** in Madrid by Felipe II*). Although the passive voice exists in Spanish,* Spanish speakers do not use it as frequently, preferring instead various **se** constructions to express actions in which the agent is unknown or unimportant to the action.

---

*You will learn more about the passive voice in **Capítulo 14.**

Impersonal se

The impersonal **se** is used with a third-person singular verb to express the equivalent of the English *one, you, people* (in general), and *they*. The impersonal **se** conveys the action of the verb without associating it with specific individuals. The verb appears only in the singular, third person, with this construction.

En Salamanca **se** vive bien.	*You (They) live well in Salamanca.*
En esta casa no **se** grita.	*One doesn't (You don't) yell in this house.*

Passive se

This construction is similar to the impersonal **se** in that the agent of the action is either unknown or unimportant in the context of what is being said. Emphasis is on the action itself or the recipient of the action. This construction is most commonly used when a noun is present in the sentence because only the passive **se** can be used with transitive verbs (verbs that take direct objects). The verb will appear in the third-person singular or plural in agreement with the noun.

Se vende café en esa tienda.	*Coffee is sold in that store.*
Se edificaron las plazas en poco tiempo.	*The plazas were built quickly.*

 **¡Practiquemos!**

A. ¿Qué se hace allí?   Diga cuál(es) de las siguientes acciones son más apropiadas para los lugares indicados. ¡OJO! A veces hay más de una respuesta apropiada.

1. En el Retiro, el parque enorme en el corazón de Madrid,...
   a. se descansa debajo de los árboles
   b. se pasea por las sendas *(paths)*
   c. se admiran las flores
2. En los salones del Museo del Prado en Madrid...
   a. se habla en voz alta
   b. se ven los cuadros de Goya y Velázquez
   c. se estudian los grandes artistas soviéticos
3. En el aeropuerto Barajas de Madrid...
   a. se espera la llegada de los aviones
   b. se venden motocicletas
   c. se toman vuelos para otros países
4. En las aulas *(classrooms)* de la Universidad de Salamanca...
   a. se toman exámenes
   b. se escriben novelas
   c. se mira televisión
5. En los cafés de la Plaza Mayor de Salamanca...
   a. se juega al fútbol
   b. se compran pasteles *(pastries)*
   c. se sirven el almuerzo y la cena

B. ¿Qué más se sabe de la Plaza Mayor?   Convierta el verbo principal en una construcción con **se**.

> MODELO: En la Plaza Mayor los turistas descansan un poco. →
> En la Plaza Mayor *se descansa* un poco.

1. Las guías (*guidebooks*) dicen que la Plaza Mayor era el antiguo mercado.
2. También los salmantinos luchaban con los toros en ella.
3. En el siglo XVIII la ciudad construyó nuevos edificios allí.
4. Los reyes observaban las fiestas desde los balcones.
5. Hoy vemos mejor la vida de la plaza los domingos por la tarde.
6. Los niños corren constantemente entre los arcos.
7. La gente bebe y come en los restaurantes al aire libre.
8. Puedes comprar recuerdos (*souvenirs*) en los puestos que rodean la plaza.

Unplanned Events

A **se** construction is also used to express spontaneous or unplanned events that are viewed as unintentionally happening to the recipient. As with the passive and impersonal **se** constructions, the emphasis is on the action and the recipient of the action rather than the agent. The person to whom the event is happening is indicated with an indirect object pronoun, and the verb agrees with the noun.

Se les descompuso el coche.	*Their car broke down (on them).*
Se nos acabaron los bocadillos.	*The sandwiches ran out (on us).*

This **se** construction occurs most frequently with the following verbs: **acabar, caer, descomponer** (*to break down*), **ocurrir, olvidar, perder, quedar** (*to remain behind*), **romper** (*to break, to tear*).

▲ ¡Practiquemos!

A. ¿Qué nos ocurrió?   El año pasado Karen Judd viajó a España con un grupo de turistas norteamericanos. Complete su descripción de todo lo que les pasó a ella y a sus compañeros durante el viaje.

1. A John Smith se le perdió el _____ rojo en la aduana.
2. A Liz y Lori Parker se les quedaron sus _____ de Madrid en el avión.
3. A Tom Gunderson se le rompieron las _____ oscuras encima de los muros de Cáceres.
4. A mí se me quedó mi nueva _____ en el bolsillo (*pocket*) de mis otros pantalones.
5. A nosotros se nos cayeron todos los _____ debajo de la mesa del café.
6. A la familia Jenkins se le descompuso el _____ alquilado.

a. gafas
b. guías (*guidebooks*)
c. coche
d. pasteles
e. cartera (*wallet*)
f. sombrero

B. ¿Qué más nos sucedió?   Ahora indique qué más les ocurrió cuando estaban en España.

> MODELO: a nosotros: descomponer / los coches alquilados →
> Se nos descompusieron los coches alquilados.

1. a las chicas de Nueva York: olvidar / el nombre del hotel
2. a mí: perder / los cheques viajeros
3. a ti: acabar / el dinero
4. a Jim: quedar / las gafas de sol en el hotel
5. a nosotros: caer / los planos de la ciudad
6. a Gabby: romper / las sandalias
7. a Mike: ocurrir / dar un paseo por la Plaza Mayor
8. a todos: olvidar / los pasaportes

—¿Qué cómodo se va así, eh papi?

27. Expressing Goals and Means: *por* and *para*

Although both **por** and **para** can express English *for,* they have different uses and cannot be used interchangeably. The choice between them depends on the meaning the speaker wishes to convey. Thinking of the meaning of each in spatial terms may help you to understand the basic differences in their usage.

Whereas **para** indicates direct movement toward a destination or goal, **por** indicates a more indirect movement toward, along, around, or through space. **Por** focuses on the means or route used to get from one place to another, rather than the goal or purpose of arriving there, as implied by **para.**

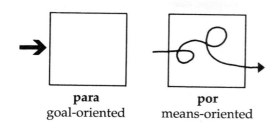

para
goal-oriented

por
means-oriented

Para

Para is used to express goals, purposes, personal opinions, or deadlines.

> Alberto Churriguera estudió **para** arquitecto. (GOAL)
> Las Plazas Mayores son lugares **para** reunirse y **para** celebrar fiestas.
>   (PURPOSE)
> **Para** los españoles, las relaciones humanas son muy importantes.
>   (PERSONAL OPINION)
> Tuvieron que terminar la construcción **para** el día de la inauguración.
>   (DEADLINE)

Por

Por is used to express money exchanges, time durations, or causes.

> Los mercaderes pagaron cuarenta pesetas **por** las sandalias y las
>   vendieron **por** noventa. (MONEY EXCHANGE)
> El rey estuvo en su balcón **por** cinco horas ese día. (TIME DURATION)
> Los mercados se llamaban los Martes **por** tener lugar ese día. (CAUSE)

Numerous idiomatic expressions are formed with **por.**

por casualidad	by chance
por completo	completely
por ejemplo	for example
por eso	for that reason
por lo común	generally
por lo menos	at least
por (lo) tanto	therefore
por lo visto	apparently
por otra parte	on the other hand
por si acaso	just in case
por suerte	fortunately
por supuesto	of course

▲ ¡Practiquemos!

A. Comentarios de dos camareros. Jorge y Federico son dos camareros que viven en Salamanca. Combine una frase de cada grupo para indicar lo que opinan de un grupo de turistas norteamericanas que pasan por su ciudad. Después, vuelva al diálogo para buscar y explicar cada caso de **por** y **para.**

JORGE: ¡Por Dios! ¿No saben esas mujeres que no se camina... ?

FEDERICO: Pues, no comprendo por qué los llevan. Ya son demasiado altas...

JORGE: De acuerdo, pero serán muy ricas. Por lo visto, acaban de pagar...

FEDERICO: ¡Uf! ¿Crees que van a estar aquí por unos días más? ¡Ojalá que... !

JORGE: ¡Mira qué tonta es ésa! Cada vez que un chico le echa un piropo *(flattering comment)*, ella...

FEDERICO: Sí, ¡qué chistoso! Por eso todos esperan que ella se quede aquí...

JORGE: Por supuesto eso no va a ocurrir. Creo que ese grupo sale mañana...

   a. se vuelve *(turns around)* para sonreírle
   b. para mi gusto
   c. por unos meses más
   d. cinco mil pesetas por su comida
   e. para su propio país
   f. por estas calles empedradas *(cobblestone)* con zapatos de tacón alto
   g. almuercen aquí mañana

B. En la corrida de toros. Complete las oraciones con **por** o **para.**

El sábado pasado mis amigos y yo salimos _____^{1} la plaza de toros. Estábamos un poco cansados _____^{2} el calor de Madrid. Al llegar a la plaza, conseguimos billetes _____^{3} 500 pesetas. El espectáculo empezó con un desfile *(parade)* _____^{4} el ruedo *(ring).* _____^{5} mí, el desfile fue muy interesante _____^{6} la música y los trajes, pero no me gustó lo que siguió _____^{7} la crueldad hacia los animales. _____^{8} eso, comenté que uno tiene que ser español _____^{9} disfrutar de lo que pasa en el ruedo. _____^{10} fin, un sevillano que estaba allí nos explicó lo que estaba pasando.

El toro no ataca al torero _____^{11} mucho tiempo. Se cansa rápido _____^{12} lo que le hacen los picadores y los banderilleros. Pero _____^{13} matarlo, el torero tiene que acercársele mucho. _____^{14} lo visto, el toro está indefenso, pero _____^{15} el torero también hay peligro *(danger).*

Al salir de la plaza de toros, dimos un paseo _____^{16} la parte antigua de Madrid, lo cual me gustó mucho más que la corrida.

C. El nuevo coche. El Sr. López piensa comprar un coche usado. Trabajando con un compañero (una compañera), describan las circunstancias de esta compra, usando **por** y **para.**

   Vocabulario útil: regatear *(to bargain),* la autopista *(highway),* la bolladura *(dent),* probar las llantas *(to test the tires)*

1. 2. 3.

4. 5. 6.

ESPAÑOL EN ACCION

A. ¿Vas a España? ¡Qué suerte tienes! Imagínese que su compañero/a de clase va a estudiar en Salamanca el año que viene. Con él/ella, comenten lo divertido que es la vida española. Usen el anuncio, la información de la lectura y las sugerencias a continuación en sus comentarios. Trate de decirle ocho o diez cosas que se pueden hacer en Salamanca.

- ir a las discotecas hasta las seis de la mañana
- visitar los museos todos los días
- cenar a las diez u once de la noche
- tomar algo en un café al aire libre
- pasear por la Plaza Mayor

SENTANDO CÁTEDRA.[a]

SALAMANCA
CAPITAL CULTURAL

[D]esde siempre han pasado por sus dos Universidades, la Pontificia y la Civil, y sus Colegios Mayores,[b] el elenco[c] de profesores más prestigiosos que haya podido tener Universidad alguna de cualquier país. Haciendo escuela:[d] Luis de Leon, Miguel de Unamuno, pasando por Torres Villarroel..., sin desmerecer[e] los de un pasado inmediato... y sin citar, para no herir[f] su modestia, a los actuales se ha hecho buena la frase de "a aprender a Salamanca". Y ha sido esta permanente capacidad de asombro,[g] la que ha hecho del salmantino persona fácil de[h] sentar cátedra,[i] amigo de tertulias y del sano chalaneo,[j] buen corredor de comercio,[k] mejor tratante de ganado,[l] único en entender tanto de telas como del laboreo.

Oficios que, al sol de la Plaza Mayor aprenden, generación tras generación, los estudiantes novatos.

Una ciudad por la que han pasado, y seguirán pasando, doctores, licenciados,[m] inmortalizados muchos por el mejor de los migueles, que perdone el arcángel, bachilleres en las mil y una ramas[n] del conocimiento, ciegos que veían más allá que sus lazarillos, justifica ya ser nombrada...

Plaza mayor del vivir y del saber. Todos los salmantinos en pos de[o] lograr para SALAMANCA, la Capitalidad Cultural Europea y la Sede de la Universidad Internacional e iberoamericana.

[a]Sentando... Becoming an authority [b]Colegios... Residencias universitarias [c]cast [d]Haciendo... Teaching [e]comparing unfavorably with [f]wounding [g]wonder [h]fácil... who can easily (be) [i]sentar... become an authority [j]amigo... lover of regular friendly discussions and honest trading [k]corredor... traveling salesman [l]tratante... livestock trader [m]abogados [n]branches [o]en... in pursuit of

B. Salmantinos en su ciudad.   A través de su profesor(a) de español, su clase ha invitado a varios estudiantes de Salamanca a visitar su ciudad: los estudiantes norteamericanos tenían que darles por teléfono toda la información necesaria para que ellos se preparen para el viaje. Trabajando con un compañero (una compañera), representen esa conversación, respondiendo al interés que él/ella tiene sobre los siguientes puntos.

1. ¿Dónde queda la ciudad? ¿Cómo es la ciudad y esa parte del país?
2. ¿Dónde queda la universidad con respecto al resto de la ciudad? ¿Está integrada la universidad a la comunidad o hay separación entre ellas?
3. ¿Cómo se divierte la gente? ¿Hay museos? ¿Cafés? ¿Discotecas?
4. ¿Hay plazas o parques? Si no, ¿por dónde pasea la gente? ¿Qué días y a qué horas van de paseo?
5. ¿A qué hora se come y a qué hora se cena? ¿Cuáles son los platos favoritos de la gente?

Al corriente

El camino de Santiago

¡A saber!

1. Explica con tus propias palabras qué es una peregrinación *(pilgrimage)*.

2. Se dice que Santiago fue un apóstol de Jesús Cristo. ¿Qué quiere decir «apóstol»?

   ◯ historiador de Jesús   ◯ amigo de Jesús   ◯ discípulo de Jesús

3. Se dice que el cuerpo del apóstol Santiago está enterrado *(buried)* en la ciudad de Santiago de Compostela. ¿En qué parte de la Península Ibérica se encuentra Santiago de Compostela? ¿Cómo se llama esta región?

4. ¿Cómo es el clima del noroeste de España?

   ◯ lluvioso   ◯ seco   ◯ montañoso

¡A leer!

La siguiente lectura describe cómo se formó el Camino de Santiago. Léela y contesta las preguntas a continuación.

EL CAMINO DE SANTIAGO

A comienzos del siglo IX se divulgó por Europa la aparición en Galicia del sepulcro[1] del apóstol Santiago. Muy pronto se inició el movimiento de peregrinos[2] hacia la tumba del Apóstol. En los tiempos iniciales el Camino no tenía un trazado fijo[3] e inalterable. Los primeros peregrinos debieron marchar a través de las fragosidades[4] de la Cordillera Cantábrica,[5] toda vez que las tierras llanas de la Meseta se encontraban en poder de los musulmanes.[6] Poco a poco se fue fijando una ruta permanente. El peregrino buscaba los lugares más ventajosos,[7] las calzadas[8] más trilladas[9] y, sobre todo, los puentes, ya que era el vado[10] de los ríos una de las mayores dificultades en la Ruta.

En el siglo XI, Sancho el Mayor de Navarra y su nieto, Alfonso VI de León, reparan el Camino, restauran los puentes y dictan normas de protección al peregrino. De la difusión y propaganda de la peregrinación jacobea[11] se encargan los monjes[12] benedictinos de Cluny, con su poderoso monasterio leonés de Sahagún. Desde todos los ángulos de la Cristiandad partían rutas de peregrinación santiaguista,[13] y en todas ellas tenemos documentada, muy tempranamente, la presencia de peregrinos rumbo a Compostela. Los países nórdicos, el Oriente europeo, Turquía y las regiones del Mediterráneo oriental, del Adriático y del Tirreno, tenían señalados sus caminos jacobeos.

[1]*tomb* [2]*pilgrims* [3]*trazado... fixed route* [4]*bush, undergrowth* [5]*Cordillera... Cantabrian Mountain Range (in northeastern Spain)*
[6]*Muslims, Moors* [7]*advantageous* [8]*routes* [9]*travelled* [10]*crossing* [11]*pertaining to St. James, Jacobean* [12]*monks* [13]*jacobea*

Comprensión

1. ¿Cuándo se descubrió el sepulcro del apóstol Santiago?

2. El camino de la peregrinación siempre fue una ruta muy fija y establecida.

   ● verdadero   ● falso

3. ¿Cuál era el mayor problema de la ruta a Santiago según esta lectura?

   ● buscar un lugar donde dormir   ● encontrar comida suficiente
   ● cruzar los ríos

4. ¿Quién o quiénes hizo/hicieron más propaganda al camino francés?

   ● Sancho el Mayor   ● Alfonso VI   ● los benedictinos

¡A discutir!

Imagínate que harás una peregrinación en bicicleta (bici) desde la frontera de Francia (cerca del pueblo de Irún) hasta Santiago de Compostela. Haz una lista en orden geográfico de las regiones y las ciudades por las cuales se tiene que pasar.

REGIONES: La Rioja, Galicia, Castilla, Navarra, León
CIUDADES: Burgos, Logroño, León, Pamplona, Santiago de Compostela

Para más información sobre el Camino de Santiago y otros temas relacionados, consulta la página de McGraw-Hill para *Al corriente* en la Internet.
http://www.spanish.mhhe.com

¡A escribir!

Haz un itinerario de tu peregrinación de Francia a Santiago de Compostela en bici. Piensa en los siguientes factores.

- ¿En qué meses del año se efectuará la peregrinación? ¿Por qué?
- ¿Cuánto tiempo se llevará entre las diferentes regiones y ciudades?
- ¿De cuánto dinero se dispone para la peregrinación?
- ¿Dónde se alojará cada noche?
- ¿Qué se comerá en el camino?
- ¿Qué tipo de ropa se usará?
- ¿Cómo se preparará la bicicleta (para el viaje)?

¡HABLEMOS UN POCO!

La Giralda, la famosa torre de la Catedral de Sevilla, fue construida por los árabes entre los años 1184 y 1196.

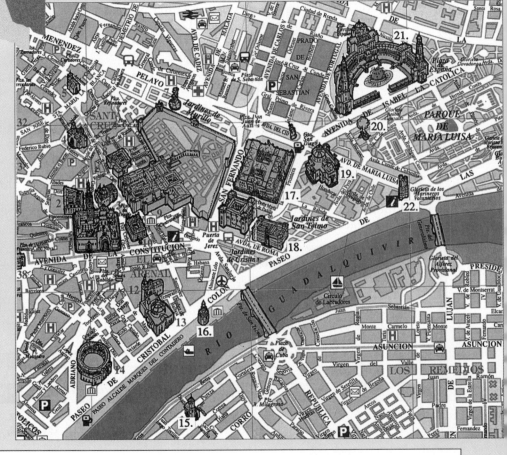

1. Catedral	9. Real Alcázar	16. Torre de Oro
2. Palacio Arzobispal	10. Archivo de Indias	17. Universidad
3. Convento de la Encarnación	11. Arco del Postigo	18. Palacio de San Telmo
4. Iglesia de Santa Cruz	12. Hospital de la Caridad	19. Teatro Lope de Vega
5. Iglesia de Santa María la Blanca	13. Teatro de la Maestranza	20. Estatua de Bécquer
6. Barrio de Santa Cruz	14. Plaza de Toros	21. Plaza de España
7. Monumento a Cristóbal Colón	15. Iglesia de Santa Ana	22. Costurero de la Reina
8. Hospital de los Venerables		

VOCABULARIO DEL TEMA

Cómo pedir y dar instrucciones

Cómo pedir instrucciones

Perdón... , Disculpe... , Oiga... *Excuse me*
¿Podría/Pudiera Ud.
  decirme...? *Could you tell me . . . ?*
  cómo se llega a... ? ⎫
  cómo se va a... ? ⎬ *how one gets to . . . ?*
  por dónde se va a... ? ⎭
  cuál es la mejor ruta *what's the best route (the*
    (el mejor camino) a... ? *best road) to . . . ?*

Cómo dar instrucciones

Siga(n) derecho... *Go straight . . .*
  ...cuadras *. . . blocks*
  ...millas (kilómetros) *. . . miles (kilometers)*
  hasta llegar a... *until you reach . . .*

Doble(n) a la derecha *Turn right (left)*
  (izquierda)
Al llegar a... *When you reach . . .*
Cruce(n)... *Cross . . .*
Pase(n) por... *Pass through . . .*
Pare(n) en... *Stop at . . .*
Baje(n) a... *Go down to . . .*
Suba(n) a... *Go up to . . .*
Vaya(n) a... *Go . . .*
  calle arriba (abajo) *up (down) the street*
  rumbo al norte *toward the north*
    (sur/este/oeste/ *(south/east/west/*
    noreste/noroeste/ *northeast/northwest/*
    sureste/suroeste) *southeast/southwest)*

Hablando del tema

A. Introducción a Sevilla. Mire el plano de la parte histórica de la cuidad de Sevilla. Comente lo que esta ciudad tiene en común con Cáceres (plano, página 248). ¿Qué clase de edificios se encuentra en las dos ciudades? ¿En qué se diferencian Sevilla y Cáceres?

    ¿Qué le gustaría a Ud. ver en Sevilla? ¿Por qué?

[a]Por... Siga por esta calle
[b](cuadras) [c]small side street

B. Ayudando a los turistas. Imagínese que Ud. es sevillano/a y que se encuentra hoy en los lugares a continuación. Mientras está en cada sitio se le acerca un turista (un compañero [una compañera] de clase) que necesita que le diga cómo ir a los destinos indicados. ¿Qué le dice para ayudarlo/la lo más posible?

1. Ud. está estacionando su coche en el Paseo de Cristóbal Colón, al lado de la Plaza de Toros (14). El/La turista quiere ir al Archivo de Indias (10).
2. Ud. está en la esquina de la Avenida de María Luisa y la Avenida de Chile, cerca del Costurero de la Reina (22). El/La turista quiere ir a la Plaza de España (21).
3. Ud. está almorzando en un café al aire libre frente a la Iglesia de Santa Cruz (4) en el barrio de Santa Cruz. El/La turista quiere ir al Palacio Arzobispal (2).
4. Ud. para en un semáforo *(traffic signal)* de la esquina de la Avenida de Isabel la Católica y la Avenida Bécquer, delante de la estatua de Bécquer (20). El/La turista quiere ir a la Catedral (1).
5. Ud. está en un restaurante en la calle Asunción, a una cuadra de la Plaza de Cuba, en el barrio Los Remedios. El/La turista quiere ir a la universidad (17).

Los sevillanos pasan mucho tiempo en las calles de su ciudad.

Estudiantes de todas partes del mundo vienen a estudiar a la Universidad de Sevilla.

El barrio de Santa Cruz es un lugar bonito de callejuelas, cafés al aire libre y edificios antiguos con balcones, rejas *(grilles)* y flores.

C. ¡En directo desde Sevilla! Imagínese que durante el año escolar, Ud. tuvo la oportunidad de visitar a Sevilla por seis días. El cuarto día, pudo enviarle un saludo televisado a su clase por satélite. Presente esta grabación *(live record-ing)*, incluyendo una breve descripción de la ciudad y un resumen de las cosas que ha hecho allí, para transmitir en clase. (¡OJO! Recuerde que las transmisiones son caras, así que sea breve y cuente mucho en pocas palabras.)

LECTURA

ACERCANDONOS A LA LECTURA

Since the death of its long-time dictator Francisco Franco in 1975, Spain has undergone dramatic political, social, and economic changes. During these decades, few people in the arts have captured the clash, coexistence, and synthesis of the traditional and the modern as resoundingly as film director Pedro Almodóvar. Born in 1949 in a small town in the province of Cáceres (see **Capítulo 10**), Almodóvar favors an outrageous, irreverent, witty style to confront the (cultural) past and present stereotypes. Almodóvar has gained worldwide popularity through his humorous—and at times unsettling—panorama of the contemporary Spanish scene in films such as *Mujeres al borde de un ataque de nervios (Women on the Verge of a Nervous Breakdown), Atame, átame (Tie Me Up, Tie Me Down), Tacones lejanos (High Heels), Kika,* and *La flor de mi secreto (The Flower of My Secret).*

In the following excerpts, Almodóvar discusses his upbringing, his education, and his film career, providing in the process a glimpse of the Spain of his childhood and the Spain of today. As you read these passages, try to detect his often subtle humor.

VOCABULARIO PARA LEER

adelgazar to slim down, lose weight
añorar to yearn/long for
burlarse de to mock, make fun of
destrozar to destroy, break into pieces
espantar to frighten, scare away

marcar to influence, shape
perturbar to disturb, upset
proporcionar to furnish, provide, supply
rodar (ue) to shoot (*a film*)
saber a (*+ noun*) to taste like

el arma weapon
el dolor pain
el genio genius

capaz capable

decidido a determined to, set on

A. Fuera de serie. Identifique la palabra que no pertenece al grupo y explique por qué.

1. el genio   capaz   decidido
2. adelgazar   destrozar   el arma
3. burlarse   espantar   perturbar

B. Definiciones. Explique en español qué significa cada palabra.

1. el dolor
2. marcar
3. rodar

4. añorar
5. saber a
6. proporcionar

COMENTARIOS PRELIMINARES

A. El humor norteamericano. ¿Cómo definiría Ud. el humor norteamericano? ¿Cuáles son sus características? ¿Hay algún autor o director de cine que ejemplifique este tipo de humor? ¿Comparte Ud. ese sentido del humor? Trabajando con un compañero (una compañera), compartan sus respuestas.

B. Un momento cómico.   ¿Recuerda Ud. con sentido de humor algún momento o período de su vida o de la vida de su familia? Trabaje en un grupo pequeño para narrar cada uno/a un recuerdo/a cómico mientras los demás lo apuntan. Finalmente, sigan las instrucciones de su profesor(a) para exponer uno de los relatos ante la clase.

C. ¿Yo, cómico/a?   ¿Se considera Ud. una persona cómica o seria? ¿Estarán los demás de acuerdo con este juicio?

Primero, escriba en una hoja de papel si Ud. se considera una persona cómica o seria y por qué. Después trabaje con dos o tres compañeros/as. Observe a cada uno/a para anotar si es cómico/a o serio/a y por qué Ud. cree eso. Finalmente, comparen sus observaciones para descubrir si sus autoimágenes coinciden con las imágenes que perciben los demás.

D. ¿Qué significa ser genio?   Aunque la inteligencia —o mejor dicho, el coeficiente intelectual *(I.Q.)*— se puede medir, el concepto de lo que es un *genio* sigue siendo subjetivo. Llene la tabla a continuación para dar un valor numérico a los elementos que Ud. relaciona con los genios (el 5 es el grado más alto). Después, trabaje en un grupo pequeño para comparar y comentar sus resultados, con el fin de llegar a un consenso sobre el asunto.

LOS GENIOS...	0	1	2	3	4	5
1. son capaces de aprender mucho aunque estudien poco						
2. se llevan bien con los demás						
3. tienen un gran sentido del humor						
4. son incomprendidos						
5. trabajan mucho						
6. quieren divertirse						
7. son inquietos						
8. son callados y observadores						
9. leen de todo: historia, ciencia, filosofía, etcétera						
10. son narcisistas						
11. prefieren la rutina						
12. sus perspectivas son anticonvencionales						
13. siempre triunfan						
14. inventan cosas nuevas						
15. viven apasionadamente						

Understanding Humor

Understanding humor requires more than the ability to decode the surface meaning of words. Humor can take many forms and serve different purposes: the inventiveness of *wit* and *puns,* the distortive imitations of *parody* and *carica-ture,* the exaggeration of *hyperbole,* or the understatement of *irony.* An aware-ness of context—including cultural context—and the multiple levels of meaning can help you understand and appreciate humor.

Humor is the trademark of Pedro Almodóvar's cinema and of his own public persona. In the following excerpts, the film director defines the Spanish humor that inspires him, revealing his own style in the telling. The following exercise will help you detect the humor in his statements.

El humor. En la sección «La España de un manchego», Pedro Almodóvar define el humor español como un humor que «se burla de sí mismo» y que sirve «para espantar el dolor y la muerte». ¿Cuáles de las siguientes declaraciones de Almod-óvar piensa Ud. que ilustran esa definición del humor español? Trabajando con un compañero (una compañera), expliquen sus percepciones de lo cómico.

1. [España] Es la madre y resulta muy difícil hablar de una madre, de sus defectos y sus virtudes (porque son los de uno mismo.)
2. He nacido en España, y aunque no quisiera, eso ha marcado mi vida.
3. De pequeño... como era lo opuesto a lo que los curas *(priests)* trataban de inculcarme, llegué a aceptar que yo era un proscrito, un pervertido, ya que me emocionaba más con Tennessee Williams que con los sermones.
4. Estudio bachillerato elemental y superior. Y dactilografía *(typing).* Esto último es lo único que me ha servido en el futuro.
5. No recuerdo haber tenido juguetes en mi infancia, ni tampoco me re-cuerdo jugando con niños. Ya desde pequeño mi espectáculo favorito era oír hablar a las mujeres.
6. ...la familia... me tenía preparado un futuro de oficinista en un banco del pueblo.
7. Vengo decidido a trabajar..., pero vivir me roba las 24 horas del día.
8. Y participo activamente en todo lo que huele a *(smells like)* diversión.
9. Cinco amantes. Engordo. Escribo y ruedo películas. Triunfo fuera y aquí. Adelgazo.
10. Y de repente me veo en los años noventa.

¿Es Almodóvar un genio?

ACUSACION 2

Pedro Almodóvar en un momento de descanso con su madre

Fotografía: Chema Conesa

La imagen de España. Hasta hace unos años, la imagen de España eran Julio Iglesias y la porcelana Lladró.[1] Ahora, la responsabilidad también recae[2] sobre los hombros de la *factoría Almodóvar*. Almodóvar es la imagen de España, pero ¿representa realmente lo que es España? Naturalmente que no. El mundo de nuestro director estrella es mucho más cutre,[3] mucho más cerrado y más pobre de lo que[4] se supone que es la España moderna. Almodóvar no se inventa la realidad; lo que ocurre es que la concentra con tanta pasión que siempre sabe a lo mismo.

La España de un manchego[5]

Es la madre y resulta muy difícil hablar de una madre, de sus defectos y de sus virtudes[6] (porque son los de uno mismo). He nacido en España, y aunque no quisiera, eso ha marcado mi vida. Lo malo es cuando uno tiene que hablar de ello, porque sólo te salen tópicos.[7] No todos nos llamamos Ortega y Gasset.[8] Me identifico con la España oscura y con la luminosa. Nuestra cultura me interesa más cuanto más ácida sea, cuando se burla de sí misma, cruelmente y con humor. Creo que el español utiliza el humor para espantar el dolor y la muerte. Es una de nuestras armas. Me gusta cómo el español vive la religión, olvidándose de Dios y convirtiendo sus ritos en una fiesta-pretexto para relacionarse con sus vecinos. España es tolerante, y a la vez irracionalmente intolerante. Somos distintos, es cierto, del resto del mundo. Somos envidiosos, indisciplinados e individualistas. Capaces de las mayores gestas,[9] pero en solitario. Esto a veces es una cualidad: nuestro individualismo nos hace desobedientes, poco inclinados a respetar los dictados.[10] Tal vez por eso España ha vivido bajo tantos sistemas absolutistas y, sin embargo, ha sabido sobrevivir. Es imposible hablar de España y no hablar de su variedad. Me refiero al hombre y a su paisaje, su lengua y su comida. Lo malo de este tema es que siempre acaba uno haciendo sociología barata.

---

[1] *Spanish porcelain figures* [2] *cae* [3] *down and out (slang)* [4] *de... than* [5] *from the La Mancha region* [6] *virtues* [7] *estereotipos* [8] *early 20th Century Spanish thinker* [9] *feats* [10] *rules*

Autobiografía

Nací en La Mancha hace cuatro decadas. A pesar de haberlas vivido intensamente, todavía no he conseguido la paz interior. Vivo los ocho primeros años de mi vida en mi pueblo natal. Me dejan una huella" profunda y suponen el primer indicativo del tipo de vida que no quiero para mí. Después me traslado con mi familia a Extremadura,[12] sin un duro[13] (Madrigalejo, Cáceres). Estudio bachillerato elemental y superior.[14] Y dactilografía.[15] Esto último es lo único que me ha servido en el futuro. De la época extremeña[16] añoro los ríos, de la manchega todavía me perturban los pozos[17] (la idea de una persona desesperada, mirándose por ultima vez en el reflejo oscuro del agua antes de lanzarse[18]). En Cáceres recibo (es un decir) educación religiosa; salesiana[19] para ser más preciso. Un timo[20] y una pesadilla, por ser eufemístico y sintético. A los 11 años, ante la ausencia de manifestaciones divinas, dejo de creer en Dios. El cine ocupa su lugar. Un poco antes descubro la lectura a través de la colección Reno, de la mano de Julio Verne, Françoise Sagan, Mika Waltari, Herman Hesse, Lahos Zilahy y Walter Scott. No recuerdo haber tenido juguetes en mi infancia, ni tampoco me recuerdo jugando con niños. Ya desde pequeño mi espectáculo favorito era oír hablar a las mujeres. A los 16 años rompo con la familia, que me tenía preparado un futuro de oficinista[21] en un banco del pueblo, y me vengo a Madrid, a labrarme[22] un presente más de acuerdo con mi naturaleza. Vengo decidido a trabajar y estudiar, pero vivir me roba las 24 horas del día. Aun así tengo que extraer de donde puedo ocho horas para trabajar diariamente en la Telefónica, como auxiliar[23] administrativo. Interrumpida por múltiples excedencias, la cosa dura 12 años. La experiencia, sin embargo, no es tan negativa como parece a simple vista. La Telefónica me proporciona una información de valor incalculable sobre la clase media-baja española. Me compro una cámara de súper 8 y empiezo a rodar. No sé de dónde saco el tiempo, pero también me enrolo[24] en el grupo de teatro Los Goliardos y escribo todos los días algo. Algunos relatos aparecen en revistas tipo *El Víbora*. Empiezo a relacionarme con el *underground* de Madrid y de Barcelona. Y participo activamente en todo lo que huele a diversión. Hago fotonovelas *porno*-punki para *El Víbora*. Canto. Bailo. Y escribo en periódicos y revistas, siempre sobre mí o sobre lo que me gusta. Parte de esta obra se recopila en forma de libro. Actúo con el grupo Almodóvar-MacNamara, destrozando todos los géneros,[25] desde el pop al rock más sucio, pasando por las rancheras.[26] Cinco amantes. Engordo. Escribo y ruedo películas. Triunfo fuera y aquí. Adelgazo. Y de repente me veo en los años noventa. Sigo rodando. No me siento feliz; sin embargo, creo que soy un hombre afortunado.

Del cine para Pedro Almodóvar

De pequeño, el cine supuso mi auténtica educación. Y como era lo opuesto a lo que los curas[27] trataban de inculcarme,[28] llegué a aceptar que yo era un proscrito, un pervertido, ya que me emocionaba más con Tennessee Williams que con los sermones. Una vez aceptado que mi mundo era el de la carne, la mala conciencia desapareció. Me eduqué con los dramas y las comedias de Hollywood. Con el neorrealismo italiano, películas de ciencia-ficción mexicanas y alguna película realista del nuevo cine español. Pero ni en sueños llegué a creer que lo conseguiría. Para mí el cine eran los actores. Entonces decidí que quería ser actor. Hice algunos trabajos, pero no era bueno. Después me di cuenta que había un director y un guionista.[29] Y descubrí que ellos eran los auténticos dueños del juego. Desde entonces, una vez situado en el lugar del narrador, hacer películas es una pasión que ha fagocitado[30] mi vida.

Tomado de *El País Semana*

---

[11]*mark, trace*   [12]*region of southwest Spain*   [13]*sin... broke (slang)*   [14]*bachillerato... primary and secondary school*   [15]*typing*   [16]*de Extremadura*   [17]*wells*   [18]*hurling oneself*   [19]*of the Salesian order of priests*   [20]*fraud, lie*   [21]*office worker*   [22]*carve out for myself* [23]*assistant*   [24]*me... I enroll*   [25]*genres*   [26]*Mexican country songs*   [27]*priests*   [28]*instill in me*   [29]*script writer*   [30]*filled up*

¿Cuánto recuerda Ud.?

Marque (X) las frases que describen a Almodóvar y su vida.

1. _____ De niño, Almodóvar soñaba con ser una estrella de cine.
2. _____ Almodóvar se siente feliz y en paz consigo mismo.
3. _____ A Almodóvar no le gusta el pueblo donde nació en La Mancha, ni tampoco le gusta donde vivió en Extremadura.
4. _____ Cree en Dios, gracias a su educación en colegios religiosos.
5. _____ Se va de casa a los 16 años.
6. _____ En Madrid encuentra un ambiente compatible con su naturaleza.
7. _____ La dactilografía le sirvió para ganarse la vida en la Telefónica de Madrid.
8. _____ Le gustaba observar la clase media-baja española.
9. _____ Además de trabajar de día, de noche estudiaba teatro en Barcelona; por eso, nunca podía divertirse.
10. _____ En sus artículos de periódico se nota que le encanta hablar de sí mismo.
11. _____ Su deseo de trabajar con actores y su inclinación por narrar historias lo llevaron a ser guionista.

¿Qué se imagina Ud.?

A. ¿Es Almodóvar un genio?   Repase la Actividad D de Comentarios preliminares para determinar ahora si Almodóvar coincide con las ideas que tiene la clase sobre los genios. Considere la pregunta del título de la lectura, «¿Es Almodóvar un genio?», dándole al director un puntaje de 0 a 5. Después comparta y discuta su juicio con dos o tres compañeros/as.

B. Para ser feliz.   Aunque ha tenido una vida variada y divertida y ha logrado sus metas, Almodóvar confiesa que no es feliz. Trabajando en un grupo pequeño, elaboren una lista de consejos que pueden ayudar a Almodóvar a ser feliz. Luego, compartan su lista con el resto de la clase y compilen una lista general de consejos que sean compatibles con el carácter, las metas y el estilo de vida del director español.

C. La vida de Almodóvar en película.   Imagínese que su clase de español acaba de firmar un contrato para escribir, filmar y dirigir una película sobre la vida de Almodóvar. Trabajando en un grupo pequeño, escojan una de las siguientes etapas de la vida del director. Inventen una escena de esa etapa para representar (o filmar) ante la clase.

1. su niñez: su vida en La Mancha y en Cáceres (hasta los 11 años)
2. su educación: el cine y la lectura frente al colegio y la religión (de los 11 a los 16 años)
3. la ruptura con la familia (a los 16 años)
4. en Madrid: de oficinista y con su cámara de super 8 (de los 16 a los 28 años)

5. los años de *underground:* teatro, revistas, diversión
6. la fama de hoy: engorda, escribe, rueda, triunfa, adelgaza

D. ¡Yo conocí a Almodóvar!   Imagínese que Ud. trabajó con Almodóvar en algún momento de su vida. Por eso, los programas sensacionalistas (de televisión) quieren que Ud. presente su versión del verdadero Almodóvar. Adopte el punto de vista de *una* de las siguientes personas para dar al público su retrato del director. ¡Use su imaginación!

1. uno de los curas con quienes se educó
2. el director del banco de su pueblo
3. su madre o su padre
4. una compañera de la Telefónica
5. el director del grupo de teatro Los Goliardos
6. la actriz o el actor principal de su última película

GRAMATICA EN CONTEXTO

28.   More About Describing: Adjective Clauses and Relative Prounouns

By now, you are well accustomed to using descriptive adjectives to modify nouns in Spanish.

> Me identifico con la España **oscura.**

Just as a single-word adjective can be used to describe a noun, so too can an entire clause be used. Link an adjective clause to a noun by using a relative pronoun, usually **que.**

> Me identifico con la España **que es oscura.**

Stylistically, adjective clauses can be useful in eliminating the repetition created by a series of sentences referring to the same noun. They can also make speech or writing appear more sophisticated.

> Me identifico con España. España es oscura.
> Me identifico con la España **que** es oscura.

Que

Que is the relative pronoun most frequently used in Spanish. It can refer to both people and things.

<table>
<tr>
<td>Almodóvar es un director que ha tenido mucho éxito.
Almodóvar hace películas que examinan la sociedad española.</td>
<td>Almodóvar is a director that (who) has had a lot of success.
Almodóvar makes films that examine Spanish society.</td>
</tr>
</table>

▲ ¡Practiquemos!

La vida de Pedro Almodóvar. Combine cada cláusula principal con una cláusula dependiente para formar oraciones lógicas.

1. _____ España es una madre que...	a. se hacían en Hollywood.
2. _____ Mirar hacia el futuro es lo único que...	b. ha marcado la vida de Pedro Almodóvar.
3. _____ Almodóvar era un proscrito que...	c. le ha servido a Pedro Almodóvar.
4. _____ Almodóvar se educó con las comedias que...	d. la sociedad española no quería aceptar.
5. _____ El es un director que...	e. capta la realidad de la clase media-baja española.

Quien

Although **que** is frequently used to express *who* or *whom,* **quien(es)** is used if an adjective clause referring to people is introduced by a preposition (**a, al lado de, con, de, delante de, en,** and so on). **Quien** is also used when the relative pronoun introduces a statement set off by commas.

<table>
<tr>
<td>Ese señor, quien nació en La Mancha, llegó a ser un director famoso. (Ese señor que nació en La Mancha llegó a ser un director famoso.)
Pedro, de quien hablamos ayer, ya no estudia en la universidad.</td>
<td>That man, who was born in La Mancha, became a famous director. (That man who was born in La Mancha became a famous director.)
Pedro, about whom we spoke yesterday, doesn't study at the university anymore.</td>
</tr>
</table>

Donde

When the adjective clause modifying a place means *in which* or *where,* **donde** is used instead of **que.**

Su familia se trasladó a Extremadura **donde** Almodóvar recibió una educación religiosa.	*His family moved to Extremadura where Almodóvar received a religious education.*

Cuyo

The adjective **cuyo/a/os/as** (*whose*) functions like a relative pronoun by linking a dependent clause that modifies a noun. Note that **cuyo** agrees in gender and number with the noun that follows it, not with the noun in the main clause.

Sus películas, **cuyos** temas tienen que ver con la la sociedad española, han triunfado en el cine mundial.	*His movies, whose themes deal with Spanish society, have succeeded in the film world.*
Almodóvar, **cuyas** películas pueden ser cómicas, no es un hombre feliz.	*Almodóvar, whose films can be funny, is not a happy man.*

El que and el cual

The relative pronouns **el/la que, los/las que; el/la cual, los/las cuales** are generally used in more formal writing and speech. Whereas **que** is most frequently used after one-syllable prepositions (**a, de, con,** and **en**) when referring to things,* the forms **el que** and **el cual** are used after the prepositions **por, para,** and **sin,** as well as after prepositions of more than one syllable (**alrededor de, detrás de, durante,** and so on).

Este es el lugar ideal para encontrar la gente famosa **con (la) que** te debes relacionar.	*This is the place to meet the famous people with whom you should become acquainted.*
Estas son las pruebas sin **las cuales** no podía comprobar mi argumento.	*These are the proofs without which I couldn't prove my argument.*

▲ ¡Practiquemos!

A. La vida salmantina. Escoja **que, donde, quien(es), cuyo/a/os/as** o *artículo* + **cual(es)** para completar las siguientes frases que hablan de la vida salmantina. Primero, determine si la referente indicada es una persona o una cosa. Segundo, determine si una preposición (larga o corta) precede al espacio en blanco. ¡OJO! A veces hay más de una respuesta correcta.

MODELO: **Los apartamentos** que hay en la plaza son muy antiguos.

---

*El/La que and los/las que can also be used with the one-syllable prepositions for clarity or emphasis.

1. Disfrutar de la vida es **algo** _____ el salmantino ha convertido en un arte.
2. Hay **medallones** _____ inmortalizan figuras de la historia española.
3. Miguel de Unamuno es **el escritor** de _____ te hablé.
4. **La plaza,** por _____ han pasado tantas personas, es el centro de la ciudad.
5. **Estos arcos,** detrás de _____ se esconden los niños, son parte del encanto de la plaza.
6. Esos salmantinos pertenecen a **una generación** para _____ el paseo todavía es parte importante de la vida diaria.
7. La Plaza Mayor se construyó al buscarse **un lugar** _____ instalar el mercado.
8. A finales del siglo XVI se edificaron las **carnicerías** reales _____ paredes rodean la actual plaza.
9. **Los salmantinos,** _____ siempre han disfrutado de la Plaza Mayor, no les prestan mucha atención a los turistas que la visitan.
10. **El paseo,** sin _____ los salmantinos no podrían vivir a gusto, siempre será divertido.
11. **Esas jóvenes** _____ ves en la entrada de la plaza son guías municipales.
12. La **señora** _____ puesto está en la esquina se llama Lourdes Ochoa.

B. Opiniones personales. Exprese sus opiniones completando las siguientes oraciones.

1. La vida es una cosa que...
2. Las cataratas del Niágara, cuyo/a/os/as... , es un lugar donde...
3. El presidente de los Estados Unidos, quien... , es una persona que...
4. Aprecio mucho... , sin el cual (la cual / los cuales / las cuales) yo no podría vivir a gusto.
5. Viajar es una actividad que...

29. Describing Nonexistent Things and People: The Subjunctive with Adjective Clauses

In the type of adjective clauses presented in **Gramática 28,** the antecedent (the noun to which the relative pronoun refers) is something or someone that actually exists in the speaker's world, so all the verbs in the adjective clauses are in the indicative.

Hay toros que sólo **atacan** la tela.	*There are bulls that only attack the cloth.*
Siempre compro un número de la lotería que **termina** en cero.	*I always buy a lottery number that ends in zero.*

However, if the existence of the antecedent is in question—that is, if the antecedent does not refer to a known, real person or thing but rather to something or someone that may exist only in the speaker's mind—the verb in the adjective clause will be in the subjunctive.

Un toro que no **ataque** la tela no es buen toro.	*A bull that doesn't attack the cloth isn't a good bull.*
Busco un vendedor de la lotería que me **venda** mi número favorito.	*I'm looking for a lottery ticket seller who will sell me my favorite number.*

Because the bull and the lottery ticket seller in the immediately preceding sentences are not specific, known quantities, the subjunctive is used in each adjective clause.

The subjunctive is always used with adjective clauses that modify negative words such as **nada, nadie, ningún* (ninguno/a/os/as),** because the antecedent is by definition in doubt or nonexistent.

Almodóvar no presenta nada que no **sea** una sátira social.	*Almodóvar doesn't present anything that isn't social satire.*
No hay ningún español que no **conozca** sus películas.	*There is no Spaniard who doesn't know his films.*
No censuro a nadie que **hable** con sinceridad.	*I don't criticize anybody who speaks sincerely.*

The subjunctive is often used in adjective clauses modifying **algo, alguien, algún* (alguno/a/os/as),** especially when asking questions. In sentences like these, the subjunctive signals doubt about the existence of the person or thing being described.

¿Hay alguien aquí que me **pueda** explicar las películas de Almodóvar?	*Is there anyone here who can explain Almodóvar's movies to me?*
¿Hay algo en sus películas que no **entiendas**?	*Is there anything in his movies that you don't understand?*
Quiero ver alguna película de él que **sea** divertida.	*I want to see a movie of his that's entertaining (funny).*

¿Quién dijo que no hay nada que valga la pena en la TV?

---

*Remember that the **-o** drops off **ninguno** and **alguno** before masculine singular nouns: **ningún español,** *algún* **español.**

▲ ¡Practiquemos!

A. De vacaciones en Sevilla.   Escoja la forma apropiada del verbo para cada oración e indique por qué se usa el indicativo o el subjuntivo en cada caso.

1. Busco un mercado que vende / venda artesanías (*handcrafted items*) españolas.
2. En este puesto hay algunas artesanías que vienen / vengan de Toledo.
3. No hay nadie que puede / pueda decir que esta plaza no es popular. ¡Hay miles de personas aquí hoy!
4. Aunque Sevilla es una ciudad muy turística, no he conocido a ningún sevillano que es / sea antipático.
5. ¿Hay algún sitio por aquí donde podemos / podamos sentarnos un rato?
6. Conozco tres cafés al aire libre que están / estén cerca de aquí.
7. ¿Me puedes recomendar algún restaurante que sirve / sirva gazpacho?
8. No, pero en el restaurante de al lado se sirve un cordero asado (*roast lamb*) que es / sea magnífico.

B. Un asistente.   Complete la siguiente descripción con la forma apropiada de los verbos.

Pedro Almodóvar está rodando una nueva película en Cáceres y necesita encontrar un asistente que (poder)[1] ayudarle en la producción. Busca una persona que (ser)[2] amable, informada y lista y que no (cobrar)[3] demasiado. Ha trabajado con muchas personas que no (entender)[4] su obra. Esta vez quiere contratar a alguien que (saber)[5] un poco más de sus películas. Debe haber alguien que (gozar)[6] de la sátira y el melodrama. Entiende bien que no hay nadie que (ir)[7] a entenderlo a la perfección. Le interesa una persona que (tener)[8] un buen sentido del humor. No piensa contratar a nadie que le (causar)[9] disgustos. Con esta ayuda Almodóvar tiene en mente hacer una película que (mostrar)[10] los secretos de la burguesía.

C. En busca de algo.   Las personas de cada dibujo buscan o quieren encontrar algo. ¿Que es lo que buscan? ¿Es que lo hay? ¿Qué le pregunta cada una a la otra persona en el dibujo? Invente una historia para cada dibujo.

1.   2.   3.

30. More on the Subjunctive Versus the Indicative: Summary of Their Uses

You now know that the subjunctive occurs only in subordinate clauses and that the decision to use the subjunctive instead of the indicative in a given subordinate clause depends on a number of factors. These factors are summarized in the following table.

	TYPE OF SUBORDINATE CLAUSE		
	noun	*adverb*	*adjective*
Subjunctive	Following main-clause verbs that express: • will • influence • emotion • doubt and denial	Following the adverbial conjunctions: • **a menos que** • **antes de que** • **con tal (de) que** • **para que** • **sin que** With events that express unrealized actions*	Modifying nonexistent antecedents
Indicative	Following main-clause verbs that express affirmation	With events that express habitual, ongoing, or already realized actions*	Modifying existing antecedents

*Remember that the choice between whether to use the indicative or the subjunctive following the adverbial conjunctions listed below depends on whether the event in the subordinate clause has been realized or remains unrealized.

- **cuando**
- **después (de) que**
- **en cuanto**
- **hasta que**
- **mientras**
- **tan pronto como**

▲ ¡Practiquemos!

Opciones. Escoja la forma apropiada del verbo en cada caso e indique el porqué de su uso.

1. Almodóvar rueda / ruede películas de sátira para que la gente sabe/sepa más de la sociedad española.
2. Es triste que él no tiene / tenga buenos recuerdos de su niñez.
3. Ojalá que Almodóvar hace / haga una película sobre los Estados Unidos.
4. Es obvio que hay / haya mucho que aprender de sus películas.

5. No hay nadie que comprende / comprenda lo divertido que es / sea para Almodóvar ser director.
6. Almodóvar no quiere rodar ninguna película a menos que él puede / pueda escribir el guión también.
7. Almodóvar recuenta / recuente todas las cosas cómicas que ha / haya observado en los pueblos.
8. Almodóvar insiste / insista en que nos damos / demos cuenta de lo divertido de esta vida.
9. Las películas se hacen para que la gente se divierte / divierta.
10. Es imposible hablar de España sin que se menciona / mencione su variedad.

ESPAÑOL EN ACCION

A. La feria de Zamora. El vino y el queso son productos españoles de suma importancia para la economía de regiones como La Rioja, una comunidad autónoma del norte de España donde hay muchos queseros (*cheese makers*) y productores de vino. La feria que tendrá lugar en Zamora desde el 25 hasta el 29 de junio será muy concurrida (*attended*) por los que trabajan en esas industrias, tanto españoles como extranjeros. Imagínese que Ud., su profesor(a) y todos sus compañeros de clase son mercaderes que van juntos a la feria de Zamora.

1. Antes de hacer el viaje, lo primero que tienen que decidir es en dónde quieren alojarse (*to stay*). Comenten las varias opciones que siguen. Expresen sus preferencias personales como «Prefiero un hotel que tenga... », «No quiero alojarme en un lugar donde no haya... » o «Es mejor que estemos... »

   - El Gran Hotel de Zamora es un hotel sumamente elegante donde una habitación cuesta más de seis mil pesetas por noche. Queda muy cerca de la feria y tiene una piscina (*swimming pool*) enorme.
   - El Parador Nacional, cuyas habitaciones han sido modernizadas y no son tan caras como las del Gran Hotel, es un fascinante castillo histórico situado en la parte más antigua de la ciudad. Van a necesitar un coche, pero casi no hay lugares de estacionamiento (*parking*).
   - El hostal El Cid es muy pequeño, muy viejo y muy barato. Por suerte queda sólo a unas pocas cuadras de la feria, pero es probable que no cuente con suficientes cuartos para todo el grupo.

2. Llegando a Zamora, Uds. tienen que escoger en dónde van a comer. Se les recomienda los siguientes lugares.

Tres vinos españoles

- El Restaurante Félix, que se especializa en la comida tradicional española, está situado al aire libre en una callejuela de la ciudad vieja. Desde sus terrazas hay una vista magnífica de la fortaleza donde el héroe El Cid luchó a finales del siglo XI. Hace ya cinco generaciones que la familia del dueño (owner) actual trabaja en este pintoresco restaurante.
- El restaurante del Parador Nacional ofrece especialidades de la región de Zamora, además de un «menú del día» a precio fijo (fixed) que es una ganga (bargain).
- En las «tascas» populares se acostumbra probar las tapas (snacks) mientras se toma una copa de vino, de jerez o una cerveza. Es una manera divertida de comer y conocer a la gente al mismo tiempo.

B. Se busca un actor. Imagínese que Ud. es un director de cine que busca un actor que haga el papel principal en una película sobre la vida de Ud. Busca a alguien que se le parezca en todos los aspectos: como a Ud. le encantan la radio y la televisión, decide hacer un anuncio por esos medios de comunicación. Escriba, pues, un anuncio explícito para ser filmado y presentado en clase, describiendo al actor ideal para el papel. (¡OJO! Como aún no conoce a la persona y no sabe si la encontrará, es posible que necesite describirla usando el subjuntivo.)

Al corriente

Una tuna ensaya en una plaza de Segovia.

¡A saber!

1. ¿Qué es una serenata? Escribe tu propia definición. [_____]

2. ¿Cuáles son los motivos por los cuales la gente canta en público?

   ⚪ ganar dinero

   ⚪ impresionar a alguna persona que admira el cantante

   ⚪ recibir comida a cambio de la canción

   ¿Otro? [_____]

3. Cuando piensas en la música española, ¿qué instrumentos te vienen a la mente?

   ⚪ la flauta   ⚪ la armónica

   ⚪ la guitarra   ⚪ el tambor   ⚪ el violín

   ¿Otro? [_____]

4. ¿Qué podrá ser «la tuna»?

   ⚪ algún tipo de pescado como el atún   ⚪ un control de la radio

   ⚪ un grupo de universitarios que cantan

¡A leer!

¿Te has preguntado alguna vez en qué actividades participan los universitarios españoles? La siguiente lectura describe una tradición suya que tiene un fondo histórico muy interesante —la tuna. Lee esta selección y contesta las preguntas a continuación.

LA TUNA

La tuna es una institución universitaria de carácter cultural que mantiene vivas las costumbres heredadas de los estudiantes españoles del siglo XIII. Se puede decir que la tuna, más que una institución, es una tradición en sí misma,[1] por lo que, para poder comprenderla a fondo, es necesario ahondar[2] un poco en su historia y costumbres.

Mantenida por los jóvenes estudiantes que año tras año ingresan[3] en sus filas,[4] es un punto de encuentro para todos aquellos universitarios amantes del romanticismo, la noche, la música y los viajes.

En sus orígenes aglutinaba[5] a aquellos estudiantes que por su condición económica no podían costearse[6] su estancia en la universidad, y trovaban[7] por las fondas[8] y mesones[9] para conseguir algo de dinero y un plato de sopa con los que mantenerse. Por esta razón se les conocía como sopistas.

Para tales menesteres[10] tañían[11] guitarras y bandurrias,[12] y cantaban coplas[13] populares. También se servían de sus habilidades musicales para enamorar a las doncellas que pretendían.[14]

Hoy en día, y dada la evolución de la sociedad, ha perdido su función como medio de vida de los estudiantes que la integran (aunque todavía hay tunos[15] que se costean los estudios con lo que obtienen de ella) y agrupa a estudiantes universitarios (escasos de dinero por definición) que, aficionados[16] a la música y a las tradiciones, gustan de conocer mundo, mujeres y nuevas sensaciones sin disponer de gran poder adquisitivo. Por lo demás, la tuna sigue manteniendo vivas todas y cada una de las tradiciones que heredó de siglos anteriores y viste con trajes de época,[17] interpreta canciones populares con los mismos instrumentos, ronda a las mujeres (a las que sigue enamorando con sus trovas), viaja (invitada o contratada en gran número de ocasiones por gente de todos los rincones del mundo que quiere disfrutar de su música y simpatía) y reparte[18] su alegría por calles y restaurantes a cambio de algún durillo[19] que ayude a sus integrantes a completar la escasa paga del estudiante.

---

[1]en... *in and of itself*   [2]*to dig deeper*   [3]*enter*   [4]*ranks*   [5]*it brought together*   [6]*to afford*   [7]*sang in public*   [8]*inns*   [9]bares   [10]*corporal needs*   [11]tocaban   [12]*mandolins*   [13]canciones   [14]*courted*   [15]personas que tocan y cantan en una tuna   [16]*fans*   [17]trajes... *period costumes (13th century for «Tunas»)*   [18]*spreads around*   [19]*change, coins*

Comprensión

1. ¿De qué siglo vienen las costumbres de la tuna?

2. ¿Originalmente por qué se formó la tuna? ¿Con que propósito?

3. ¿Qué hacen los «tunos» cuando presentan en público?

4. ¿Qué función ya no le corresponde a la tuna moderna?

- ○ rondar a mujeres
- ○ viajar para presentar la música
- ○ pedir sopa a cambio de música
- ○ ganar dinero para los estudios
- ○ repartir su alegría por la calle

¡A discutir!

Una de las funciones principales de la tuna es rondar o llevarles serenata a las mujeres: «la tuna desfila con ritmo airado y vistoso por debajo del balcón de la mujer a rondar, mientras entona canciones llenas de ritmo español». Analiza esta canción tradicional que sigue de la tuna y describe el tema de la canción. ¿De qué se trata?

Noches de Cartagena que fascinan,
con el suave rumor que lleva el mar,
donde la brisa cálida murmura
plácida serenata tropical.

Noches de Cartagena tan divinas,
lindo rincón Caribe colonial.

Playas dónde quisiera estar contigo,
con esa suave arena y ese mar,
y que la brisa juegue con tu pelo
y las olas te vengan a arrullar *(coo)*.

Para más información sobre la tuna y otros temas relacionados consulta la página de McGraw-Hill para *Al corriente* en la Internet.
http://www.spanish.mhhe.com

¡A escribir!

Escribe una canción o copla corta que sirva para llevarle una serenata a alguien que admiras.

¡Hablemos un poco!

La familia real

El Generalísimo
Francisco Franco

El rey don Juan Carlos
de Borbón

VOCABULARIO DEL TEMA

La política

Los sistemas políticos
la democracia
la monarquía
la república
el socialismo

Los conceptos políticos
los derechos (rights)
el partido político
  (political party)
el poder (power)
el voto

Los líderes y los representantes
el alcalde, la alcaldesa
  (mayor)
el/la congresista
el/la diputado/a
el/la presidente/a
el primer ministro

el rey, la reina (king, queen)
el/la senador/(a)

La sociedad

la alimentación (nutrition)
la calidad de vida
  (quality of life)
el censo (census)
la enseñanza (education)
la esperanza de vida
  (life expectancy)
la natalidad (birth rate)
el nivel de vida (standard of living)
el ocio (leisure)
la población (population)
la sanidad (public health)
la supervivencia (survival)

el transporte (transportation)
la vivienda (housing)

La economía

el capitalismo
el consumo
la empresa privada
  (private enterprise)
la fabricación (manufacturing)
el gasto (expense, expenditure, spending)
gratuito, gratis (free)
el ingreso (income)
el paro (unemployment)
el presupuesto (budget)
el Producto Interior Bruto, PIB (GNP)
la propiedad (property)
el sueldo (salary)

José María Aznar, Presidente del Estado Español

Hablando del tema

A. Una clase de ciencias políticas. Imagínese que Ud. enseña ciencias políticas en una universidad española y quiere que sus estudiantes comprendan el significado de los siguientes términos. ¿Cómo les explica los siguientes conceptos relacionados con la política?

1. la diferencia entre un rey y un presidente
2. la diferencia entre una democracia y una república
3. un partido político
4. los derechos humanos
5. el voto
6. un diputado

B. Una clase de ciencias económicas.   Imagínese que Ud. enseña ciencias económicas en una escuela secundaria española y quiere que sus estudiantes comprendan el significado de los siguientes términos. ¿Cómo les explica los siguientes conceptos relacionados con la economía?

1. la diferencia entre ingreso y sueldo
2. la diferencia entre gasto y consumo
3. el presupuesto
4. el paro
5. el capitalismo
6. la propiedad

C. De conferenciante.   Imagínese que Ud. ha sido invitado/a para dar conferencias acerca de la sociedad norteamericana en varios colegios españoles. Le han pedido que se prepare para hablar de los siguientes temas y contestar las preguntas de los estudiantes españoles. Para prepararse, escriba una definición / explicación de cada uno y un comentario sobre cada concepto en relación a la sociedad.

1. la natalidad y la esperanza de vida
2. la población
3. la enseñanza
4. la sanidad
5. la vivienda
6. la alimentación
7. el ocio

D. España: Lluvia de ideas.   Imagínese que hay un intercambio entre su institución y otro centro de enseñanza en España. Para que Uds. estén preparados para conversar inteligentemente sobre España, su profesor(a) de español les pide que hagan una «lluvia de ideas» en la clase. Primero, trabajando en un grupo pequeño, anoten todo lo que saben sus compañeros/as sobre España —su política, su economía, la gente y la sociedad—, y después hagan una lista de los aspectos sobre España que necesitan explorar más. Finalmente, compartan sus listas con el resto de la clase para adquirir una imagen más completa de España y para formular una sola lista general de preguntas. Pueden organizar sus apuntes bajo las dos siguientes categorías: lo que sabemos de España; lo que quisiéramos saber de España.

LECTURA

ACERCANDONOS A LA LECTURA

The most profound event in Spain's recent history was the Spanish Civil War (1936–1939), which pitted **republicanos**—a coalition of moderate democrats, liberals, socialists, anarchists, and communists—against the **falangistas**—a coalition of the most conservative elements of society, including the hierarchy of the Catholic Church. The **falangistas,** or Nationalists, revolted against the democratic government in power in 1936 and, with the help of Nazi Germany and Fascist Italy, defeated the **republicanos,** or Loyalists, in 1939. General Francisco Franco took over and ruled the country with an iron hand. After his death in 1975, history took a surprising turn as his hand-picked successor, King Juan Carlos, ushered in a new age of democracy and prosperity.

Spain has undergone astonishing political, social, and economic transformations in the last two decades. Moving from dictatorship to democracy, from a traditional, rural society to a modern, urban one, and from a struggling, emerging economy to a post-industrial one, Spain shed its unofficial Third World status and was officially admitted to the European Common Market **(Comunidad Económica Europea)** in 1986.

This chapter's reading, **"Vivir en España,"** balances statistical analysis with a portrait of a typical Spanish family to give both an abstract overview and a concrete sense of life in contemporary Spain. As you read, note the similarities and differences between contemporary Spain and your own society.

VOCABULARIO PARA LEER

descender	to decrease	**el frigorífico**	refrigerator
la aspiradora	vacuum cleaner	**el hogar**	home
la calefacción	central heating	**el ordenador**	computer
el calzado	footwear	**el piso**	apartment
el centro	downtown	**la prenda de vestir**	article of clothing
el centro de enseñanza	school or educational institution	**las rebajas**	store sales, price reductions
el descenso	decrease	**la revista**	magazine
el diario	(daily) newspaper	**el seguro**	insurance
los enseres domésticos	household furnishings and appliances	**mensual**	monthly
el envejecimiento	aging process, deterioration	**en vano**	in vain

A. Asociaciones. Indique con qué palabra del Vocabulario para leer asocia Ud. cada palabra e indique cómo se relacionan.

1. la casa, la familia
2. el periódico
3. la vivienda
4. barato
5. cada mes
6. bajar
7. la recogedora de polvo
8. el refrigerador
9. la ropa
10. el futuro

B. Definiciones. Explique en español qué significan las siguientes palabras o frases.

1. el envejecimiento
2. en vano
3. el descenso
4. los enseres domésticos

5. la calefacción
6. el centro
7. el calzado

COMENTARIOS PRELIMINARES

El censo en su hogar. Imagínese que Ud. es la persona designada en su hogar para dar las respuestas a la investigación del censo. Trabajando en un grupo pequeño, conteste cada uno/a de Uds. las preguntas a continuación mientras sus compañeros/as apuntan sus respuestas. Finalmente, sigan las instrucciones de su profesor(a) para presentar a la clase su análisis de un aspecto de la información.

EL CENSO OFICIAL DE ESTE AÑO

Su dirección: _____

I. Habitantes por vivienda
   1. ¿Cuántas personas hay en total? _____
   2. ¿Cuántos son adultos? _____ Edades: _____
   3. ¿Cuántos hijos tienen? _____ Edades: _____

II. Vivienda
   1. ¿En qué tipo de vivienda vive? _____
   2. ¿Cuántos habitantes hay en esta población (*pueblo*)? _____
   3. ¿Dónde está situada esta población? _____
   4. ¿Cuántas habitaciones hay en esta vivienda? _____
   5. ¿Tiene calefacción central? _____
   6. ¿Tiene aire acondicionado? _____
   7. ¿Hay agua corriente? _____ ¿ducha? _____ ¿baño? _____

III. Empleo
   1. ¿Cuántos habitantes de esta vivienda tienen empleo? _____
   2. ¿Cuáles son sus carreras u oficios? _____
   3. ¿Cuántas horas trabaja cada uno/a a la semana? _____
   4. ¿Cuál es el sueldo más alto? _____
   5. ¿Cuál es el sueldo más bajo? _____

IV. Calidad de vida
   1. ¿Cuántos coches poseen los habitantes de esta vivienda? _____
   2. ¿Qué otros medios de transporte utilizan? _____
   3. ¿Cuál es el tipo de transporte que más utilizan? _____

4. ¿Cuántos habitantes de esta vivienda poseen seguro (*insurance*) de sanidad? _____

5. ¿Cuántas visitas al año hacen al (a un centro) médico? _____

ESTRATEGIAS PARA LEER

Reading Formal Prose

In Spanish, formal prose tends to be more wordy and intricate than in English; the nouns are heavily modified, and the sentences often contain several subordinate clauses, sometimes nestled within one another. Long, complex sentences are preferred over the type of short, active sentences we are encouraged to write in English. But one basic fact remains: every complete sentence is made up of a subject, a verb, and usually an object that together form the main idea of each sentence. Everything else serves to elaborate and modify.

Learning to single out the main subject, verb, and object(s) of a sentence will simplify complex prose and help you understand it more easily. One of the ways you can do this is to skip over prepositional phrases and subordinate clauses (remember that these often begin with **que** or other relative pronouns you learned in **Capítulo 11,** including **aunque, para que, como, cuando**).

Once you have identified the main idea of a sentence, however, you will notice that some of the information in the eliminated phrases and clauses is important, too. After you understand the main idea, you can search for the details needed for clarification. Remember to keep these techniques in mind when reading the selection.

ESTRATEGIAS EN ACCION

El corazón de la oración. Examine las siguientes frases extraídas de la lectura de este capítulo para identificar el **sujeto,** el **verbo** y el **objeto.** Recuerde que puede eliminar frases preposicionales y cláusulas subordinadas para captar la idea básica.

1. Los ingresos de la familia Pérez García constan del sueldo de Francisco, el padre, que gana 280.000 pesetas mensuales como analista informático de una empresa de seguros.

2. Los Pérez García son fieles usuarios (*users*) de la sanidad pública gratuita, pero la atención odontológica (*dental*) no entra en el paquete de la ortodoncia (*dental package*) de Ana y algunas caries (*cavities*) familiares disparan el gasto en los carísimos odontólogos españoles.

3. En el caso de los Pérez García, la enseñanza de Ana y Sergio se confía a un centro público y como ambos cursan EGB, 2.° y 5.° cursos, es gratuita, aunque hay clases complementarias de pago.

4. Las prospecciones (*prospects*) de futuro que se hacen con base en estadísticas y en los fenómenos sociales, económicos y políticos que observamos ahora mismo hablan de un necesario incremento de riqueza.

A CINCO AÑOS DEL AÑO 2000 LOS ESPAÑOLES HAN ALCANZADO, EN GENERAL, UNA CALIDAD DE VIDA INÉDITA EN SU HISTORIA, PERO TAMBIÉN EXISTEN SERIOS PROBLEMAS CON PROYECCIÓN HACIA EL FUTURO.

Vivir en España

Carlos Piera

Las estadísticas sirven para hacernos[1] una idea media[2] de las cosas cuantificables, de cómo vivimos los españoles de mitad de los años noventa. Y no sólo cómo, sino de qué, cuánto, dónde y qué cosas nos preocupan.

Según los datos del censo de población del año 1991 somos 38.872.268 españoles, con casi ochocientas mil mujeres más que hombres. Somos la quinta nación más poblada de la Unión Europea (UE). La composición de la población por edades es la siguiente: entre 0 y 14 años, el 19,5 por 100; entre 15 y 64 años, el 66,7 por 100; y con más de 65, el 13 por 100. Con respecto a 1960, la población española es apreciablemente más vieja que hace treinta años. El porcentaje de extranjeros en España es casi inapreciable estadísticamente, 400.000 personas en 1992, poco más del 1 por 100. Pero es justo destacar que esta cifra[3] era la mitad en 1985; el incremento es debido a la llegada de inmigrantes, sobre todo magrebíes[4] y latinoamericanos.

El envejecimiento de la población viene determinado básicamente por el gran descenso de la natalidad que se fraguó[5] entre finales de los setenta y primeros años ochenta.

---

[1]darnos [2]idea... *average* [3]número [4]*North Africans* [5]se... comenzó

Un ama de casa con sus electrodo-
mésticos de cocina.

En 1980 el número de hijos por mujer era de 2,1, en 1991 había descendido a 1,3. El aumento de la esperanza de vida también ha contribuido a ese envejecimiento. Para los hombres es de 73,4 años y para las mujeres de 80,5 en 1991.

Tal y como está la tasa[6] de natalidad en España, un matrimonio con dos hijos es lo que se podría llamar una familia políticamente correcta. Nuestra familia tipo son los Pérez García, que forman Maribel, de treinta y seis años, y Francisco, de treinta y nueve, los padres, y Ana, de diez años, y Sergio, de siete.

Desde que se levantan por la mañana empiezan a vivir y a consumir. Su vivienda es un piso de tres habitaciones y 90 metros cuadrados[7] —el 68,9 por 100 de las viviendas españolas tienen entre 61 y 120 metros cuadrados— en un barrio no demasiado lejano del centro en una ciudad —la mayoría de los españoles viven en poblaciones mayores de 20.000 habitantes—

de 200.000 habitantes. Su vivienda es en propiedad; el 78 por 100 de las viviendas en España son de propiedad, el mayor índice de la UE, aunque aún la están pagando mediante un crédito a veinte años. El 99 por 100 de las viviendas en España tienen agua corriente y baño o ducha, el 83 por 100 calefacción, el 75 por 100 teléfono y un 5,7 por 100 aire acondicionado. En cuanto a enseres domésticos, el 97,9 por 100 de los hogares tienen frigorífico, el 90 por 100 lavadora automática, el 27 por 100 aspiradora. El 59 por 100 tiene radio y el 30,9 por 100 equipo de sonido y, curiosamente, aún hay una máquina de coser[8] en el 56 por 100 de los hogares. El televisor está generalizado —no en vano los españoles ven de media más de cuatro horas diarias de televisión— en el 92 por 100 de los hogares el aparato de televisión es de color y en el 15 por 100 en blanco y negro. Al sumar más de cien ambos porcentajes

Las horas puntas y el atasco de tráfico en Valencia, España.

Los viejos de Chinchón que disfrutan jugando dominó.

se entiende que haya más de un televisor por hogar en bastantes casos.

Los ingresos de la familia Pérez García constan del sueldo de Francisco, el padre, que gana 280.000 pesetas mensuales como analista informático[9] de una empresa de seguros. Maribel, la madre, no trabaja, aunque lo hizo hasta después de nacer su segundo hijo; en la actualidad prepara el ingreso a la Universidad para mayores de veinticinco años.

---

[6]*rate* [7]metros... *square meters* [8]máquina... *sewing machine* [9]analista... *computer analyst*

¿Cuánto recuerda Ud.?

Antes de continuar, indique (X) cuáles de los siguientes comentarios no coinciden con los datos en el artículo y corrija las frases para que sean ciertas. Después, trabaje con un compañero (una compañera) para especular cómo será la familia Pérez García. ¿En qué gastan el dinero? ¿Cómo pasan el tiempo libre?

1. _____ En España hay más personas ancianas que menores de 15 años.
2. _____ Hay más mujeres que hombres en la población española.
3. _____ Desde 1980 ha aumentado la esperanza de vida, a la vez que ha bajado la tasa de natalidad.
4. _____ El español típico vive en un pueblo pequeño.
5. _____ La mayoría de los españoles son propietarios de sus viviendas.
6. _____ De los enseres domésticos, la lavadora automática es el aparato más popular.

Los gastos empiezan ya con la hora del desayuno. El gasto en alimentación de la familia Pérez García ronda las 70.000 pesetas mensuales; otros gastos fijos son el agua, 1.500 pesetas mensuales; el gas, 3.000 pesetas mensuales de media; electricidad, 4.500 pesetas mensuales; y el teléfono, 4.000 pesetas mensuales. La energía eléctrica ha variado en el modo de su obtención: más de la mitad proviene del petróleo, un 20 por 100 de combustibles sólidos y un 15 por 100 de origen nuclear, pese a la moratoria de centrales nucleares.

Los gastos por transporte también se han incrementado en los últimos años. Francisco acude cada día a su trabajo en transporte público y utiliza el coche —un utilitario medio de 1.400 c.c. y fabricación nacional— alguna vez a diario y los fines de semana. En España hay demasiados coches, según los expertos; la tasa es de 443 automóviles por 1.000 habitantes. El gasto en transporte alcanza el 15 por 100 de los gastos anuales de la familia, igual que en la UE.

Los gastos sanitarios de las familias han aumentado en los últimos años a pesar de la generalización de la sanidad pública. Los Pérez García son fieles usuarios[10] de la sanidad pública gratuita, pero la atención odontológica[11] no entra en el paquete y la ortodoncia de Ana y algunas caries[12] familiares disparan[13] el gasto en los carísimos odontólogos[14] españoles.

> En 1984 los créditos suponían el 11,9 por 100 de la renta disponible, en 1990 pasó a casi el doble: el 22,8 por 100.

La enseñanza se lleva el 7 por 100 del gasto de las familias españolas; en el caso de los Pérez García la enseñanza de Ana y Sergio se confía a un centro público y como ambos cursan EGB,[15] 2° y 5° cursos, es gratuita, aunque hay clases complementarias de pago.

En vestido[16] y calzado los españoles emplean el 8,6 por 100 del consumo privado, 3,3 billones de pesetas de 1992, unas 70.000 pesetas por persona y año. El precio de ropa y calzado casi se ha duplicado entre 1983 y 1992. Nuestra familia prototipo de cuatro miembros no llega a las 280.000 anuales en ropa y calzado, recurren mucho a las rebajas y utilizan mucha prenda de *sport* y deportiva. Las situaciones más críticas en cuanto a vestido y calzado se producen a principio de curso con la reposición de ropa y calzado para los niños. Sobre todo el pequeño, Sergio, que rompe zapatillas deportivas y zapatos que es un gusto.[17]

---

[10]*users* [11]*dental* [12]*cavities* [13]*aumentan* [14]*dentistas* [15]Educación General Básica [16]*ropa* [17]*que... like it's going out of style*

Las estadísticas de consumo de ocio y cultura[18] dan una imagen que puede parecer tópica,[19] pero bastante cierta, de los españoles. Gastamos diez veces más en bares, restaurantes y hoteles que en libros, diarios y revistas, y ocho veces más que en cine, teatro y espectáculos.

Estos extremos se reflejan en los hábitos de los Pérez García, las salidas de esparcimiento[20] de los padres se concretan en salir a picar[21] algo o a cenar, a veces al cine y casi nunca al teatro. Los viajes se limitan a las vacaciones de verano y alguna escapada en Semana Santa. Los niños básicamente consumen televisión y algunas sesiones de cine. Sergio, el pequeño, ha ido un par de veces al fútbol con su padre. El cabeza de familia compra un diario todos los días y su esposa alguna revista muy ocasionalmente. El gasto en libros apenas si pasa de los de texto de los niños, algunos técnicos de Francisco y los manuales de Maribel.

Las prospecciones de futuro que se hacen con base en estas estadísticas y en los fenómenos sociales, económicos y políticos que observamos ahora mismo hablan de un necesario incremento de riqueza.

La situación del paro, la reforma laboral que está produciendo precariedad en el empleo, el envejecimiento de la población, las jubilaciones anticipadas y otros extremos van a encarecer notablemente el monto de la protección social.

En cuanto a los hábitos culturales y de consumo de ocio, se prevé que aumente más la adquisición de equipos y accesorios culturales: radios, televisiones, reproductores de vídeo, ordenadores multimedia y cadenas de sonido con respecto de libros, revistas y periódicos. También seguirán una línea ascendente los gastos en restaurantes, hoteles y bares, así como en viajes turísticos.

La educación se vinculará mucho a la supervivencia[22] académica en los niveles no obligatorios. La actual supervivencia académica en la Universidad no llega al 20 por 100 de los que comienzan. Se va hacia la perpetuación de la carrera académica como una carrera de obstáculos cada vez más difíciles de salvar. En cuanto a las motivaciones, gana cada vez más adeptos la elección de «profesión mejor pagada» y «profesión con más posibilidades de empleo» que «profesión deseada».

Tomado de *Carta de España*

---

[18]ocio... *arts and leisure* [19]estereotípica [20]*recreation* [21]*snack* [22]*survival*

¿Cuánto recuerda Ud.?

Indique (X) cuáles de los siguientes comentarios no coinciden con los datos en el artículo y corrija las frases para que sean ciertas.

1. _____ El gasto mensual más alto de la familia Pérez García es el de la alimentación.

2. _____ En España hay relativamente pocos coches con relación a la población.

3. _____ Aunque pagan los gastos del dentista, los Pérez García no gastan mucho en atención médica, ya que utilizan los servicios de la sanidad pública.

4. _____ Para los Pérez García, la educación es importante, por eso gastan diez veces más en libros que en comer afuera y en ir de vacaciones.

5. _____ El paro y la reforma laboral pueden reducir el precio de la protección social en el futuro.

6. _____ En España terminar una carrera universitaria es difícil: menos del 20 por ciento lo logra.

¿Qué se imagina Ud.?

A. Una familia típica: Escenas.   Trabajando en grupos pequeños, escojan una de las siguientes escenas en la vida de una familia típica española (con dos hijos); después representen la escena ante la clase —¡para grabar en video! Tengan en cuenta lo que han aprendido en el artículo sobre la vida española.

1. Una pareja se sienta a preparar el presupuesto de la familia para el próximo año. Sólo el padre trabaja a sueldo y los dos tienen prioridades diferentes: la madre prefiere gastar más en los enseres domésticos y en la alimentación, mientras que el padre le da más importancia al transporte y al ocio. (dos personas)
2. La pareja asiste a la reunión de padres y profesores en el centro de enseñanza de sus hijos para discutir el progreso académico de éstos. Un hijo es muy listo e inquieto y para no aburrirse necesita clases particulares —de arte, música, informática, etcétera— de pago. (tres personas)
3. El domingo en familia: aunque todos los miembros de la familia quieren hacer cosas diferentes, al fin se ponen de acuerdo acerca de cómo pasar el día. (cuatro personas)
4. La madre joven habla con su madre: la anciana cree que su hija debe tener más hijos, pero la joven prefiere ingresar en la universidad ahora que los niños están en edad escolar. (dos personas)
5. El padre joven habla con su padre: el padre le recomienda comprar un piso o una casa más grande, pero el joven tiene miedo de caer en el paro. (dos personas)
6. Con sólo un sueldo, la familia no puede sostener el nivel de vida que desea. Por eso, van al banco para pedir un crédito. (tres personas)

B. Estudiantes de intercambio vuelven de España.   Imagínese que su clase acaba de regresar de España, donde estuvo en un programa de intercambio. La estación de radio de su comunidad quiere que cada estudiante de intercambio hable durante un programa especial de algún aspecto de su experiencia en España. Prepárese para presentar en cinco o seis frases su perspectiva sobre *uno* de los siguientes temas. También puede comparar su perspectiva actual con la imagen que la clase tenía de España en «Nuestra España: lluvia de ideas» (Hablando del tema, D).

1. la familia con quien Ud. vivió
2. la vivienda, el barrio y la ciudad en que Ud. vivió
3. los momentos de ocio con la familia
4. el presupuesto de la familia
5. las esperanzas y los temores *(fears)* de la familia con respecto al futuro

......

31. More on Talking About What You Have Done: The Present Perfect Subjunctive

As with its indicative equivalent, the present perfect subjunctive is used to express actions viewed as having happened before the moment of speech, actions that may still be relevant at that moment. The present perfect subjunctive is used instead of the indicative in circumstances requiring the subjunctive.*

The present perfect subjunctive is formed by the present subjunctive of **haber** plus the past participle.[†]

haya olvidado	hayamos olvidado
hayas olvidado	hayáis olvidado
haya olvidado	hayan olvidado

Es lástima que la gente se **haya olvidado** de la Guerra Civil.
Me sorprende que España **haya logrado** tanto progreso.
Ojalá que la clase media **haya mejorado** su posición económica.
Dudo que la clase alta **haya sufrido** mucho en estos años.
No hay ningún español que no **haya comprado** un televisor.

▲ ¡Practiquemos!

A. ¡No estoy de acuerdo!   Indique si Ud. está de acuerdo o no con las siguientes opiniones acerca de la política de los Estados Unidos. Si no, cambie la oración para que refleje su propia opinión.

1. Es bueno que las fuerzas militares nunca hayan intentado dar un golpe de estado en nuestro país.
2. Siento mucho que haya muerto tanta gente en defensa de nuestro país.

---

*To review these circumstances, see the summary of uses of subjunctive and indicative in **Gramática 30.**
[†]To review the irregular past participles, see **Gramática 4.**

3. Me alegro de que hayamos gastado miles de millones de dólares para construir armas nucleares.
4. Es bueno que el último candidato demócrata para presidente haya ganado/perdido.
5. No conozco a nadie que haya sido presidente, senador o diputado.
6. No hay ningún ciudadano que vote antes de que haya estudiado con atención las plataformas de los partidos políticos.

B. ¿Qué les parece? Trabajando con un compañero (una compañera), háganse las siguientes preguntas y contesten según sus propias opiniones. Pueden usar los siguientes verbos y frases además de los otros que ya saben.

MODELO: ¿Siempre han participado los jóvenes norteamericanos en el proceso político? → No creo que *hayan participado* mucho. Es lástima que *hayan perdido* la oportunidad de tomar parte en decidir su propio futuro.

(no) creer	(no) ser natural
(no) dudar	(no) ser triste
(no) ser obvio	(no) ser lástima
(no) parecer maravilloso	(no) ser posible

1. ¿Nos ha mentido alguna vez algún presidente nuestro?
2. ¿Los políticos han hecho lo mejor para combatir el déficit de nuestro país?
3. ¿Ha hecho nuestro gobierno lo suficiente para ayudar a la gente desamparada *(homeless)?*
4. ¿Hemos puesto fin a la expansión nuclear?
5. ¿Ha aumentado la violencia en los últimos años?
6. ¿Cuál ha sido la mejor forma de gobierno?

C. ¿Qué opina Ud. de los sucesos? Trabajando con un compañero (una compañera), combinen las dos frases en una sola oración por medio de una conjunción (como **que, a menos que, para que,** etcétera).

MODELO: Franco ha muerto. Eso es natural.
Es natural **que** Franco **haya muerto.**

1. España tiene casi 40 millones de habitantes. Eso es sorprendente.
2. El matrimonio tiene dos hijos. La nación prefiere eso.
3. Los españoles pasan tanto tiempo viendo la televisión. Eso es una lástima.
4. Los españoles gastan diez veces más en los bares que los otros europeos. Las estadísticas comprueban eso.
5. Mucha gente está en paro *(unemployment).* Eso es muy triste.
6. Los jóvenes ven con indiferencia el medio ambiente. Yo dudo eso.

32. Using the Subjunctive to Talk About The Past: The Imperfect Subjunctive

Concept of the Imperfect Subjunctive

Unlike the indicative, the subjunctive has only one simple past tense: the imperfect subjunctive. It is used when the main clause of a sentence is in the past (preterite, imperfect, or past perfect indicative) and the subjunctive is needed in the subordinate clause.

La gente quería que los problemas nacionales **se resolvieran** pacíficamente.	*People wanted national problems to be solved peacefully.*
Había insistido en que el gobierno **empezara** a solucionarlos.	*They (The people) had insisted that the government begin to solve them.*

Formation of the Past Subjunctive

The following are the endings for the imperfect subjunctive.*

-ra	**-'ramos**[†]
-ras	**-rais**
-ra	**-ran**

The imperfect subjunctive is formed by attaching these endings to the third person plural of the preterite, minus its **-ron** ending. This means that the imperfect subjunctive includes any irregularity found in the third person plural of the preterite.[‡] The following chart shows the imperfect subjunctive forms of three verbs with irregularities in their third person plural preterite form.

INFINITIVE		THIRD PERSON PLURAL PRETERITE	IMPERFECT SUBJUNCTIVE	
-ar	estar	estuvieron	estuviera	estuviéramos
			estuvieras	estuvierais
			estuviera	estuvieran
-er	poder	pudieron	pudiera	pudiéramos
			pudieras	pudierais
			pudiera	pudieran
-ir	dormir	durmieron	durmiera	durmiéramos
			durmieras	durmierais
			durmiera	durmieran

---

*Some speakers also use an alternate set of imperfect subjunctive endings whose meanings are identical to those above: **-se, -ses, -se, -'semos, -seis, -sen.** These forms will not be practiced in *Al corriente*.
[†]Note that in the first person plural a written accent falls on the vowel just before the subjunctive ending.
[‡]Irregular forms of the preterite are found in **Gramática 13.**

Deber, poder, and querer

The imperfect subjunctive forms of the verbs **deber, poder,** and **querer** are frequently used as extremely polite ways of asking that something be done.

¿Pudiera Ud. explicarme la diferencia entre un presidente y un primer ministro? **Quisiera** pedirle que me lo explicara de nuevo.	*Could you explain to me the difference between a president and a prime minister?* *I'd like to ask that you explain it to me again.*

▲ ¡Practiquemos!

A. ¡Así es la vida!   Combine las siguientes frases de una manera lógica.

1. _____ Era una lástima que...
2. _____ Los padres querían que...
3. _____ Los jóvenes buscaban un empleo que...
4. _____ No había nadie en España que...
5. _____ A los padres les molestaba que...

a. ...pagara bien.
b. ...no sufriera, económicamente, durante la Guerra Civil.
c. ...tanta gente estuviera amenazada por el paro.
d. ...sus hijos vieran cuatro horas de televisión.
e. ...sus hijos tuvieran el nivel de educación más alto posible.

Ahora identifique el imperfecto del subjuntivo en cada oración.

B. ¿Qué dijo el presidente?   Trabajando con un compañero (una compañera), imagínense que son periodistas y acaban de entrevistar al presidente de los Estados Unidos. Ahora tienen que explicarle al público (sus compañeros de clase) lo que él dijo sobre cada uno de los sucesos que aparecen abajo. Usen los verbos y frases a continuación para inventar las opiniones del presidente.

- exigir, (no) querer, preferir
- dudar, negar, no creer, no ser verdad
- alegrarse de, lamentar
- gustarle, molestarle, sorprenderle, parecerle bien/mal
- ser bueno/malo, natural, (im)posible, preciso, (im)probable, (una) lástima

MODELO: La prensa habló mal de él. →
Dijo que no le gustó que la prensa hablara mal de él.

1. La producción nacional creció mucho.
2. No gastamos suficiente dinero en defensa.
3. Los rusos firmaron *(signed)* un acuerdo nuclear.
4. Un secretario robó dinero del gobierno.
5. No hubo mucha inflación este año.

6. Los demás gobiernos siguieron nuestro modelo.
7. La Reina de Inglaterra vino para una visita oficial.
8. Mucha gente no tenía trabajo.
9. Miles de personas estaban viviendo en las calles.
10. Algunos congresistas querían forzarlo a renunciar *(resign)*.

C. ¡Por favor!   Trabajando con un compañero (una compañera), dense el uno (la una) al otro (a la otra) los siguientes mandatos de una manera muy cortés, usando las formas **pudiera, quisiera** y **debiera.**

MODELO: Tráigame un vaso de agua. →
          ¿Pudiera/Quisiera Ud. traerme un vaso de agua, por favor?

1. Repítamelo.
2. No me hable de ese asunto.
3. No fume aquí.
4. Mándeme los datos *(facts).*
5. Venga a mi oficina.
6. Vaya a hablar con ellos.
7. Déles estos documentos.
8. Dígame la verdad.

D. ¿Quién lo hizo?   Alguien mató al Sr. Rico y ahora el inspector tiene que investigar el caso. ¿Quién tenía motivos para hacerlo? ¡Todos!

Trabajando en grupos, inventen el motivo de cada persona, completando las oraciones a continuación. Usen el pasado del subjuntivo en cada oración.

Vocabulario útil: tener relaciones amorosas *(to have an affair),* el testamento *(will)*

MODELO: *La Sra. Rico* dudaba que su esposo *la quisiera.*

1. _____ esperaba heredar mucho dinero cuando el Sr. Rico...
2. _____ le aconsejó al Sr. Rico que...
3. _____ quería que la Sra. Rico...
4. A _____ le molestaba que el Sr. Rico...
5. _____ deseaba que el Sr. Rico...
6. _____ hizo que el Sr. Rico...
7. A _____ le preocupaba que el mayordomo...
8. ¿ ?

33. Coordinating Tenses: Sequence of Subjunctive and Indicative Tenses (for Recognition Only)

You have already reviewed how to decide when to use the subjunctive, but once you have done this, how do you decide which subjunctive tense to use? The choice depends to a large extent on the tense of the main clause verb, as illustrated in the following table.

MAIN CLAUSE		SUBORDINATE CLAUSE
Llamo a Felipe *(present)*		
He llamado a Felipe *(present perfect)*		salga de la casa. *(present subjunctive)*
Voy a llamar a Felipe *(present with future meaning)*	antes de que	
Llamaré a Felipe *(future)*		haya salido de la casa. *(present perfect subjunctive)*
Llámelo/Llámalo *(command)*		
Llamé a Felipe *(preterite)*		
Llamaba a Felipe *(imperfect)*		saliera de la casa. *(imperfect subjunctive)*
Había llamado a Felipe *(past perfect)*	antes de que	
Llamaría a Felipe *(conditional)*		hubiera salido* de la casa. *(past perfect subjunctive)*

As the table indicates, if the main clause verb is in one of the present tenses, the subordinate clause verb should be in present or present perfect subjunctive. If the main clause verb is in one of the past tenses, however, the subordinate clause verb should be in the imperfect or past perfect subjunctive.

---

*The past perfect tense is formed with the imperfect subjunctive of **haber** plus the past participle. It is used instead of the past perfect indicative (**había hecho**) when the subjunctive is required in the subordinate clause.

hubiera hecho	**hubiéramos hecho**
hubieras hecho	**hubierais hecho**
hubiera hecho	**hubieran hecho**

Como si + Past Subjunctive

The expression **como si** *(as if)* is always followed by the past subjunctive, either the imperfect or the past perfect tense.

Los españoles consumen en los bares como si **tuvieran** mucho dinero.	*The Spanish consume in the bars as if they have a lot of money.*
Algunas familias compran gasolina como si los precios no **hubieran subido** nada.	*Some families buy gas as if the prices had never gone up at all.*

▲ ¡Practiquemos!

Opciones.   Termine las siguientes oraciones con la forma correcta del verbo entre paréntesis.

1. No es posible que la población española ——— (llegar) a los 40 millones antes del año 2000.
2. No parece raro que los Pérez García ——— (gastar) mucho dinero en el ocio el año pasado.
3. Ahora se vive en España como si la Guerra Civil de los años treinta no ——— (ocurrir).
4. Hace veinte años, los padres no insistían en que sus hijos ——— (ir) a la universidad.
5. Franco construyó muchos estadios de fútbol para que la gente ——— (poder) gozar ese deporte.
6. El año pasado nadie consiguió un buen empleo a menos que ——— (hacer) una carrera profesional.
7. Los españoles comen en restaurantes como si no ——— (tener) problemas económicos.

ESPAÑOL EN ACCION

A. Encuentro con los candidatos.   Imagínese que dos grupos de personas han sido invitados a una fiesta: un grupo de candidatos para el puesto de diputado en su distrito y un grupo de votantes *(voters)*. Los/Las votantes no saben todavía por quiénes van a votar, pero les interesan los aspectos socioeconómicos de la vida actual; por eso preparan preguntas que les gustaría hacerles a los candidatos. Los candidatos (Las candidatas) contestan todas sus preguntas amablemente tratando de convencerles de que voten por ellos/as.

Escoja uno de los dos papeles (o candidato/a o votante) para representar en esa fiesta imaginaria.

B. Cinco promesas. Imagínese que Ud. es candidato/a para alcalde de su ciudad o pueblo. Resuma su programa de gobierno en cinco promesas, o sea, haga cinco declaraciones acerca de sus proyectos si ganara las elecciones. Si desea, puede usar las promesas de un anuncio de Antonio Garrigues como modelo.

Antonio Garrigues
alcalde

Queremos un Madrid limpio, alegre y digno de vivír en él. Un Madrid optimista y ordenado.

En ello estamos, ANTONIO GARRIGUES y los liberales.

Haciendo por Madrid algo que merezca la pena de ser vivido y disfrutado por todos los hombres y mujeres que aquí habitamos.

Por ello es útil votar ahora a quienes por verse libres de compromisos parlamentarios no tienen otra tarea que la de demostrar su eficacia puesta al servicio de Madrid. Aportando su gestión ejecutiva y empresarial para solucionar los problemas.

Vota la nueva alternativa

PDL
los liberales

Mis cinco promesas para Madrid

1 – MADRID POR UNA NUEVA VIA. Independencia en la gestión de la batalla política que mantiene los dos grandes partidos.

2 – VIVIR EN MADRID. Rechazo de la burocracia en la vida municipal, mediante la máxima participación ciudadana directa y descentralizada, en cada distrito o junta municipal.

3 – CAPITALIZAR MADRID. Evitar trabas inútiles a la implantación de empresas medianas y pequeñas, para generar realmente empleo en Madrid.
Estimular la creación de riqueza y la actividad económica.

4 – GESTIONAR MADRID. Atajar enérgicamente el déficit creciente del Ayuntamiento, mediante un riguroso saneamiento financiero que evite la perspectiva de quiebra que amenaza la Corporación.

5 – PRESTIGIAR LA ACTIVIDAD MUNICIPAL. Crear las condiciones objetivas necesarias para que los funcionarios municipales realicen su cometido en beneficio de todos los madrileños, al margen del "enchufismo" y la "confianza" por razones de partido.

Al corriente

El vino español

El mes de septiembre del calendario agrario: medieval en la capilla de San Isidro en León España.

1. ¿Cuál te gusta más, el vino blanco o el tinto?

   ⚪ blanco   ⚪ tinto

   ¿Otro? [_____]

2. ¿Cuándo te gusta beber vino?

   ⚪ en reuniones sociales   ⚪ en ocasiones especiales

   ⚪ cuando estoy solo/a   ⚪ todos los días

   ⚪ con la comida (mediodía)   ⚪ sólo los fines de semana

   ⚪ sólo con la cena   ⚪ nunca

   ¿Otra ocasión? [_____]

3. ¿Crees que sea bueno para la salud beber vino? ¿Cuánto es bueno beber? Explica.

   [_____]

4. ¿Se produce vino en las siguientes regiones de España?

Sí	No	Región
⚪	⚪	la Rioja
⚪	⚪	Galicia
⚪	⚪	León y Castilla
⚪	⚪	Extremadura

5. ¿Crees que cueste más caro el vino español que el vino californiano? Explica tu respuesta.

¡A leer!

Lee esta selección sobre el vino, que viene de una página Web de España, y contesta las preguntas a continuación.

EL VINO Y LA SALUD

El vino disminuye el riesgo[1] cardiovascular

El vino como anti-oxidante

Según el doctor Alan Evans, coordinador del proyecto «Monica» de la Organización Mundial de la Salud, dedicado al estudio del gen[2] responsable de las diferentes respuestas metabólicas de los individuos al consumo de alcohol, las sustancias anti-oxidantes contenidas en la dieta, incluidas las procedentes del vino, podrían explicar la relación de uno a cuatro entre las muertes cardiovasculares registradas en las ciudades de Toulouse (Francia) y Belfast (Irlanda del Norte).

EL VINO ESPAÑOL HOY

Los vinos españoles han adelantado muchísimo terreno en las dos últimas décadas por lo que respecta a su calidad, situándose sin complejos a la altura de la vanguardia mundial, que conducen franceses, californianos o neozelandeses.

El principal reclamo[3] de los vinos españoles en los mercados exteriores es su estupenda relación precio/calidad.

Es habitual hallar[4] los recuadros que las revistas brindan a las «oportunidades de compra» ocupados por vinos españoles. Esta ventaja inicial no debe comprometer,[5] sin embargo, las posibilidades comerciales más amplias de otros vinos originales.

---

[1]*risk* [2]*gene* [3]*claim to fame* [4]encontrar [5]*compromise*

Comprensión

1. El vino aumenta el riesgo de tener problemas cardiovasculares.

⬤ verdadero   ⬤ falso

Explica el porqué de tu respuesta.

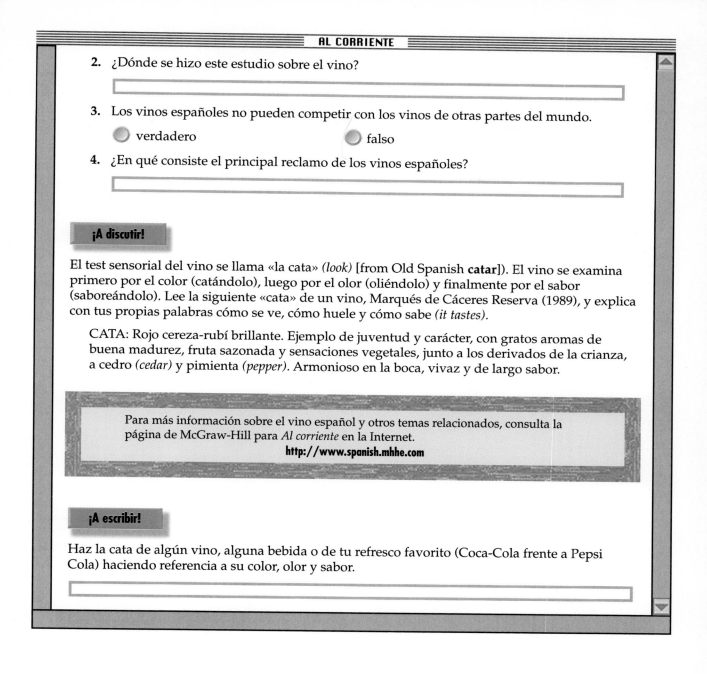

2. ¿Dónde se hizo este estudio sobre el vino?

3. Los vinos españoles no pueden competir con los vinos de otras partes del mundo.

○ verdadero   ○ falso

4. ¿En qué consiste el principal reclamo de los vinos españoles?

¡A discutir!

El test sensorial del vino se llama «la cata» *(look)* [from Old Spanish **catar**]). El vino se examina primero por el color (catándolo), luego por el olor (oliéndolo) y finalmente por el sabor (saboreándolo). Lee la siguiente «cata» de un vino, Marqués de Cáceres Reserva (1989), y explica con tus propias palabras cómo se ve, cómo huele y cómo sabe *(it tastes)*.

CATA: Rojo cereza-rubí brillante. Ejemplo de juventud y carácter, con gratos aromas de buena madurez, fruta sazonada y sensaciones vegetales, junto a los derivados de la crianza, a cedro *(cedar)* y pimienta *(pepper)*. Armonioso en la boca, vivaz y de largo sabor.

> Para más información sobre el vino español y otros temas relacionados, consulta la página de McGraw-Hill para *Al corriente* en la Internet.
> **http://www.spanish.mhhe.com**

¡A escribir!

Haz la cata de algún vino, alguna bebida o de tu refresco favorito (Coca-Cola frente a Pepsi Cola) haciendo referencia a su color, olor y sabor.

América latina

Caracas, la capital de Venezuela, es una ciudad dinámica y moderna situada a orillas del Mar Caribe.

Unidad V provides a small sampling of life in some of the many Latin American countries whose principal language is Spanish. Each Latin American country is unique, as is its population.

Capítulo 13 highlights Machu Picchu, the legendary "lost city" of the Incas. The reading in **Capítulo 14** focuses on the problems of Mexico City, the fastest-growing city in the world. In **Capítulo 15** Carlos Fuentes, the great Mexican novelist and essayist, looks at Latin American history as the context for its current role in a multicultural world in transition.

CAPITULO
13

La cordillera de los Andes bordea la costa del Pacífico y pasa por Colombia, el Ecuador, el Perú, Bolivia, Chile y la Argentina.

Las hermosas cataratas del Iguazú (70 m. de altura) separan el territorio argentino del brasileño.

El lago Titicaca esta situado en el antiplano andino (3.815 m. de altura) entre el Perú y Bolivia.

VOCABULARIO DEL TEMA

La naturaleza

La tierra
la barranca *(ravine, gorge)*
el bosque *(forest)*
el cabo *(cape)*
el cañón
el cerro / la colina *(hill)*
la cordillera / la sierra
   (mountain range)
el desierto
la isla
el istmo
la montaña
la nieve *(snow)*
el paisaje *(landscape)*
la pampa, el llano *(prairie,*
   grassland)
la península
el pico *(mountain peak)*
la piedra *(rock, stone)*
el prado *(meadow)*
el risco *(cliff)*
la selva *(jungle, rain forest)*
el terreno *(terrain)*
el valle
el volcán

El agua
el arroyo *(stream)*
la bahía *(bay)*
la catarata *(waterfall)*
el estrecho *(strait)*
el golfo
el lago
el mar *(sea)*
el océano
el río

CHIAPAS

Mar, selva, lagos, vida; parajes[a] donde la ecología no es una palabra, sino el modo normal de ser y existir. Chiapas te invita a convivir.

[a]lugares

Hablando del tema

A. Lugares famosos.   Primero complete la descripción de cada uno de estos lugares famosos, usando una de las palabras del Vocabulario del tema. Luego indique lo que Ud. sabe acerca de cada uno: dónde está, cómo es el terreno por allí, por qué es importante histórica o políticamente, etcétera.

1. el _____ de Panamá
2. el _____ de Buena Esperanza (*Good Hope*)
3. la _____ de Yucatán
4. el _____ Mediterráneo
5. el _____ Grande (en México se llama el _____ Bravo)
6. la _____ Nevada
7. la _____ de Cochinos (*pigs*)
8. el _____ de Gibraltar
9. el _____ de México
10. el _____ Atlántico
11. la _____ de los Andes

B. Sitios espectaculares.   La geografía de este país y de otros países nos ofrece sitios admirados por los amantes de la naturaleza. Trabajando en un grupo pequeño, completen una tabla como la siguiente para dar una definición de los diversos tipos de sitios naturales, ilustrar las definiciones con ejemplos concretos y explicar el motivo de su popularidad. Finalmente, compartan sus respuestas con las del resto de la clase.

SITIO	DEFINICION	EJEMPLO CONCRETO	MOTIVO DE SU POPULARIDAD
1. río	Corriente de agua que va al mar.	el río Misisipí	Es un río ancho y navegable.
2. cordillera			
3. cañón			
4. catarata			
5. lago			
6. bosque			
7. desierto			
8. pico			

C. La gente y la naturaleza.   Mire el anuncio de la página 317 sobre Chiapas, un estado mexicano en la costa del océano Pacífico. Trabaje con un compañero (una compañera) para comentar el anuncio. Consideren los siguientes puntos.

1. Según el anuncio, ¿cómo es la ecología de Chiapas?
2. ¿Cuál es la atracción de convivir con la naturaleza?
3. ¿Cree Ud. que es realmente posible que el ser humano conviva con la naturaleza?
4. En su opinión, ¿cuál fue el propósito del gobierno de Chiapas al publicar este anuncio?

LECTURA

ACERCANDONOS A LA LECTURA

In the peaks of the Peruvian Andes lies one of the world's premiere pre-Colombian archeological sites, Machu Picchu. The gigantic stones that were used to build this "lost city of the Incas" symbolize the grandeur of a civilization that once ruled Ecuador, Peru, and most of Bolivia. How, the tourist wonders, did the Incas ever get such enormous stones up there? The terrain is so rugged and remote that its existence went undiscovered until the early 1900s, and it is still difficult to reach today.

The fact that Machu Picchu was ever built testifies to the sophistication of the Incas, an ethnic group that, like the two other great pre-Colombian civilizations—the Aztecs of central Mexico and the Mayas of Central America and Mexico's Yucatan peninsula—continues to shape the societies of their respective countries.

VOCABULARIO PARA LEER

destacar to stand out
permanecer (zc) to stay, remain
pertenecer (zc) to belong

el/la antepasado/a ancestor
la carretera highway
el dato fact
el detalle detail
el dios, la diosa god, goddess

la escalera stairway, staircase
la escritura writing
la fuente fountain
el muro wall
la obra (de arte) work (of art)
la plata silver
el techo roof

sagrado/a sacred, holy

A. Asociaciones. Primero indique con qué palabras del Vocabulario para leer se asocian las siguientes palabras. Luego explique cómo se asocian.

1. el oro
2. la pared
3. el camino
4. la religión
5. el artista
6. quedar
7. el descendiente
8. la literatura

B. Definiciones. Explique en español qué significan las siguientes palabras.

1. la escritura
2. la fuente
3. el antepasado
4. la escalera
5. destacar
6. pertenecer
7. el techo
8. el dato
9. los detalles

COMENTARIOS PRELIMINARES

A. Una ciudad monumental (*landmark city*). Imagínese que Ud. forma parte de un equipo (*team*) de expertos contratado para planificar una ciudad monumental que represente el poderío de su país para la posteridad. Trabajando en un grupo pequeño, presenten un breve plan de ese proyecto, teniendo en cuenta los detalles enumerados. Finalmente, compartan su proyecto con el resto de la clase.

1. el valor cultural más significativo del país (por ejemplo, el poder, la riqueza, el arte, la religión, la familia, etcétera)
2. lo que conmemora la ciudad
3. dónde se debe situar la ciudad y las condiciones geográficas del lugar de construcción
4. el número de edificios (*buildings*) que se debe construir en vista de las condiciones geográficas: su altura, materiales de construcción, orientación, etcétera

B. ¡Se descubren ruinas! Imagínese que Ud. forma parte de un equipo de arqueólogos que recibiern una beca (*grant*) para explorar uno de los sitios más remotos del mundo. Allí descubren las ruinas —en bastante buenas condiciones— de lo que evidentemente fue una gran ciudad hace varios siglos. Trabajando en un grupo pequeño, presenten el informe que darán al comité de becas cuando vuelvan a su país. Incluyan los siguientes datos en su informe.

1. una descripción de cómo llegaron al lugar: cuántos días les tomó el viaje, qué tipo de transporte usaron, si necesitaron un guía, etcétera

2. una descripción del sitio: su geografía, si está habitado, construcciones que hay, los habitantes, etcétera
3. una teoría sobre la razón por la cual los miembros de esa cultura escogieron un lugar tan remoto para construir una ciudad
4. algunas recomendaciones para el futuro: restaurar las ruinas o dejarlas como están, establecer vías de comunicación o no, etcétera

ESTRATEGIAS PARA LEER

More About Reading Formal Prose

As you learned in **Capítulo 12,** when reading formal prose, it can be helpful to first identify the main noun, verb, and object(s) of a sentence in order to simplify its meaning. When doing this, however, keep in mind that in certain circumstances the subject of a particular sentence may not be expressly stated. It may be necessary to refer to a previous context in order to discover the subject of a sentence. The subject may also be difficult to identify in impersonal **se** constructions where the subject *(one, people, you,* or *they)* is implied, not expressly stated.

ESTRATEGIAS EN ACCIÓN

El verbo y el sujeto. Lea los siguientes dos trozos de la lectura de este capítulo. Identifique en cada una el verbo principal. Acuérdese de saltar *(skip over)* las frases preposicionales y las cláusulas subordinadas. Después, vuelva a leer las frases para encontrar el sujeto de cada verbo. Finalmente, verifique sus respuestas con el resto de la clase.

1. En un sitio separado del resto del mundo por gigantescos acantilados (riscos), al pie de profundas gargantas (barrancas) excavadas por el río Urubamba, en terrenos devorados por la selva, se encuentra la impresionante *ciudad perdida* de los incas, Machu Picchu. Hoy, después de 75 años de haber sido descubierta, continúa siendo uno de los misterios más grandes del mundo.
2. Si los incas vivieron permanentemente o sólo por temporadas (períodos) en Machu Picchu, no se sabe.

Machu Picchu
75 AÑOS DESPUES, TODAVIA UN MISTERIO

Enrique Laurent

Tres cuartos de siglo después de su descubrimiento por el hombre moderno, Machu Picchu se aferra tenazmente[1] a sus secretos y sigue siendo un rebelde enigma, empeñado en desafiar[2] a historiadores y arqueólogos. Imposible decir si el misterio se resolverá algún día.

En un sitio separado del resto del mundo por gigantescos acantilados,[3] al pie de profundas gargantas[4] excavadas por el río Urubamba, en terrenos devorados por la selva, se encuentra la impresionante *ciudad perdida* de los incas, Machu Picchu. Hoy, después de 75 años de haber sido descubierta, continúa siendo uno de los misterios más grandes del mundo.

En ninguna de las crónicas españolas se menciona la probabilidad de una urbe[5] inca en el cerro de Machu Picchu. Evidentemente, los españoles nunca supieron de su existencia. Así, durante varios siglos, la ciudad permaneció oculta en las entrañas[6] de los majestuosos Andes peruanos.

No fue hasta 1911 que un intrépido arqueólogo norteamericano de la Universidad de Yale, Hiram Bingham, organizó una expedición en busca de la ciudad inca de Vilcabamba. Bingham, guiado por el agricultor peruano Melchor Arteaga, llegó el 24 de julio de 1911, después de un trayecto[7] de más de 2.500 metros por las montañas, a un pico llamado por los indios *Machu Picchu*. Desde allí, lleno de emoción, divisó,[8] envuelta en la maleza,[9] la imponente[10] ciudad.

Cuando Bingham descubrió a Machu Picchu, estaba convencido de que había encontrado a Vilcabamba, aunque luego salió de su error. (El propio Bingham habría de[11] excavar Vilcabamba al año siguiente.) De cualquier manera, el hallazgo[12] marcó un punto culminante en la exploración de la historia precolombina.

Cuando los españoles llegaron al Perú, fueron tomados por dioses, entre otras cosas porque su llegada coincidió con la división del Imperio Inca. Los incas creyeron que Pizzaro era la encarnación del dios supremo, quien venía a resolver las disputas entre Huáscar y Atahualpa, los hermanos rivales, hijos del Inca XI, Huayna Cápac. Este al dividir su reino entre sus dos hijos, inició el desmembramiento[13] y la caída del gran imperio. Poco tiempo después, los incas se percataron[14] de que los españoles no eran dioses, pues profanaban sus templos y robaban sin escrúpulos su oro y su plata.

Quizás, previendo[15] que un día las Mujeres Escogidas* se quedarían sin guerreros[16] que las protegieran, los incas aseguraron para ellas un sitio

*The Chosen Women (**Las Mujeres Escogidas**) were daughters of commoners selected by the Emperor's representatives to be educated. At the age of nine or ten, the girls were taken to convents in provincial capitals, where they learned about religion and tasks considered appropriate for women: dyeing, spinning, weaving, and cooking. Around the age of thirteen they were presented to the Emperor. He would take some to be his wives (**Vírgenes del Sol**) or servants; others would be given to other nobles for the same purposes.

---

[1]se... *clings tenaciously* [2]empeñado... *persistent in defying* [3]riscos [4]barrancas [5]ciudad [6]oculta... *hidden in the entrails* [7]viaje [8]descubrió [9]*underbrush* [10]majestuosa [11]El... *Bingham himself would* [12]descubrimiento [13]división [14]se... se dieron cuenta [15]*foreseeing* [16]*warriors*

Machu Picchu, la mítica ciudad de los incas, todavía impresiona a cuantos la visitan.

inaccesible, amurallado[17] por sus constructores y por la propia naturaleza, un lugar que, como Machu Picchu, pudiese ser defendido por pocos hombres.

Si los incas vivieron permanentemente o sólo por temporadas[18] en Machu Picchu, no se sabe. Pero todo parece indicar que la ciudad fue, en efecto, un santuario especialmente escogido para albergar[19] a las Vírgenes del Sol. Así lo sugiere la proporción numérica de los esqueletos femeninos y masculinos encontrados por Bingham en las huacas (tumbas): diez femeninos por cada uno de hombre, de lo cual el arqueólogo dedujo[20] que los esqueletos debían pertenecer a esas damas[21] incas, entre las cuales se seleccionaban las jóvenes sagradas, intocables para los demás incas, pues eran las Esposas del Sol, su dios. Sin embargo, como los incas no tenían escritura, ésta y otras teorías que tratan de explicar el misterio de Machu Picchu no pasan de ser[22] especulaciones científicas.

Machu Picchu ha sido considerada como la más perfecta de las construcciones incaicas. La ciudad, que cubre más de cinco kilómetros cuadrados,[23] fue construida sobre una serie de picos y riscos muy pronunciados, imposibles de salvar,[24] a menos que no

sea por medio de[25] los caminos fortificados hechos por los incas.

Lo primero que se divisa[26] al llegar a Machu Picchu son sus terrazas simétricas, en las que seguramente los incas cultivaban papas, maíz y otros frutos. También, en la entrada de la ciudad, puede verse el intrincado sistema de riego[27] con fuentes y acueductos, alimentado con[28] las aguas que corrían bajo tierra. Por todas partes se observan las ruinas de edificios. Entre éstos destacan el Templo del Sol, el *Intihuatana* (piedra del Sol), la Plaza Sagrada y el famoso Templo de las Tres Ventanas.

El Templo de las Tres Ventanas es una de las edificaciones más sugestivas de Machu Picchu. Se levanta en el costado oriental[29] de la Plaza Sagrada. Tiene muros en tres de sus lados y, en el otro, un pilar monolítico que sostiene el techo, detalle que lo distingue de todos los demás templos de la ciudad.

Según antiguas tradiciones peruanas, un oráculo había ordenado a Manco Cápac, fundador del Imperio Inca, edificar un palacio de tres ventanas en honor a *Inti*, el Sol, en el lugar de su nacimiento. La existencia de esta estructura y una serie de datos históricos fueron los factores que llevaron a Bingham

---

[17]*walled in*   [18]períodos   [19]*to house*   [20]concluyó   [21]mujeres   [22]no... son sólo   [23]kilómetros... *square kilometers*   [24]*to get around; to cross, go over*   [25]por... *by way of*   [26]se... se nota   [27]*irrigation*   [28]alimentado... *fed by*   [29]costado... *east side*

a afirmar que Manco Cápac había nacido, o por lo menos vivido, en Machu Picchu.

Las construcciones de Machu Picchu han reafirmado aun más la gloria de los incas como arquitectos e ingenieros. Algunos opinan que muchos de sus muros son más perfectos que los mejores de la ciudad del Cuzco.

Las edificaciones de Machu Picchu han hecho que los arqueólogos se repitan la misma pregunta: ¿Cómo pudieron lograr esos cortes[30] perfectos y esa magnífica simetría unos constructores que no conocían la rueda,[31] el torno,[32] el hierro[33] o el cemento?

Casi todos los caminos para ir a Machu Picchu pasan primero por la ciudad del Cuzco, localizada a 1.126 Km al sur de Lima. Esta es la capital arqueológica de la América del Sur. Sus escalinatas[34] y calles empedradas[35] al estilo español están llenas de vendedores que ofrecen a los turistas abrigos de lana y cerámicas típicas de vistosos[36] colores. Las mujeres, descendientes de los incas, con sus faldas amplias y sus curiosos sombreros, arrean por las callejuelas[37] a las llamas cargadas de[38] mercancía; otras, con sus niños a la espalda, venden en las esquinas multicolores tejidos.[39]

La población del Cuzco es en su mayoría mestiza,[40] pero conserva los rasgos étnicos y muchas de las costumbres de sus antepasados, así como su lengua: el quechua. Por toda la ciudad se levantan imponentes los monumentos religiosos, donde la arquitectura refleja la fusión estrecha[41] de las creencias[42] incas con el cristianismo de los conquistadores.

Según los historiadores peruanos, los incas llegaron al Valle del Cuzco hacia el año 1100 d.C.,[43] aunque en esto no hay plena coincidencia.[44] Hasta la llegada de los españoles, la maravillosa ciudad fue la capital del gran Imperio Inca. No hay calle del Cuzco en que no esté la presencia en piedra de esa antigua cultura. Los muros y las bases de muchos edificios, el pavimento de antiguos caminos aún en uso y las escaleras perfectamente trazadas[45] perpetúan el alto grado de ingeniería incaica. Sin embargo, los conquistadores no respetaron esa creación artística. No sólo fundieron[46] sus objetos de oro y plata, verdaderas obras de arte, sino que[47] destruyeron casi todas sus edificaciones para construir iglesias y palacios sobre sus sólidos cimientos.[48]

Del Cuzco sale un ferrocarril que se dirige al cañón del Urubamba, el tormentoso[49] río que corre al pie de las montañas donde se encuentra Machu Picchu.

Las personas que deseen visitar la ciudad deben tomar allí un automotor que asciende los 500 metros que faltan del cerro por una de las carreteras más empinadas[50] del mundo.

Unas veinte cuadras antes de llegar a los muros más bajos de Machu Picchu, la carretera termina frente a un pequeño albergue,[51] desde el cual la ascensión a la *ciudad perdida* de los incas se termina a pie. Para todos cuantos la han visitado, la experiencia ha sido algo inolvidable.

Tomado de *GeoMundo*, junio de 1987

---

[30]*cuts* [31]*wheel* [32]*winch* [33]*iron* [34]*escaleras de piedra* [35]*hechas de piedra* [36]*colorful; attractive* [37]*arrean... drive through the narrow streets* [38]*cargadas... loaded with* [39]*textiles* [40]*mezcla de indio y europeo* [41]*close, intimate* [42]*beliefs* [43]*después de Jesucristo* [44]*no... no todos piensan igual* [45]*laid out* [46]*melted down* [47]*sino... but* [48]*foundations* [49]*stormy* [50]*steep* [51]*hotel, hostel*

¿Cuánto recuerda Ud.?

Todas las siguientes oraciones contienen información incorrecta. Identifique las equivocaciones.

1. La ciudad perdida de los incas se encuentra en la selva argentina.
2. Fue descubierta en 1811 por Hiram Bingham, un arqueólogo inglés.

3. El hombre que mató a Bingham en Machu Picchu era un guerrero inca llamado Melchor Arteaga.
4. Al principio el arqueólogo pensó que había descubierto la fuente de la juventud porque en Machu Picchu encontró a miles de incas increíblemente jóvenes.
5. Los conquistadores españoles tomaron a los incas por dioses.
6. Huayna Cápac, el gran rey inca, dividió su reino entre su hijo Atahualpa y el conquistador español Pizarro.
7. Los incas dejaron escrituras abundantes.
8. Es triste que los incas no supieran nada de arquitectura ni de ingeniería.
9. La actual ciudad del Cuzco es un centro comercial totalmente moderno.
10. Debemos agradecerles a los conquistadores españoles por haber preservado tan cuidadosamente los edificios y las obras de los incas.
11. Es tan fácil visitar la ciudad perdida que muchos cuzqueños van a pie a Machu Picchu cada día para almorzar al aire libre antes de regresar a sus trabajos.

¿Qué se imagina Ud.?

A. El arqueólogo y el agricultor.   Trabaje con un compañero (una compañera) para representar en clase el contacto inicial, según Uds. se lo imaginan, entre el arqueólogo Hiram Bingham y Melchor Arteaga, el agricultor que lo condujo a Machu Picchu. Pueden incluir los siguientes detalles en su diálogo.

1. Hiram Bingham se identifica y le explica lo que busca a Melchor Arteaga.
2. Arteaga le describe a Bingham la ciudad perdida de los incas.
3. Arteaga le describe a Bingham el viaje que tienen que hacer para llegar al sitio.
4. Bingham reacciona al ver por primera vez las ruinas.

B. Los conquistadores y la cultura incaica.   Los conquistadores españoles intentaron destruir las culturas indígenas que encontraron en América. Trabajando con un compañero (una compañera), analicen si se puede entender o justificar esa conducta. ¿Cree Ud. que los españoles habrían destruido Machu Picchu si hubieran encontrado ese lugar? ¿Por qué no se interesaron por llegar a esa zona?

C. ¿Es más respetuoso hoy el ser humano?: un debate.   Con respecto a la forma de tratar a las personas de otras culturas, ¿cómo nos comparamos las personas modernas con los conquistadores de otras épocas? ¿Somos más respetuosos, tolerantes y compasivos? ¿Somos más crueles y destructivos? ¿O somos iguales, en el fondo? Escoja una de las siguientes perspectivas para defenderla en un debate en clase. Apoye su punto de vista con ejemplos concretos: piense, por ejemplo, en la actitud de los antropólogos hacia las tribus indígenas que estudian, en los países que dominan o conquistan a otros como consecuencia de una guerra, en el terrorismo y en las relaciones entre los países poderosos y tecnológicamente avanzados y los menos desarrollados.

1. La gente de hoy es más compasiva, respetuosa y tolerante que la de otras épocas históricas.
2. Los humanos de hoy somos los seres más crueles y peligrosos de la historia.
3. La naturaleza humana es constante: no hay diferencia entre la gente moderna y la de épocas pasadas en cuanto a la crueldad, al respeto y a la tolerancia hacia los demás.

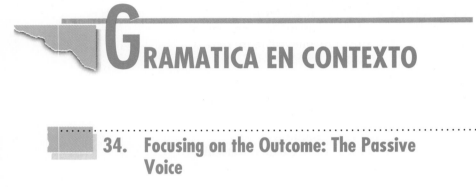

GRAMATICA EN CONTEXTO

34. Focusing on the Outcome: The Passive Voice

Concept of the Passive

A passive construction shifts the focus of a sentence from the agent (the doer of the actions) to the action and its recipient or outcome. As a result, the normal subject and object roles are reversed in passive constructions: the recipient of the action (normally the object) becomes the subject. You have already studied one passive construction in **Capítulo 10:** the passive **se.** As you know, this construction focuses on the action and its recipient; no reference at all is made to the agent.

> **Se construyó** Machu Picchu en la cordillera andina.
>
> *Machu Picchu was built in the Andean mountain range.*

Now let us look at another passive construction: the **ser** passive voice construction. This construction focuses on the outcome of the action and, in contrast to the passive **se,** always states or strongly implies an agent.

Formation of the Passive Voice

This construction consists of a form of the verb **ser** and a past participle.* The agent, when expressed, is introduced by the preposition **por.**

---

*To review past participle forms, see **Gramatica 4.**

SUBJECT/RECIPIENT + **ser** + PAST PARTICIPLE + **por** + AGENT

Machu Picchu	fue	construida	por	los incas.
Machu Picchu	*was*	*built*	*by*	*the Incas.*

Note that in this construction the past participle functions as an adjective, agreeing in number and gender with the subject.

Los templos fueron **cons-truido***s* por los sacerdotes.	*The temples were built by the priests.*
Esta ciudad ha sido **conside-rad***a* una obra perfecta por los arquitectos modernos.	*This city has been considered perfect by modern architects.*

It is also possible to use this construction and not identify the agent, although one is still implied.

La fuente fue pintada en colores brillantes.	*The fountain was painted in brilliant colors.*

Passive **ser** constructions appear more often in formal writing, as in this chapter's travelogue, but they are generally avoided in spoken Spanish in favor of **se** constructions.

▲ ¡Practiquemos!

A. El imperio inca.   En cada oración hay una opción correcta. Decida cuál es. Después, repase las oraciones e indique si se menciona el agente o no.

1. El Imperio Inca fue dividido en dos reinos / cincuenta estados por Huayna Cápac.
2. El sistema de gobierno de los incas fue desarrollado / destruido por los nobles más poderosos.
3. Los templos principales dedicados al dios del Sol fueron comprados / construidos por el gobierno.
4. Las carreteras que se extendían a los lugares más remotos del imperio fueron construidas de asfalto / piedra.
5. La ropa de los incas fue hecha de seda / de lana de alpaca y vicuña.
6. Los animales salvajes, como el puma, el oso y el zorro, fueron matados / adorados por los incas.

B. En Machu Picchu.   Haga oraciones pasivas con los siguientes elementos. Recuerde que el participio pasado funciona como adjetivo en esta construcción.

MODELO: Machu Picchu / destruir / el tiempo →
            Machu Picchu fue destruido por el tiempo.

1. los muros / labrar *(to cut, carve)* / los mejores artesanos incaicos
2. las ruinas / descubrir / Hiram Bingham
3. la ciudad / planear / los ingenieros incaicos
4. esta creación artística / no respetar / los españoles

5. los terrenos / devorar / la selva
6. las disputas entre Huáscar y Atahualpa / solucionar violentamente / Pizarro
7. los españoles / considerar / como dioses / los incas

C. ¿Cómo es la universidad donde Ud. estudia? Usando oraciones pasivas, explíquele a un compañero (una compañera) de clase algo sobre la historia de su universidad. A continuación aparecen varias sugerencias para la conversación. ¡OJO! A veces debe mencionar al agente pero no siempre será necesario.

MODELO: fundar (la universidad) →
La universidad fue fundada en _____ (por _____).

- diseñar (la biblioteca / los primeros edificios / ¿ ?)
- construir (la unión estudiantil / la capilla (*chapel*) / ¿ ?)
- modernizar (las residencias / los laboratorios / ¿ ?)
- pintar (este edificio / las oficinas de los administradores / ¿ ?)
- plantar (los árboles / el jardín / ¿ ?)

35. More About Describing: Past Participles as Adjectives

As you have seen in this chapter's reading and in **Gramática 34,** a past participle, whether standing alone or as part of a passive voice construction, can be used as an adjective to describe an object. As an adjective, it agrees with the noun it modifies in number and gender.

En **terrenos devorados** por la selva, se encuentra Machu Picchu.	*In terrain devoured by the jungle, one finds Machu Picchu.*
Desde allí, **envuelta** en la maleza, se ve la imponente **ciudad.**	*From there one sees, wrapped in the thicket, the imposing city.*

Past participles can present difficulties in a reading because they are often placed far away from the noun they describe. Both context and gender/number agreement will help you establish the correct connection. In the following example, notice how far the adjective **empeñado** is from **Machu Picchu,** the noun it modifies.

Tres cuartos de siglo después de su descubrimiento por el hombre moderno, Machu Picchu se aferra tenazmente a sus secretos y sigue siendo un rebelde enigma, **empeñado** (*persistent*) en desafiar a historiadores y arqueólogos.

A. Las ruinas perdidas. Combine dos frases para formar oraciones lógicas. Después, identifique los participios pasados usados como adjetivos.

1. Machu Picchu está en un sitio _____.
2. Son impresionantes las barrancas _____.
3. Las ruinas de la ciudad permanecieron _____.
4. Hiram Bingham la descubrió cuando subió a un pico _____.
5. Se puede notar los sistemas de riego *(irrigation)* _____.
6. La ciudad del Cuzco, _____, es la capital arqueológica de Sudamérica.

a. alimentados con las aguas subterráneas
b. ocultas hasta 1911
c. localizada a 1.126 Km al sur de Lima
d. separado del resto del mundo
e. llamado Machu Picchu
f. excavadas por el río

B. ¡Dímelo con menos palabras! Combine las dos oraciones en una sola por medio del participio pasado usado como adjetivo.

MODELO: Sus paredes son de piedra. La piedra fue labrada. →
Sus paredes son de piedra labrada.

1. Hiram Bingham descubrió Machu Picchu. Bingham fue guiado por un agricultor peruano.
2. Los españoles se llevaron las joyas. Las joyas fueron hechas de oro y plata.
3. La gente del Cuzco conserva los rasgos étnicos. Los rasgos son heredados de los incas.
4. Las escaleras muestran el alto nivel que había alcanzado la ingeniería. Las escaleras fueron hechas en forma perfecta.
5. El museo del Cuzco tiene obras de arte en joyería *(jewelry)*. Las obras fueron realizadas por los orfebres *(goldsmiths)* incaicos.

. . . .

36. Discussing Similarities and Differences: Comparative and Superlatives

Comparative Constructions

There are two types of comparisons you can make between pairs of objects, actions, or people: those of similarity and those of difference.

To talk about similarities, use the following patterns.

tan + *adjective / adverb* + **como**

Las ruinas de Machu Picchu son **tan impresionantes como** las pirámides de Egipto.	*The ruins of Machu Picchu are as impressive as the pyramids of Egypt.*

tanto/a/os/as + *noun* + **como**

Los indios del Perú tienen **tantos problemas como** los indios norteamericanos.	*The Indians of Peru have as many problems as the North American Indians.*

verb + **tanto como**

Los peruanos **visitan** Machu Picchu **tanto como** los extranjeros.	*Peruvians visit Machu Picchu as much as foreigners.*

▲ ¡Practiquemos!

A. Opiniones.   Indique cuál de las siguientes palabras o frases expresa mejor los sentimientos de Ud.

1. Para mí, la clase de español (no) es tan (difícil / práctico / interesante) como mis otras clases.
2. A mi juicio, los instructores de secundaria (no) (trabajan / hablan / enseñan) tanto como los universitarios.
3. Creo que los instructores de secundaria (no) dan (tantos exámenes / tantas fiestas / tanta tarea) como los universitarios.
4. Dudo que mis compañeros de clase (estudien / se diviertan / coman) tanto como yo.
5. Es improbable que alguno de ellos tenga (tantos problemas / tanto trabajo / tanta mala suerte) como yo.

B. Semejanzas.   Use las sugerencias a continuación para comentar las similaridades de las personas de los dibujos.

1. fuerte, músculos, alto, pesar *(to weigh)*
2. querer a Adriana, puntual, rosas, sentimental
3. correr, rápido, competitivo, entrenar, rapidez

To compare differences, use the following structures.

más / **menos** + *adjective* / *adverb* / *noun* + **que**

Los picos de los Andes son **más altos que** los de los Rockies.	*The peaks of the Andes are higher than those of the Rockies.*
Se atraviesa la cordillera andina **menos rápido que** la Sierra Nevada.	*One crosses the Andes range more slowly than the Sierra Nevada.*
Machu Picchu tiene **más fama que** las pirámides de Guatemala.	*Machu Picchu is more famous than the pyramids of Guatemala.*

verb + **más** / **menos** + **que**

Los incas **trabajaban más que** la gente moderna.	*The Incas worked more than modern people.*

A few comparative forms are irregular.

grande*/viejo	mayor(es)
joven	menor(es)
bueno	mejor(es)
malo	peor(es)

La construcción incaica es **mejor que** la nuestra.	*Incan construction is better than ours.*
Las Vírgenes del Sol eran **menores que** el rey inca.	*The Virgins of the Sun were younger than the Incan king.*

When comparing numbers, use the expression **más/menos** *de* (instead of **más/menos...** *que*):

La ciudad cubre **más de** cinco kilómetros cuadrados.	*The city covers more than five square kilometers.*

▲ ¡Practiquemos!

A. Comparaciones. Indique si las siguientes comparaciones son verdaderas o falsas. Si son falsas, corríjalas.

1. Soy más alto/a que la persona sentada a mi derecha / izquierda.
2. Hablo español más rápido que el profesor (la profesora) de español.
3. Soy mayor que el profesor (la profesora).

---

*When **grande** refers to physical size, rather than to age or greatness, the comparative forms are regular.

Buenos Aires es **más grande que** el Cuzco.   *Buenos Aires is larger than Cuzco.*

4. Tengo más de cinco clases hoy.
5. Paso más tiempo estudiando que hablando con mis amigos.
6. Tengo que estudiar más en esta clase que en otras para sacar buenas notas.

B. Diferencias. Describa los contrastes que se notan en cada par de dibujos.

1   2

Superlative Constructions

To single out one member of a group as being the best or worst example of its kind, use the following pattern.

el / **la** / **los** / **las** + *noun* + **más** / **menos** + *adjective* + **de*** + *group* / *kind*

Machu Picchu es **el sitio** arqueológico **más remoto del** mundo.	*Machu Picchu is the most remote archeological site in the world.*
Los incas más conocidos de todos fueron Huayna Cápac y Atahualpa.	*The best known of all the Incas were Huayna Cápac and Atahualpa.*
Visitar a Machu Picchu ha sido **la experiencia más emocionante de mi vida.**	*Visiting Machu Picchu has been the most exciting experience of my life.*

---

*Note that the English equivalents of **de** in this construction are *in* or *of*.

The irregular forms usually precede the noun.

Las montañas peruanas fueron **el mejor sitio** para construir un escondite.

The Peruvian mountains were the best place to build a hiding place.

Cuzco tiene **las peores calles del mundo** para un coche moderno.

Cuzco has the worst streets in the world for a modern car.

▲ ¡Practiquemos!

A. ¿Cuánto sabe Ud.?   Las siguientes personas son algunas de las más famosas de la historia. ¿Puede Ud. identificarlas?

Cristóbal Colón

a. Sir Francis Drake
b. Elena de Troya
c. Lucrecia Borgia
d. Cleopatra
e. Cristóbal Colón
f. Moctezuma

1. _____ el líder más conocido de los aztecas
2. _____ la reina más famosa del mundo antiguo
3. _____ el pirata inglés más conocido del siglo XVI
4. _____ la mujer más bella de la época helénica
5. _____ el explorador más famoso del siglo XV
6. _____ la mujer más poderosa de la Italia renacentista

B. Los mejores ejemplos.   Trabajando con un compañero (una compañera), hagan y contesten las preguntas entre sí, según el modelo.

MODELO: isla / bonita / de todas →
    —¿Cuál es la isla más bonita de todas?
    —Creo que _____ es la (isla) más bonita de todas.

1. pico / alto / del mundo
2. cordillera / conocida / de Norteamérica
3. selva / grande / de Sudamérica
4. volcán / activo / del mundo
5. cataratas / famosas / de los Estados Unidos
6. el mar / históricamente importante / de Europa
7. el río / largo / del mundo
8. el país / democrático / de todos
9. el sistema político / represivo / de todos
10. el presidente / viejo / de nuestra historia

ESPAÑOL EN ACCIÓN

A. ¡Los dinosaurios no se han extinguido! Imagínese que Ud. forma parte de un equipo de reporteros de televisión enviados a informar sobre la noticia de un hombre que, mientras viajaba con un compañero, penetró en la selva y fue atrapado por un dinosaurio —evidentemente el último que sobrevive. Escoja *uno* de los siguientes temas para su parte del reportaje, el cual puede ser filmado en clase.

—*No te dejes impresionar: su especie está extinguida.*

1. el lugar del suceso: ¿Dónde sucedió? ¿Cómo es la naturaleza del lugar comparado con Nueva York, lugar en donde viven los hombres? ¿Cómo llegaron los hombres allí?
2. el motivo del viaje de los dos hombres: ¿Fueron de vacaciones o fueron por razones de trabajo? ¿Tendrían motivaciones políticas, tal vez? ¿Por qué viajaban solos? ¿Cuánto tiempo habían estado allí cuando ocurrió el incidente?
3. el dinosaurio y su apariencia externa: Comparado con los seres humanos, ¿como es su tamaño, las partes de su cuerpo, inteligencia, etcétera? ¿En qué se diferencian y qué tienen en común?
4. la víctima: ¿Cómo cayó entre las patas del dinosaurio? ¿Cuánto tiempo hace que el animal lo tiene atrapado? ¿Qué dice la víctima? ¿Qué emociones siente? ¿Tiene algo que decirle a su familia o al público?
5. entrevista con el compañero: El compañero da su testimonio sobre lo que ocurrió, los consejos que le ha dado a su amigo cautivo *(captive)* y su mensaje para su familia, sus colegas y sus amigos.
6. el comentario del/ de la periodista: El/Ella da su opinión acerca de lo que le espera al pobre hombre. Informa al público sobre lo que dicen los expertos sobre este tipo de incidente.

B. ¿Para qué fue usado? Trabajando con un compañero (una compañera), imagínense que son antropólogos/as que excavan un pueblo norteamericano abandonado en el siglo XVII. Comenten cada objeto encontrado en la excavación, usando la voz pasiva. Luego comparen sus conclusiones con las de sus compañeros de clase.

MODELO: una olla de hierro *(iron pot)* →
Fue usada por una mujer para preparar las comidas.

1. una llave (*key*) de hierro
2. unas botellas de vidrio (*glass*)
3. los restos de un muñeco (*doll*) de trapo
4. una carreta (*cart*) de dos ruedas (*wheels*)
5. unos libros en que aparece el alfabeto
6. una palmatoria (*candlestick*)
7. una pala (*shovel*)
8. los restos de un vestido blanco

C. ¿Vamos a Cancún o a Machu Picchu? Trabajando con un compañero (una compañera), decidan cuál de los dos lugares sería ideal para sus vacaciones y por qué. Comparen las ventajas y desventajas de cada lugar, pensando en su posición geográfica, interés histórico, posibilidad de aventura, clima, intensidad del turismo, medios de transporte, etcétera.

Al corriente

Perú

La ingeniosa arquitectura de Machu Picchu en los Andes

¡A saber!

1. ¿Cómo es el clima donde vives?

   ○ lluvioso   ○ agradable   ○ caluroso

   ○ soleado   ○ seco   ○ húmedo

   ¿Algo más? [_____]

2. ¿Qué tiempo hace, por lo general, cuando termina el año académico?

   [_____]

3. Durante las vacaciones de verano, ¿qué actividades te gusta hacer al aire libre?

   ○ ir a la playa   ○ pasear en bici   ○ salir con amigos

   ¿Otras cosas? [_____]

4. Encuentra el Perú en el mapa de Sudamérica. ¿Está cerca de la línea ecuatorial? Describe lo que ves en el mapa.

5. En el Perú, ¿qué tiempo crees que hace en julio?

6. ¿Qué se encuentra en el terreno de Machu Picchu?

- montañas
- prados (*meadows*)
- cataratas (*waterfalls*)
- llanos (*plains*)
- riscos (*rocky cliffs*)
- selvas
- bosques
- sierras

¡A leer!

La siguiente lectura viene de una página Web peruana que describe la ruta antigua de los incas. Léela y contesta las preguntas a continuación.

CAMINO INKA A MACHU PICCHU —CUSCO*

Machu Picchu estuvo comunicado con la ciudad capital del Cusco y otras mediante[1] caminos de excelente factura.[2] El camino inka a Machu Picchu es conocido como la ruta más famosa de trekking en Sudamérica por la conjunción de los diferentes elementos que ofrece al visitante. Se inicia en el km. 88 de la línea férrea[3] hacia el Valle de la Convención, en el lugar denominado[4] Q'oriwayrachina. Se encuentra ubicado[5] dentro de los límites del «Santuario histórico de Machu Picchu», Unidad de Conservación creada por el gobierno peruano, en el año 1981, con la finalidad de preservar recursos naturales y culturales de gran valor científico e histórico. Políticamente, pertenece al[6] distrito de Machu Picchu, provincia de Urubamba, departamento del Cusco.

---

[1]por, a través de   [2]*workmanship*   [3]línea... *railroad*   [4]llamado   [5]*located*   [6]es del

Comprensión

1. ¿Cuál es la ruta más famosa de trekking en Sudamérica? ¿Por qué?

---

*"Inka" and "Cusco" reflect indigenous spellings of "Inca" and "Cuzco," respectively.

2. ¿Cómo sabes que el gobierno se interesa por la naturaleza?

[   ]

3. ¿Cómo describirías el terreno de Machu Picchu?

[   ]

4. ¿Por qué te gustaría o no te gustaría hacer trekking en la ruta inka?

[   ]

¡A discutir!

¡Viaje al Perú!   Imagínate que vas a abrir una agencia de viajes que planea *tours* en el Perú para estudiantes universitarios de los Estados Unidos. Para atraer a nuevos clientes, tienes que ofrecer los mejores servicios posibles. Piensa en todos los factores que deberías considerar si quieres mandar estudiantes al Perú. Haz una lista anotada de las cosas que los viajeros deberían saber sobre el país. Por ejemplo, si un grupo desea hacer trekking en los Andes, ¿qué ropa deberían llevar? ¿Qué tiempo hará? ¿Dónde van a dormir? ¿Cuánto dinero les costará todo?

[   ]

> Para más información sobre Machu Picchu y otros temas relacionados, consulta la página de McGraw-Hill para *Al corriente* en la Internet.
> **http://www.spanish.mhhe.com**

¡A escribir!

¡Clientes!   Has tenido mucho éxito con la nueva agencia de viajes en Cusco. Esta mañana acaba de llegar en el correo electrónico un pedido de parte de una clase de español universitaria de los Estados Unidos que quiere venir a visitar la ciudad. Escríbeles tu respuesta incluyendo toda la información necesaria para planear el viaje. ¿Qué tendrán que hacer o comprar antes de salir de los Estados Unidos? ¿Qué pueden esperar encontrar al llegar al Perú? Piensa en la ropa, las reservas, etcétera. Refiérete a la actividad anterior para agregar e incorporar información apropiada.

Para: [ ]		Fecha: [ ]
De: [ ]		Tema: [ ]
Mensaje: [ ]			

¡HABLEMOS UN POCO!

...ALGUNAS ¡INDISPENSABLES!

¡cuidado
GOTA[a] A GOTA
EL AGUA SE AGOTA!

[a]*drop*

PELIGRA[a] LA VIDA EN EL PLANETA

Los científicos están muy inquietos[b] porque desde hace algunos años han observado que sobre la Antártida está desapareciendo un gas vital para la vida: el ozono, que nos protege de los rayos ultravioleta

[a]*It endangers*
[b]*preocupados*

TÚ DEBERÍAS LEER ESTE ARTÍCULO SOBRE LA EXPLOSIÓN DEMOGRÁFICA

¡ NO ME INTERSSAN LOS ATENTADOS[a] TERRORISTAS!

CHENO

[a]*attacks*

Lluvia ácida

Uno de los principios de la física –la ley de entropía– señala que todas las cosas del universo marchan lentamente hacia su propia destrucción. En nuestro planeta esto parece evidente, en lo que a medio ambiente se refiere, aunque no por simple incercia, sino por la acción destructiva del hombre. Dentro de las consecuencias más graves de la falta de cuidado ambiental se pueden señalar:

- La contaminación en casi su totalidad de los mares Mediterráneo y Muerto.
- Las mareas negras de petróleo del Mar del Norte.
- La destrucción de la capa de ozono que comenzó en la Antártida y lentamente se extiende hacia el norte del planeta.
- La lluvia ácida provocada por nubes de gases sulfurosos que provienen de las plantas de fabricación de carbón.

Para tener idea de las dimensiones del problema se debe reparar en un caso concreto. Un ejemplo ilustrativo puede ser la zona que comprende la frontera de Canadá y Estados Unidos, una amplia faja de terreno poblada en su mayor parte por lagos y enormes extensiones de bosques naturales. Por efecto de esta lluvia ácida, que en su mayor parte ocasionan refinerías norteamericanas, trece ríos de Nueva Escocia y 14 mil lagos de la costa este de Canadá se encuentran totalmente inutilizados para albergar vida animal, por el altísimo grado de contaminación. Asimismo, los bosques se deterioran progresiva e inevitablemente.

VOCABULARIO DEL TEMA

El medio ambiente *(environment)*

Los recursos (resources) naturales
el agua *(f.)*

el aire

el carbón (coal)

la madera (wood)

el petróleo

el sol

el suelo (soil)

el viento

Los productores de energía
los aeromotores (modern windmills)

los reactores nucleares

los sistemas solares

Los problemas ambientales
la basura (garbage)

la contaminación (pollution)

el desecho de los desperdicios (waste disposal)

la deforestación

la destrucción de la capa del ozono

el efecto invernadero (greenhouse)

la erosión

la escasez (shortage)

la extinción de las especies

la inundación (flood)

la lluvia ácida

la sequía (drought)

la sobrepoblación

la urbanización

Las acciones
acabarse/agotarse (to run out, be used up)

conservar

contaminar

desperdiciar (to waste)

destruir

evitar (to avoid)

explotar (to exploit)

extinguir (to wipe out)

plantar

proteger (j)

sembrar (ie) (to seed)

Hablando del tema

A. Consecuencias ecológicas. En su opinión, ¿cuáles serán las consecuencias ecológicas de las siguientes acciones? ¿Qué se puede hacer para evitar estas consecuencias?

1. la destrucción de las selvas y los bosques
2. la explosión demográfica
3. la construcción de fábricas *(factories)* que utilizan carbón
4. la construcción de reactores nucleares
5. la eliminación de los pantanos *(swamps, marshes)*
6. la producción excesiva de basura
7. la urbanización
8. el uso de productos que contienen fluorocarburos

Ahora repase la lista, escoja los tres problemas que le parecen los más graves de todos y explique por qué.

B. Problemas ecológicos, soluciones políticas.   Forme un grupo pequeño en que la mitad de las personas hará el papel de miembros de un grupo de presión política *(lobbyists)* dedicado a la ecología: éstos/as escogerán *uno* de los problemas enumerados en el ejercicio A para llamar a su diputado/a, informarle de los peligros de la situación y proponerle medidas *(measures)* que se puedan introducir en la legislatura. La otra mitad del grupo hará el papel de secretarios/as, quienes apuntarán el mensaje para dárselo al diputado (a la diputada). Finalmente, los secretarios (las secretarias) seguirán las instrucciones del profesor (de la profesora) para leer el mensaje oralmente en clase.

C. Lluvia de ideas contra la lluvia ácida.   Lea el breve artículo sobre la lluvia ácida en la página 338. Después reúnanse en un grupo pequeño para elaborar una lista de las maneras en que Uds. mismos/as pueden ayudar a remediar este problema ambiental. Finalmente, cada grupo compartirá su lista con la clase para compilar una sola lista general.

LECTURA

ACERCANDONOS A LA LECTURA

One of the characteristics of developing nations is that the majority of modern services such as universities, hospitals, and governmental agencies are concentrated in a single capital city, while in the provinces traditional lifestyles continue to dominate. Many Latin American countries fit this pattern.

Mexico City, for example, is home to close to a quarter of Mexico's total population. Millions of people streaming from the countryside into sprawling shantytowns on the outskirts of **México, D.F. (Distrito Federal),** in search of new opportunities have found only overcrowding, economic desperation, pollution, and environmentally caused health problems. These demographic pressures make the need for a diversified economy all the more urgent.

The two articles in this chapter are taken from Mexican publications. Patricia Aridjis Perea, the author of the first selection, focuses on the historical founding of Tenochtitlán, the Aztec capital, and the problems that resulted from building Mexico City on that same site. When Hernán Cortés and the other Spanish conquistadors reached Tenochtitlán, it was an island city in the middle of Lake Texcoco, linked to the shore by gigantic causeways. After conquering the Aztecs, Cortés maintained this original site because of its religious and political significance to the Indian population. But the huge landfill that has become Mexico City represents a potential geological disaster in the midst of an active earthquake zone.

The second article concerns the economic and political problems of twentieth-century Mexico. The author, Miguel Angel Orozco Deza, foresees the development of a megacity incorporating not just Mexico City but also the surrounding cities of Puebla, Cuernavaca, and Toluca. Orozco likens the problems of this city to the Gordian Knot, one that, according to Greek mythology, could not be untied. He does offer solutions but underscores the political resolve necessary to bring them about.

VOCABULARIO PARA LEER

abarcar	to encompass, include	**la dependencia**	department; branch office
arrojar	to throw, toss		
fortalecer (zc)	to fortify	**el sismo**	earthquake
surgir (j)	to spring up, arise		
ubicarse	to be located	**cuanto antes**	as soon as possible
		en medio de	in the middle of (a place)
el alimento	food, nourishment		
el bienestar	well-being		

A. Asociaciones. Identifique las palabras del Vocabulario para leer que se relacionan con las siguientes.

1. el temblor, el terremoto
2. el sitio, situarse
3. la comida
4. fuerte
5. tirar, lanzar
6. incluir

B. Definiciones. Explique en español qué significan las siguientes frases.

1. hacer algo cuanto antes
2. surgir en medio del desierto
3. experimentar (to experience) un sismo
4. pensar en el bienestar de otras personas
5. trabajar en una dependencia del gobierno

COMENTARIOS PRELIMINARES

A. El medio ambiente: dos caras. ¿Cuáles de las siguientes características ambientales se asocian típicamente con las ciudades y centros urbanos (U) y cuáles se asocian con las zonas rurales o con el campo (R)? ¿Cuáles se asocian con los dos (U/R)? Después de apuntar sus respuestas, verifíquelas con el resto de la clase.

1. _____ extinción de las especies
2. _____ contaminación del aire
3. _____ inundaciones
4. _____ sobrepoblación
5. _____ lluvia ácida
6. _____ la deforestación

B. Una ciudad ecológica.   Si se pudiera construir una ciudad ecológicamente perfecta, ¿cómo se haría? Trabajando en un grupo pequeño, planifiquen esa ciudad ideal con los elementos socioambientales esenciales. Después compartan sus ideas con el resto de la clase. Consideren los siguientes puntos entre otros.

1. su ubicación: ¿Está en las montañas, en el llano, a la orilla del mar, etcétera?
2. su población: ¿Cuál sería el número ideal de habitantes?
3. el transporte: ¿Cómo se llegaría a esa ciudad y cómo se viajaría dentro de la ciudad?
4. los servicios: ¿Cuáles serían los servicios públicos esenciales?
5. la economía: ¿Cuál sería la fuente principal de ingresos y de empleos? ¿Cómo generaría el gobierno municipal el dinero para operar?

ESTRATEGIAS PARA LEER

Distinguishing Fact from Opinion

Because nonfiction writers commonly weave other people's opinions together with widely known or well-researched facts, you need to be able to distinguish fact from opinion in order to accurately evaluate any nonfictional reading. Like many nonfiction writers, the authors of this chapter's readings bolster their own arguments by citing the opinions of experts.

The first step in distinguishing fact from opinion is to be able to recognize when the author is citing another source. Most often he or she will reproduce someone else's opinion through a direct quotation, often referred to as direct discourse. The quotation marks make clear the exact words of the source. When the quotation ends, the author may then interject his or her own views again. Direct discourse frequently is introduced by phrases such as **dice que, asevera que** *(he/she asserts that),* **cree que, ha declarado que,** and so on, followed by quotation marks.

Authors can also choose to summarize or paraphrase the ideas of their sources through indirect discourse, which is usually narrated using past tense. In reading indirect discourse, you must accept the author's interpretation as true because you generally have no other access to the expert's testimony. When you read the following selections, note how the authors build their arguments by skillfully combining facts and opinions.

ESTRATEGIAS EN ACCIÓN

A. Discursos diversos. El párrafo a continuación contiene un ejemplo de material citado *(quoted)*, discurso indirecto y una afirmación del autor. Léalo para identificar cada tipo de discurso, indicándolos con C, I o A, respectivamente.

El doctor Enrique Beltrán relata que los mexicas tuvieron que peregrinar de un lado a otro porque, «a pesar de su poca importancia numérica, su carácter agresivo los hacía entrar en conflictos; terminaban por arrojarlos del sitio que ocupaban». Finalmente se establecieron en el islote, en medio del lago Texcoco.

B. ¿Dato u opinión? A veces los datos *(facts)* y las opiniones son prácticamente inseparables. Cada uno de los dos párrafos siguientes fragmentos contiene un dato y una opinión. Trate de distinguir entre la opinión del autor (O) y lo que debe de ser un dato indisputable (D).

El año pasado, construir un kilómetro del Metro costaba 25 mil millones de pesos; si esta cantidad se destinara a un estado de la República le ayudaría considerablemente.

Vivir en la ciudad de México es estimulante cuando se tiene el nivel económico adecuado... las autoridades se han preocupado por darle la infraestructura necesaria para mantener la ciudad en condiciones aceptables.

As you read the following selections, notice how the authors build their arguments by skillfully combining facts and opinions.

La ciudad que no debió construirse

Patricia Aridjis Perea

Moctezuma

El doctor Enrique Beltrán, el director del IMENAR (Instituto de Recursos Renovables) asevera[1] que «estamos situados en un lugar donde nunca se debió de haber construido una gran ciudad» y relata:[2] los mexicas tuvieron que peregrinar[3] de un lado a otro porque, «a pesar de su poca importancia numérica, su carácter agresivo los hacía entrar en conflictos; terminaban por arrojarlos del sitio que ocupaban». Finalmente se establecieron en el islote,[4] en medio del lago de Texcoco. «Esto fue una necesidad histórica; además de que ningún grupo los quería por belicosos,[5] fueron los últimos en llegar al valle de las siete tribus, cuando la tierra buena ya la habían tomado los otros.»

Al principio la ciudad era modesta, un islote pantanoso.[6] De modo que sus moradores[7] tuvieron que acarrear[8] piedra, madera y otros materiales para hacerla más sólida. Con la creencia de que debían preservar la vida del Sol ofreciéndole sangre como alimento, iniciaron una serie de conquistas que ensancharon[9] sus fronteras hasta convertirse en un verdadero imperio cuyos dominios abarcaron el centro y sureste del país.

Sin embargo no pudieron cambiar su entorno[10] físico. «El sitio donde se fundó la ciudad generó múltiples problemas que hasta la fecha subsisten.[11]

La vulnerabilidad sísmica, por ejemplo. Aunque en épocas pasadas los movimientos telúricos[12] no provocaron daños[13] graves, la complejidad de nuestra sociedad contemporánea contribuyó para que las consecuencias de los últimos sismos fueran verdaderamente catastróficas.

«Cuando el imperio mexica cayó, la destrucción prácticamente fue total. Muchos de los compañeros de Cortés[14] pensaban que no se debía reconstruir Tenochtitlán por sus condiciones físicas. Así pues, surgió la idea de establecerse en Coyoacán.[15] Pero Cortés, consciente del poder político y el peso histórico que la ciudad de los mexicas tenía, decidió quedarse aquí.» De tal manera que pudiera continuar el sistema tributario que los ahora conquistados habían establecido entre los grupos sometidos.[16] Y lo que es más, fortalecer su dominio.

«Desde entonces nos quedamos en este lugar. Después hemos echado remiendo[17] aquí y allá, pero estamos en un lugar malo y lo hemos hecho peor con la sobrepoblación.»

Tomado de *ICYT (Información científica y tecnológica)*, México, agosto de 1987

---

[1]afirma [2]dice [3]viajar por tierras extrañas [4]isla pequeña [5]inclinados a la guerra [6]*swampy* [7]habitantes [8]transportar [9]hicieron más amplias [10]lugar, ambiente [11]hasta... todavía existen [12]de la tierra [13]*damages* [14]Hernán Cortés (1485−1547), conquistador de México [15]zona cerca de Tenochtitlán [16]conquistados [17]echado... *made improvements*

La provincia y el D.F., ese gran nudo gordiano

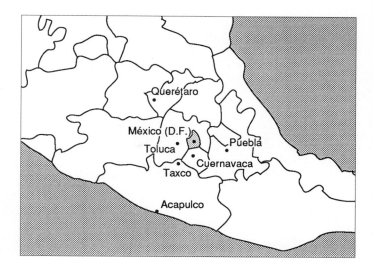

Miguel Angel Orozco Deza

Edmundo Flores, destacado economista e intelectual político, llegó a aseverar a mediados de los años setenta que la ciudad de México pronto debería cambiar de nombre, proponiendo que se denominara[1] «Mexcuepuetopan», es decir, el nombre provenía[2] de México, Cuernavaca, Puebla y Toluca; quizá omitió involuntariamente Querétaro. Lo anterior hace reflexionar[3] sobre las consecuencias de la excesiva concentración que se da en esta área del país. En ella se concentran casi 20 millones de habitantes, el 25% de la población actual. Se adoptan las decisiones políticas fundamentales, porque se encuentran las sedes[4] de los Poderes, Ejecutivo, Legislativo y Judicial. El primero tiene en la ciudad de México la casi totalidad de sus dependencias, las cuales se resisten a ubicarse en la provincia, a pesar de serios intentos[5] realizadas después del sismo de 1985. Están localizadas dos universidades públicas, que son la UNAM,[6] la UAM[7] y las más importantes universidades privadas. Las decisiones económicas, y la mayoría de los trámites[8] burocrático-administra-tivos que ellas implican, se tiene que dirimir[9] en la ciudad de México, las principales actividades culturales y recreativas se generan en la macrourbe.[10] La industria se encuentra mayoritariamente en los alrededores[11] de la zona metropolitana.

Ventajas y desventajas se tienen al vivir en la provincia, pero la realidad es que muchos de los que ahora forman parte integral del hacinamiento[12] en el Distrito Federal llegaron de provincia. Los menos[13] porque querían estudiar en la Universidad, otros porque no tenían trabajo y los más para engrosar[14] los cinturones de miseria que le caracterizan en sus principales salidas carreteras. Vivir en la ciudad de México es estimulante cuando se tiene el nivel económico adecuado para hacerlo en una ciudad tan compleja como lo es. La verdad sea dicha[15] las autoridades se han preocupado por darle la infraestructura necesaria para mantenerla en condiciones aceptables. Pero de seguirlo haciendo,[16] se continuará sacrificando el bienestar de los provincianos. El costo del metro cúbico de agua, de la

---

[1]llamara [2]vino [3]pensar [4]oficinas centrales [5]esfuerzos [6]Universidad Nacional Autónoma de México [7]Universidad Autónoma Metropolitana [8]acciones [9]solucionar [10]metrópoli [11]*outskirts* [12]multitud [13]Los... Unos pocos [14]los... *the majority to add to* [15]La... Digamos la verdad [16]Pero... *But if they were to keep on doing it*

Este grabado de una reconstrucción de Tenochtitlán muestra la belleza de la gran ciudad azteca.

El dinámico Distrito Federal se encuentra en un valle que fue poblado por tribus indígenas unos ocho mil años antes de J.C.

seguridad, de la pavimentación y de los innumerables servicios públicos como el transporte, se cubre con cuantiosos[17] recursos que el Distrito Federal no genera y sería de provecho[18] para los otros mexicanos. El año pasado, construir un kilómetro del Metro[19] costaba 25 mil millones[20] de pesos; si esta cantidad se destinara a un estado de la República le ayudaría considerablemente.

Entonces, para desbaratar el nudo gordiano[21] que es el D.F., se requiere continuar con la volun-

tad[22] política de hacerlo, obligando a las dependencias federales a que se ubiquen fuera en cualquier provincia, aun a costa de ciertos problemas temporales de ajuste. La otra decisión más cruel es convertir a la ciudad de México en la ciudad más cara del mundo, de tal manera que quien quiera vivir en ella tenga que pagar los servicios que se le brindan.[23] Naturalmente, que esto resulta en una situación antisocial, pero es mejor que deje de ser cuanto antes un centro de atracción contaminado y

---

[17]abundantes   [18]beneficio   [19]tren subterráneo   [20]25... *25 billion*   [21]desbaratar... *untie the Gordian knot*   [22]*will*   [23]ofrezcan

La realidad de la vida en muchos pueblos mexicanos no les ofrece esperanza a sus habitantes; por eso millones se han mudado a la capital.

rodeado[24] de ciudades perdidas,* poblado de vendedores ambulantes,[25] de desempleados y de delincuentes potenciales que afectan la armonía urbana. La primera decisión es la fundamental, porque atrás de ella se generaría la necesaria emigración del sistema burocrático que a fin de cuentas[26] beneficiaría a los inicialmente afectados porque lo que harían sería conocer mejor a la provincia y adaptarse a las condiciones de vida con los consecuentes efectos sociales y culturales para desbaratar «el nudo gordiano».

Tomado de *Siempre*, México, 12 de agosto de 1987

*Ciudades perdidas** is a term used to describe the shantytowns that have grown up around Mexico City in the past two decades.

[24]*surrounded* [25]*wandering* [26]*a... al fin y al cabo*

¿Cuánto recuerda Ud.?

Indique si la oración se refiere a Tenochtitlán (T), a México, D.F. (DF) o al resto del territorio mexicano (M).

1. _____ Los que construyeron esta ciudad habían viajado mucho antes de encontrar este sitio; fueron los últimos en llegar al valle central.
2. _____ Ha sufrido mucho a causa de los sismos.
3. _____ Allí se hicieron sacrificios humanos para ofrecerle alimento al dios Sol.
4. _____ Fue destruida casi por completo por los conquistadores, algunos de los cuales pensaban que no se debía volver a construir allí otra ciudad.
5. _____ Es el actual centro del gobierno nacional y el lugar preferido de casi todos los empleados federales.
6. _____ Se ha propuesto que se le llame «Mexcuepuetopan» porque llegará a abarcar varias ciudades.
7. _____ Mucha gente ha salido de allí por falta de empleos y se ha ido a la capital en busca de oportunidades económicas.
8. _____ Era el centro de un gran imperio que abarcó la parte central y el sureste del país actual.
9. _____ Se encuentran allí pocas ciudades de gran importancia; la mayoría son de mediano desarrollo.

¿Qué se imagina Ud.?

A. ¿Cómo desatar el nudo gordiano?   En su artículo Miguel Angel Orozco Deza ofrece varias soluciones al problema de la sobrepoblación del Distrito Federal. ¿Cree Ud. que tienen posibilidades de éxito? Trabajando en un grupo pequeño, discutan las ventajas y desventajas de las siguientes soluciones. Después, compartan sus ideas con los otros grupos de la clase y compárenlas para llegar a un acuerdo acerca de la mejor solución.

POSIBLES SOLUCIONES	VENTAJAS	DESVENTAJAS
1. instalar algunas dependencias federales fuera de la capital		
2. hacer que los residentes del D.F. paguen por los servicios urbanos		
3. destinar más dinero para obras públicas en otros estados		
4. consolidar varias ciudades vecinas para crear «Mexcuepuetopan»		
5. otras soluciones		

B. Una reunión entre el alcalde y los habitantes del D.F.   Imagínese que el alcalde del Distrito Federal de México convoca a una reunión a varios residentes de la ciudad para discutir los problemas ambientales que les preocupan y las posibles soluciones de éstos. Trabajando en un grupo pequeño, escojan *uno* de los siguientes papeles para representar —y filmar— la reunión en clase.

1. el alcalde del Distrito Federal
2. un estudiante universitario
3. un obrero que trajo a su familia de una provincia
4. un profesional con buena posición económica
5. un destacado economista y sociólogo, especialista en estudios urbanos

C. ¿Emigrar de la Ciudad de México a Taxco?   Imagínese que una madre de familia del Distrito Federal ve en el periódico el anuncio sobre Taxco, un pueblecito ubicado en las montañas del estado de Guerrero, algunas horas al norte de la capital mexicana. A la señora se le ocurre que quizás en Taxco gozarían de mejores condiciones de vida que en la Ciudad de México donde cada día se hace más difícil vivir debido a la contaminación, la sobrepoblación y otros problemas urbanos. Por eso ella decide proponerle a su esposo irse a vivir a Taxco, aunque sospecha que él no estará muy de acuerdo con ella.

Trabajando con un compañero (una compañera), preparen el diálogo entre los esposos para representar ante la clase.

....
37. Telling What You Would Do: The Conditional

Uses of the Conditional

As you know, the future tense is used to anticipate an event with respect to the present moment of speech. Like the future tense, the conditional also signals an anticipated event, but one that is set in the past, very often in the form of indirect discourse.

El Dr. Robles dice (dijo): «La nueva universidad **estará** localizada en Puebla».	*Dr. Robles says (said): "The new university will be located in Puebla."*
El Dr. Robles dijo que la nueva universidad **estaría** localizada en Puebla.	*Dr. Robles said that the new university would* be located in Puebla.*

The conditional is also used to express hypothetical actions or conjectures.

El dinero gastado en la capital **sería** de provecho para los otros mexicanos.	*The money spent in the capital would be useful for other Mexicans.*
Ese dinero **ayudaría** a las provincias.	*That money would help the provinces.*

Just as the future can be used to express probability in the present, the conditional can be used to express probability in the past.

¿Dónde están mis libros? —**Estarán** en la mesa; siempre los dejas allí.	*Where are my books? "They're probably on the table; you always leave them there."*
¿Por qué no vino Juan a la fiesta anoche? —**Estaría** estudiando para el examen de química.	*Why didn't Juan come to the party last night? "He was probably studying for the chemistry exam."*

---

*Remember that when *would* means *used to,* the imperfect indicative is used.

Todos los días **íbamos** al parque.   *We would go to the park every day.*

The conditional of the verbs **querer, poder,** and **deber** can also be used to soften requests or suggestions, just as with the past subjunctive.

La ciudad de México **debería** cambiar de nombre.

¿**Podrías** decirme dónde está Taxco?

Mexico City should change its name.

Could you please tell me where Taxco is?

Formation of the Conditional

The conditional tense is formed by adding the following endings to the infinitive stem.

arrojar	
arrojar**ía**	arrojar**íamos**
arrojar**ías**	arrojar**íais**
arrojar**ía**	arrojar**ían**

Verbs with irregular stems in the future tense use the same stems in the conditional.

INFINITIVE	IRREGULAR STEM		CONDITIONAL ENDINGS	
decir	dir-			
haber	habr-			
hacer	har-			
poder	podr-			
poner	pondr-		**-ía**	**-íamos**
querer	querr-	+	**-ías**	**-íais**
saber	sabr-		**-ía**	**-ían**
salir	saldr-			
tener	tendr-			
valer	valdr-			
venir	vendr-			

▲ ¡Practiquemos!

A. Vivir en la Manzana Grande.   México, D.F., tiene algunos de los mismos problemas que la ciudad de Nueva York, la famosa «Manzana Grande». Trabajando con un compañero (una compañera), indiquen si están de acuerdo o no con las siguientes afirmaciones y den sus razones.

1. No deberían permitir que Nueva York y el D.F. crecieran más.
2. Con un buen sistema de transporte público, no sería necesario tener coche en esas ciudades.
3. Con menos coches, todos pagaríamos menos impuestos (*taxes*) de gasolina.
4. Sería un placer caminar por las calles sin tantos coches.
5. Sin tanto tránsito de automóviles, la gente andaría más en bicicleta y sería más sana.
6. Sin tanta contaminación, la gente podría respirar el aire sin miedo.

B. ¿Qué haría Beto?   Beto Chapa es un joven mexicano que no se preocupa mucho por el medio ambiente de su país. Combine un verbo de la columna A con una frase de la columna B para indicar lo que Beto haría si quisiera reducir la contaminación. ¡OJO!   A veces hay más de una combinación posible.

MODELO: manejar / el coche solamente con más de una persona →
Beto manejaría el coche solamente con más de una persona.

A	B
conservar	para hacer más estrictas las medidas contra la contaminación
(no) arrojar	el bienestar de todos
(no) usar	desperdiciar el agua y el petróleo
tomar	productos que contienen fluorocarburos
trabajar	árboles en el Distrito Federal
pensar en	el autobús en vez de usar su coche cada día
evitar	los recursos naturales por medio del reciclaje
plantar	basura en la carretera

C. ¿Qué dijo el gobierno?   Trabajando con un compañero (una compañera), imagínense que Uds. son empleados de una estación de radio. Acaban de ver un anuncio del gobierno sobre las nuevas leyes de tránsito en el Zócalo (Plaza Mayor de México, D.F.). Preparen un resumen del nuevo sistema para comunicárselo a sus radioyentes (*listeners*). No deben repetir el anuncio textualmente.

MODELO: El nuevo sistema empezará el domingo. →
El gobierno dijo que el nuevo sistema empezaría el domingo.

Cierre dominical del Zócalo

■ Para combatir la contaminación ambiental en el centro de la ciudad, el Departamento del Distrito Federal **iniciará** un nuevo sistema de tránsito que **evitará** el paso indiscriminado de vehículos por el Zócalo.

A partir de este domingo y todos los siguientes, **se cerrará** el Zócalo de las 8:00 a las 20:00 horas, lo que **permitirá** a los capitalinos y visitantes disfrutar a pie el Centro Histórico.

Los conductores de vehículos **podrán** utilizar las siguientes alternativas:

▲ La circulación de norte a sur, **deberá** utilizar la calle Bucareli.
▲ En la circulación de sur a norte, **se saldrá** por Bulevar Lázaro Cárdenas.
▲ El acceso al Centro **será** por Allende.
▲ Uds., los ciudadanos, **tendrán** la responsabilidad de reducir la contaminación.

REDUCIR LA CONTAMINACION ES RESPONSABILIDAD COLECTIVA.

DEPARTAMENTO DEL DISTRITO FEDERAL, CERCA DE USTED PARA SERVIRLE MEJOR.

38. Expressing "Let's . . . ": *nosotros* Commands

First-person plural commands ("Let's . . . ") are formed by using the **nosotros** form of the present subjunctive.

	INFINITIVE	**nosotros** COMMAND
-ar	pelear	peleemos
-er	permanecer (zc)	permanezcamos
-ir	dormir (ue, u)	durmamos

¡No **peleemos** sobre asuntos de política!	*Let's not fight about politics!*
¡**Durmamos** una hora más esta mañana!	*Let's sleep one more hour this morning!*

For affirmative **nosotros** commands only, the expression **vamos a** plus *infinitive* is equivalent in meaning to the subjunctive form.

¡**Vamos a visitar** Xochimilco! = ¡**Visitemos** Xochimilco!
but: ¡**No visitemos** Xochimilco!

Object pronouns are atached to the end of affirmative commands and are placed before negative commands.

¿Dónde sacamos una foto? Saquémos**la** desde aquí.
No **la** saquemos desde aquí; no se ven las montañas.

When forming affirmative commands with reflexive verbs, the **-s** of the **-mos** ending is dropped. It is also dropped before attaching the object pronoun **se**.

¡**Quedémonos** en el Zócalo!
Queremos sacar más fotos. **Digámoselos** al guía.

The verb **irse** *(to leave, go away)* has an irregular affirmative form: **vámonos** *(not* **vayámonos**).

▲ ¡Practiquemos!

A. ¡No les hagamos daño! Hay personas que luchan para eliminar el maltrato de los animales. Indique si una de esas personas haría las declaraciones que siguen (Sí) o no (No).

1. _____ ¡Usemos los animales para hacer más investigaciones científicas!
2. _____ Esos gatitos no tienen dónde vivir. ¡Llevémoslos a casa y démosles de comer!

3. _____ ¡Forcemos los gallos *(roosters)* a pelear para entretener *(entertain)* a la gente!
4. _____ ¡Fotografiemos los animales salvajes en vez de cazarlos!
5. _____ ¡Dejemos de usar los pesticidas que matan miles de pájaros!
6. _____ Los órganos de ciertos animales pueden salvarles la vida a algunos seres humanos. ¡Usémoslos!

B. ¡Hagamos algo! Imagínese que Ud. y su mejor amigo/a se encuentran en un hotel en la ciudad de Taxco. De repente a uno/a de Uds. se le ocurre una serie de ideas fabulosas. Con su compañero/a de clase, cambien las preguntas por mandatos afirmativos o negativos en plural. No se olviden de colocar los pronombres de complemento directo o indirecto cuando sea necesario.

MODELO: ¿Compramos esta pulsera de plata? → ¡Comprémosla!

1. ¿Visitamos la Iglesia de Santa Prisca?
2. ¿Buscamos el Bar Paco?
3. ¿Nos sentamos en la terraza del bar?
4. ¿Empezamos a cenar inmediatamente?
5. Si hay otros turistas allí, ¿les decimos algo?
6. ¿Tomamos el autobús para Acapulco esta tarde?
7. ¿Le pedimos instrucciones para llegar a la estación al gerente del hotel?
8. ¿Nos vamos para el Distrito Federal mañana?

39. Emphasizing to Whom Something Belongs: Stressed Possessive Adjectives and Possessive Pronouns (for Recognition Only)

You already know how to use the possessive adjective forms that precede the nouns (*mis* esperanzas, *nuestro* país, *su* marido, and so on). (See the **Capítulo preliminar** for a review of these forms.) To emphasize the idea of possession, the following forms can be used after the noun or a linking verb. These forms are called stressed possessive adjectives.

mío/a/os/as	**nuestro/a/os/as**
tuyo/a/os/as	**vuestro/a/os/as**
suyo/a/os/as	**suyo/a/os/as**

Estas observaciones **mías** son mucho más inteligentes que esas teorías **tuyas**.

These observations of mine are much more intelligent than those theories of yours.

Possessive pronouns are formed by adding a definite article before the stressed forms. Note that both the definite article and the possessive pronoun agree with the noun that has been eliminated.

Nuestros planes son interesantes; **los suyos** son aburridos.
Tu casa está cerca del lago; **la mía** está en el bosque.

Our plans are interesting; theirs (yours, his, hers) are boring.
Your house is near the lake; mine is in the forest.

 ¡Practiquemos!

¿Quién pudiera haberlo dicho?   Indique qué persona pudiera haber hecho cada declaración.

1. _____ Esos pobres no tienen pan. ¿Por qué no les das el tuyo?
2. _____ Gracias a esa vaca suya, se ha quemado (*burned down*) nuestra granja (*barn*). ¡Debiera haberse quemado la suya!
3. _____ ¡Acabas de cortar el árbol mío! ¿Por qué no cortaste el tuyo?
4. _____ Nuestra piel (*skin*) es morena. ¿Por qué es tan pálida la suya?
5. _____ Los barcos suyos van a la India. ¿Adónde van los nuestros?

a. el padre de George Washington
b. un marinero que acompañaba a Cristóbal Colón
c. una amiga de María Antonieta de Francia
d. unos vecinos de Mrs. O'Leary
e. un azteca que miraba a Hernán Cortés

40. More on Talking About the Past: A Review of the Indicative Past Tenses

Four indicative tenses can be used to express past events in Spanish.

Present Perfect: La tecnología ha sido brillante.
Imperfect: La tecnología era brillante.
Preterite: La tecnología fue brillante.
Past Perfect: La tecnología había sido brillante.

Each tense expresses a different focus or point of view.

The Present Perfect

The present perfect is a present tense that signals an event completed or started before the present moment of speech (and possibly still going on).

Estamos en un mal lugar y lo **hemos hecho** peor con la sobrepoblación.

We are in a bad spot, and we have made it worse with overpopulation.

El Mundo es Tuyo.

The Imperfect

The imperfect describes events or states in the past and narrates habitual or repeated actions.

Algunos españoles **pensaban** que no se debía reconstruir Tenochtitlán.	*Some Spaniards thought that Tenochtitlán should not be rebuilt.*
Al principio la ciudad **era** modesta.	*At first the city was modest.*
El carácter agresivo de los mexicas los **hacía** entrar en conflictos con otras tribus.	*The aggressive character of the Mexicas made them enter into conflicts with other tribes.*

The Preterite

The preterite is used to express events started or completed in the past.

Finalmente los mexicas **se establecieron** en la isla.	*Finally the Mexicas established themselves on the island.*

The Past Perfect

The past perfect **(El pluscuamperfecto)** signals an event completed or started before another past action or moment of speech.

Los mexicas **habían viajado** de un lugar a otro antes de llegar al lago.	*The Mexicas had traveled from one place to another before reaching the lake.*

▲ ¡Practiquemos!

La sobrepoblación.   Complete el siguiente párrafo con los verbos de la lista. Después, repase el párrafo e indique el tiempo de cada verbo y por qué se usa en cada caso.

ha venido	llegaron	costó
ha hecho	construyeron	ha concentrado
querían	vivían	han preocupado
informó	habían encontrado	

Este artículo me _____[1] reflexionar sobre la excesiva concentración de gente en la ciudad de México. Dice que en ella se _____[2] el 25% de la población actual del país. ¿De dónde _____[3] tanta gente? Muchos _____[4] de las provincias porque _____[5] estudiar en la universidad, otros porque no _____[6] trabajo en las provincias donde _____.[7] El artículo tambien me _____[8] de que las autoridades se _____[9] por darle a toda la gente las condiciones y los servicios aceptables para vivir. Pero el año pasado, _____[10] una extensión del Metro que _____[11] 25 mil millones de pesos por kilómetro.

ESPAÑOL EN ACCION

A. En busca de soluciones. Estos anuncios ilustran algunos esfuerzos que hacen varias organizaciones latinoamericanas para educar al público. Comente los problemas que reflejan y lo que cada individuo puede hacer para ayudar a solucionarlos.

1. El desperdicio del agua es uno de los problemas más graves hoy en día. ¿Conoce Ud. a alguien, un grupo o una organización que desperdicie mucha agua? ¿Cómo la desperdicia? ¿Qué podría hacer para evitarlo? ¿Alguien le ha dicho a esa persona o grupo que debería evitar el desperdicio? Si la respuesta es *no,* ¿podría Ud. decírselo? ¿Por qué sí o por qué no? ¿Qué otras cosas podríamos todos hacer para evitar desperdiciar tanta agua? ¿Cree Ud. que anuncios como éste ayudan a solucionar esta clase de problema?

2. ¿Ha visto Ud. alguna vez en una tienda de animales un loro *(parrot)* multicolor como el del anuncio? ¿Preguntó si procedía de este país o si había sido importado? Cada año miles de loros como éste mueren al ser cazados para ser vendidos como mascotas. ¿Qué otras especies están en peligro de extinción a causa del tráfico internacional de animales y los productos derivados de ellos? ¿Qué se ha hecho para frenar *(stop)* esta clase de actividades? ¿Qué más cree Ud. que se podría hacer?

B. ¿A qué huele el aire puro? Trabajando con un compañero (una compañera), utilicen estas sugerencias para explicar por qué sería mejor vivir en Taxco (véase el anuncio de la página 348) que en el Distrito Federal. ¡ojo! Recuerden que están hablando de una hipótesis, así que tienen que usar el condicional.

- poder respirar aire puro
- comprar comida fresca todos los días
- ver las montañas libres de contaminación
- disfrutar de un ritmo de vida más lento
- eliminar el «estrés» de la vida

- conocer mejor la vida tradicional de de México
- no desear viajar para las vacaciones porque Taxco es tan bonito
- pasear todos los días por las calles coloniales
- ¿ ?

C. Si viviéramos en México... Conociendo los problemas urbanos de la ciudad de México, ¿qué harían Uds. para evitar las molestias del «nudo *(knot)* gordiano» que es esa ciudad? Trabajando con un compañero (una compañera), expresen sus ideas según las siguientes sugerencias.

- vivir: en las afueras / en el centro de la ciudad / ¿ ?
- ir de compras: todos los días / sólo un día a la semana / ¿ ?
- usar: coche / bicicleta / ¿ ?
- hacer su trabajo: en casa con la computadora / en la oficina central / ¿ ?
- salir con los amigos: en tren / en autobús / ¿ ?

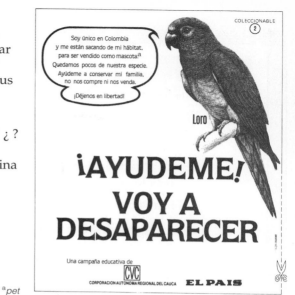

^a*pet*

Teotihuacán: La Ciudad de los Dioses

¡A saber!

1. ¿Puedes nombrar algunos grupos indígenas de México? [   ]

2. Indica cúales de los 19 países hispanos tienen una población indígena significante.

   ○ México   ○ Honduras   ○ Ecuador   ○ Argentina   ○ Puerto Rico

   ○ Guatemala   ○ Nicaragua   ○ Perú   ○ Paraguay   ○ Cuba

   ○ Costa Rica   ○ Panamá   ○ Bolivia   ○ Uruguay   ○ Venezuela

   ○ El Salvador   ○ Colombia   ○ Chile   ○ República Dominicana

3. ¿En qué lugares de México se conservan grandes monumentos arqueológicos de las civilizaciones precolombinas? [   ]

¡A leer!

Lee estas selecciones sobre Teotihuacán y contesta las preguntas a continuación. La primera es de una revista que presenta la arqueología mexicana y la segunda viene de una página Web mexicana.

TEOTIHUACAN, LA CIUDAD DE LOS DIOSES

Teotihuacán, la Ciudad de los Dioses, tenía en su época de mayor florecimiento una extensión de más de veinte kilómetros cuadrados y una población de alrededor de 100 mil habitantes. El desarrollo de la cultura teotihuacana abarca[1] un largo período de nueve siglos, desde su inicio hacia[2] el año 200 antes de Cristo, hasta su decadencia, ocurrida entre los años 700 y 750 de nuestra era.[1] (Rubén Cabera Castro y George Cowgill, «El Templo de Quetzalcoatl», Arqueología Mexicana, abril/mayo 1993.)

La cultura de Teotihuacán es la que más influencia ejerció sobre las culturas de la época. En realidad no se sabe si Teotihuacán es el nombre correcto de este lugar, ya que este nombre es *nahuatl* y se sabe que en el lugar se hablaba el *otomí*. Su escritura es pictográfica. Teotihuacán está ubicado[3] en un lugar idóneo[4] para el contacto con los pueblos de la costa del Golfo, con los que se realizaba un comercio muy completo. El valle en donde se localiza está bañado por varios ríos con los que su población sustentaba[5] la agricultura. Su producto más importante para comerciar era la obsidiana,[6] ya que había grandes yacimientos[7] en Otumba y el Cerro de Navajas. La ciudad existió entre los años 200 a.C. y 750 d.C., pero fue entre los años 350 y 400 d.C. que la ciudad estuvo en pleno auge.[8] Su gobierno era teocrático.[9] Su economía estaba basada en el comercio, y tenía una sociedad estratificada que se distribuía en barrios[10] alrededor del centrol ceremonial.

---

[1]incluye [2]around [3]located [4]suitable [5]maintained [6]obsidian, a hard, black stone used for cutting [7]reservas [8]supreme height, culmination [9]theocratic, government of priests [10]neighborhoods

Comprensión:

1. ¿Qué quiere decir «d.C.»?

2. ¿Qué años marcan la época más importante de la «Ciudad de los Dioses»?
   - ⚪ 350 y 450 d.C.
   - ⚪ 200 y 420 a.C.
   - ⚪ 750 d.C.

3. ¿Cómo era la escritura de los que vivían en Teotihuacán?
   - ⚪ fonográfica
   - ⚪ pictográfica
   - ⚪ silábica

4. ¿Cómo era su sistema de gobierno?

¡A discutir!

Vas a hacer una visita a algún sitio arqueológico pre-colombino en México. ¿Adónde irías por toda una semana? ¿Por qué escogerías ese sitio arqueológico? ¿Cómo te irías (en tren, autobús, coche, avión)? ¿Cómo organizarías cada día?

Para más información sobre Teotihuacán y otros temas relacionados, consulta la página de McGraw–Hill para *Al corriente* en la Internet.
http://www.spanish.mhhe.com

¡A escribir!

¿Vale la pena conservar lo poco que queda de las civilizaciones anteriores? Escribe un ensayo explicando por qué gastarías dinero en los museos antropológicos y arqueológicos como el Museo Nacional de Antropología de México. ¿Qué valor tiene el estudio del pasado para nuestra sociedad actual?

¡HABLEMOS UN POCO!

La cultura puritana según la visión de
Orozco muralista mexicano

La sátira de la política y la sociedad
hispana según la visión de Orozco

El dios omnipotente
que trasciende los
problemas del
mundo según Orozco

VOCABULARIO DEL TEMA

Los conceptos abstractos: Unos contrastes

la amistad	la enemistad	la justicia	la injusticia
la compasión	la crueldad	la libertad	la tiranía, la represión,
la confianza (trust)	la desconfianza		la opresión
la estabilidad	la inestabilidad	la presencia	la ausencia
la fidelidad	la traición	la riqueza	la pobreza
la fuerza	la debilidad	la sinceridad	la hipocresía
la generosidad	la avaricia	la unificación	la fragmentación
la igualdad	la desigualdad, la	la valentía (bravery)	la cobardía
	jerarquía (hierarchy)		(cowardice)
la independencia	la dependencia	la verdad	la mentira
la integridad	la corrupción	la victoria	la derrota

Hablando del tema

A. Orozco: la abstracción y el contraste.   Examine las secciones de la muralla de José Clemente Orozco en la página 364. Orozco pintó esta muralla en la bilblioteca de Dartmouth College. Preste atención en cómo el muralista mexicano usa los conceptos abstractos y los contrastes en su arte.

1. En las primeras dos secciones, se representan dos pueblos. ¿Los puede identificar? Trate de indicar los contrastes generales entre los dos pueblos. ¿Qué conceptos abstractos se representan en cada una de las secciones? Compare las circunstancias en cada una. ¿Qué sucede o ha sucedido? ¿Qué tipos de personas se ven en cada una? Identifique la figura principal en cada sección. Fíjese en la ropa y las cosas que cada una lleva para contrastarlas.

2. Estudie la tercera sección. Para Ud., ¿qué es un dios omnipotente o un hombre cósmico? ¿En qué sentido puede ser esta figura un dios omnipotente u hombre cósmico? Véase lo que tiene la figura a su alrededor. ¿Qué aspectos del mundo transciende? ¿Puede Ud. identificar los conceptos abstractos representados en esta sección? ¿Puede identificar los contrastes? ¿Qué importancia tienen para el *mensaje* de Orozco?

3. Trabaje con un compañero (una compañera) para formar oraciones que generalizan las ideas representadas en estas secciones de la muralla de

Orozco. Deben escribir una oración por sección. Traten de usar palabras del Vocabulario del tema. Luego, comparen sus oraciones con las de sus compañeros/as de clase.

B. Asociaciones. ¿Cuáles de los conceptos de la lista del Vocabulario del tema se asocian con las siguientes personas, lugares y cosas? ¿Por qué? ¿Qué conceptos *no* se asocian con cada uno? ¿Por qué?

1. Mohammed Ali **2.** Benedict Arnold **3.** Martin Luther King **4.** Adolf Hitler **5.** George Washington **6.** Donald Trump **7.** Madre Teresa **8.** Richard Nixon **9.** Beverly Hills, CA **10.** la Casa Blanca **11.** el Coliseo de Roma, Italia **12.** un contrato prenupcial **13.** la Declaración de la Independencia **14.** la Carta Magna

C. Mis valores. Examine la lista del Vocabulario del tema para escoger los cinco conceptos que le inquieten más a Ud. Después, reúnase en un grupo pequeño para explicarles a sus compañeros/as cuáles son los conceptos que más le preocupan y por qué. Finalmente, sigan las instrucciones de su profesor(a) para compartir con el resto de la clase la información presentada por el grupo.

LECTURA

ACERCANDONOS A LA LECTURA

Carlos Fuentes

Carlos Fuentes (b. 1928), is one of Mexico's foremost writers. While his narrative is representative of the stylistic and technical innovations of the Latin American "Boom" writers, his early exposure to international affairs as the child of diplomats prepared him for one of his current roles as analyst and interpreter of both Mexican and Latin American culture for readers abroad. A keen social awareness and a critical stance toward political systems are salient characteristics of Fuentes' writings.

In this chapter's excerpt from *El espejo enterrado,* his analysis and commentary on the entirety of Latin American history, Fuentes reflects on the multicultural dynamic of the American hemisphere and emphasizes the Hispanic roots of North America. Fuentes makes clear that Latin American immigration to the United States is not a recent intrusion but a return to its own heritage, to which it continues to make significant—yet unsung—cultural and economic contributions. Although to him the concept of the *melting pot* is a dubious one,

Fuentes sees a convergence of Latin- and Anglo-American experience through the crises of modern society. Thus, two cultures that have continually negotiated coexistence and redefined their identities in the presence of the other can transcend their isolation and give new meaning to their alliance.

VOCABULARIO PARA LEER

aportar to bring, contribute
asustarse to become frightened
chocar to clash
dañar to harm
dirigirse (a) to steer oneself
ganarse la vida to earn a living
heredar to inherit
llenar to fill
oponerse (a) to oppose
retener to retain, keep

el/la antepasado/a ancestor
el asombro astonishment, wonder
el compromiso commitment
el/la empresario/a businessman, businesswoman
la estrechez narrowness
la herencia heritage
el orgullo pride
el/la/a recién llegado new arrival

la red network
la tribu tribe
el vacío emptiness
la vergüenza shame

amplio/a wide, broad

(a/de/en) otra parte elsewhere

A. Asociaciones. Empareje cada palabra de la columna A con una palabra o expresión de la columna B. Explique la relación: ¿son sinónimos? ¿antónimos?

COLUMNA A

1. _____ llenar
2. _____ orgullo
3. _____ amplio
4. _____ aportar
5. _____ herencia
6. _____ chocar
7. _____ asombro
8. _____ de otra parte

COLUMNA B

a. antepasado
b. estrechez
c. vacío
d. recién llegado
e. oponerse, estar en conflicto
f. asustarse
g. vergüenza
h. retener, conservar

B. Definiciones. Explique en español qué significan las siguientes palabras o frases.

1. compromiso   2. red   3. dirigirse (a)   4. dañar   5. ganarse la vida
6. empresario   7. tribu   8. heredar

COMENTARIOS PRELIMINARES

A. Otra mirada a la historia norteamericana. Trabajando en un grupo pequeño, escojan uno de los siguientes temas de la historia norteamericana. Primero, hagan una *lluvia de ideas* para recordar todo lo que saben sobre el tema. Finalmente, compartan con el resto de la clase los datos que han reunido.

1. la colonización española
2. el Destino Manifiesto
3. la guerra fría

B. Un país de inmigrantes.   Se dice que los Estados Unidos es un país de inmigrantes. Considere las diversas corrientes de inmigración a los Estados Unidos desde la Independencia hasta nuestros días. ¿Ha sido la inmigración un proceso uniforme o ha sido variado? ¿Dónde se establecieron los inmigrantes y cómo fueron recibidos allí? ¿Influyeron ellos en la cultura del país?

Trabajando en un grupo pequeño, completen una tabla como la siguiente para desarrollar su propia teoría de la inmigración norteamericana. Luego compartan su teoría con la clase.

LOS INMIGRANTES...	¿CUANDO LLEGARON?	¿DONDE SE ESTABLECIERON?	¿COMO FUERON RECIBIDOS?	¿(COMO) INFLUYERON ELLOS EN LA CULTURA DE LOS ESTADOS UNIDOS?
alemanes				
chinos				
coreanos				
escandinavos				
ingleses				
irlandeses				
italianos				
japoneses				
latinoamericanos				
rusos				
otros				

ESTRATEGIAS PARA LEER

Reading a Historical-Political Essay

Because an essay *(ensayo)* is by definition an exploration of a subject, whereby the author tries to persuade the reader to accept a particular point of view, essay writers tend to make their prose clear and accessible to the reader. Essayists expose their thinking process so that their ideas are easy to follow. Nevertheless, essays can display a texture that can raise them to an artistic level.

Despite his straightforward use of language, Carlos Fuentes does make certain demands of the reader in "Un continente de inmigrantes." The writer assumes that the reader can understand without explanation references to icons of contemporary U.S.–Latino culture, such as Gloria Estefan, Rubén Blades, and Oscar Hijuelos, as well as to the ancient Stoics and to Byzantium: a solid foundation in world geography and history will help the reader grasp the connections Fuentes makes. In addition, the reader should be ready to revisit familiar moments of American history from a Hispanic perspective. The quest for gold, the Manifest Destiny, and the Cold War do not evoke different connotations for Anglo American and Latin American minds. Remember to approach historical and cultural references with an open mind as you read.

ESTRATEGIAS EN ACCION

Asociaciones. Trabajando con un compañero (una compañera), emparejen cada cita extraída de la lectura con el correspondiente (a–j).

1. _____ «... el nuestro fue un continente vacío. Todos nosotros llegamos de otra parte».
2. _____ «... los españoles en busca de las Siete Ciudades de oro...»
3. _____ «El Imperio español se extendió hacia el norte hasta California y Oregon...»
4. _____ «...la expansiva república norteamericana y su ideología del Destino Manifiesto».
5. _____ «...los chicanos, los norteamericanos de origen mexicano, quienes siempre han estado ahí, incluso antes de que los gringos (*angloamericanos*)».
6. _____ «... disparan (*shoot*) contra los inmigrantes..., a fin de estigmatizarlos, como lo fueron los judíos en la Edad Media».
7. _____ «los iberoamericanos (*latinoamericanos*) vemos los espacios anteriormente homogéneos del poder religioso, militar y político invadidos por la heterogeneidad de las nuevas masas urbanas».
8. _____ «...la antigua pugna (*struggle*) ideológica determinada por la estrechez estéril de la guerra fría».
9. _____ «...la propia ciudad de Los Angeles es ... [u]na Bizancio moderna».
10. _____ «el aislamiento significa la muerte y el encuentro significa el nacimiento e, incluso, a veces el Renacimiento».

a. La guerra no declarada contra el comunismo en el siglo XX.
b. El oeste norteamericano fue un eje de la colonización española.
c. Un puente entre continentes y culturas: también se llamó Constantinopla.
d. La presencia mexicana en parte del territorio estadounidense fue anterior a la angloamericana.
e. Epoca entre los siglos XV y XVII en Europa de gran desarrollo artístico, científico, etcétera.
f. Toda América es tierra de inmigración.
g. La Doctrina Monroe estimuló la expansión de los Estados Unidos hacia el oeste, proclamando posesión de todas la tierras por los Estados Unidos.
h. El oro fue una motivación de la conquista española.
i. Los poderes tradicionales en Latinoamérica hoy se ven amenazados por la diversidad social en las ciudades.
j. La intolerancia y la violencia contra los judíos (*Jews*) en la historia, hoy se repite contra los inmigrantes.

Un continente de inmigrantes

Carlos Fuentes

Cuando el trabajador hispánico cruza la frontera mexicano-norteamericana, a veces se pregunta, ¿acaso no ha sido ésta siempre mi tierra? ¿Acaso no estoy regresando a ella? ¿No es siempre esta tierra, de algún modo nuestra? Basta saborearla, oír su lenguaje, cantar sus canciones y orarle a sus santos. ¿No será ésta siempre, en sus huesos, una tierra hispánica? Pero antes de dar respuesta a estas preguntas debemos recordar una vez más que el nuestro fue un continente vacío. Todos nosotros llegamos de otra parte. Los primeros americanos fueron las tribus nómadas provenientes de Asia; siguieron los españoles, en busca de las Siete Ciudades de oro: no las encontraron en lo que hoy es el suroeste de los Estados Unidos, pero en él dejaron su lengua y su religión, y a veces hasta sus huesos.[1]

El imperio español se extendió hacia el norte hasta California y Oregón, y para siempre llenó a la región con los nombres sonoros de sus ciudades: Los Angeles, Sacramento, San Francisco, Santa Bárbara, San Diego, San Luis Obispo, San Bernardino, Monterey, Santa Cruz. Con la independencia, la república mexicana heredó estos territorios vastos y poco poblados y enseguida los perdió, en 1848, ante la expansiva república norteamericana y su ideología del «Destino Manifiesto».

De tal manera que el mundo hispánico no vino a los Estados Unidos, sino que los Estados Unidos vinieron al mundo hispánico. Quizás sea un acto de equilibrio y aun de justicia poética que hoy el mundo hispánico regrese tanto a los Estados Unidos como a una parte a veces olvidada de su herencia ancestral en el hemisferio americano.

Los inmigrantes continúan llegando a los Estados Unidos, y no sólo al suroeste, sino a la costa occidental, a Nueva York y Boston, antes de dirigirse nuevamente a Chicago y el medio oeste, y de vuelta a la faja[2] que se extiende de Texas en el Golfo de México a California sobre el Pacífico. Ahí, el inmigrante se encuentra con los chicanos, los norteamericanos de origen mexicano, quienes siempre han estado ahí, incluso antes que los gringos. Pero juntos, fortalecen a la minoría que con mayor rapidez crece en los Estados Unidos: 25 millones de hispánicos, la inmensa mayoría de origen mexicano, pero también provenientes de Puerto Rico, Cuba, Centro y Sudamérica.

Actualmente, Los Angeles es la tercera ciudad de lengua española del mundo, después de México y Buenos Aires y antes que Madrid o Barcelona. Es posible ganarse la vida y hasta prosperar en el sur de la Florida sin hablar más que español, tal es el grado de cubanización de la región. Pero San Antonio ha sido una ciudad bilingüe durante 150 años, integrada por mexicanos. Hacia mediados del siglo XXI, casi la mitad de la población de los Estados Unidos hablará español. Y si sus antepasados no encontraron las ciudades del oro, los nuevos trabajadores hispánicos llegan buscando el oro gringo, pero las comunidades hispánicas de los Estados Unidos, finalmente, heredan y aportan el oro latino. Un oro que rehúsa[3] derretirse en el mito del vasto crisol[4] social de los Estados Unidos de América.

---

[1]bones [2]strip (of land) [3]refuses [4]melting pot

De ahí que las culturas hispánicas de los Estados Unidos deben manifestarse de manera tan visual como una pintura de Luján, o tan dramáticamente como una producción de teatro de Luis Valdés, o con una prosa tan poderosa como la de Óscar Hijuelos y sus reyes del mambo, o con un ritmo tan vital como el de Rubén Blades y sus baladas en salsa de las tristezas urbanas y el humor callejero,[5] o con una energía tan avasalladora[6] como la de la cubana Gloria Estefan y su *Miami Sound Machine*.

Esta inmensa corriente de negaciones y afirmaciones obliga a los recién llegados, pero también a los viejos hispánicos norteamericanos a preguntarse: ¿Qué aportamos a la sociedad norteamericana? ¿Qué nos gustaría retener de nuestra herencia? ¿Qué deseamos ofrecerle a los Estados Unidos?

Las respuestas son determinadas por el hecho de que, trátese de descendientes de familias largo tiempo establecidas en los Estados Unidos o de inmigrantes recientes, todos ellos reflejan un amplísimo proceso social que incluye a familias, individuos, comunidades enteras y redes de relación cultural, transmitiendo valores, memorias, protecciones. Pues si de un lado del espectro se encuentran 300.000 empresarios hispánicos que han prosperado en los Estados Unidos, del otro tenemos a un adolescente angloamericano de 19 años matando a tiros a dos inmigrantes por la simple razón de que «odio a los mexicanos». Una estadística nos indica que los negocios de propiedad hispánica en los Estados Unidos generan más de 20.000 millones de dólares al año; pero este motivo de orgullo debe ser equilibrado por un motivo de vergüenza: muchos anglos disparan contra los inmigrantes con balas cargadas de pintura, a fin de estigmatizarlos, como lo fueron los judíos en la Edad Media. Si consignamos[7] el hecho de que comunidades enteras en México viven gracias a las remesas[8] de los trabajadores migrantes en los Estados Unidos, que suman 4.000 millones de dólares al año y son la segunda fuente de divisas para México, después del petróleo, también es necesario recordar que muchos trabajadores inmigrantes son simplemente arrollados[9] intencionalmente por

vehículos en los caminos cercanos a los campos de trabajo. Y si, finalmente, nos damos cuenta de que la mayoría de los inmigrantes mexicanos son trabajadores temporales que eventualmente regresan a México, también es necesario consignar las diferencias persistentes entre las culturas de Angloamérica e Iberoamérica que, en medio de todo este proceso, continúan oponiéndose, influenciándose y chocando la una contra la otra en el trasiego fronterizo.

En el corazón de Nueva Inglaterra, el artista mexicano José Clemente Orozco pintó un extraordinario retrato de las dos culturas del Nuevo Mundo, Angloamérica e Iberoamérica, en la Biblioteca Baker del Dartmouth College.* Las dos culturas coexisten, pero se cuestionan y se critican, en asuntos tan definitivos para la personalidad cultural como la religión, la muerte, la horizontalidad o verticalidad de sus estructuras políticas, y hasta su respectiva capacidad de derroche[10] y de ahorro.

Pero el hecho es que ambas culturas poseen infinitos problemas internos así como problemas que comparten, que exigen cooperación y comprensión en un contexto mundial nuevo e inédito.[11] Los angloamericanos y los iberoamericanos nos reconocemos cada vez más en desafíos[12] como las drogas, el crimen, el medio ambiente y el desamparo urbano. Pero así como la sociedad civil anteriormente homogénea de los Estados Unidos se enfrenta a la inmigración de los inmensamente heterogéneos (la nueva inmigración hispánica y asiática), los iberoamericanos vemos los espacios anteriormente homogéneos del poder religioso, militar y político invadidos por la heterogeneidad de las nuevas masas urbanas. ¿Es posible que América Latina y los Estados Unidos acaben por comprenderse más en la crisis que en la prosperidad, más en la complejidad compartida de los nuevos problemas urbanos y ecológicos, que en la antigua pugna ideológica determinada por la estrechez estéril de la guerra fría?

En todo caso, Angloamérica e Iberoamérica participan en un movimiento común que se mueve en todas las direcciones y en el que todos terminamos por darnos algo a nosotros mismos y a la otra parte. Los

---

[5]de la calle [6]overwhelming [7]we record; we understand [8]el dinero que ganan en los Estados Unidos para mandar a sus familias en México [9]run over [10]extravagance, lavish expenditure [11]hitherto unknown [12]challenges, duels

---

*Véase estas secciones de la muralla de Orozco en la página 378.

Estados Unidos llevan a la América Latina su propia cultura, la influencia de su cine, su música, sus libros, sus ideas, su periodismo, su política y su lenguaje. Ello no nos asusta en Latinoamérica, porque sentimos que nuestra propia cultura posee la fuerza suficiente y que, en efecto, la enchilada puede coexistir con la hamburguesa, aunque aquélla, para nosotros, sea definitivamente superior. El hecho es que las culturas sólo florecen en contacto con las demás, y perecen en el aislamiento.

Pero la cultura de la América española, moviéndose hacia el norte, también porta sus propios regalos. Cuando se les interroga, tanto los nuevos inmigrantes como las familias largo tiempo establecidas, le dan especial valor a la religión, y no sólo al catolicismo, sino a algo semejante a un hondo sentido de lo sagrado, un reconocimiento de que el mundo es sagrado: ésta es la más vieja y profunda certeza del mundo indígena de las Américas. Pero se trata también de una sacralidad sensual y táctil, producto de la civilización mediterránea en su encuentro con el mundo indígena del hemisferio occidental. Los hispánicos hablan de otro valor que es el del respeto, el cuidado y la reverencia debidos a los viejos, el respeto hacia la experiencia y la continuidad, más que el asombro ante el cambio y la novedad. Y este respeto no se constriñe[13] al hecho de la edad avanzada, sino que se refiere al carácter básicamente oral de la cultura hispánica, una cultura en la cual los viejos son los que recuerdan las historias, los que poseen el don de la memoria. Se puede decir que cada vez que mueren un hombre o una mujer viejos en el mundo hispánico, toda una biblioteca muere con ellos.

Este valor está íntimamente ligado al de la familia, el compromiso familiar, la lucha para mantenerla unida, a fin de evitar la pobreza, y aun cuando no se la venza,[14] para evitar una pobreza solitaria. La familia vista como hogar, calidez primaria. La familia vista casi como un partido político, el parlamento del microcosmos social, red de seguridad en tiempos difíciles. Pero, ¿cuándo no han sido difíciles los tiempos? La vieja filosofía estoica de la Iberia romana persiste de manera profunda en el alma hispánica.

¿Qué traen los iberoamericanos a los Estados Unidos, qué les gustaría retener? Nuevamente, las encuestas nos indican que les gustaría retener su lengua, a la lengua castellana. Pero otros insisten: olviden la lengua, intégrense en la lengua inglesa dominante. Otros argumentan: el español es útil sólo para aprender el inglés y unirse a la mayoría. Y otros, más y más, empiezan a entender que hablar más de un idioma no daña a nadie. Hay calcomanías[15] en los automóviles en Texas: «El monolingüismo es una enfermedad curable». Pero, ¿es el monolingüismo factor de unidad, y el bilingüismo factor de disrupción? ¿O es el monolingüismo estéril y el bilingüismo fértil? El decreto del estado de California declarando que el inglés es la lengua oficial sólo demuestra una cosa: el inglés ya no es la lengua oficial del estado de California.

El multilingüismo aparece entonces como el anuncio de un mundo multicultural, del cual la propia ciudad de Los Angeles en California es el principal ejemplo mundial. Una Bizancio moderna, la ciudad de Los Angeles recibe todos los días, le guste o no, las lenguas, las cocinas, las costumbres, no sólo de los hispanoamericanos, sino de los vietnamitas, los coreanos, los chinos y los japoneses. Tal es el precio, o más bien el regalo, de un mundo basado en la interdependencia económica y la comunicación instantánea.

De esta manera, el dilema cultural norteamericano de ascendencia mexicana, cubana o puertorriqueña, se universaliza: ¿Integrarse o no? ¿Mantener la personalidad propia, enriqueciendo la diversidad de la sociedad norteamericana? ¿O extinguirse en el anonimato de lo que es, después de todo, un crisol inexistente? ¿Derretirse o no derretirse? Bueno, quizás la cuestión una vez más es, ¿ser o no ser? Ser con otros o ser solo; y cultural, así como humanamente, el aislamiento significa la muerte y el encuentro significa el nacimiento e, incluso, a veces, el Renacimiento.

Tomado de *El espejo enterrado*.

---

[13]se... se limita   [14]conquista   [15]*bumper stickers*

¿Cuánto recuerda Ud.?

Indique si las siguientes afirmaciones reflejan (Sí) o no (No) el punto de vista de Carlos Fuentes.

1. _____ Los inmigrantes hispánicos que vienen a trabajar a los Estados Unidos se sienten en su tierra porque sus antepasados dejaron su lengua, su religión y sus huesos (bones) en este país.

2. _____ La presencia de los chicanos se fortalece con la llegada de 25 millones de hispánicos de todas partes de América Latina.

3. _____ El oro que aportan los latinoamericanos no es un oro de metal, sino cultural; éste no se puede derretir (melt down) fácilmente.

4. _____ Hay negocios hispánicos muy prósperos en los Estados Unidos.

5. _____ Los angloamericanos toleran la presencia hispánica en los Estados Unidos: no se conocen casos de asesinato ni de violencia contra ellos.

6. _____ Las diferencias culturales entre Angloamérica e Iberoamérica persisten porque la mayoría de los inmigrantes mexicanos insisten en volver a su país.

7. _____ A los hispánicos en los Estados Unidos les gustaría retener el respeto a los ancianos quienes guardan la memoria de su cultura.

8. _____ La familia hispánica funciona como una red de seguridad que protege a sus miembros durante tiempos difíciles.

9. _____ No hay hispánico que se oponga al bilingüismo.

10. _____ La cultura angloamericana debería apreciar como si fuera un regalo las aportaciones culturales de los inmigrantes hispánicos y asiáticos porque sólo las culturas abiertas al contacto con otras pueden florecer.

¿Qué se imagina Ud.?

A. ¿Es justicia poética? En este ensayo Carlos Fuentes se pregunta si no será justicia poética que el mundo hispánico regrese a los Estados Unidos a reafirmar la herencia de sus antepasados. ¿Qué opina Ud.?

Trabajando en un grupo pequeño, comenten las implicaciones de esta idea y preparen una respuesta para Carlos Fuentes. Después compartan sus ideas con las de otros grupos y compárenlas antes de llegar a una conclusión definitiva.

B. *En contacto se florece, en aislamiento se perece*: Un debate. Carlos Fuentes ha querido persuadirnos de que en un mundo basado en la interdependencia económica y en la comunicación, sólo las culturas que mantengan contacto con otras podrán florecer. ¿Está Ud. de acuerdo? ¿Puede Ud. convencerles a otros de su punto de vista?

Defienda o refute el siguiente punto de vista en un debate ante la clase: *Hay mucha evidencia que apoya la teoría de que las culturas en contacto florecen, en aislamiento perecen.* Prepare sus argumentos cuidadosamente, tomando en cuenta el impacto de algunas de las siguientes consideraciones: la inmigración, los estudiantes extranjeros, la economía global, las telecomunicaciones, las empresas internacionales.

GRAMATICA EN CONTEXTO

41. Making Hypothetical Statements: *si* Clauses

People often talk hypothetically about events that don't currently exist. These speculations take one of the following three forms.

1. talking about possible events linked to another future action (*If this happens, I will . . .*)
2. talking about impossible events or dreams linked to another unlikely event (*If this were to happen [but it won't], I would . . .*)
3. talking in hindsight about events linked to a hypothetical past event (*If this had happened, I would have . . .*)

Each of these three hypothetical situations is signaled in Spanish by means of an *if* (**si**) clause, a main clause, and a correct use of the subjunctive or indicative tenses, as outlined in the following tables. Note that the order of the clauses can be reversed.

TYPE OF EVENT	**si** CLAUSE	MAIN CLAUSE
a possibility (may happen)	present indicative	present/future indicative

Si estudio español, **aprendo** a hablarlo.
If I study Spanish, I learn to speak it.
Tendrán un gobierno democrático **si consiguen** la independencia económica.
They will have a democratic government if they get economic independence.

TYPE OF EVENT	**si** CLAUSE	MAIN CLAUSE
a dream (unlikely to happen)	imperfect subjunctive	conditional indicative

| Si estudiara español, aprendería a hablarlo. | If I studied (were to study) Spanish, I would learn to speak it. |
| Tendrían un gobierno democrático si consiguieran la independencia económica. | They would have a democratic government if they got (were to get) economic independence. |

TYPE OF EVENT	**si** CLAUSE	MAIN CLAUSE
hindsight (too late to happen)	pluperfect subjunctive	conditional perfect indicative

| Si hubiera estudiado español, habría aprendido a hablarlo. | If I had studied Spanish, I would have learned to speak it. |
| Habrían tenido un gobierno democrático si hubieran conseguido la independencia económica. | They would have had a democratic government if they had gotten economic independence. |

▲ ¡Practiquemos!

A. ¿Cómo sería nuestro país si... ?   Seleccione la declaración que mejor expresa lo que Ud. cree que pasará, pasaría o habría pasado en estas circunstancias. ¡OJO! Es posible que Ud. esté de acuerdo con más de una opción. Después, vuelva a leer cada oración e indique si se refiere a una posibilidad, un sueño o una percepción retrospectiva (hindsight).

1. Si todos los ciudadanos votamos, _____ .
   a. tendremos un gobierno más responsable
   b. seremos más ricos
   c. no le daremos tanto dinero al gobierno
2. Si queremos mantener nuestra libertad, _____ .
   a. tenemos que vigilar nuestro gobierno
   b. debemos mantener muy bien nuestras fuerzas militares
   c. es necesario asegurar la justicia para todas
3. Si no tuviéramos dos partidos políticos muy fuertes, _____ .
   a. habría más problemas sociales
   b. la política sería menos interesante
   c. el gobierno funcionaría mucho mejor
4. Si nuestro ejército pudiera gastar más dinero, _____ .
   a. habría mejores escuelas por todas partes
   b. compraríamos más aviones, submarinos y bombas
   c. toda la gente del hemisferio viviría en paz

TIEMPOS MODERNOS

—¡Viviríamos más tranquillos si hubiera menos defensores de la paz!

5. Si no vinieran millones de inmigrantes a este país, _____.
   a. tendríamos una sociedad menos dinámica
   b. sería más fácil comunicarnos porque no hablaríamos tantas lenguas
   c. trataríamos de atraerlos poniendo anuncios en los periódicos de otros países
6. Si los Estados Unidos no hubieran atacado a Panamá en 1989, Manuel Noriega _____.
   a. habría gobernado ese país por muchos años más
   b. habría dicho que no quería gobernar otro año más
   c. habría empezado una guerra contra los narcotraficantes
7. No habríamos luchado contra Iraq en 1991 si _____.
   a. Saddam Hussein hubiera invitado al presidente Bush a su palacio
   b. el presidente Bush no hubiera tenido confianza en nuestras fuerzas armadas
   c. los demás países de esa región hubieran podido defenderse contra Hussein
8. Todos viviríamos más tranquilos si _____.
   a. hubiera menos defensores de la paz
   b. hubiera menos armas en el mundo
   c. hubiera más interés en resolver nuestros problemas que en pelear entre nosotros

B. Una sociedad multicultural. Convierta las siguientes frases que expresan posibilidades, en la expresión de un sueño.

> MODELO: Si dos culturas están en contacto, ambas florecen.
> Si dos culturas estuvieran en contacto, ambas florecerían.

1. Si voy a otro país, tendré que hablar la lengua de ese país.
2. Si los trabajadores prosperan, pueden mandar dinero a sus familias.
3. Si se declara por decreto el inglés la lengua oficial de los Estados Unidos, ya no es la lengua oficial de verdad.
4. Si nuestros niños estudian otra lengua, conocerán otra cultura.
5. Si una cultura no tiene contacto con las demás, sufre en el aislamiento.

C. ¿Qué haría yo en esa situación? Trabaje con un compañero (una compañera) para completar individualmente cada una de las siguientes oraciones hipotéticas con una respuesta apropiada para Ud. Después, díganle a la clase lo que haría su pareja en algunas de estas circunstancias.

1. Si mi trabajo no me pagara bien,...
2. Si mi mejor amigo/a se mudara a otra ciudad,...
3. Si fuera profesor(a) de español,...
4. Si no tuviera que estudiar ni trabajar,...
5. Si hubiera decidido ir a otra universidad,...
6. Si hubiera aprendido a hablar español en casa,...
7. Si hubiera sacado *F* en varias materias en la escuela secundaria,...
8. Si hubiera ganado diez millones de dólares en la lotería el año pasado,...

D. Los sueños. Todos tenemos sueños, cosas que deseamos pero que no podemos realizar por el momento. Describa los sueños de la gente en los dibujos, usando cláusulas con **si.**

1.　　　　　　2.　　　　　　3.　　　　　　4.

42. Talking About Actions as Concepts: Infinitives Used as Nouns (for Recognition Only)

An infinitive can occur wherever a noun appears: as the subject or complement of a verb or as the object of a preposition. When functioning as a noun, an infinitive is considered to be masculine singular.

As the subject of a verb:

Ser americano significa que todos hemos venido de otra parte.	*Being an American means that we have all come from somewhere else.*
Cruzar la frontera es una experiencia difícil.	*Crossing the border is a difficult experience.*

As the complement of a verb:

Los inmigrantes quieren **tener** una vida mejor.	*Immigrants wish to have a better life.*
Es necesario **aceptar** las diferencias de otras culturas.	*It's necessary to accept the differences of other cultures.*

As the object of a preposition:

Todavía falta mucho por **hacer.**	*There is still a lot to be done.*
Para **tener** una nación fuerte, ¿hace falta una sola lengua?	*In order to have a strong nation, is it necessary to have only one language?*

▲ ¡Practiquemos!

Una nueva sociedad bilingüe.   Escoja la palabra que le parezca más lógica en cada caso.

1. Para (ganar/entender) a otra persona hay que aprender a hablar su lengua.
2. La reacción más común ha sido (retener/olvidar) su propia cultura.
3. Después de (unirse/destruir) a la mayoría angloamericana, ¿se sentirá feliz el inmigrante?
4. A los inmigrantes no les interesa (caer/derretirse) en el crisol de los Estados Unidos.
5. Parece muy difícil (conocer/cambiar) la enchilada por la hamburguesa.

43. More About Talking About Events in Progress: Other Helping Verbs Used with the Present Participle (for Recognition Only)

In **Capítulo 5** you learned how to form the progressive tense by linking the helping verb **estar** with the gerund (**-ndo** form).

> En su artículo, Carlos Fuentes **está describiendo** dos culturas en contacto.

Other verbs can also be used as helping verbs to form the progressive. Each adds its own special meaning to the construction, as shown below.

- **ir + -ndo:** Emphasizes the idea of gradual movement toward a goal.
  Angloamérica e Iberoamérica **van participando** en un movimiento común.

- **venir + -ndo:** Focuses on the continuation of an event, from its very beginning up through the present.
  La sociedad **viene discutiendo** el multilingüismo durante años.

- **andar + -ndo:** Indicates disorganized or nonlinear movement (often with a negative connotation).
  Los trabajadores **andan buscando** oro gringo.

- **continuar**
- **seguir** } **+ -ndo:** Focuses on repeated or habitual events.
  Los inmigrantes **continúan llegando** a los Estados Unidos a pesar de la policía fronteriza.

The gerund can also stand alone and function as an adverb, indicating under what conditions an event occurs.

Angloamérica e Iberoamérica se oponen, **influenciándose** y **chocando** la una contra la otra en la frontera.	*Anglo-America and Ibero-America oppose each other, influencing each other and clashing one against the other at the border.*
La cultura de la América española, **moviéndose** hacia el norte, también aporta sus propios regalos.	*The Spanish-American culture, (in) moving up to the north, also brings its own gifts.*

But the gerund is never used as an adjective (as the *-ing* form is sometimes used in English). Only an adjective clause can express that type of meaning in Spanish.

| Aquellos inmigrantes **que buscan trabajo** no quieren derretirse en el criso social de los Estados Unidos. | *Those immigrants looking (that are looking) for work don't want to be absorbed into the U.S. melting pot.* |

▲ ¡Practiquemos!

A. Cuba y los Estados Unidos.   Complete las oraciones con el verbo correcto.

Desde la Revolución cubana de 1959, los Estados Unidos y Cuba (vienen / van)[1] atacándose ideológicamente. Los Estados Unidos (vienen / andan)[2] publicando cosas negativas sobre Cuba cuando se presenta la oportunidad. Si estos dos países siguen así, nunca tendremos paz en el continente. Sin embargo, los intercambios culturales son una señal de que se (siguen / van)[3] fortaleciendo los lazos *(ties)* entre los dos países. Si Cuba (viene / continúa)[4] liberando a los prisioneros políticos como lo ha hecho en el pasado, los Estados Unidos tendrán que responder de una forma positiva. Poco a poco nosotros (seguimos / vamos)[5] aprendiendo que los cubanos desean la paz tanto como nosotros. Es obvio que la gente cubana quiere tener más libertades civiles porque aún hoy en día (viene / continúa)[6] abandonando el país. Pero siempre existen algunos políticos mal intencionados que (andan / continúan)[7] traicionando las esperanzas de la gente cubana al dejar pasar las oportunidades de iniciar la paz.

Fidel Castro (1927–)

B. El nuevo gobierno cambiará las cosas   Combine elementos de cada grupo para formar oraciones lógicas.

1. _____ El nuevo presidente demostrará su sinceridad...
2. _____ El nuevo ministro mejorará la economía...
3. _____ El nuevo secretario fortalecerá la educación...
4. _____ El nuevo congreso garantizará la participación del pueblo...
5. _____ El nuevo gobierno buscará la paz...
6. _____ El nuevo presidente llegará a un acuerdo nacional...

a. realizando elecciones frecuentes
b. eliminando la pobreza
c. suprimiendo leyes que favorecen a los grandes intereses *(special interests)*
d. liberando a los presos *(prisoners)* políticos
e. estimulando los estudios científicos y tecnológicos
f. negociando con los países vecinos

ESPAÑOL EN ACCION

A. «Aw blah es span yol.» Imagínese lo que pasaría si Ud. y sus compañeros de clase se convirtieran de repente en delfines y fueran llevados a este laboratorio marino.

1. Si Uds. fueran los delfines del dibujo, ¿cómo reaccionarían ante esta situación? ¿Tendrían miedo o curiosidad? ¿Estarían contentísimos o deseosos de escaparse? ¿Quisieran Uds. hacerse amigos con estos científicos? ¿Por qué sí o por qué no?
2. Si los científicos trataran de comunicarse con Uds., ¿qué les dirían? ¿Les darían sus opiniones sobre cómo solucionar los problemas ecológicos? ¿Les harían preguntas acerca de la guerra y la paz? ¿acerca de los sistemas políticos? ¿acerca de las computadoras del laboratorio? ¿Qué más querrían saber acerca del mundo de los seres humanos?
3. Si Uds. fueran los delfines del dibujo, ¿qué pensarían de la aparencia física de los científicos que los estaban estudiando? (Fíjese en el dibujo: «be-in fayo».) Si otro delfín le preguntara a Ud. acerca del carácter del ser humano, ¿qué le diría después de esta experiencia?

B. ¡Reunión cumbre (Summit meeting) entre México y los Estados Unidos! Trabajando en grupos de cuatro, dos representan a México y los/las otros/as representan a los Estados Unidos en una reunión para fortalecer las relaciones económicas entre los dos países. Tendrán que hablar de varias situaciones hipotéticas.

"Matthews ... we're getting another one of those strange 'aw blah es span yol' sounds."

CONDICIONES MEXICANAS

- no imponer barreras (barriers) al comercio
- aceptar más obreros de México
- reducir la demanda por las drogas
- dejar entrar más productos agrícolas como tomates, lechuga, fruta, etcétera
- no intervenir en nuestra política

- eliminar la corrupción política
- exportar más petróleo a los Estados Unidos
- eliminar el narcotráfico en la frontera
- comprar más productos electrónicos
- permitir el crecimiento de los otros partidos políticos

¡OJO! Esta reunión cumbre puede filmarse para la televisión.

C. Yo, para el mundo del futuro.   Imagínese que ha llegado el momento de entrevistar a los candidatos nominados para los siguientes puestos.

1. Delegado/a estadounidense ante las Naciones Unidas
2. Presidente de una gran universidad pública norteamericana
3. Ministro de Educación

Trabajando en un grupo pequeño, escojan uno de los puestos para representar esa entrevista en clase. Ud. forma parte del **comité de selección** (*search committee*) y debe preparar preguntas que ayuden a determinar la experiencia y, sobre todo, la visión del candidato (de la candidata) sobre las crisis de la sociedad moderna. Si Ud. es el candidato (la candidata), prepárese para explicar por qué Ud. es la persona mejor calificada para resolver los desafíos (*challenges*) de una sociedad pluricultural. Finalmente, representen la entrevista ante la clase.

Al corriente

Los muralistas mexicanos

Una imagen del pueblo mexicano de Diego Rivera: una vendedora de lirios

¡A saber!

1. ¿Cuáles de los siguientes son pintores mexicanos?

   ⚪ Frida Kahlo   ⚪ Clemente Orozco

   ⚪ Octavio Paz   ⚪ Carlos Monsivais

   ⚪ Ernesto Zedillo   ⚪ Cantinflas

   ⚪ Diego Rivera   ⚪ Alfredo Siqueiros

2. Diego Rivera es conocido como uno de los más famosos muralistas mexicanos. Explica lo que quiere decir «muralista».

   _____

3. ¿Cuándo ocurrió la Revolución Mexicana?

   ⚪ 1940 a 1945   ⚪ 1822 a 1823   ⚪ 1910 a 1920

4. Los muralistas presentaban temas estrechamente relacionados con la Revolución Mexicana. ¿Cuáles de los siguientes temas *no* figuran en las pinturas de los muralistas?

   ⚪ el paisaje natural   ⚪ las costumbres tradicionales

   ⚪ la lucha entre las clases   ⚪ la cultura indígena

   ⚪ la vida folklórica   ⚪ la arquitectura urbana

   ⚪ la vida nocturna de la ciudad

5. ¿Has visto alguna obra de arte público? ¿Qué obra es y dónde la viste? ¿Qué emoción provocó en ti esa obra?

   _____

¡A leer!

Lee esta selección sobre los muralistas mexicanos, con información particular sobre Diego Rivera, y contesta las preguntas a continuación.

LOS MURALISTAS

En el período entre las dos guerras mundiales y continuando hasta la década de los años sesenta floreció en México un movimiento artístico muralista que impactó al mundo. El movimiento era dominado por tres pintores mexicanos: Diego Rivera, José Clemente Orozco y David Alfaro Siqueiros. Cada uno tenía una técnica y personalidad distintas, pero compartían[1] aspiraciones comunes. Los tres muralistas trabajaron durante la época en que México se vio liberado del sofocante régimen de Porfirio Díaz en 1911, y es durante este período donde se encontró un nuevo espíritu nacionalista bajo la Constitución de 1917. Los tres artistas recibieron comisiones del presidente Alvaro Obregón y del secretario de educación José Vasconcelos, para decorar edificios públicos con temas que glorificaran la revolución y la historia precolonial de México. El mensaje artístico-político principal, era que los murales a pintar pudieran ser «leídos» fácilmente por el ciudadano mexicano promedio.[2] Los tres artistas participaron en las primeras comisiones, para la Escuela Nacional Preparatoria en la Ciudad de México, durante 1922. El resultado tuvo mucho éxito, y pronto les siguieron otros muralistas.

DIEGO RIVERA (1886–1957)

Diego Rivera, en formas clasicistas, simplificadas y con vivo colorido, rescató[3] el pasado precolombino, los momentos más significativos de la historia mexicana, la tierra, el campesino y el obrero, las costumbres y el carácter popular. La aportación[4] de la obra de Diego Rivera al arte mexicano moderno fue decisiva en murales y de caballete[5]; fue un pintor revolucionario que buscaba llevar el arte al gran público, a la calle y a los edificios, manejando[6] un lenguaje preciso y directo con un estilo realista, pleno de contenido social.

---

[1]*they shared*   [2]ciudadano... *average Mexican citizen*   [3]*recovered*   [4]contribución   [5]*easel*   [6]usando

Comprensión

1. El gobierno de Porfirio Díaz fue...

   ○ representante del nuevo   ○ un régimen sofocante
   espíritu nacionalista   ○ democrático

2. El mensaje político de los muralistas es difícil de entender.

   ○ verdadero   ○ falso

3. ¿Cuál fue el propósito del entonces secretario de educación José Vasconcelos al nombrar las comisiones artísticas?

   [_____]

4. ¿Cuáles son algunos de los temas de los murales de Diego Rivera?

   [_____]

¡A discutir!

Piensa un poco más en el arte de los muralistas mexicanos. Da cinco características que distinguen estos murales de lo que se llama «grafiti».

Para más información sobre los muralistas mexicanos y otros temas relacionados, consulta la página de McGraw-Hill para *Al corriente* en la Internet.
http://www.spanish.mhhe.com

¡A escribir!

Si tuvieras que justificar el gasto de dinero en el arte público para una beca NEA *(National Endowment for the Arts)* o NEH *(National Endowment for the Humanities)*, ¿qué razones darías? ¿Qué beneficios aportaría el arte público como los murales a nuestras comunidades? Ilustra tu ensayo haciendo referencia a los muralistas como Rivera, Orozco y Alfaro Siqueiros.

APPENDICES

Syllabication Rules

1. The basic rule of Spanish syllabication is to make each syllable end in a vowel whenever possible.

ci-vi-li-za-do	ca-ra-co-les	so-ñar	ca-sa-do

2. Two vowels should always be divided unless one of the vowels is an unaccented **i** or **u**. Accents on other vowels do not affect syllabication.

fe-o	bue-no	ac-tú-e	des-pués
pre-o-cu-pa-do	ne-ce-sa-rio	rí-o	a-vión

3. In general, two consonants are divided. The consonants **ch**, **ll**, and **rr** are considered single letters and should never be divided. Double **c** and double **n** *are* separated.

en-fer-mo	ban-de-ra	mu-cha-cha	ac-ci-den-te
doc-to-ra	cas-ti-llo	a-rroz	in-na-to

4. The consonants **l** and **r** are never separated from any consonant preceding them, except for **s**.

ha-blar	a-trás	a-brir	pa-dre
com-ple-to	is-la	o-pre-si-vo	si-glo

5. Combinations of three and four consonants are divided following the rules above. The letter **s** should go with the preceding syllable.

es-truc-tu-ra	trans-cur-so	ex-tra-ño	obs-cu-ro
cons-tan-te	es-tre-lla	in-fle-xi-ble	ins-truc-ción

Stress

Spanish pronunciation is governed by two basic rules of stress. Written accents to indicate stress are needed only when those rules are violated. The two rules are as follows:

1. For words ending in a vowel, **-n**, or **-s**, the natural stress falls on the next-to-last syllable. The letter **y** is not considered a vowel for purposes of assigning stress (see example in rule 2).

   ha-blan   pe-*rri*-to   tar-*je*-tas   a-me-ri-*ca*-na

2. For words ending in *any other letter,* the natural stress falls on the last syllable.

   pa-*pel*   di-fi-cul-*tad*   es-*toy*   pa-re-*cer*

If these stress rules are violated, stress must be indicated with a written accent.

   re-li-*gión*   e-*léc*-tri-co   fran-*cés*   ha-*blé*
   ár-bol   *Pé*-rez   *cés*-ped   ca-*rác*-ter

Note that words that are stressed on any syllable other than the last or next-to-last will always show a written accent. Particularly frequent words in this category include adjectives and adverbs ending in **-ísimo** and verb forms with pronouns attached.

   mu-*chí*-si-mo   la-*ván*-do-lo   *dár*-se-las   *dí*-ga-me-lo

Written accents to show violations of stress rules are particularly important when diphthongs are involved. A diphthong is a combination (in either order) of a weak (**i, u**) vowel and a strong (**a, e, o**) vowel or of two weak vowels together. The two vowels are pronounced as a single sound, with one of the vowels being given slightly more emphasis than the other. In all diphthongs the strong vowel or the second of two weak vowels receives this slightly greater stress.

   *a*i: paisaje   u*e*: vuelve   i*o*: Rioja   u*i*: fui   i*u*: ciudad

When the stress in a vowel combination does not follow this rule, no diphthong exists. Instead, two separate sounds are heard, and a written accent appears over the weak vowel or first of two weak vowels.*

   a-*í*: país   *ú*-e: acentúe   *í*-o: tío

Use of the Written Accent as a Diacritic

The written accent is also used to distinguish two words with similar spelling and pronunciation but different meaning. Nine common word pairs are identical in spelling and pronunciation; the accent mark is the only distinction between them.

dé	give	**de**	of	**sí**	yes	**si**	if
él	he	**el**	the	**sólo**	only	**solo**	alone
más	more	**mas**	but	**té**	tea	**te**	you
mí	me	**mi**	my	**tú**	you	**tu**	your
sé	I know	**se**	*refl. pron.*				

---

*There are no common examples of the latter.

Diacritic accents are used to distinguish demonstrative adjectives from demonstrative pronouns. This distinction is disappearing in many parts of the Spanish-speaking world.

aquellos países	those countries	**aquéllos**	those (ones)
esa persona	that person	**ésa**	that one
este libro	this book	**éste**	this one

Diacritic accents are placed over relative pronouns or adverbs that are used interrogatively or in exclamations.

¿cómo?	how	**como**	as, since	**¿por qué?**	why?	**porque**	because
¿dónde?	where?	**donde**	where	**¿qué?**	what?	**que**	that

II. Spelling Changes

In general, Spanish has a far more phonetic spelling system than many other modern languages. Most Spanish sounds correspond to just one written symbol. Those that can be written in more than one way are of two main types: those for which the sound/letter correspondence is largely arbitrary and those for which the sound/letter correspondence is determined by spelling rules.

Arbitrary Sound/Letter Correspondence

In the case of arbitrary sound/letter correspondences, writing the sound correctly is partly a matter of memorization. The following are some of the more common arbitrary, or *nonpatterned*, sound/letter correspondences in Spanish.

SOUND	SPELLING	EXAMPLES
/b/ + *vowel*	b, v	barco, ventana
/y/	y, ll, i + *vowel*	haya, amarillo, hielo
/s/	s, z, c	salario, zapato, cielo
/x/ + e, i	g, j	general, jefe, gitano, jinete

Note that, although the spelling of the sounds /y/ and /s/ is largely arbitrary, two patterns occur with great frequency.

/y/   Whenever an unstressed **i** occurs between vowels, the **i** changes to **y**.

     leió →leyó   creiendo →creyendo   caieron →cayeron

/s/   The sequence **ze** is rare in Spanish. Whenever a **ze** combination would occur in the plural of a noun ending in **z** or in a conjugated verb (for example, an **e** ending on a verb stem that ends in **z**), the **z** changes to **c**.

luz → luces   voz → voces   empez + é → empecé   taza → tacita

Patterned Sound/Letter Correspondence

There are three major sets of *patterned* sound/letter sequences.

SOUND	SPELLING	EXAMPLES
/g/	g, gu	gato, pague
/k/	c, qu	toca, toque
/gʷ/	gu, gü	agua, pingüino

/g/   Before the vowel sounds /a/, /o/, and /u/, and before all consonant sounds, the sound /g/ is spelled with the letter **g**.*

gato   gorro   agudo   grave   gloria

Before the sounds /e/ and /i/, and sound /g/ is spelled with the letters **gu**.

guerra   guitarra

/k/   Before the vowel sounds /a/, /o/, and /u/, and before all consonant sounds, the sound /k/ is spelled with the letter **c**.

casa   cosa   curioso   cristal   club   acción

Before the sounds /e/ and /i/, the sound /k/ is spelled with the letters **qu**.

queso   quitar

/gʷ/   Before the vowel sounds /a/ and /o/, the sound /gʷ/ is spelled with the letters **gu**.

guante   antiguo

Before the sounds /e/ and /i/, the sound /gʷ/ is spelled with the letters **gü**.

vergüenza   lingüista

These spelling rules are particularly important in conjugating, because a specific consonant sound in the infinitive must be maintained throughout the

---

*Remember that before the sounds /e/ and /i/ the *letter* **g** represents the sound /x/: **gente, lógico.**

conjugation, despite changes in stem vowels. It will help if you keep in mind the patterns of sound/letter correspondence, rather than attempt to conserve the spelling of the infinitive.

/ga/ =	ga	lle*g*ar	/ge/ =	**gue**	lle*gue* (*present subjunctive*)
/ga/ =	ga	lle*g*ar	/gé/ =	**gué**	lle*gué* (*preterite*)
/gi/ =	gui	se*gu*ir	/go/ =	**go**	si*go* (*present indicative*)
/gi/ =	gui	se*gu*ir	/ga/ =	**ga**	si*ga* (*present subjunctive*)
/xe/ =	ge	reco*g*er	/xo/ =	**jo**	reco*jo* (*present indicative*)
/xe/ =	ge	reco*g*er	/xa/ =	**ja**	reco*ja* (*present subjunctive*)
/gʷa/ =	gua	averi*gu*ar	/gʷe/ =	**güe**	averi*güe* (*present subjunctive*)
/ka/ =	ka	sa*c*ar	/ke/ =	**qué**	sa*qué* (*preterite*)

III. Verb Conjugations

The following chart lists common verbs whose conjugation includes irregular forms. The chart lists only those irregular forms that cannot be easily predicted by a structure or spelling rule of Spanish. For example, the irregular **yo** forms of the present indicative of verbs such as **hacer** and **salir** are listed, but the present subjunctive forms are not, since these forms can be consistently predicted from the present indicative **yo** form. For the same reason, irregular preterites and futures are listed, but not the past subjunctive nor the conditional, since these forms are based on the preterite and future, respectively. Spelling irregularities such as **busqué** and **leyendo** are also omitted, since these follow basic spelling rules (Appendix II).

	INDICATIVE				PRESENT SUBJUNCTIVE	AFFIRMATIVE tú COMMAND	PARTICIPLES	
INFINITIVE	*Present*	*Imperfect*	*Preterite*	*Future*			*Present*	*Past*
1. abrir					.			abierto
2. andar			anduve					
3. caer	caigo						cayendo	
4. conocer	conozco							
5. cubrir								cubierto
6. dar	doy		di diste dio dimos disteis dieron		dé			
7. decir (i)	digo		dije	diré		di	diciendo	dicho

INFINITIVE	INDICATIVE				PRESENT SUBJUNCTIVE	AFFIRMATIVE tú COMMAND	PARTICIPLES	
	Present	*Imperfect*	*Preterite*	*Future*			*Present*	*Past*
8. escribir								escrito
9. estar	estoy estás está estamos estáis están		estuve		esté			
10. haber	he has ha hemos habéis han		hubo	habré	haya			
11. hacer	hago		hice hiciste hizo hicimos hicisteis hicieron	haré		haz		hecho
12. ir	voy vas va vamos vais van	iba	fui fuiste fue fuimos fuisteis fueron		vaya	ve	yendo	
13. morir (ue, u)							muriendo	muerto
14. oír	oigo oyes oye oímos oís oyen		oí oíste oyó oímos oísteis oyeron				oyendo	
15. oler (ue)	huelo hueles huele olemos oléis huelen							

INFINITIVE	INDICATIVE				PRESENT SUBJUNCTIVE	AFFIRMATIVE tú COMMAND	PARTICIPLES	
	Present	*Imperfect*	*Preterite*	*Future*			*Present*	*Past*
16. poder (ue)			pude	podré			pudiendo	
17. poner	pongo		puse	pondré		pon		puesto
18. querer (ie)			quise	querré				
19. reír (i, i)	río ríes ríe reímos reís ríen		rió (3rd sing.) rieron (3rd pl.)				riendo	
20. romper								roto
21. saber	sé		supe	sabré	sepa			
22. salir	salgo			saldré		sal		
23. ser	soy eres es somos sois son	era	fui fuiste fue fuimos fuisteis fueron		sea	sé		
24. tener (ie)	tengo		tuve	tendré		ten		
25. traducir	traduzco		traduje					
26. traer	traigo		traje				trayendo	
27. valer	valgo			valdré				
28. venir (ie)	vengo		vine	vendré		ven	viniendo	
29. ver	veo	veía						visto
30. volver (ue)								vuelto

SPANISH-ENGLISH VOCABULARY

The following word list defines words as they appear in context in *Al corriente,* Third Edition. It does not include exact or predictable cognates of English, nor does it include very basic vocabulary, such as subject pronouns and numbers. In some cases, regular forms of adverbs and participles are omitted if the infinitive form of the verb is listed.

All nouns ending in **-o** are masculine unless otherwise indicated, and all nouns ending in **-a, -d,** or **-ción** are feminine unless otherwise indicated. Adjectives that have regular feminine and plural forms are given only in the masculine singular. Words that appear as plurals are listed *m. pl.* or *f. pl.* to indicate gender; irregular plural forms are indicated within parentheses. Stem changes and regular spelling changes for verbs are given in parentheses as well. For verbs with irregularities in only one tense, the basic form is given; wholly irregular verbs are marked with an asterisk (*) and are listed in the appendix.

Abbreviations

abbrev.	abbreviation	*gram.*	grammatical	*prep.*	preposition
adj.	adjective	*inf.*	infinitive	*pres.*	present
adv.	adverb	*interj.*	interjection	*pret.*	preterite
coll.	colloquial	*m.*	masculine	*sing.*	singular
conj.	conjunction	*n.*	noun	*subj.*	subjunctive
f.	feminine	*p. p.*	past participle	*v.*	verb
fig.	figurative	*pl.*	plural		

A

abajo below; **calle** *f.* **abajo** down the street; **hacia abajo** down, downwards; **para abajo** downward
abarcar (qu) to encompass, include
abarrotar to overfill
abdomen *m.* abdomen
abierto *p. p.* open(ed)
abogado/a lawyer
abrazar (c) to embrace
abreviatura abbreviation
abrigo overcoat
abrir to open
absoluto: en absoluto (not) at all

absolutista absolutist; *n.* absolute
abuelo/a grandfather, grandmother; **abuelito/a** grandpa, grandma; **abuelos** *m. pl.* grandparents
aburrido boring; bored
aburrir to bore; **aburrirse (de)** to get bored (with)
acá here
acabar to end, finish; **acabar + de + *inf.*** to have just *(done something)*; **acabarse** to run out, be used up
acantilado cliff
acanto acanthus
acarrear to transport

acaso perhaps
acaso: por si acaso just in case
acceder a to accede to, agree to
aceite *m.* oil
acentuar (me acentúa) to stress, accent
aceptación acceptance
acerca de about
acercar(se) (qu) (a) to approach, come near
acero steel
acertar (ie) (con) to find something; to guess correctly; to get right
ácida: lluvia ácida acid rain

aclarar to clarify
acogida welcome
acomodar to accommodate
aconsejable advisable
aconsejar to advise
acontecer (zc) to happen
acontecimiento event
acordarse (ue) (de) to remember; to
  become aware (of)
acostarse (ue) to go to bed
acostumbrado: estar acostumbrado
  to be used to
acostumbrarse a to become
  accustomed to
acribillar to pester, badger
actitud attitude
actor; actriz (f. pl. actrices) actor;
  actress
actual current; present
actualidad present time
actuar (actúo) to act
acudir to go; to attend in support
acuerdo agreement; de acuerdo con
  in agreement with; estar de
  acuerdo to agree
adarve m. narrow path behind the
  parapet or bastion of a fortress
adecuado adequate
adelantar to move forward, advance
adelante forward; ahead; hacia
  adelante forward
adelgazar (c) to slim down, lose weight
además adv. moreover; prep. además
  de besides; in addition to
adentrarse to go into, penetrate into
adentro inside
adepto follower, supporter
aderezo seasoning; dressing
adiestramiento training
adiestrar to train, teach, guide
adivinador(a) admirer
adivinanza riddle
adolescente m., f. adolescent
¿adónde? where (to)?
adorno adornment, decoration,
  ornament
adquirir (ie) to acquire
adquisición acquisition; purchase
adquisitivo: poder adquisitivo
  purchasing power
aduana sing. customs
adulto/a adult

adversidad adversity
advertir (ie, i) to warn
aérea: línea aérea airline
aeromotor m. modern windmill
aeropuerto airport
afectuoso affectionate
afeitarse to shave
afeminado effeminate
aferrarse a to cling to
afición fondness
aficionado/a fan, enthusiast
afirmación statement
afirmar to affirm; to make fast, secure
aflojar to become slack (in one's
  studies)
afluencia crowd, influx
afortunado fortunate
afuera adv. outside
afueras f. pl. outskirts, suburbs
agachar to bend, bow
agente m., f. agent
ágil agile
agitado busy
aglutinar to bring, draw together
agotado exhausted
agotador(a) exhausting
agotarse to run out, be used up
agradable nice, pleasant
agradar to please
agradecer (zc) to thank
agradecido grateful
agraz: en agraz prematurely
agregar (gu) to add
agresividad aggressiveness
agrícola adj. m., f. agricultural
agricultor(a) farmer
agrupar to group together
agua f. (but el agua) water
aguantar to tolerate, endure
agudo sharp
ahí there; de ahí hence, in this way
ahondar to go deeply into; to study
  thoroughly
ahora now; ahora mismo right now
ahorrar to save
ahorro saving, economy
airado adj., fig. lively, stirring
aire m. air; al aire libre outdoors
aislamiento isolation
aislar to isolate
ajá interj. fine, splendid
ajedrez m. chess

ajustarse to adjust
ajuste m. adjustment
ajusticiamiento execution (of a
  criminal)
al + inf. on; upon (doing something)
ala f. (but el ala) wing
alambre m. de púas barbed wire
  fence
albergar (gu) to give shelter
albergue m. shelter
alcalde, alcaldesa m., f. mayor
alcaldía mayor's office
alcance m.: a su alcance within one's
  reach
alcanzar (c) to reach, attain
aldea village
alegrarse (de) to become happy
  (about)
alegre happy
alegría happiness
alejarse (de) to go far away (from)
alemán, alemana n., adj. German
Alemania Germany
alfabetismo literacy
algo something
algodón m. cotton
alguacil mounted official (in a
  bullfight)
alguien m. someone
algún, alguno/a some; any; alguna
  vez ever; sometimes
alimentación food, nourishment
alimentarse (de, con) to feed
  (oneself)
alimento food, nourishment
alinear to line up, align
alisar to smooth down
aliviar to alleviate
allá there; más allá farther; más allá
  de beyond; farther than
allá (over) there
allende on the other side
allí there; por allí over there
alma f. (but el alma) soul
almacén m. store
almorzar (ue) (c) to eat lunch
almuerzo lunch
alojarse to be lodged, stay
alquilar to rent
alrededor de prep. around; m. pl.
  surroundings, outskirts; a mi
  alrededor around me

alto high; tall; loud; **en voz alta** out loud; **zapatos de tacón alto** high heels
altura height; **a esas alturas** at this advanced stage
alumno/a student
alzar (c) to raise, lift up
amable kind, nice
amablemente kindly
amante *m., f.* lover
amar to love
amarillo yellow
ambiental environmental
ambiente *m.* atmosphere; **medio ambiente** environment
ámbito *fig.* surroundings
ambos/as both
ambulante: vendedor(a) ambulante street vendor
amenazar (c) to threaten
amenizar (c) to make pleasant, enliven
amigo/a friend
amistad friendship; **entablar amistad** to strike up a friendship
amistoso friendly
amor *m.* love
amoroso amorous
amparar to shelter, protect
ampliar (amplío) to amplify
amplio ample
amurallado walled in
analizar (c) to analyze
anaranjado orange (*color*); orange-colored
anaranjarse to become orange
anaranjoso orangeish
ancho wide
anciano/a *n.* old man/woman
andar* to walk; **andar en busca de** to go in search of
andén *m.* boarding platform
andino Andean
anglosajón, anglosajona *n., adj.* Anglo-Saxon
ángulo angle
angustia anguish
anillo ring
animado animated; **dibujos animados** cartoons
anís *m.* anise, anisette
anoche last night

anonimato anonymity
anotar to annotate; to jot down, note
ansiar to yearn for
Antártida Antarctic
ante before; facing
anteayer day before yesterday
anteojos *m. pl.* eyeglasses
antepasado ancestor
anterior previous
anteriormente previously, before
antes *adv.* before, formerly; **antes de** *prep.* before; **antes de que** *conj.* before; **cuanto antes** as soon as possible
anticarismático uncharismatic
anticipación: de anticipación in advance
anticuado antiquated, old fashioned
antiguamente formerly, once
antiguo former; ancient
antipático unpleasant, disagreeable
antiplano high plateau
antónimo *n.* opposite
antorcha torch
antropólogo/a anthropologist
anudar to knot, tie
anular *m.* ring finger
anunciador(a) announcer
anuncio announcement; advertisement
añadir to add
año year; **a los... años** at . . . years of age; **cumplir... años** to turn . . . years old; **tener... años** to be . . . years old
añorar to long for, desire
apacible peaceful
apagar (gu) to blow out
aparato appliance
aparecer (zc) to appear
aparentar to look, seem to be
aparentemente seemingly
aparición appearance
apariencia appearance
apartado (de correos) post office box
apartar to move away
apasionado passionately
apellido last name, family name
apenas barely, scarcely
aperitivo: hora del aperitivo cocktail hour
apertura opening
aplicar (qu) to apply

aportación contribution
aportar to bring, contribute
apoyar to rest, lean; to support
apreciar to appreciate
aprender to learn
aprendizaje *m.* learning
apresurarse (a + *inf.*) to hurry (to do something)
apretar (ie) to squeeze
apretón *m.* **de manos** handshake
aprobar (ue) to approve; to pass (*an exam*)
apropiado appropriate
aprovechar (se) (de) to take advantage of
apuntar to point out, indicate
apuntes *m. pl.* notes
aquel, aquella that (over there) **aquellos/as** those (over there); **aquél, aquélla** that one (over there); **aquéllos/as** those (things) (over there); **en aquel entonces** (way) back then
aquí here; **por aquí** around here
arábigo *n., adj.* Arabian
araña spider; **mono araña** spider monkey
árbol *m.* tree
arbusto bush
arcada arcade, arches
archivo archive
arco arch
arena sand
argüir (y) to argue
arma (*but* el arma) weapon
armado armed
armas *f. pl.* (fire)arms, weapons
armonía harmony
arqueólogo/a archaeologist
arrear to drive cattle
arreglar to arrange
arreglo arrangement
arriba above, up; **calle** *f.* **arriba** up the street
arrinconar to place in a corner
arrodillarse to kneel
arrojar to throw, toss
arrollar to run over
arroyo stream
arroz *m.* (*pl.* **arroces**) rice
arruga wrinkle
arrullar to lull to sleep

Spanish-English Vocabulary | **393**

artes *f. pl.*: **bellas artes** fine arts
artesanías *f. pl.* handicrafts
artesano/a craftsperson, artisan
artificiales: fuegos *m. pl.* **artificiales** fireworks
arzobispal archiepiscopal
arzobispo archbishop
asado roasted meat
asaltar to attack, assail
ascendencia ancestry
ascendente upward, rising, increasing
ascender (ie) to be promoted
ascensión ascent
ascensor *m.* elevator
asegurar to assure; **asegurarse** to make sure
asentar (ie) to sharpen
asesinar to murder
asesinato murder
asesino/a murderer
asesor(a) counselor, adviser
aseverar to assert
así *adv.* so, thus; like that, this way; **así como** as well as; **así que** *conj.* so
asiento seat
asignar to assign
asimilarse to become assimilated
asimismo likewise
asistencia assistance; attendance
asistir to attend
asombro amazement
aspiradora vacuum cleaner
astilla splinter, chip; **de tal palo tal astilla** like father, like son
asunto matter, subject
asustado frightened
asustarse to become frightened
atar to tie, bind
atardecer *m.* late afternoon
atención: prestarle atención (a alguien) to pay attention (to someone)
atentado attack
aterrizar (c) to land (*an airplane*)
atleta *m., f.* athlete
atraco robbery, holdup
atraer* to attract
atrapar to catch
atrás *adv.* behind; back; **atrás de** *prep.* behind
atrasarse to be slow, late

atravesar (ie) to pass through; to cross
atreverse (a) to dare (to)
atrevido daring
atropellar to run over
atún *m.* tuna
aturdido bewildered, stunned
auditoría auditing
auge *m.*: **estar en auge** to thrive
aula *f.* (*but* **el aula**) classroom
aullar to howl
aumentar to increase
aumento increase
aun even; **aun más** even more
aún still, yet
aunque although
ausencia absence
ausente absent
autobús *m.* bus
automotor *m.* electric railcar
autónomo autonomous; self-governing, independent
autopista highway
autoproclamar to proclaim oneself
autoridad authority
autorretrato self-portrait
auxiliar *m.* assistant
avaricia greed
ave *f.* bird
avenida avenue
avergonzado embarrassed
averiguar (güe) to verify; to find out
avión *m.* airplane
avisar to notify
ayer yesterday
ayuda help
ayudante *m., f.* assistant
ayudar to help
ayuntamiento city hall; city council
azar *m.* change
azúcar *m.* sugar
azul blue

B
bachiller *m., f.* scholar
bachillerato school–leaving examination; **bachillerato elemental** lower examination; **bachillerato superior** higher certificate
badana sheepskin (*for cleaning barber's razor*)

bahía bay
bailador(a) dancer
bailaor(a) *Coll.* Flamenco dancer
bailar to dance
baile *m.* dance; **baile de etiqueta** formal dance, ball
bajar to lower; **bajar (a)** to go down (to)
bajo *adv.* below, beneath, under; *adj.* short (*in height*); low; **en voz baja** in a low voice; **planta baja** ground floor
bala bullet, shot
balanza balance
balazo shot
balcón *m.* balcony
baloncesto basketball
banco bank
banda music band; **banda sonora** sound track
bandera flag
banderillero *bullfighter who is particularly adept at placing banderillas*
bandurria *Spanish instrument, similar to a lute*
bañar to bathe; **bañarse** to take a bath
baño bathroom; **traje** *m.* **de baño** swimsuit
barato cheap
barba beard
barbería barber shop
barbero barber
barbilla chin
barco boat, ship
barco volador speed boat
barra bar, railing
barranca ravine, gorge
barrera barrier
barrigón fat, pot bellied
barrio neighborhood
basarse en to be based on
base *f.* base, basis, foundation; **a base de** based on
bastante fairly, quite; enough
bastar to be enough, be sufficient
basura garbage
batalla battle
batallar to battle
batán *m. sing.* dry cleaners
batir to mix, stir
baúl *m.* trunk
bautizar (c) to baptize

bebé *m.* baby
beber to drink
bebida drink
beca scholarship
belicoso warlike
bellas artes *f. pl.* fine arts
belleza beauty
bello beautiful
bembe *m. a type of dance*
beneficiar to benefit, be of benefit to
beneficio benefit
benéfico charitable
besar to kiss
beso kiss
bestia beast
biblioteca library
bici *f.* = **bicicleta**
bicicleta: montar en bicicleta to ride a bicycle
bien parecido good-looking; **llevarse bien (con)** to get along well (with)
bienestar *m.* well-being
bienvenido welcome
bigote *m.* mustache
billete *m.* bill, currency; ticket
bisabuelo/a great-grandfather, great-grandmother; **bisabuelos** *m. pl.* great-grandparents
bisnieto/a great-grandson, great-granddaughter; *m. pl.* great-grandchildren
Bizancio *f.* Byzantium
Blancanieves *f. sing.* Snow White
blanco white; **espacio en blanco** blank space
bloqueo blockade
blusa blouse
boca mouth
bocadillo snack
bocanada puff *(of air)*
boda wedding
bodega wine cellar
bodeguero owner of a wine cellar
boleto ticket
bolladura dent
bolsa purse
bolsillo pocket
bolso purse
bombardear to bombard
bombero/a firefighter
bonito pretty
Borbón Bourbon

borde *m.* border, edge; **a borde de** on the verge of
bordear to border on
bordo: a bordo de aboard
borrador *m.* eraser
bosque *m.* forest, woods
bosquejo sketch, outline
bostezo yawn
bota boot
botella bottle
brasileño/a *n., adj.* Brazilian
brazo arm
brechtiano Brechtian
brega: capote de brega bullfighter's cape
breve brief
brillo shine
brindar to offer, present
brindis *m. sing.* toast *(to one's health)*
brocha brush
broma: en broma jokingly
bronceado tanned
brotar to gush forth, flow
bruto: en bruto raw
buen, bueno *adj.* good; **de buen/mal humor** in a good/bad mood; **hace buen tiempo** it's good weather; **lo bueno** the good part/thing
bueno *adv.* well
bufanda scarf
bulevar *m.* boulevard
bullicio bustle, hubbub
burguesía bourgeoisie, middle class
burlarse (de) to make fun (of)
busca search; **andar en busca de** to go in search of
buscar (qu) to look for
búsqueda search

C
caballete *m.* ridge (of a roof)
caballo horse; **montar a caballo** to go horseback riding
cabello hair
cabeza head
cabida: darle cabida a alguien to make room for someone
cabo cape *(geographical)*; **al fin y al cabo** after all; in the end; **llevar a cabo** to carry out
cabra goat
cabrero/a goatherd

cacha handle *(of a barber's razor)*
cada each; **cada cual** each one; **cada vez más** more and more
cadalso scaffold
cadena chain
cadera hip
caer* to fall; **caerle mal a alguien** to not like, not get along well with someone; **caerse** to fall down; **caerse desmayado** to faint
café *m.* café; coffee
caída fall
caja box
cajón *m.* drawer; chest
calcetín *m.* sock
calcomanía bumpersticker
calefacción central heating
calidad quality
calidez *f.* warmth
cálido hot, warm
callado quiet
calle *f.* street; **calle arriba/abajo** up/down the street
callejero *adj.* street
callejuela side street, alley
calor *m.* heat; **hace calor** it's hot weather; **tener (mucho) calor** to be (very) hot
calumnia *(n.)* slander
caluroso warm, hot
calzada roadway, road
calvo bald
calzar (c) to wear *(footwear)*
cama bed
cámara camera; chamber
camarero/a waiter, waitress
camarón prawn
cambiar to change
cambio change; **en cambio** on the other hand
camerino dressing room *(theater)*
caminar to walk
caminata long walk, hike
camión *m.* truck
camionera bus station
camioneta van, light truck
camisa shirt
camiseta T-shirt
campaña campaign
campanario bell tower, church tower
campesino/a *n.* country dweller, rural dweller, *adj.* country; rural

campo field; countryside

canas f. pl. gray hair

canción song

canería cannery

canotaje m. boating

cansar to tire; cansarse (de) to get tired (of)

cantante m., f. singer

cantar to sing

cantidad quantity

capa layer; capa del ozono ozone layer

capacidad capacity

capaz (pl. capaces) capable

Caperucita Roja Little Red Ridinghood

capilla chapel

capitalidad status as a capital

capitalino/a one who lives in a capital city

capitalizar (c) to capitalize, convert into capital

capote m. de brega bullfighter's cape

captar to grasp

cara face

carácter m. (pl. caracteres) character, nature

caramba interj. expression of surprise, dismay, or anger

carbón m. coal

cárcel f. prison, jail

cargar (gu) to carry, bear; to load

cargo office, position; weight

caricatura cartoon

caricia caress, pat

caridad charity

carie f. cavity

cariño affection

cariñoso affectionate

carne f. meat

carnicería butcher shop

caro expensive

carpintero/a carpenter

carrera career; (foot)race

carreta cart

carretera highway; road

carritas f. pl. barbecued pork

carrito little car

carroña carrion

carta letter

cartera wallet

cartero/a mail carrier

carúncula comb (the red fleshy growth on the heads of some fowl)

casa house; casa editorial publishing house

casado: estar casado (con) to be married (to)

casarse (con) to get married (to)

casi almost

castellano/a n., adj. Castilian

castigar (gu) to punish

casualidad chance; coincidence; por casualidad by chance

casualmente by chance, accident

cata winetasting, testing

catar to taste, sample

catarata waterfall

cátedra: professorship; lectureship; sentar cátedra to state opinions forcefully

caucho rubber

caudillo chief, leader

causa: a causa de because of

cauteloso cautious

cautiverio captivity

cautivo adj. captive

cazar (c) to catch; to hunt

ceder to give way, yield

cedro cedar

ceja eyebrow

celebrar to celebrate

celoso jealous

cena dinner, supper

Cenicienta, La Cinderella

ceniza ash

censo census

censura censorship

censurar to censure, criticize

central f. head office, central office

centro center, downtown; centro comercial shopping mall

ceñirse (i, i) to limit oneself; to stick (something)

cerca close; cerca de near

cercano near, close

cereza cherry

cero zero

cerrar (ie) to close; a medio cerrar half-closed

cerro hill

certeza certainty

cerveza beer

cesar to cease

chalaneo wheeling and dealing

champú m. shampoo

chaqueta jacket

charanga musical group of wind instruments

charlar to chat

chaval m., f. youngster

chicano/a person of Mexican ancestry, born and living in the United States

chicle m. chewing gum

chico/a n. boy, girl; adj. small

chillido squeal, screech

chismes m. pl. gossip

chiste m. joke

chistoso funny

chocar (qu) con to collide with, run into

chofer chauffeur

chorro spurt

ciego/a n. blind person; adj. blind

cielo sky; heaven

científico/a scientist; adj. scientific

cierto certain, true

cifra number

cigüeña stork

cimientos m. pl. foundations

cine m. cinema

cinta tape

cintura waist

cinturón m. belt

circulación traffic

circular to circulate

círculo circle

cisne m. swan

cita date

citar to quote

ciudad city

ciudadano/a citizen

claro clear; light-colored; interj. of course; claro que sí of course; claro que no of course not

clase f. class; compañero/a de clase classmate; dar clase to teach a class; sala de clase classroom

cláusula clause

clavar to fix

clave f. code; type of dance

clavo nail

clima m. climate

climatizado: piscina climatizada heated pool

cobarde m., f. coward

cobardía cowardice
cobrar to charge, charge for (*a service*)
coche *m.* car
cochino a pig
cocina kitchen
cocinar to cook
cocinero a cook
cod. *abbrev.* **código postal** zip code
codo elbow
coger (j) to grasp, take
cola tail; line
colaborar to collaborate
cole *abbrev. m.* **colegio**
coleccionable collectible
colectivo communal
colega *m., f.* colleague
colegio primary or secondary school
colgar (ue) (gu) to hang
colibrí *m.* humming bird
colina hill
coliseo coliseum
colmena beehive
colocar (qu) to place, put
Colón: Cristóbal Colón Christopher Columbus
comandar to command, lead
combatir to fight
comedor *m.* dining room
comentar to comment (on)
comentario commentary, comment
comenzar (ie) (c) to begin
comer to eat; **comerse** to eat up
comercial: centro comercial shopping mall
comerciante *m., f.* dealer, merchant
comerciar to trade, deal in
comercio business, commerce; **corredor de comercio** stockbroker
cometer to commit
cómico: tira cómica comic strip
comida food; meal; evening meal; **darle comida (a alguien)** to feed (someone)
comienzo beginning
comité *m.* committee
comitiva procession
como de costumbre as usual
cómodo comfortable
compañero/a companion; **compañero/a de clase** classmate; **compañero/a de cuarto** roommate
compartir to share

compasivo compassionate
compatibilizar (c) to reconcile, coordinate
compatriota *m., f.* fellow countryman; fellow countrywoman
competir (i, i) to compete
complejo complex
complementar to complement
complementario extra (tutorial classes)
complemento: pronombre *m.* **de complemento directo/indirecto** *gram.* direct/indirect object pronoun
completo: por completo completely
complicar (qu) to complicate
componer* (*like* **poner***) to compose; **componerse** to fix, arrange (*one's hair*)
comportar *fig.* to bear, tolerate; **comportarse** to behave
compra purchase; **ir de compras** to go shopping
comprador(a) buyer, purchaser
comprar to buy
comprender to understand
comprensivo understanding
comprobar (ue) to prove
comprometerse a to commit oneself to
comprometido committed (socially, politically)
compromiso commitment
común common; **por lo común** generally
comunicación: medios de comunicación media (*communications*)
comunicar(se) (qu) to communicate
comunidad community
concentrarse en to concentrate on
conciencia conscience
concienzudo conscientious
concluir (y) to conclude
concordar (ue) (con) to agree (with)
concretarse to become (more) definite
concurrido well-attended; crowded
concurso contest, competition
conde *m.* count
condenado/a convict, criminal
conducir (zc) (*pret.* **conduje**) to drive; **conducirse** to conduct oneself, behave
conductor(a) conductor; driver

conferencia lecture
conferenciante *m., f.* lecturer
confesar (ie) to confess
confianza confidence; trust
confiar a to entrust to
confundido confused
congelar(se) to freeze
congresista *m., f.* congressman; congresswoman
conjugar (gu) to conjugate
conjunto group
conmemorar to commemorate
conmigo with me
conmoción disturbance, upheaval
conocer (zc) to know, be familiar with; to meet; **conocerse** to meet (one another)
conocido/a acquaintance, friend
conocimiento knowledge
conquista conquest
conquistador(a) conqueror
consciente conscious
conseguir (i, i) (ga) to get, obtain
consejero/a counselor
consejo piece of advice; *pl.* advice
consenso consensus
conservador(a) conservative
conservar to conserve, keep
consignar to record, state
consigo with oneself
consistorial *adj.* pertaining to a meeting place for a council or court
constar de to consist of
constituir (y) to constitute
constreñir (i, i) to restrict
construir (y) to construct, build
consulta advice; consultation
consultar to consult
consumo consumption
contabilidad accounting
contador(a) accountant
contaminación pollution
contaminar to pollute
contar (ue) to tell (*a story*); **contar con** to count on, rely on
contener (*like* **tener***) to contain
contenido content
contento happy
contestar to answer
contigo with you
continuación: a continuación following

contra against; **en contra (de)** against

contradecir (*like* **decir***) to contradict

contrario: al contrario de contrary to

contratar to contract; to hire

contrato contract

contribuir (y) to contribute

contundente conclusive, overwhelming

convencer (z) to convince

convenir (*like* **venir***) to suit; to be suitable, be best to

convertir (ie, i) to convert; to change, turn; **convertirse (en)** to become, change (into)

convivir to live together

convocar (qu) to summon, call

copa de vino glass of wine

coquetear to flirt

coqueteo flirting

coraje *m.* anger

corazón *m.* heart

corbata tie

cordero lamb

cordillera mountain range

coronar to crown; to complete

corredor(a) de comercio stockbroker

corregir (i, i) (j) to correct

correo electrónico e-mail

correr to run; **correr (el) riesgo** to run the risk

corretear to run around

corrida (de toros) bullfight

corrido ballad; **balcones** *m. pl.* **corridos** continuous balconies (*in a plaza*)

corriente *f.* current; *adj.* running; **al corriente** up to date

cortada *n.* short cut; *p. p.* cut short

cortante cutting, sharp

cortar to cut

corte *m.* cut; *f.* court (*of law*); **corte de pelo** haircut

cortés, cortesa polite

corto short (*in length*)

cosa thing

coser: máquina de coser sewing machine

costa coast; cost, price; **a costa de** at the expense of

costado side

costar (ue) to cost; *+ inf.* to find it hard to *fig.* (*do something*)

costear to pay for

costero *adj.* of or pertaining to the coast

costumbre *f.* custom, habit

costurero tailor

cotidianamente daily

creador(a) creator

crear to create

crecer (zc) to grow

creciente growing

crecimiento growth

creencia belief

creer (y) to think, believe

crespo curly, kinky (*hair*)

cresta crest, comb, tuft

criado/a servant, maid

crianza aging (of wine)

criarse (me crío) to grow up

criatura creature; child

crimen *m.* crime

crisol *m.* melting pot

cristianismo Christianity

Cristóbal Colón Christopher Columbus

criticar (qu) to criticize

crucero cruise ship; cruise

crucigrama *m.* crossword puzzle

crudo raw

crueldad cruelty

cruz *f.* **roja** Red Cross

cruzar (c) to cross

cuaderno notebook

cuadra city block

cuadrado *n.* square; *adj.* squared

cuadrilla bullfighter's team; **patio de cuadrillas** (*bullfight procession holding area*)

cuadro painting; **a cuadros** checked, plaid

cual(es) which; **cada cual** each one; **cuál(es)?** which one(s)?; **lo cual** which

cualidad quality

cualquier(a) any

cuando: de vez en cuando from time to time

cuantioso abundant, considerable

¿cuánto/as? how much?, how many?; **cuanto antes** as soon as possible; **en cuanto** as soon as; **en cuanto a** as for, as regards

cuarto fourth; room; bedroom; **compañero/a de cuarto** roommate

cubanazo/a true Cuban

cubierto *p. p. adj.* covered

cubrir to cover

cuello neck

cuenta bill; **a fin de cuentas** all things considered; **darse cuenta (de)** to realize; **echar la cuenta de** to count up, work out the count of; **tomar/tener en cuenta** to keep in mind, take into account

cuento story; **cuento de hadas** fairy tale

cuerda: instrumento de cuerda string instrument

cuero leather

cuerpo body

cuestas: a cuestas on one's back

cuidado care; *interj.* careful; **con cuidado** carefully; **tener cuidado** to be careful

cuidadoso careful

cuidar to take care of; **cuidarse** to take care of oneself

culminar to reach, attain

culpabilidad guilt

cumbre *f.* summit

cumpleaños *m. sing.* birthday

cumplir to fulfill

cuñado/a brother-in-law, sister-in-law

cuyo/a(s) whose

cupo quota, share

cura *m.* priest

curandero/a healer

curativo curative

cursar to study, follow a course of study

curso course

curtido tanned

cutre mean, stingy

cuzqueño/a inhabitant of Cuzco

D

dactilografía typing

dama: la primera dama the First Lady

dañar to harm

daño harm, injury; **hacerle daño (a alguien)** to harm (someone)

dar* to give; **dar clase** to teach a class; **dar la vuelta** to go around; to go for a walk; **darle comida (a alguien)** to feed (someone); **dar**

miedo to scare; **dar un paseo** to go for a walk; **darse cuenta (de)** to realize

dato fact

debajo de below, under

deber should, must, ought; to owe; **deberse a** to be due to

débil weak

debilidad weakness

debutar to debut

decapitado beheaded

décimo tenth

decir* to say; to tell; **es decir** that is to say; **querer decir** to mean

decisión: tomar una decisión to make a decision

declaración statement

decreto decree, order

dedicar (qu) to dedicate

dedo finger, toe; **dedo del pie** toe

deducir (zc) (*pret.* **deduje**) to deduce

defender (ie) to defend

defensor(a) defender

definitivamente for good

degollar to slit the throat

dejar to leave; to let, allow; **dejar de + *inf.*** to stop (*doing something*); **dejar en paz** to leave alone

delante de in front of

deletrear to spell

delfín *m.* dolphin

delgado skinny, thin

deliberado deliberate

delito crime

demanda demand

demás: los/las demás the others, the rest

demasiado *adv.* too; too much; **demasiados/as** *adj.* too many

demostrar (ue) to demonstrate

denominar to name

dentista *m., f.* dentist

dentro de inside, within

dependencia department; branch office; dependence

depender de to depend on

deporte *m.* sport

deportivo *adj.* sports, sporting

deprimido depressed

derecha *n.* right (*direction*); **a la derecha** to/on the right

derecho *n.* right (*civil*); law; *adv.* straight (ahead); **derechos civiles/humanos** civil/human rights

derecho *adj.* right (*side*)

derretir (i, i) to melt

derroche *m.* squandering, waste

derrota defeat

derrotar to defeat

desacuerdo disagreement

desafiar (desafío) to defy, challenge

desafío challenge

desafortunado unfortunate

desagradable unpleasant

desagradar to displease

desahogado relieved

desamparado homeless

desamparo homelessness, helplessness

desaparecer (zc) to disappear

desarmarse to fall to pieces

desarraigo uprooting

desarrollar to develop

desarrollo development; **desarrollo infantil** childhood development

desastre *m.* disaster

desayunar to eat breakfast

desayuno breakfast

desbaratar to undo

descalzo barefoot

descansar to rest

descanso rest, relaxation

descubrir to discover

descender (ie) to decrease

descenso drop, decline

descomponer (*like* **poner***) to break down

desconfianza mistrust

desconocer (zc) not to know

descortés, descortesa discourteous

descubierto *p. p.* discovered

descubrimiento discovery

descuidado careless

descuidar to neglect, disregard

desde from, since; **desde (aquel) entonces** since then; **desde... hasta** from . . . to / until

desear to desire, wish

desecho waste, refuse; **desecho de los desperdicios** waste disposal

desempeñar to act, perform

desempleado/a unemployed person

desenraizado without roots

desenvolverse (ue) to develop, unravel

deseo desire

deseoso anxious, eager

desesperado hopeless, desperate

desfilar to parade by, to file, line up

desfile *m.* parade

desgracia disgrace

desgrasado nonfat

deshacerse de to get rid of

desierto desert

desigualdad inequality

desmayado: caerse desmayado to faint

desmembramiento dismembering

desmerecer (zc) to compare unfavorably

desmochar to lop, cut off

desnatado: leche *f.* **desnatada** skim milk

desnatar: leche *f.* **sin desnatar** whole milk

desnudo naked

despacio slowly

despectivamente scornfully, pejoratively

despedida leavetaking

despedirse (i, i) (de) to say good-bye (to), take one's leave (from); to fire

despegar (gu) to take off (*an airplane*)

despejado wide awake, lucid

despensa pantry

desperdiciar to waste, squander

desperdicios *m, pl.* garbage

despertador *m.* alarm clock

despertar (ie) to wake (someone) up; **despertarse** to awaken

despierto *p. p.* awake; **soñar despierto** to daydream

despoblado unpopulated

despreciar to despise

desprovisto deprived

después afterward, later; **después de/que** after

destacar (qu) to stand out

destino destination; fate

destrozar (c) to destroy

destruir (y) to destroy

desventaja disadvantage

desviar (desvío) to turn aside

detallado detailed

detalle *m.* detail
detenerse (*like* tener*) to stop, to pause
detrás de behind
devolver (ue) to return (*something*)
devorar to devour
día *m.* day; al día siguiente the next day; al otro día the next day; día feriado day off; hoy (en) día nowadays; todos los días every day
diablo devil
diario *n.* newspaper; *adj.* daily
dibujar to draw
dibujo drawing; dibujos animados cartoons
dicho *p. p.* said
dictador(a) dictator
dictados *m. pl.* dictates
dictar to dictate
diente *m.* tooth
difícil difficult
dificultad difficulty
digno worthy
diminuto tiny, small
dinero money
Dios *m.* God; dios, diosa god, goddess; por Dios *interj.* my God
diputado/a representative (*to Congress, Parliament*)
dirección management; address; direction
directo: en directo live (*broadcast*)
dirigir (j) to direct; dirigirse a to turn/go toward
dirimir to solve
disco record
discoteca discotheque
disculpe *interj.* excuse me
discurso speech
discusión discussion; argument
discutir to argue
diseminar to disseminate, spread
diseñador(a) designer
diseñar to design
disfraz *m.* (*pl.* disfraces) costume; fiesta de disfraces costume party
disfrutar de to enjoy
disgustar to annoy, upset
disgusto annoyance, displeasure
disminuir (y) to diminish
disparar to shoot, fire; *fig.* to sky rocket (cost)

disponer (*like* poner*) to arrange, dispose; to line up, disponerde to have (available, at one's disposal)
disponible available
dispuesto willing; ready; arranged
distinto different
distraerse (*like* traer*) to amuse oneself, entertain oneself
distraído absent-minded, distracted
diva prima donna
diversión amusement
divertido amusing, entertaining
divertirse (ie, i) to have fun, be entertained
divisarse to see, make out
divorciarse (de) to get divorced (from)
divulgar(gu) to disclose, divulge
doblar to turn
doler (ue) to hurt, ache
dolor *m.* pain
dominical *adj.* Sunday
don *title of respect used with a man's first name*
doncella maiden
doña *title of respect placed before a woman's name*
dorado golden
dormir (ue) to sleep; dormirse to fall asleep
dormitorio bedroom
dorso back
droga drug
ducha shower
ducharse to take a shower
duda doubt; sin duda without a doubt
dudar to doubt
dudoso doubtful
dueño/a owner
dulces *m. pl.* candy
durante during
durar to last
durillo *from* duro, *the five-peseta Spanish coin; fig.* change
duro *adj.; adv.* hard

E

echar de menos to miss (*someone or something*); echar la cuenta de to count up, work out the count of; echar remiendo to patch up; echar un piropo to compliment, flatter

economista *m., f.* economist
ecuatorial equatorial
edad age; Edad Media Middle Ages
edificación building
edificar (qu) to build
edificio building
editorial *f.*: casa, editorial publishing house
educar (qu) to educate
EE.UU. *abbrev. of* Estados Unidos United States
efecto: por efecto de because of; efecto invernadero greenhouse effect
efectuar (efectúo) to effect
eficacia efficiency
egoísta selfish
eje *m.* axis
ejecer (z) to practice (*a profession*)
ejecución execution
ejecutivo/a executive
ejemplar *m.* example, model
ejemplificar (qu) to exemplify
ejemplo example; por ejemplo for example
ejercicio exercise
ejército army
elegir (i, i) (j) to choose; to elect
elenco cast (*of characters*)
ello it
emancipado/a emancipated person
emasculado emasculated
embalsamado embalmed
embarazada pregnant
embarazo pregnancy
embarcar (qu) to go abroad
embargo: sin embargo nevertheless
embarque *m.*: tarjeta de embarque boarding pass
embestir (i, i) to attack, assault
emborracharse to get drunk
emisora station
emocionado excited
emocionante exciting
emocionarse to get excited; to be moved, stirred
emotivo emotive, emotional
empapar to soak
emparejar to pair, match
empecinarse to be stubborn
empedrado *adj.* cobblestone
empeñado determined, resolved

emperador, emperatriz emperor, empress
empezar (ie) (c) to begin
empinado steep
empleado/a employee
empleador employer
emplear to use
empleo work, employment
emprender to undertake
empresa business, corporation
empresarial corporate
empresario/a businessman, businesswoman
empujar to push
enajenación alienation
enamorado in love
enamorarse (de) to fall in love (with)
encabezar (c) to head, lead
encajar en to fit in
encaje *m.* lace
encantar to delight, charm
encanto enchantment, charm
encarecer (zc) to make more expensive
encargarse (gu) de to be in charge of
enchufismo having *(political, professional)* connections
encima de above, on top of; **por encima de** above
encontrar (ue) to find
encuentro meeting
encuesta survey
enderezar (c) to straighten up
enemigo/a enemy
enemistad enmity
enérgico energetic
enfermedad illness, disease
enfermero/a nurse
enfermo/a *n.* sick person; *adj.* sick
enflaquecerse (zc) to get thin
enfrentar to face; **enfrentarse con** to confront
enfrente de in front of, opposite
engalanar to decorate, adorn
engendro scheme, brainchild
engordarse to get fat
engrosar to enlarge
enjabonar to soap up, lather
enlace *m.* link
enojado angry, upset
enojarse (con) to get mad (at)
enredar to tangle

enriquecer (zc) to enrich
enrolarse to sign up
ensalada salad
ensanchar to expand
ensayar to rehearse
ensayo essay
enseguida right away
enseñanza teaching
enseñar to teach
enseres *m. pl.* **domésticos** household furniture and appliances
entablar amistad to strike up a friendship
entender (ie) to understand
enterado informed, up-to-date
enterarse (de) to find out (about)
entero entire, whole; **leche** *f.* **entera** whole milk
enterrado buried
entonar to intone
entonces then; **desde (aquel) entonces** since then; **en aquel entonces** (way) back then
entorno environment, surroundings
entrada entrance
entrañas *f. pl.* innermost parts
entrar (en) to enter
entre between, among
entregar (gu) to hand over, hand in
entrenador(a) coach
entrenamiento training
entrenar(se) to train
entretanto meanwhile
entretener (*like* **tener***) to entertain
entretenimiento entertainment
entrevista interview
entristecerse (zc) to become sad
entropía entropy
entusiasmado excited
entusiasmo enthusiasm
enumerar to enumerate
envejecer (zc) to age
envejecimiento aging process, deterioration
envergadura expanse, breadth
enviar (envío) to send
envidioso envious, jealous
envolverse (ue) (*like* **volver***) to become involved
envuelto *p. p.* wrapped
época epoch, period of time

equilibrado balanced
equilibrio balance
equipaje *m.* baggage; **facturar el equipaje** to check the baggage
equipo team, crew; equipment
equivocación mistake
equivocado mistaken
equivocarse (qu) to make a mistake
erigido erected
erigirse to set oneself up as
escala stopover, layover
escalera stairway, staircase
escalinata stairway
escandalizar (c) to scandalize
escapada quick trip
escarmentar(ie) to teach a lesson to; to punish severely
escasez *f.* shortage
escaso scarce
escena scene
escenario scene, stage
escénico miedo escénico stage fight
esclavitud slavery
esclavo/a slave
Escocia: Nueva Escocia Nova Scotia
escoger (j) to choose
escolar *adj.* school
esconder(se) to hide, conceal (oneself)
escondite *m.* hiding place
escribir to write; **escribir a máquina** to type
escrito *p. p.* written
escritor(a) writer
escritura writing
escrúpulo scruple
escuchar to listen, listen to
escuela school
escultor(a) sculptor, sculptress
escurrir to slip away, sneak off
ese/a that; **esos/as** those; **ése/a,** that one, **ésos/as** those (things)
esforzarse (ue) (c) to exert oneself, strive (to)
esfuerzo effort
esmero care
esmoquin *m.* dinner jacket, tuxedo
eso: por eso that's why, therefore
espacio space; **espacio en blanco** blank space
espada sword
espadero swordsmith

espalda back
espantar to frighten
espantoso frightening, terrifying
esparcimiento amusement, diversion
especialidad specialty
especialización major
especie *f. sing.* species; kind, type
espectáculo show
espectro spectrum
especular to speculate
espejo mirror
espejuelos *m. pl.* spectacles,
    eyeglasses
espera: sala de espera waiting room
esperanza hope
esperar to wait for; to hope; to expect
espinoso thorny, prickly
esposo/a spouse
espíritu *m.* spirit
espuma lather
esqueleto skeleton
esquiar (esquío) to ski
esquina street corner
estabilidad stability
establecer (zc) to establish
establecimiento establishment
estación station; estación de
    autobuses/trenes bus/train
    station
estacionamiento parking
estacionar to park
estadio stadium
estadísticamente statistically
estadístico/a statistician
estado state; golpe *m.* de estado *coup
    d'état*
estamina stamina
estampilla stamp
estancia stay
estante *m.* bookshelf
estar* to be; estar de acuerdo to
    agree; estar casado (con) to be
    married (to); estar parado to be
    standing still
estatal *adj.* state
estatua statue
estatura stature
este *m.* east
este/a this; estos/as these; éste/a, this
    one, éstos/as these (things)
estéril unproductive, sterile
estigmatizar (c) to stigmatize

estilo style
estimular to stimulate
esto this
estocada death blow *(in a bullfight)*
estoico *adj.* stoic
estrechez *f.* narrowness
estrecho *n.* strait; *adj.* narrow
estrella star
estrés *m.* stress
estrofa stanza
estudiantil *adj.* student
estudio study
estudioso/a studious person
etapa stage *(of one's life)*; phase
eterno eternal
ético ethical
etiqueta etiquette; baile *m.* de
    etiqueta formal dance, ball
étnico ethnic
evidente obvious
evitar to avoid
excavar to excavate
excedencia leave of absence
exceder to exceed, go too far, go
    beyond
exhortar to exhort
exigente demanding
exigir (j) to demand
éxito success; tener (mucho/poco)
    éxito to be (very/not very)
    successful
exitoso successful
expectante expectant, eager
expectativa de vida life expectancy
experimentar to experience,
    experiment
explicación explanation
explicar (qu) to explain
explorador(a) explorer
explotar to exploit
exponer (*like* poner*) to expose
exportador(a) exporter
extender (ie) to extend
extenso extensive
extinguir (ga) to extinguish; to wipe
    out
extinto extinct
extraer (*like* traer*) to extract
extranjero *adj.* foreign, alien; *m.*
    foreign country; en el extranjero
    abroad
extraño strange, odd

extremeño/a *n.* inhabitant of
    Extremadura; *adj.* Extremaduran

F
fábrica factory
fabricación manufacture
fabricante *m., f.* manufacturer
fácil easy
facilidad facility
factoría agency
factura construction
facturar el equipaje to check the
    baggage
facultad school *(of a university)*
faenas *f. pl.* chores
fagocitar to take over
faja belt, girdle
falangista *m., f.* Falangist
falda skirt
falta lack; hacer falta to need
falta: hacer falta to be necessary
falta: por falta de through lack of
faltar to lack
fama fame; tener fama to be famous
familiar *adj.* family
fantasma (mujer fantasma) *m.* ghost
Farón *m.* pharaoh
fascinante fascinating
fatiga fatigue, weariness
favor *m.* favor; a favor de in favor of;
    por favor please
favorecer (zc) to favor
fe *f.* faith
fecha date
fecundo fertile
felicidad happiness
feliz (*pl.* felices) happy
feo ugly
feria fair
feriado: día *m.* feriado day off
férreo: línea férrea railroad
ferrocarril *m.* railroad
festejos *m. pl.* public festivities
festividad festivity
fianza deposit, down payment
fidelidad faithfulness
fiebre *f.* fever
fiel faithful
fiesta party; fiesta de disfraces
    costume party
figurar to appear
fijar to fix; fijarse en to notice

fijo fixed
fila line
filatélico *adj.* stamp
filo edge, blade
filósofo/a philosopher
fin *m.* end; **a fin de** at the end of; **a fin de cuentas** all things considered; **al fin y al cabo** after all; in the end; **fin de semana** weekend; **poner fin a** to end, put an end to; **por fin** finally
final: a finales de at the end of; **al final** finally
finalidad purpose
finalmente finally
financiero/a financier
finca country estate, farm
fincar (qu) en to consist of, comprise
fingido pretended
firmar to sign
firme *adj.* firm
flaco skinny
flor *f.* flower
florecer (zc) to flourish
florecimiento flourishing
flotar to float
fonda tavern
fondo bottom; **a fondo** thoroughly
forma form, shape; **en forma** in shape
fortalecer (zc) to fortify
fortaleza fortress
forzar (ue) (c) to force
forzoso inevitable
foto(grafía) photograph; **sacar fotos** to take pictures
fotógrafo/a photographer
fotograma *m.* shot, still
fotonovela romance novel illustrated with photos
fracaso failure
fracturar to fracture, break
fragosidad roughness
fraguar (ü) to forge; *fig.* to take off
francés, francesa *n., adj.* French
frase *f.* sentence; phrase
frecuencia: con frecuencia frequently
fregadero kitchen sink
freír (*like* **reír***) to fry
frenar to restrain, curb
frente *f.* forehead; **frente a** *prep.* facing, opposite

fresco fresh; cool
frigorífico refrigerator
frío cold; **hace frío** it's cold weather; **tener frío** to be cold
frito fried
frívolo frivolous
frontera border; frontier
fronterizo *adj.* border
frustrar to frustrate
fruta fruit (*edible fruit*)
fruto fruit
fuego fire; **fuegos** *m. pl.* **artificiales** fireworks
fuente *f.* fountain
fuera outside; **fuera de** outside
fuerte strong
fuerza strength, power
fumar to smoke
funcionar to work, function
funcionario official
funda holster
fundador(a) founder
fundar to found, establish
fundir to melt
fusilamiento shooting, execution
fútbol *m.* soccer, football
futbolín *m.* table football

G

gafas *f. pl.* eyeglasses; **gafas oscuras/de sol** sunglasses
galleta cracker
gallo rooster
gana: ¡de buena gana! gladly!
ganado *sing.* livestock, cattle
ganador(a) winner
ganar to win; to earn
ganas: tener ganas de + *inf.* to feel like (*doing something*)
gancho appeal, attraction
ganga bargain
garantizar (c) to guarantee
garganta *fig.* gorge, canyon
gastar to spend (*money*)
gasto cost; expense; spending
gato/a cat
gen *m.* gene
gendarme *m.* police officer
general: por lo general in general
generar to generate
género genre; kind; type
generosidad generosity

genialidad genius
genio genius; temperament, character
gente *f. sing.* people
gerente *m., f.* manager
gestión management; managerial directive
gestionar to take steps (*to obtain something*)
gesta (heroic) deed, achievement
gesto gesture; facial expression
gigantesco gigantic
gira tour
grato pleasing, pleasant
gobernar (ie) to govern
gobierno government
golpe *m.* **de estado** coup d'état
golpear to strike, hit, knock
gordiano: nudo gordiano Gordian knot (*perplexing problem*)
gordo *n.* grand prize; *adj.* fat
gorro/a cap
gota drop
gozar (c) (de) to enjoy
gozo joy, delight
grabación recording
grabado engraving
grabar to record
gracia grace; **hacerle gracia (a alguien)** to strike (someone) as funny
grado degree, grade
gran, grande great; big, large
granja farm
grano grain
grasa fat
gratis *adv.* free, for nothing
gratuito *adj.* free
grave serious
gringo: oro gringo *slang* American dream; *pejorative term for a foreigner, especially for North American (U.S.)*
gris gray
gritar to shout
guanaco guanaco (an animal from South America, the same family as the llama and alpaca)
guante *m.* glove
guapo handsome
guaracha *type of dance*
guardar to keep; to put away
guardaespaldas *m. inv.* bodyguard

guerra war
guerrero warrior
guía *m., f.* guide
guiar (guío) to guide
guijarro pebble, (cobble)stone
guión *m.* script
guionista *m., f.* scriptwriter
gustar to be pleasing
gusto pleasure; taste; a gusto as one
    wants or wishes; comfortable;
    sentirse a gusto to feel
    comfortable, feel at ease

H
Habana: la Habana Havana
haber* to have (*auxiliary*)
habilidad ability
habitación room; bedroom
habitado inhabited
habitante *m., f.* inhabitant
hablador(a) talkative
hablar to talk, speak; ni hablar don't
    even bother to talk (about it)
hacer* to do; to make; hace años
    years ago; hace buen/mal tiempo
    it's good/bad weather; hace calor/
    frío it's hot/cold weather; hacer el
    papel to play the role; hacer falta
    to need; hacer pesas to lift weights;
    hacer un viaje to take a trip; hacer
    una pausa to pause; hacer una
    pregunta to ask a question; hacerle
    daño (a alguien) to harm (someone);
    hacerle falta (a alguien) to need
    someone; hacerle gracia (a
    alguien) to strike (someone) as
    funny; hacerse to become
hacia toward; hacia abajo down,
    downward; hacia adelante forward
hacinamiento multitude
hada madrina fairy godmother
hadas: cuento de hadas fairy tale
hallar to find, discover
hallazgo find, discovery
hambre *f.* hunger; tener (mucha)
    hambre to be (very hungry)
harto fed up
hasta until; up to; desde… hasta
    from . . . to / until; hasta luego see
    you later
haya (*see* haber*) *subj.*
hebilla buckle

hecho *n.* fact; *p. p.* made; done
helado *n.* ice cream; *adj.* frozen
hembra female
heráldico heraldic
heredar to inherit
herencia heritage
herir (ie, i) to wound
hermanastro/a stepbrother, stepsister
hermano/a brother, sister; medio/a
    hermano/a half-brother, half-sister;
    primo/a hermano/a first cousin
hermoso beautiful
hierba grass
hierro iron
hijastro/a stepson, stepdaughter
hijo/a son, daughter
hipocresía hypocrisy
hipócrita *adj. m., f.* hypocritical
hispanohablante *adj.* Spanish-
    speaking; *n.* Spanish speaker
historia history; story
historiador(a) historian
hogar *m.* home
hoja leaf
hojear to leaf through
hola *interj.* hi
hombre *m.* man; hombre de
    negocios businessman
hombro shoulder
homogeneidad homogeneity
homogéneo homogeneous
hondo deep
hora del aperitivo cocktail hour
horario timetable; schedule
horno oven
hostelería hotel management
hoy today; hoy (en) día nowadays
huaca tomb
huele (*see* oler*) *pres. indic.*
huella trace, imprint, mark
huequito small hole
hueso bone
huevo egg
huir (y) to flee
humear to smoke; to steam
húmedo humid
humilde humble
humillado humiliated
humor: de buen/mal humor in a
    good/bad mood; sentido de
    humor sense of humor
hundir to sink

I
identidad identity
identificar (qu) to identify
idioma *m.* language
ídolo idol
idóneo suitable, fit
iglesia church
igual equal; al igual que as well as;
    igual que the same as
igualdad equality
imagen *f.* image
imborrable indelible, unforgettable
impartirse to give, impart
impedir (i, i) to impede, hinder
imperio empire
impermeable raincoat
implantación implantation;
    introduction
implicar (qu) to imply
imponente imposing
imponer (*like* poner*) to impose
importar to matter, be important
imprescindible essential,
    indispensable
impresionante impressive
impresionar to impress
imprimir to imprint, stamp
impuesto tax
inadvertido unnoticed
inalámbrico cordless telephone
inca *n.* Inca; *adj.* Incan
incaico *adj.* Incan
incapaz (*pl.* incapaces) incapable
incendio fire
inclinado inclined; leaning
inclinarse to lean
incluir (y) to include
inclusive even
incluso including
incómodo uncomfortable
incomprendido misunderstood
inconfundible unmistakable
incontenible uncontrollable,
    unstoppable
increíble unbelievable
incrementar to increase
incremento increase, rise
inculcar (qu) to teach
indeciso indecisive
indefenso defenseless
independizarse (c) to become
    independent

indicar (qu) to indicate
índice *m.* index finger
indicio sign, indication
indígena *m., f.* indigenous
indiscriminado indiscriminate
indispensable essential
indócil unmanageable
indudable unquestionable
inédito unpublished
inestabilidad instability
inexistente nonexistent
infantil: desarrollo infantil
   childhood development
infiel unfaithful
infierno hell
influir (y) to influence
influyente influential
informática computer science
informático/a *adj.* computer
informe *m.* reporting
ingeniería engineering
ingeniero/a engineer
Inglaterra England
ingresar to enter, enroll
ingreso income
iniciar to begin, start, initiate
injusto unfair
innato innate
inolvidable unforgettable
inquebrantable unbreakable
inquietar to disturb, worry
inquieto restless, anxious
inquietud uneasiness, restlessness
insatisfecho dissatisfied
inseguro insecure
insularidad insularity; life on an
   island
integrante *m., f.* member
integrarse to become integrated
integridad integrity
intemperie *f.* bad weather
intentar to try
intento attempt
intercambiar to exchange
intercambio exchange
internarse to go (deeply) into,
   penetrate into
interpretar to act a part (*theater*); to
   interpret
intérprete *m., f.* performer
intervenir (*like* **venir***) to intervene
Inti Incan sun god

intihuatana *piedra del sol,* at Machu
   Picchu
intimidad intimacy
intocable untouchable
intrépido intrepid, daring
intricado intricate
introducir (zc) (*pret.* **introduje)** to
   introduce
intruso intruder
inundación flood
inútil useless
inutilizado unused
invernadero: efecto invernadero
   greenhouse effect
investigación investigation; research
invierno winter
invitado/a guest
ir* to go; **ir de compras** to go
   shopping; **irse** to go away,
   leave
isla island
islote *m.* islet, key
istmo isthmus
izquierda *n.* left (*direction*); **a la
   izquierda** to/on the left
izquierdo *adj.* left (*side*)

J
jabón *m.* soap
jacobeo relating to Saint James or
   Santiago de Compostela; **camino
   jacobeo** road to Santiago de
   Compostela; **peregrinación
   jacobea** pilgrimage to Santiago de
   Compostela
jactarse (de) to brag (about)
jaguarundi jaguar
jamás never
jardín *m.* garden
jarro jug, pitcher
jaula cage
jefe/a boss
jerarquía hierarchy
jerez *m.* (*pl.* **jereces)** sherry (wine)
jíbaro *n.* peasant, rustic person
jornada journey
joven *n. m., f.* young person; *adj.*
   young
joyas *f. pl.* jewelry
joyería jewelry
jubilación retirement
jubilado/a retired person

jubilarse to retire
judío/a *n. m., f.* Jew; *adj.* Jewish
juego game, gambling; **Juegos
   Olímpicos** Olympic Games
juez *m.* (*pl.* **jueces)** judge
jugador(a) player
jugar (ue) (gu) (a) to play (*a sport*)
jugo juice
juguete *m.* toy
juguetear to play
juicio judgment; **a mi juicio** in my
   opinion/judgment
junta *group of military men in power*
junto a beside; next to
juntos *m. pl.* together
justificar (qu) to justify
justo just, fair
juventud youth

K
kepis *m. sing.* kepi

L
labio lip
laboral *adj.* labor
laboreo tilling (*of the soil*)
labrado cut
labrar to build, erect
lacteo *adj.* milk
lado side; **al lado de** beside
ladrón, ladrona thief
lago lake
lágrima tear
lamentar to be sorry about, regret
lana wool
lanzar (c) to throw, pitch; to launch,
   promote
largo long (*hair*); **a lo largo de**
   throughout
lástima: es (una) lástima it's a
   shame, pity
lastimar to pity; to hurt, harm
lavadora automática washing
   machine
lavar(se) to wash
lazarillo blind person's guide
lazo tie, link
lealtad loyalty
lección lesson
leche *f.* milk
lechuga lettuce
lector(a) reader

lectura reading
leer (y) to read
lejano distant, far
lejos (de) far (from)
lengua language; lengua materna native language
lenguaje m. language, speech
lento slow
leño log
letra letter (of the alphabet)
levantar to raise up, lift; levantarse to get up
ley f. law
leyenda legend
liar (lío) to tie (up); to bind
liberar to liberate, free
libertad freedom
librarse de to get rid of
libre free; al aire libre outdoors
librería bookstore
licenciado/a lawyer
líder m. leader
lidia bullfight
lidiar to fight (a bull)
ligado tied, bound
ligero light (in weight)
limpiar to clean
limpio clean
lindo beautiful
línea aérea airline; linéa férrea railroad
linfa lymphatic water; fig. apathy
linterna lantern, lamp
lío: montar el lío fig. to stir things up
lista n. list
listo adj. ready; smart, clever
llama llama; flame
llamar to call; llamarse to be named, call oneself
llano plain, prairie, grassland
llanta tire; probar las llantas to test the tires
llanto weeping
llave f. key
llegada arrival
llegado: recién llegado newcomer
llegar (gu) to arrive; al llegar a when you reach; ¿cómo se llega a… ? how does one get to . . . ?; llegar a + inf. to get to (be/do something); llegar a ser to become

llenar to fill; llenarse (de) to fill up (with)
lleno full
llevar to wear; to carry; to bring; to win, get; to have been (+ period of time); llevar a cabo to carry out; llevar las riendas to be in charge, be in control; llevarse to steal, carry off; to win, get; llevarse bien/mal (con) to get along well/badly (with)
llorar to cry
llover (ue) to rain
lluvia rain; lluvia ácida acid rain
lluvioso rainy
localidad locality, locale
localizar (c) to locate, track down
loco/a n. crazy person; adj. crazy; volverse loco to go crazy
locutor(a) speaker; television or radio announcer
lograr to realize, obtain; to achieve; lograr + inf. to manage to, succeed in (doing something)
logro achievement
Londres m. London
loro parrot
lotería lottery
lucha fight
luchar to fight
luciérnaga glow worm
lucir (zc) to shine; to stand out; to look one's best
luego then; afterwards; later; hasta luego see you later
lueguito in a little while
lugar m. place; en lugar de instead of; tener lugar to take place
lujo luxury
luminoso bright
luna moon
lunar m. polka dot; de lunares dotted
luto mourning
luz f. (pl. luces) light

M

maceta bouquet, bunch/pot of flowers
machacón/machacona tiresome, repetitive
machismo male chauvinism
macho male

macrourbe f. metropolis
madera wood
madrastra stepmother
madre f. mother
madrileño/a inhabitant of Madrid
madrina: hada madrina fairy godmother
madrugada dawn, early morning
madurar to mature
madurez f. maturity; ripeness
maduro mature
maestranza workshop
maestro/a teacher
magnífico/a magnificent
magrebí/magrebina from the Maghreb region of Northern Africa (Algeria, Morocco, Tunisia)
maíz m. (pl. maíces) corn
majestuoso majestic
mal, malo bad; de mal humor in a bad mood; hace mal tiempo it's bad weather; llevarse mal (con) to get along badly (with); lo mal evil
mal: caerle mal a alguien to not like, not get along well with someone
malagüeño/a from Málaga
maldito cursed, damned
malestar m. discomfort, uneasiness
maleta suitcase
maleza undergrowth of weeds; underbrush
maltrato mistreatment
mambo Latin American dance of Cuban origin
manchar to stain
manchego/a inhabitant of La Mancha
mandar to order; to send
mandato command
mandíbula jaw
mando command, authority
manejar to drive
manejo running, operation
manera manner; way; a manera de in the manner of, in the form of; de ninguna manera in no way whatsoever; de tal manera in such a way
manía habit; craze, whim
manifestación demonstration
manifestar (ie) to demonstrate, show
manifiesto manifest

mano *f.* hand; **a mano** by hand; **apretón de manos** handshake

manta blanket

mantener (*like* **tener***) to keep, maintain

mantón *m.* shawl

manzana apple

mañana tomorrow; morning; **pasado mañana** day after tomorrow

máquina machine; **escribir a máquina** to type; **máquina de coser** sewing machine

maquinalmente mechanically

mar *m.* sea

maravilloso marvelous

marca make; stamp; brand

marcar (qu) to mark; to mark out, designate; to influence, shape

marcha march; walk; **poner en marcha** to start, set in motion

marchar to march, walk

marco picture frame; *fig.* setting; background

marea wave

margen *m.* margin; **al margen de** at the side of

marido husband

marinero sailor

marino *adj.* marine; **azul marino** navy blue

marqués *m.* marquis

marquesina marquee, canopy (over an entrance)

más: aun más even more; **cada vez más** more and more; **más allá** farther; **más allá de** beyond, farther than; **más tarde** later; **nada más** nothing else, only

masa mass

máscara mask

mascota pet

matador(a) killer; **matador de toros** bullfighter

matar to kill

materia matter; academic subject; material, matter

materno: lengua materna native language

matiz (*pl.* **matices**) shade, hue; *fig.* level

matricularse to enroll

matrimonio marriage

máximo greatest

mayonesa mayonnaise

mayor main; older; greatest; **mayor parte** *f.* majority

mayordomo steward; administrator

mayoría majority

mayorista wholesaler

mayoritariamente mostly

medalla medal

medallón medallion

mediados: a mediados de around the middle of

mediano medium; average

mediante by means of

medias *f. pl.* stockings

médico/a *n.* doctor; *adj.* medical

medida measure

medio *n.* middle; means; environment; *adj.* half; **en medio de** in the middle of (*a place*); **medio ambiente** environment; **medio de transporte** means of transportation; **medio/a hermano/a** half-brother, half-sister; **por medio de** by means of

medio half, average, middle; **a media** half, halfway; **de medio** on average, an average of; **Edad Media** Middle Ages

mediodía *m.* noon

medios de comunicación media (*communications*)

medir (i, i) to measure

mejilla cheek

mejor better; best

mejorar to improve

melena long hair

mellizo/a twin brother, twin sister

menesteres *m. pl.* jobs, business, function

menor younger; youngest; smaller; minor

menos *adv.* less; least; fewer; *prep.* but, except; **a menos que** *conj.* unless; **al menos** at least; **echar de menos** to miss (*someone or something*); **menos de** less than; **por lo menos** at least

mensaje *m.* message

mensual monthly

mente *f.* mind; **tener en mente** to have in mind; **venir a la mente** to come to mind

mentir (ie, i) to (tell a) lie

mentira lie

mentirita little white lie

mentón *m.* chin

menudo: a menudo often

meñique *m.* pinky, little finger

mercadeo marketing

mercader *m.* merchant, dealer

mercado market

mercancía merchandise

merecer (zc) to deserve

merengue *m.* type of dance, music

mero mere

mes *m.* month

mesa table

meseta plateau

mesón *m.* bar

mestizaje *m.* mixing of different racial backgrounds

mestizo/a *n., adj.* person of both Indian and white blood

meta goal

meterse to enter

mexica *n. m., f., adj.* Aztec

mezcla mixture

mezclar to mix

mezquite *m.* mesquite tree

miedo fear; **tener miedo** to be afraid

mientras (que) while

mijita = mi hijita

milagro miracle

mili *f.* military service

militar *n.* (**mujer militar**) soldier, sailor; *adj.* military

milla mile

millón *m.* million

millonario/a millionaire

mimar to spoil

ministerio ministry

ministro minister

minoría minority

minoritario *adj.* minority

mío/a(s) my, of mine

mirada look, glance

mirar to look at, watch

misa (church) mass

miseria misery; poverty; *coll.* pittance

mismo same; **ahora mismo** right now; **hoy mismo** this very day; **lo mismo** the same thing; **(sí) mismo** (him/her)self

misterio mystery
misterioso mysterious
mistificador(a) confusing, misleading
mitad half
mítico mythical
mito myth
mochila backpack
moda fashion
modelaje *m.* modeling
modelar to model; to mold, shape
moderado moderate
modificar (qu) to modify
modo way, manner; **de modo que** *conj.* so that; **de todos modos** anyway
mojarse to get wet
molestar to bother
molestia nuisance, inconvenience, bother
molesto annoyed, bothered
molino windmill
momento: de momento for the moment
monarquía monarchy
moneda coin
monje *m.* monk
mono: mono araña spider monkey
monolítico monolithic
monosabio picador's assistant
montaña mountain
montar to mount, set; **montar a caballo** to go horseback riding; **montar bicicleta** to ride a bicycle; **montar el lío** *fig.* to stir things up
monte *m.* mountain
montera bullfighter's hat
monto total, amount
morador(a) resident
moratoria moratorium
mordida bribe
moreno (dark) brown; *n.* dark–skinned / dark–haired (person); *coll.* Black, Negro, Mulatto
morir(se)* (ue, u) to die
moro/a Moor
mostrador *m.* counter
mostrar (ue) to show
motín *m.* mutiny
mover(se) (ue) to move
movilizar (c) to mobilize
movimiento movement

mozárabe *m., f.* Mozarab (*Spanish Christian allowed to practice his/her religion in a modified form during the Moorish domination*)
mozo/a young man, young woman
muchacho/a boy, girl
mucho: tener mucho calor to be very hot; **tener mucho éxito** to be very successful
mudanza moving
mudarse to move (*change residence*)
mueble *m.* furniture
muela molar
muerte *f.* death
muerto *p. p.* died; *adj.* dead
muestra sample
mujer *f.* woman; wife; **mujer militar** soldier; **mujer de negocios** businesswoman; **mujer policía** policewoman
mulilla teams of mules used to drag bull from ring at end of bullfight
mundial world(wide)
mundo world
muñeca wrist
muñeco doll; **muñeco de nieve** snowman; **muñeco de trapo** rag doll
muñequita pretty girl
muralla fortress wall, rampart
muro wall
múscúlo muscle
museo museum
música ranchera country and western music
músico/a musician
muslo thigh
mutuamente mutually

N
nacer (zc) to be born
nacimiento birth
nada nothing; not anything; **nada más** nothing else; only; **para nada** (not) at all
nadar to swim
nadie no one
nalga buttock
naranja orange
narcotraficante *m., f.* drug trafficker
narcotráfico drug traffic
nariz *f.* (*pl.* **narices**) nose; **nariz tapada** stuffy nose

narrador(a) narrator
narrar to narrate
natación swimming
natal *adj.* birth
natalidad: tasa de natalidad birthrate
naturaleza nature
navaja razor
navegar (gue) to sail, navigate
Navidad(es) Christmas, Christmastime
navideño *adj.* Christmas
necesidad necessity
necesitar to need
negar (ie) (gu) to deny; **negarse a (+ inf.)** to refuse (*do something*)
negociar to negotiate
negocio business
negocios *m. pl.* business; **hombre / mujer de negocios** businessman/woman
negro black
neogótico neogothic
nevado snow-covered
nevar (ie) to snow
ni nor; not even; **ni… ni** neither . . . nor; **ni siquiera** not even
nido nest
nieto/a grandson, granddaughter; **nietos** *m. pl.* grandchildren
nieve *f.* snow; **muñeco de nieve** snowman
ningún, ninguno/a(s) none, no, not any; **de ninguna manera** in no way whatsoever
niñera baby-sitter
niñez *f.* childhood
niño/a boy, girl; **de niño** as a child; **niños** *m. pl.* children
nivel *m.* level
no obstante nevertheless, however
nocturno *adj.* night
nombrar to name
nombre *m.* name
nórdico Nordic, northern
noreste *m.* northeast
noroeste *m.* northwest
norte *m.* north
nota note; grade; **sacar buenas notas** to get good grades
notar to note, notice; **notarse** to be apparent, obvious
noticia piece of news

noticiero newscast
novato beginning
novedad novelty
novillero novice, young bull fighter
novio/a boyfriend, girlfriend; fiancé(e); bride, groom
nube *f.* cloud
nuca nape, back of the neck
nudo gordiano Gordian knot (*perplexing problem*)
nuera daughter-in-law
nuevo new; **de nuevo** again
numerado numbered
número number
numismático *pertaining to the collecting of coins*
nunca never, (not) ever
nutrir to feed, nourish

O
obedecer (zc) to obey
oblicuo oblique
obligar (gu) to oblige
obra (de arte) work (of art)
obrero/a worker
obsidiana obsidian
obstáculo obstacle
obstante: no obstante nevertheless, however
obtención obtaining, securing
obtener (*like* tener*) to obtain
obvio obvious
ocasionar to cause
occidental western
ocio leisure
ocultar to hide, conceal
oculto hidden
ocupado busy
ocupar to occupy
ocurrido: lo ocurrido what happened
odiar to hate
odontológico dental
odontólogo dentist
oeste *m.* west
oficina office
oficinista *m., f.* office worker
oficio occupation
ofrecer (zc) to offer
oído (inner) ear
oiga *interj.* excuse me, listen
oír* to hear
ojalá (que) *interj.* I hope that

ojo eye; *interj.* watch out, be careful
oler (huelo) to smell
olimpiadas *f. pl.* Olympics
Olímpicos: juegos Olímpicos Olympic games
olla pot
olor *m.* odor
oloroso (sweet) smelling, scented
olvidar to forget; **olvidarse (de)** to forget (about)
operador(a) operator
operar to operate on
opinar to think, have an opinion
oponerse a (*like* poner*) to oppose
opuesto *p. p.* opposed; *adj.* opposite
oración *gram.* sentence
oráculo oracle
orar to pray
orden *m.* order (*chronological*); *f.* order (*command*)
ordenador *m.* computer (*Spain*)
ordenar to order
oreja (outer) ear
orfebre *m.* goldsmith
orgullo pride
orgulloso proud
oriental eastern
orilla bank of a river; side of a lake; shore
orillas: a orillas de on the coast of
oro gold
ortodoncia orthodontics
oscuras: gafas oscuras / de sol sunglasses
oscuro dark
oso bear
otoño autumn
otro other, another; **al otro día** the next day; **otra vez** again; **por otra parte** on the other hand
oveja sheep
oye *interj.* hey; listen
ozono: capa de ozono ozone layer

P
pacífico peaceful
padrastro stepfather
padre *m.* father
padres *m. pl.* parents
paga pay, wages, allowance
pagar (gu) to pay
página page

pago payment
pairo: traer al pairo *coll.* to not matter
país *m.* country
paisaje *m.* countryside, landscape
pájaro bird
pala shovel
pálido pale
palmatoria teacher's rod
palo blow (*with a stick*); stick; **de tal palo tal astilla** like father, like son
paloma dove
palpar to touch, feel
pampa prairie, grassland
pan *m.* bread
pana corduroy
panadería bakery
pantalla screen
pantano swamp, marsh
pantanoso swampy
pantorrilla calf (*of the leg*)
papas fritas French fries
papel *m.* paper; role; **hacer el papel** to play the role
paquete *m.* package
par *m.* pair
para for; in order to; by; **para abajo** downward; **para nada** (not) for anything; **para que** *conj.* so that
parado: estar parado to be standing still
paradójicamente paradoxically
parador *m.* inn
paraguas *m. inv.* umbrella
paraje *m.* place, spot
parar to stop
pararrayos *m. inv.* lightening rod
parecer (zc) to seem, appear; **parecerse (a)** to resemble
parecido alike, similar
pared wall
pareja pair
parentesco relationship, kinship
pariente *m., f.* relative
paro unemployment
parque *m.* park
párrafo paragraph
parrilla: a la parrilla grilled
parroquiano parishioner
parte *f.* part; **a todas partes** everywhere; **mayor parte** majority; **por otra parte** on the other hand

participio participle
partidario/a supporter, follower
partido game, match; political party; **partido político** political party
partir to start, set off, depart; **partir: a partir de** starting with
pasado *n.* past; *adj.* past; **pasado mañana** day after tomorrow
pasaje *m.* fare, passage (*amount paid*)
pasajero/a passenger
pasar to happen; to spend (*time*); to go/pass by; to come in; to take or carry across; to wipe; **pasar por** to go through; **pasarse de** to exceed, go beyond
pasatiempo pastime, leisure activity
pasear(se) to take a walk, stroll
paseíllo *ceremonial entry of bullfighters*
paseo walk, stroll; **dar un paseo** to go for a walk
pasillo hallway
paso step; passing, passage
pastel *m.* cake
pastor(a) shepherd; pastor (*of a church*)
pata paw, foot (*of animal*)
patillas *f. pl.* sideburns
patria country, native land
patrocinar to sponsor
patrón *m.* model
patronal *adj.* pertaining to a patron saint
paulatinamente slowly
pausa: hacer una pausa to pause
pavimentación paving
pavimento pavement
pavo turkey; **pavo real** peacock
paz *f.* (*pl.* **paces**) peace; **dejar en paz** to leave alone
peca freckle
pecho chest; breast
pedalear to pedal
pedir (i, i) to ask for, request
pegar (gu) to hit, beat
peinarse to comb one's hair
pelea fight
pelear to fight
película film
peligrar to endanger
peligro danger
peligroso dangerous
pelo hair; **corte** *m.* **de pelo** haircut

peluquero/a barber, hairdresser
peluquería beauty shop
pena pain, suffering; **valer la pena** to be worth the trouble; **a penas** scarcely
pender to hang
pendiente *m.* earring
pensamiento thought
pensar (ie) to think; **pensar** + *inf.* to plan to (*do something*)
peor worse; worst
pequeño small, little
percatarse to notice; to heed
perdedor(a) loser
perder (ie) to lose; **perderse** to get lost
perdón *interj.* excuse me
perdonar to forgive
perdurar to last, endure
perecer (zc) to perish, die
peregrinación pilgrimage
peregrinar to journey, wander
peregrino pilgrim
perezoso lazy
periódico newspaper
periodismo journalism
periodista *m., f.* journalist
permanecer (zc) to stay, remain
permiso permission
perpetuar (perpetúo) to perpetuate
perplejidad perplexity
perplejo perplexing, perplexed
perro/a dog
perseguir (i, i) (ga) to persecute
personaje *m.* personality; character (*in a play*)
personalidad personality
pertenecer (zc) to belong
perturbación disturbance, upset
perturbar to disturb, upset
peruano/a *n., adj.* Peruvian
pervertido *n.* pervert, deviant
pesa: hacer pesas to lift weights
pesadilla nightmare
pesar to weigh; **a pesar de** in spite of
pescado fish (*when caught*)
pescar (qu) to fish; *fig.* to catch, land
pese a despite, in spite of
peseta *monetary unit of Spain*
peso *monetary unit of Mexico, Columbia, etc.;* weight
pestaña eyelash
petróleo petroleum

picador(a) *in bullfighting, any of the horse riders who weaken the neck muscles of the bull by pricking with a lance*
picante spicy, hot
picar (qu) to nibble at, have a bite of
picaresco picaresque; rougish
pico mountain peak
pictográfico pictographic (*writing system using pictographs*)
pie *m.* foot; **a pie** on foot; **ponerse de pie** to stand up
piedra rock, stone
piel *f.* skin; fur
pierna leg
pilar *m.* pillar, post, column
pimienta pepper
pintar to paint
pintor/a painter
pintoresco picturesque
piropo: echar un piropo to compliment, flatter
pisar to set foot in
piscina swimming pool; **piscina temperada** heated swimming pool
piso floor
pizcar (qu) to pick
placer *m.* pleasure
plácido placid
planear to plan
planificación planning
planificar (qu) to plan
plano *n.* map (*of a city*); plan, chart; *adj.* flat
planta floor (*of a building*); **planta baja** ground
plantear to plan, establish
plata silver
plataforma platform
platicar (qu) to chat (*Mex.*)
plato plate, dish
playa beach
plaza town square
pleno full, complete; **en pleno** + *n.* in the middle of + *n.*
pléyade *f.* group
plomero/a plumber
pluma feather
pluscuamperfecto *gram.* past perfect tense
población population
poblar(ue) to populate

pobre *n. m., f.* poor person; *adj.* poor
pobreza poverty
poco *adv.* little; short while; *adj.* little; *pl.* few; **poco a poco** little by little; **un poco** a little bit
poder* *v.* can, to be able; *n. m.* power; **poder adquisitivo** purchasing power
poderoso powerful
poesía poetry
policía *m.* **(mujer policía)** police officer; *f.* police force
poliéster polyester
política *sing.* politics
político/a politician
pollo chicken
pollo a la parilla grilled chicken
polvo dust
poner* to put, place; to turn on; to set; **poner en marcha** to start, set in motion; **poner fin a** to end, put an end to; **ponerse** to put on, wear; to become; **ponerse a** + *inf.* to begin to (*do something*); **ponerse de pie** to stand up
pontificio pontifical, papal
por for, on account of; through; by; in; per; **por allí** over there; **por aquí** around here; **por casualidad** by chance; **por ciento** percent; **por completo** completely; **por Dios** *interj.* my God; **por efecto de** because of; **por ejemplo** for example; **por encima de** above; **por eso** that's why, therefore; **por falta de** through lack of; **por favor** please; **por fin** finally; **por lo común** generally; **por lo general** in general; **por lo menos** at least; **por (lo) tanto** therefore; **por lo visto** evidently, apparently; **por medio de** by means of; **por otra parte** on the other hand; **por si acaso** just in case; **por suerte** luckily; **por supuesto** of course; **por tal** as such
poro pore
portal *m.* town/city gate
portar* to carry, bear, bring; **portarse** to act, behave
portátil portable
portero/a porter; doorkeeper
porvenir *m.* future

pos: en pos de after, in pursuit of
posar to lay down, put down, place
pose *f. pose,* affectedness
poseer (y) to possess
posponer (*like* **poner***) to postpone
postal: código postal post office box; **giro postal** money order
posteridad posterity
posterior later, subsequent
postigo side gate
postre *m.* dessert
póstumo posthumous
pozo *n.* well
practicar (qu) to practice
prado meadow, field
precariedad precariousness
precio price
precioso precious
preciso: es preciso it is necessary
precoz (*pl.* **precoces**) precocious
predecible predictable
pregunta question; **hacer una pregunta** to ask a question
preguntar to ask (*a question*); **preguntarse** to wonder
premio award, prize
prenda, prenda de vestir garment; article of clothing
prendar to captivate, enchant
prensa press
preocupado worried
preocuparse (por) to worry, get worried (about)
presenciar to witness, be present at *f. pl.*
presión pressure
preso prisoner
préstamo loan
prestar to lend; **prestarle atención (a alguien)** to pay attention (to someone)
prestigiar to lend prestige to
presupuesto budget
pretender to try
pretérito *gram.* preterite (past) tense
prever (*like* **ver***) to foresee
previo previous
primaria; escuela primaria elementary school
primavera spring
primer(o) first

primo/a cousin; **primo/a hermano/a** first cousin
principio beginning; **al principio** in the beginning; **a principios de** at the beginning of
prisa: de prisa quickly; **tener prisa** to be in a hurry
privado private
probar (ue) to try, test; **probar las llantas** to test the tires
proceder de to come from, originate
productor(a) producer
progenitor *m.* father
promedio average
promover (ue) to promote
pronombre *m. gram.* pronoun
pronóstico forecast
pronto soon; **tan pronto como** as soon as
propietario/a owner
propio own; appropriate
proponer (*like* **poner***) to propose
proporcionar to furnish, provide, supply
propósito purpose
propiedad property
proscrito outlaw
prospección exploration; research
proteger (j) to protect
provecho: de provecho advantageous
proveniente de coming from
provenir (*like* **venir***) to come from
próximo next
proyectar to project
proyecto project, plan
prueba test
púas *f. pl.*: **alambre** *m.* **de púas** barbed wire fence
publicar (qu) to publish
pudú *m.* a small South American deer
pueblo people; town
puente *m.* bridge
puerta door
puerto port
puertorriquenidad "Puerto Ricanners"
puesto *n.* booth, shop (*in a market*); job; *p. p.* placed; put on; **puesto de venta** sales stand, booth
pulcritud neatness; delicacy

pulgar *m.* thumb
pulir to shine
pulmón *m.* lung
púlpito pulpit
pulsar to press, push
pulsera bracelet
puma puma
puntaje *m.* score
puntiagudo pointed, sharp
puntillas: de puntillas on tiptoes
puntillero *bullfight assistant who "finishes off" bull with a dagger*
punto de vista point of view
punto: en punto on the dot, sharp
puñetero evil

Q
quebrar (ie) to break
quedar to be (*located*); to stay, remain; **quedarse (en)** to remain (in/at)
quedito very softly, gently
quejarse (de) to complain (about)
quemar to burn; **quemarse** to burn down
querer* to want; to love; **querer decir** to mean
querido/a dear
quesero/a cheese maker/seller
queso cheese
quiebra bankruptcy
química chemistry
quinientos five hundred
quinto fifth
quitar to take away
quizá(s) perhaps

R
rabo tail
radioyente *m., f.* radio listener
raíz *f* (*pl.* **raíces**) root
rajarse to back out of, get cold feet
rama branch
ramada *sing.* branches of a tree
ranchera: música ranchera country and western music
rapidez *f.* (*pl.* **rapideces**) rapidity
raro rare; strange
rasgo feat, deed; trait
rato period of time; **a ratos** at times; **un rato** a little while
raya: a rayas striped

rayar to scratch
rayo ray; **rayo X** X-ray
raza race (*of human beings*); **Raza** Hispanic race
razón *f.* reason; **tener razón** to be right
razonamiento reasoning
razonar to reason
reaccionar to react
real real; royal; **pavo real** peacock
realidad reality
realizar (c) to realize, carry out
reanimar to revive
reanudar to renew, resume
rebaja store sales, price reductions
rebanada slice
rebelde rebellious
rebosante de brimming with, overflowing with
recado message
recaer (*like* **caer***) to fall on
recargado overloaded
recargar (gu) to recharge, reload
recetar to prescribe
rechazar (c) to reject
recibir to receive
reciclaje *m.* recycling
recién recently; (+ *p. p.*) newly (+ *p. p.*)
recipiente *m.* container
reclamar to demand
reclamo attraction, claim
recobrar to recover
recogedora de polvo dust pan
recoger (j) to pick up; to catch
recogido picked up
reconocer (zc) to recognize
reconocimiento recognition
reconquista reconquest
reconstruir (y) to reconstruct
recontar (ue) to retell, recount
recopilar to compile
recordar (ue) to remember
recorrer to cross, go over or through
recreo recess
rectificar (qu) to correct
recto straight
recuadro box, inset
recuerdo memory, recollection
recurrir a to resort to
recurso resource; **recursos naturales** natural resources

red *f.* network
redactar to write, draft, edit
redescubrir to rediscover
redimir to redeem
redondo round
reducir (zc) (*pret.* **reduje**) to reduce
reedificación rebuilding
reemplazar (c) to replace
reflejar to reflect
reflexionar to reflect, think
refresco soft drink
regalar to give (*as a gift*)
regalo gift
regatear to bargain
régimen *m.* (*pl.* **regímenes**) regime, government; diet
registrar to inspect, examine
regla rule
regresar to return, come back
regreso return
rehusar to refuse
reina queen
reinar to rule, reign
reino rule, kingdom
reír(se) (río) (i, i) to laugh
reja wrought-iron grille, railing
rejuvenecer (zc) to rejuvenate
relación relationship
relacionarse to be related
relajador(a) relaxing
relatar to tell, recount
relato story
reliquia relic
relleno filling
reloj *m.* clock; watch
rematar to finish off
remediar to remedy
remesa remittance (*money sent out of the country to family*)
remiendo: echar remiendo to patch up
remolino tuft (of hair)
renacentista *adj. m., f.* Renaissance
Renacimiento Renaissance
reno
renombrado renowned
renombre *m.* renown, fame
renovable renewable
renunciar to renounce, give up
repartir to distribute, share
repasar to review
repaso review

repente: de repente suddenly
repetir (i, i) to repeat
repleto full
reponer (*like* poner*) to replace
reportaje *m.* report
requerir (ie, i) to require
resaltar to stand out
rescatar to rescue, save
reseña outline, summary
reserva reservation
resfriarse (me resfrío) to catch a cold
residir to reside, dwell
resolver (ue) to resolve, sole
respecto a with regard to
respetar to respect
respeto respect
respetuoso respectful
respirar to breathe
respuesta response
restante remaining
restaurar to restore
resultado result
resumen *m.* summary
resumir to sum up
retablo altarpiece (*ornamental carving, painting, etc. above and behind an altar*)
retener (*like* tener*) to keep
retirar to remove
retiro retirement, withdrawal
reto challenge, dare
retornar to return
retrasar to delay, put off
retratar to portray; retratarse to sit for a photograph
retrato portrait
reunión meeting
reunir (reúno) to gather; collect, to put together, raise (money); reunirse to meet
revelar to reveal
reverenciado revered
revés: al revés reversed, the wrong way around, upside down
revisar to check, examine
revista magazine
revolver (ue) (*like* volver*) to stir up
rey *m.* king
rezar (c) to pray
ribetear to edge, border
rico rich
riego irrigation, watering

rienda: llevar las riendas to be in charge, control
riesgo risk; correr (el) riesgo to run the risk
rincón *m.* (inside) corner
río river
riqueza *sing.* riches
risa laugh
risco cliff
risueño smiling
ritmo rhythm
rito rite, ceremony
robar to steal, rob
robo robbery
rocoso rocky
rodaje *m.* shooting, filming
rodante rolling
rodar (ue) to roll; to shoot, film
rodear to surround
rodilla knee
rogar (ue) (gu) to beg
rojo red; cruz *f.* roja Red Cross
romper to break
ron *m.* rum
roncar (qu) to snore
ronda round
ronda night watch; group of serenaders
rondar *fig.* to hang out; to court
ropa clothing
ropero clothes closet
rosado pink; rosé
rostro face
roto *p. p.* broken
rozar (c) to rub
rubí *m.* ruby
rubio blond
ruda rue
rueda wheel
ruedo bullring
ruido noise
rumbo a bound for, toward
ruta route

S
sábana sheet, cloth
saber* to know; to know how to; to find out
sabiduría knowledge
sabio wise
sabor *m.* flavor, taste
saborear to savor

sabroso tasty
sacar (qu) to take out; to remove; to draw (*a conclusion*); sacar buenas notas to get good grades; sacar fotos to take pictures
sacerdote *m.* priest
sacralidad sacredness (*Fuentes*)
sacrificar (qu) to sacrifice
sagrado sacred, holy
sal *f.* salt
sala room; sala de clase classroom; sala de espera waiting room
salamandra salamander
salesiano of the Salesian order of priests
salida exit
salir* to leave; to go out
salmantino of or from Salamanca
salón *m.* room
salsero *adj.* relating to salsa
saltar to jump (over); to skip; to pounce
salto jump, leap
salud *f.* health
saludable healthy
saludar to greet
saludo greeting; salute
salvaje wild
salvar to save
sandalia sandal
saneamiento sanitation; *fig.* remedy, cleaning up, compensation
sangrar to bleed
sangre *f.* blood
sanidad health
sano healthy, healthful
santiaguisto relating to Santiago de Compostela
santiguar (ü) to make the sign of the cross
santuario sanctuary
satisfecho *p. p.* satisfied
sazonado ripe
secar(se) (qu) to dry (oneself)
seco dry
secundaria: (escuela) secundaria secondary school, high school
sed *f.* third; tener sed to be thirsty
seda silk
sede *f.* seat, headquarters
seguida: en seguida right away
seguir (i, i) (ga) to follow; to continue

según according to
segundo second
seguridad security
seguro sure, certain
seleccionar to select, choose
sello stamp
selva jungle, rain forest
semáforo traffic light
semana week; **fin** *m.* **de semana** weekend
semanalmente weekly
semblante *m.* look, appearance
sembrar (ie) to sow, seed
semejante similar
semejanza similarity
senador(a) senator
senda path, track
seno breast
sensible sensitive
sensorial sensory
sentado seated
sentar to set, establish; **sentar cátedra** to state opinions forcefully; **sentarse** to sit down
sentido sense; **sentido del humor** sense of humor; **tener sentido** to make sense
sentimiento feeling
sentir (ie, i) to feel; **sentir vergüenza** to feel embarrassed, ashamed; **sentirse** to feel, become (+ *adj./adv.*); **sentirse a gusto** to feel comfortable, at ease
señal *f.* signal
señalar to signal
señas *f. pl.*: **hacer señas** to make signs
séptimo seventh
sepulcro tomb
sequía drought
ser* *v.* to be; *n.* (human) being; **llegar a ser** to become
serenata serenade
serie *f. sing.* series
seriedad seriousness
serio serious
servir (i, i) to serve; **servirse de** to use
sierra mountain range
siglo century
significado meaning
significar (qu) to mean, signify
siguiente following, next; **al día siguiente** the next day

silla chair
símbolo symbol
simpatía affection, sympathy
simpático pleasant
simpatizar (c) to get along well with, hit it off
simplificar (qu) to simplify
sin *prep.* without; **sin duda** without a doubt; **sin embargo** nevertheless; **sin que** *conj.* without
sino but, rather; **no sólo... sino también** not only . . . but also; **sino que** *conj.* but, rather
sinónimo synonym
sinrazón *f.* wrong, injustice, outrage
siquiera: ni siquiera not even
sismo earthquake
sitio place, site
situar (sitúo) to situate
sobra: de sobra only too well; **saber de sobra** to know only too well
sobrar to be left over
sobre above, on, upon; about; **sobre todo** above all, especially
sobreexposición overexposure
sobrepoblación overpopulation
sobreponer (*like* **poner***) to superimpose, place on top of
sobresalir to excel
sobretodo overcoat
sobrevivir to survive
sobriedad sobriety
sobrino/a nephew, niece
sociable outgoing, friendly
sociedad society
socorro help
sofocado suffocated
sofocante suffocating, stifling
sol *m.* sun; **gafas oscuras / de sol** sunglasses; **tomar el sol** to sunbathe
soldado/a soldier
soleado sunny
soledad solitude, loneliness
soler (ue) + *inf.* to be accustomed to (*doing something*)
solicitar un puesto to apply for a job, a position
solicitud application
solo *adj.* sole, single, alone; **a solas** alone
sólo *adv.* only; **tan sólo** only

soltar (ue) to let out, let slip
solucionar to solve
sombra shadow, shade
sombrero hat
someterse to give into, yield, submit
sometido conquered
sonar to ring
sondeo inquiry, investigation
sonido sound
sonoro sonorous, resonant; **banda sonora** sound track
sonreír(se) (sonrío) (i, i) to smile
sonriente smiling
sonrisa smile
soñador(a) dreamer
soñar (ue) (con) to dream (about); **soñar despierto** to daydream
sopa soup
sopista *coll.* *term referring to tuna players who played music for a little money and a bowl of soup* (**sopa**)
soportable bearable
soportal *m.* arcade (line of arches and their supporting columns)
soportar to endure, put up with
sorprendente surprising
sorprender to surprise
sorpresa surprise
sortija ring
sos (*from* **ser**) you are (*Argentina*)
sospechar to suspect
sostener (*like* **tener***) to hold up
suave smooth, soft
subalterno alternate (for main bullfighter)
subir (a) to go up (to); to climb; to get into
subjuntivo *gram.* subjunctive
subordinado *gram.* subordinate
subsistir to remain, continue to exist
suceder to happen, occur
suceso event, happening
sucio dirty, filthy
sucursal *f.* branch office
sudadera sweatshirt
sudar to sweat
sudor *m.* perspiration, sweat
suegro/a father-in-law, mother-in-law
sueldo salary
suelo ground; soil
sueño dream

suerte *f.* luck; **por suerte** luckily; **tener suerte** to be lucky
suéter sweater
sufrimiento suffering
sugerencia suggestion
sugerir (ie, i) (j) to suggest
sulfuroso sulfuric
suma sum, amount
sumar to add up
sumo extreme
superdotado extremely gifted
superficie *f.* surface
supervivencia survival
suplicio torture
suponer (*like* **poner***) to suppose; to mean, imply, *fig.* to confer, give
suprimir to suppress
supuesto: por supuesto of course
sur *m.* south
sureste *m.* southeast
surgir (j) to spring up, arise
suroeste *m.* southwest
suscitar to stir up, cause
suspirar to sigh
sustantivo *gram.* noun
sustentar to sustain
susto fright
susurrar to whisper
suyo/a(s) yours, his, her, their; (of) his, hers, yours, theirs

T
tabla table, chart
tacaño stingy
tacón *m.* heel (*of shoe*); **zapatos de tacón alto** high heels
tal such, such a; **con tal (de) que** *conj.* provided that; **de tal manera** in such a way; **tal como** such as; **tal vez** perhaps
talón *m.* heel
tamaño size
tambien: no sólo… sino también not only . . . but also
tambor *m.* drum
tampoco neither; (not) either
tan so; **tan… como** as . . . as; **tan pronto como** as soon as; **tan sólo** only
tanto/a(s) so much, so many; **por (lo) tanto** therefore; **tanto como** *adv.* as much as; **tanto/a(s)… como** as much/many . . .as

tañer to play (*a musical instrument*)
tapado: nariz *f.* **tapada** stuffy nose
tapas *f. pl.* hors d'œuvres
tardar to be late; **tardar en** + *inf.* to be slow, take a long time to (*do something*)
tarde *n. f.* afternoon; *adv.* late; **más tarde** afterward, later
tarea homework
tarea doméstica household chore
tarjeta card; **tarjeta de embarque** boarding pass
tasa de natalidad birthrate
tasca bar, saloon
taurino *adj.* pertaining to bulls
tauromaquia *n.* bullfighting
taxista *m., f.* taxicab driver
taza cup
teatral theatrical
teatro theater
techado covered
techo roof
tejido know (cloth)
tela cloth fabric; cape
telefonista *m., f.* switchboard operator
teleserie *f. sing.* teleseries
televisor *m.* television set
telúrico terrestrial
tema *m.* theme
temblar (ie) to tremble, shake
temblor tremor
tembloroso trembling
temer to fear
temor *m.* fear
temperado: piscina temperada heated swimming pool
templado warm
templo temple
temporada season
temporal temporary
temprano *adj., adv.* early
tenaz tenacious
tenderete *m.* jumble of things
tenedor *m.* fork
tener* to have; **tener… años** to be . . . years old; **tener cuidado** to be careful; **tener (mucho) calor** to be (very) hot; **tener en cuenta** to keep in mind, take into account; **tener en mente** to have in mind; **tener fama** to be famous; **tener frío** to be

cold; **tener ganas de** + *inf.* to feel like (*doing something*); **tener (mucha) hambre** to be (very) hungry; **tener lugar** to take place; **tener miedo** to be afraid; **tener prisa** to be in a hurry; **tener que** + *inf.* to have to (*do something*); **tener (algo) que ver con** to have (something) to do with; **tener razón** to be right; **tener sed** to be thirsty; **tener sentido** to make sense; **tener suerte** to be lucky; **tener tiempo de/para** to have time to; **tener vergüenza** to be embarrassed, ashamed
tenis *m. pl.* tennis shoes
tentación temptation
tentempié *m. coll.* snack
teocrático theocratic
teoría theory
terapia therapy
tercer(o) third
terco stubborn
terminación ending
terminar to end
término term
terraza terrace
terremoto earthquake
terreno terrain
tertulia social gathering
tesoro treasury
testamento will, testament
testarudo stubborn
tibio tepid
tiburón *m.* shark
tiempo time; weather; **a tiempo** on time; **hace buen/mal tiempo** it's good/bad weather; **tener tiempo de/para** to have time to
tienda store
tierno tender, soft
tierra earth; ground
timbal *m.* kettledrum
timbre *m.* timbre, voice quality
timo swindle, hoax
tinto: vino tinto red wine
tío/a uncle, aunt
tira strip; **tira cómica** comic strip
tiranía tyranny
tirar to throw
tiro bullet; shot, shooting

Tirreno Tyrrhenian (Sea)
titular to title, entitle
título title
toalla towel
tobillo ankle
tocadiscos *m. sing.* **compacto**
   compact disk player
tocar (qu) to play (*an instrument*); to
   touch; to knock
todavía still, yet
todo *n.* everything; **todo/a** *adj.* all; **a**
   todas partes everywhere; **de todos**
   modos anyway; **todos los días**
   every day; **sobre todo** above all;
   a todo volumen at full volume
toledano of or from Toledo
tomar to take; to drink; to eat; **tomar**
   el sol to sunbathe; **tomar en cuenta**
   to keep in mind, take into account;
   tomar una decisión to make a
   decision
tontería silly thing
tonto foolish; silly
tópico stereotypical
toque *m.* touch
torear to fight bulls in the ring
toreo bullfighting
torero bullfighter; **mujer** *f.* **torero**
   female bullfighter
toril *m.* bullpen
tormentoso turbulent
torneo tournament
torno potter's wheel
toro bull; **corrida de toros** bullfight;
   matador de toros bullfighter
torre *f.* tower
torremolino windmill
torta cake
traba *fig.* obstacle, hindrance
trabajador(a) worker; *adj.* hard-
   working
trabajar to work
trabajo work
traducir (zc) (*pret.* **traduje**) to
   translate
traer* to bring; **traer al pairo** *coll.* to
   not matter
traición betrayal
traicionar to betray
traje *m.* suit; **traje de baño** swimsuit
trámite *m.* procedure
tranquilizarse (c) to calm down

tránsito traffic
transmitir to transmit
transporte *m.* transportation; **medio**
   de transporte means of
   transportation
tranvía *m.* tram
trapo rag; **muñeco de trapo** rag doll
tras behind
trasiego *n.* mixing; reshuffling
trasladar to transfer, move;
   trasladarse to move, change
   residence
traslado transfer
tratamiento treatment
tratante *m.* dealer, trader
tratar to treat; **tratar de** + *inf.* to try to
   (*do something*)
través: a través de across; through
travesura prank, mischief
travieso mischievous
trayecto road, journey
trazar (c) to plan, design
trazo line
tren *m.* train; **estación** *f.* **de trenes**
   train station
trenza tress, braid
trepar to climb
tribu *f.* tribe
tributación tax preparation
trillado beaten, well trodden (*path*)
trinchera trench
triste sad, depressed
tristeza sadness
triunfador(a) victor
triunfo triumph
tropa troop
tropezar(ie) (c) to bump into
trozo piece
tuna student musical group
tuno member of a student musical
   group
turno turn
tuyo/a(s) yours, of yours

U

ubicación placement
ubicarse (qu) to be located
últimamente recently
último last; latest
umbral *m.* doorsill
únicamente only
único only; unique

unidad unity
unido close, close-knit (*a family*)
unir to unite; **unirse a** to join
universitario/a *n.* university student;
   adj. university
uña fingernail
urbe *f.* large city, metropolis
usuario user
útil useful

V

vaca cow
vacío void, vacancy, vacuum
vado ford (*of a river*)
valentía bravery
valer* to be worth; **valer la pena** to
   be worth the trouble
validez *f.* validity
valiente brave, courageous
valle *m.* valley
valor *m.* value; ideal, custom
valorar to value
valorizar (c) to rate
vanguardista *adj. m., f.* avant-gardist
vanidad vanity
vanidoso vain
vano: en vano in vain
vapor: al vapor steamed
vaqueros *m. pl.* bluejeans
variar (varío) to vary
variedad variety
varios *m. pl.* several
varón *m.* male
vaso glass
vecino/a neighbor
vego
vejez *f.* old age
vela candle
velatorio funeral wake
veleta weather vane
vena vein
venadito/a small deer, stag
vencer (z) to overcome
vendedor(a) vendor, salesperson;
   vendedor ambulante street vendor
vender to sell
vengador avenger
venganza vengeance, revenge
venir* to come; **venir a la mente** to
   come to mind
venta sale; **puesto de venta** sales
   stand, booth

ventaja advantage
ventajoso advantageous
ventana window
ventanilla ticket window
ver* to see; **a ver** let's see; **tener (algo) que ver con** to have (something) to do with; **ya ves** you'll see
verano summer
verdad truth; **¿verdad?** right?, doesn't it?, *etc.*
verdadero true
verde green
verdugo executioner
verduras *f. pl.* greens, vegetables
vereda path
vergüenza: tener/sentir vergüenza to be/feel embarrassed, ashamed
vestido dress
vestir: prenda de vestir article of clothing
vestirse (i, i) to get dressed
vez *f.* time; **a la vez** at the same time; **a veces** sometimes; **alguna vez** ever; sometimes; **cada vez más** more and more; **de vez en cuando** from time to time; **dos veces** twice; **en vez de** instead of; **otra vez** again; **tal vez** perhaps; **una vez** once
vía way; street, thoroughfare; (*train*) track
viajar to travel

viaje *m.* trip; **hacer un viaje** to take a trip
viajero/a traveler
vibrar to vibrate
vicuña vicuna
vida life; **expectativa de vida** life expectancy
viejo old
viento wind
viequense inhabitant of Vieques
vigencia use
vigilar to keep an eye on
villa small town
villano villain
vinculado related
vincularse a to be linked to
vino wine; **vino tinto** red wine
vista view; sight; **punto de vista** point of view
visto: por lo visto apparently
vistoso lively
vitalidad vitality
vivaz (*pl.* **vivaces**) lively; lasting
víveres *m. pl.* provisions, supplies
vivienda housing
vivir to live
vivo vivid; lively; alive; **en vivo** live (performance)
vocero spokesperson
volador(a) flying
volar (ue) to fly
volcán volcano
voltearse to turn around
volumen *m.* volume; **a todo volumen**

at full volume
voluntad will
volver (ue) to return; **volver a** + *inf.* to (*do something*) again; **volverse** to become; to turn (around); **volverse loco** to go crazy
vos you (*Arg.*)
voz *f.* voice; **en voz alta/baja** out loud/in a low voice
vuelo flight
vuelta return; **dar la vuelta a** to go around; to go for a walk; **estar de vuelta** to be back, return

Y
ya already; **ya no** no longer
yacer (zc) to lie
yacimiento deposit
yate *m.* yacht
yema fingertip
yerbabuena mint
yerno son-in-law
yuca yucca; *Coll.* Cuban yuppie

Z
zapatilla slipper
zapato shoe; **zapatos de tacón alto** high heels
zarzuela Spanish light opera, musical comedy
¡zas! bang! crash!
zoológico *n.* zoo
zorro fox

INDEX

formation of, 138–139. *See also*
Appendix III
with helping verbs other than
estar, 375–376
uses of, 137–138
present perfect:
to express past, 59–60, 354
formation of, 59–60
subjunctive. *See* subjunctive
present subjunctive. *See* subjunctive
and Appendix III
preterite:
defined, 110
forms, 110–111, 129–132. *See also*
Appendix III
versus imperfect, 134–136
uses, 110, 134, 354–355
probability, 181, 349
progressive form:
formation of, 138–139
and helping verbs other than
estar, 375–376
to emphasize ongoing events,
137–139
pronouns:
demonstrative, 16
pronouns: (*continued*)
possessive, 353–354
after prepositions, 160–161
reflexive, 61–62
relative, 280–281
subject, 8
See also object pronouns

que (conjunction), 205, 214
que (relative pronoun), 281
qué *versus* **cuál**, 40–41
qué *versus* **quién(es)**, 41
quedarse, 84
quien(es) (relative pronoun), 281
quién(es) *versus* **qué**, 41

realized events, defined, 205. *See also*
indicative *versus* subjunctive
reciprocal action, 62
reflexive pronouns:
defined and listed, 61–62
and **nosotros** commands, 352
placement of, 158–159, 352
reflexive verbs:
concept and formation, 61–62

indicating change, 63–65,
83–84
relative clauses:
adjective clauses as, 280–282
and subjunctive, 284
relative pronouns, 280–282
repeated actions/events:
expressed by imperfect, 349, 355
expressed by progressive form,
375–376
expressed by **volver a** + infinitive,
23
resulting condition/state, 81–82

saber *versus* **conocer**, 20
se. *See* reflexive pronouns *and*
reflexive verbs
se constructions:
to express impersonal, 260
to express passive, 259–260, 327
for unplanned occurrences, 261
sequence of tenses:
indicative, 370–371
past, reviewed, 308, 354–355
subjunctive, 305, 308–309,
370–371
ser:
with adjectives, 36, 37–38, 213
versus **estar**, 35–36, 37–38
with expressions of time and
place, 36
in impersonal expressions, 213
with nouns, 35
for passive voice, 326–327
present indicative of, 14
See also specific tenses *and*
Appendix III
should, 350
si-clauses, 370–371
simultaneous actions in past, 136
spelling changes, 210. *See also*
Appendix II
state, change of:
expressed by **estar** + adjective,
36, 37
expressed by **ponerse, hacerse,
quedarse, volverse**, 83–84
indicated by reflexive verbs,
63–65, 83–84
stem-changing verbs:
in formal commands, 177

present indicative of, 10–11
preterite of, 129–131
subjunctive of, 206–207, 209–210
See also Appendices II *and* III
subject pronouns, 8
subjunctive:
general concept, 205
for indirect commands, 214
for informal (**tú**) negative
commands, 215
imperfect, 305–306, 308, 371
imperfect, and **como si**, 309
versus indicative in adjective
clauses, 283–284, 286
versus indicative in adverbial
clauses, 236, 286
versus indicative in subordinate
clauses, 236, 238–239, 286
past perfect (pluperfect), 308, 371
present, forms of, 205–207,
209–210. *See also* Appendix III
present, review of, 286, 308, 371
present perfect, 303, 308, 371
and sequence of tenses, 308–309
and **si**-clauses, 370–371
with verbs of emotion, doubt, and
denial, 238–239, 286
with verbs of will and influence,
211–212, 213, 286
subordinate clauses:
defined, 205, 211–212
describing a nonexistent person
or event, 238–239, 283–284,
286
describing realized events, 205,
236
See also sequence of tenses *and*
subjunctive
superlative constructions, 332–333
syllabication. *See* Appendix I

tener, idioms with, 19
tenses, sequence of. *See* sequence of
tenses
transitive verbs, defined 260

unplanned occurrences, **se** for, 261
unrealized events:
and adverbial clauses, 205, 236
versus realized events, 205,
211–212, 236

ABOUT THE AUTHORS

Robert J. Blake (Ph.D., University of Texas, Austin) is professor of Spanish and Chair of the Department of Spanish & Classics at the University of California, Davis. In his field of specialization, Spanish Linguistics, he has published widely on topics dealing with historical phonology, historical syntax, modern syntax (especially the Spanish subjunctive), and second-language learning. Professor Blake is also a leader in the development of computer-assisted materials for the teaching of Spanish, including *Recuerdos de Madrid*, a ten-part computer adventure for Macintosh, and the forthcoming *Nuevos Destinos* CD-ROM for Spanish jointly sponsored by the Annenberg/CPB Project, WGBH, and the McGraw-Hill Companies. Currently, he is helping to develop, at UC Davis, distance-learning software, Remote Technical Assistance (RTA), a program that allows students to perform live "chat" sessions with text, sound, and graphics on the Internet in a cross-platform environment.

Alicia Ramos (Ph.D., University of Pennsylvania) has served on the faculties of Barnard College and Indiana University of Pennsylvania and is currently Visiting Assistant Professor of Spanish at Williams College. She has also taught advanced language and composition and a methodology seminar in the Spanish School at Middlebury College. In addition to publishing in the field of Hispanic literature, Alicia Ramos has co-authored an intermediate conversation text and is on the team of writers for *Spanish TV Magazine* (McGraw-Hill).

Martha Alford Marks, (Ph.D., Northwestern University) served on the faculties of Kalamazoo College and Northwestern University, where she coordinated the first- and second-year Spanish programs, supervised teaching assistants, appeared consistently on the Faculty Honor Roll, and won an Outstanding Teaching Award. Nationally known for her work as an ACTFL Oral Proficiency tester and trainer, Dr. Marks is also the co-author of several other McGraw-Hill Spanish textbooks for the college level, including *¿Qué tal?* and *Destinos.*